OPIUM AND EMPIRE

The Lives and Careers of
William Jardine and James Matheson

Richard J. Grace

大银行家

［英］理查德·J. 格雷斯（Richard J. Grace） 著

陈姝 译

图书在版编目（CIP）数据

大银行家 /（英）理查德·J.格雷斯著；陈姝译
. -- 北京：北京联合出版公司，2021.7
 ISBN 978-7-5596-4843-3

Ⅰ. ①大… Ⅱ. ①理… ②陈… Ⅲ. ①银行家—生平事迹—英国—近代 Ⅳ. ①K856.153.4

中国版本图书馆CIP数据核字（2020）第255059号

北京市版权局著作权合同登记 图字：01-2021-1857

Opium and Empire© McGill-Queen's University Press 2014
The simplified Chinese translation rights arranged through Rightol Media （本书中文简体版权经由锐拓传媒取得Email:copyright@rightol.com）

Simplified Chinese edition copyright © 2021 by Beijing United Publishing Co., Ltd.
All rights reserved.
本作品中文简体字版权由北京联合出版有限责任公司所有

大银行家

作　　者：[英]理查德·J.格雷斯（Richard J. Grace）
译　　者：陈　姝
出 品 人：赵红仕
出版监制：刘　凯　马春华
选题策划：联合低音
责任编辑：闻　静
封面设计：何　睦　杨　慧
内文排版：刘永坤

北京联合出版公司出版
（北京市西城区德外大街83号楼9层　100088）
北京联合天畅文化传播公司发行
北京美图印务有限公司印刷　新华书店经销
字数346千字　880毫米×1230毫米　1/16　27印张
2021年7月第1版　2021年7月第1次印刷
ISBN 978-7-5596-4843-3
定价：88.00元

版权所有，侵权必究
未经许可，不得以任何方式复制或抄袭本书部分或全部内容
本书若有质量问题，请与本公司图书销售中心联系调换。电话：（010）64258472-800

前　言

我写作本书的目的是叙述两个人的故事，他们因商业合作和对维多利亚时代早期的英国政府的影响而紧密联系在一起。并且，我试图用此二人——威廉·渣甸和詹姆斯·马地臣——作为案例，来证明凯恩和霍普金斯提出的"绅士资本主义"在维多利亚时期的发展。

早前已经有很多著作着重叙述维多利亚帝国在南亚和东亚的扩张，而在本书中，我更注重描写两人的人生经历，而非其身边发生的帝国故事。为了让读者更深入了解他们的生活状态以及活动，提供一些当时背景资料是非常必要的。（例如，英国与印度和东亚的贸易、一口通商、第一次鸦片战争的起源、位于英国苏格兰西部的赫布里底群岛的生活条件，等等。）这些背景资料对于刚刚接触这一历史领域的读者来说都是必要的，但这并非是本书的核心内容。我的重点也不是重述渣甸、马地臣以及怡和洋行的历史，他们的生命力一直延续到了今天，完全超越了传记的时间边界。怡和洋行的历史也早已被很多作者在作品中巧妙地叙述过。

我希望给读者呈现的是帝国历程的缩影，两个企业家在19世纪20—30年代英国和东亚的贸易中的商业合作，他们的早年经历，以及之后在广州经贸和政治舞台上扮演的重要角色。本书的研究对象不是一个真正的帝国，但又像是一个真正帝国的缩影。在这个非正式的帝国中，尽管这些历史的代理人对他们的时代有着非凡的影响力，但他们并不是黑格尔世界历史观中所谓的英雄式人物。相反，这本书中的历史着眼于人物本身，描述了两个苏格兰人的人生旅途中所折射出的人性、走过的历程、面临的挑战以及犯过的错误和经历的失望与成就。从英国北部到中国海岸，他们将未来下注在这个商业脆弱的天朝大国，经过几十年的冒险最终又回到已发生巨变的英国故乡。

1707年联合会议后，他们的出生地苏格兰政治上从属于大英帝国，在"詹姆斯党"起义被镇压后，英国对苏格兰实施强制性文化改革，因此，该地区出现了很多野心勃勃的年轻人。渣甸和马地臣出生于18世纪末，在苏格兰学校时，二人已经萌生并确定从事东印度贸易工作的想法。因为他们大量参与从原产地印度到中国市场的鸦片贸易，所以当他们回国时，已经变得非常富有。鸦片贸易在中国是违法的，但是渣甸和马地臣善于寻找方法摆脱禁令。在他们的商业时期，鸦片还不是国际管制品，可以很容易经多种渠道从英国合法获得。但显然，鸦片并不是他们谎言故事的全部。

我尽可能从多角度去介绍渣甸和马地臣，然而，他们的私人生活在某种程度上与他们一起被埋葬在苏格兰的洛赫梅本和莱尔格。于我而言，挖掘和揭露他们更多的私人生活远比写一篇关于建立以东亚贸易为基础的非正式帝国的论文面临更多挑战。渣甸和马地臣留给了我们关于其商业往来的大量私人信件，他们的信件也间接却明确地留给我们线索去追寻他们的内心世界。不过，我对他们事迹的调查工作也经常遇到一些令人沮丧的事情，例如路易斯从马地臣那里继承了在赫布里底群岛的海岛，但这份遗产记录于1918年在斯托诺韦市政厅被大火烧毁。我通过现场采访、当地历史、当地报纸、家谱、墓地和其他途径将他们私人生活的碎片连缀起来，在此过程中，好运和坏运气常伴。而要将这些线索串联起来才正是这个项目的艰巨性所在。

当这些线索编织在一起，它们将构成一个相当精彩的故事，激发读者去客观评价这两个人物对他们所处的时代的影响，如同我一样。他们在维多利亚时代扩张了全球市场，在改变东亚近代历史进程中起到了重要作用，这些无不向我们展现了他们强悍的性格。为了保证一致性，我大体上保留了渣甸和马地臣书信中原有的拼写方式，而不是用现代拼写方法。例如，使用 Canton 而不是 Guangzhou，也没有将 Peking 用 Beijing 代替。

因为有很多人的帮助，这本书才得以问世。罗得岛州的普罗维登斯学院行政部门允许我休假，让我能够全身心地进行调查并编写此书。我深深感激我在普罗维登斯的同事们，他们的鼓励和指正对手稿的改进有不可估量的作用。在此，还要特别感谢马里奥·迪农齐奥、布瑞恩·巴伯、休米·莱娜和彼得·强森。此外，托尼·霍普金斯和汤姆·德文在文本方面给我提供了专业性的指导，我非常感谢他们的热心和鼓励。同时，我想感谢马地臣公司允许我在剑桥大学图书馆的怡和洋行档案馆收集材料，并在此对档案馆已故的名誉保管员艾伦·里德表示敬意，感谢他在我前期调查中给予的帮助。

本人衷心感谢剑桥大学理事会允许我使用手稿室的资源。手稿室主管戈弗里·沃勒和玛格丽特·潘普林为我提供了必不可少的研究协助，他们对于怡和洋行档案的了解，为我的初期研究指明方向。在此，我还要向剑桥大学圣埃德蒙学院的专家学者及其团队成员致以深深的敬意，感谢他们为我提供了两次访问学者的奖学金，以及在我访问期间的热情接待。特别感谢理查德·劳斯爵士、保罗·路西奥、迈克尔·罗宾逊神父和方济会布鲁斯·埃尔斯莫尔的慷慨相助。

在苏格兰，有很多人邀请我去他们位于因弗内斯、莱尔格、斯托诺韦和洛赫梅本的家中做客，并给我提供了很多宝贵建议，因为人数众多，在此无法一一提及。同时，我也要向斯托诺韦、邓弗里斯、因弗内斯和爱丁堡所有图书管理员表示感谢，感谢他们给予我研究上的帮助。

麦吉尔-皇后大学出版社高级编辑凯拉·麦登一直是这个项目的守护天使。我非常感谢她对手稿的兴趣，感谢她在修订的各个阶段给予的鼓励，以及她全身心的投入和法律方面的忠告，使这一项目得以完成。我还需要感谢文字编辑柯蒂斯·费伊的辛勤工作。他对于文字的表达，以及文风和引文的改进都有独到的见解，使这本书成为一部更优秀的作品。

最应该感谢的还有我的家人，我一直感激他们在我长年调查写作中给予我的爱与耐心，支持着我完成这本书。威廉·渣甸和詹姆斯·马地臣早已成为我们家无形的成员，我也不得不承认，当我带着全家搬到这个位于苏格兰的偏远地方时，我的孩子们一定很好奇他们的爸爸到底要干什么。玛丽安跟随我穿过明奇海峡，在对刘易斯的研究考察项目中担任记录员；本也逐渐爱上了这片祖母居住过的土地，并在近几年回到格拉斯哥上学；伊丽莎白在很小的时候就知道，历史研究可能意味着在渣甸的童年故乡给马喂苹果。我的妻子玛德琳一直是个圣人。对于我的写作，她总能够提出很好的建议，当我潜心研究渣甸和马地臣时，她总能够耐心陪伴，并自始至终地鼓励我，这一切的努力都是值得的。亲爱的读者朋友们，没有这一切，就没有今天呈现给你们的这部作品。

理查德·J. 格雷斯

2014 年 7 月

再版注记

托马斯·威丁是威廉·渣甸早期的合作伙伴,后来成为伦敦首屈一指的银行家,负责处理渣甸远在中国的金融业务。本书刚出版时,一位来自澳大利亚塔斯马尼亚州的读者约翰·戈尔德,就威丁和"萨拉号"的事情与我联系。该船只由威丁、渣甸和一个叫化治林·考瓦斯季的孟买商人共同所有。戈尔德是威丁的一位远房隔代亲戚,他对威丁、威丁与渣甸的关系,还有他们共同经营"萨拉号"都做了大量深入调查。根据他强有力的建议,我对本书做出以下更正和澄清。

(1)托马斯·威丁并不是广州东印度公司的一员。他和渣甸第一次相识可能在1802年。当时他们所工作的船只正准备随英国东印度公司船队从英国启程前往印度和中国。按照惯例,船队的船员在航行之前会有一次集体见面,这种聚会可能还包括外科医生及其助手。

(2)根据《孟买日历》显示,威廉·渣甸于1819年4月13日乘坐"鹧鸪号"(而不是乘坐"孟买商人号",后者于同年晚些时候到达)到达孟买。渣甸的"自由商人契约"需要付给东印度公司2000英镑担保费,契约允许威丁将渣甸作为他的代理人送到印度。担保是由威丁和他的岳父——詹姆斯·麦克·卡勒姆共同承担的。

(3)在渣甸首次以私人商人的身份在孟买从事东方贸易的几年间,实际上有三艘名为"萨拉号"的船往返于孟买和伦敦。戈尔德先生提供的消息证实了，由威丁、渣甸和考瓦斯季共同所有的"萨拉号"并未从事国家贸易而是私人贸易（来往于印度和中国间的私人贸易并不是在东印度公司的特许下进行的）。而且这艘船在其前 8 年（1819—1827）海运过程中主要来往于伦敦和孟买。因此，渣甸不可能在孟买和广州间的船上担任押运员，也不可能在伦敦和孟买间来回奔波。

（4）渣甸于 1827 年卖掉了所持的"萨拉号"股份后，威丁成了最大的股东，而考瓦斯季依旧持有三分之一的股份。此后直到 1843 年，"萨拉号"一直进行伦敦与东方之间的贸易。

理查德·J. 格雷斯

2015 年 10 月

目　录

序　章
苏格兰：他们的出生地
001

第一章
起　源
013

第二章
从伦敦到广州
033

第三章
商业的汽笛
063

第四章
考克斯-比尔的继承人
091

第五章
在"小溪馆"做生意
125

第六章
开创先河
155

第七章
异地合伙人
191

第八章
在中国的最后一决
225

第九章
渣甸的告别和马地臣的大麻烦
267

第十章
渣甸和马地臣与鸦片战争
307

第十一章
离开中国以后的生活
345

第十二章
詹姆斯·马地臣爵士,刘易斯岛的领主
369

结束语
401

参考文献
411

序　章

苏格兰：他们的出生地

威廉·渣甸和詹姆斯·马地臣均出生于18世纪末期，当时战火已经平息很久了。然而，他们如当时很多苏格兰年轻人一样，生活深受高地战争的影响，尽管这些战争早在他们出生前就已经结束了。他们在这种影响下不断寻求财富，从而远离这片埋葬他们祖辈的土地。

1746年4月16日中午，查尔斯·爱德华·斯图尔特王子所率领的詹姆斯党人军队在库洛登附近的德拉莫西沼地即将面临一场惨烈的灾难。因为这一带离因弗内斯很近，所以詹姆斯党人军的军长、爱尔兰人约翰·奥沙利文选择在此处作战。但是他所选择的这种崎岖地形完全不适合苏格兰高地人最有效的作战方式（直接向敌人冲锋）。奥沙利文已经在为最坏的情况做最好的打算了，事实上他更倾向于撤退。因为他认为詹姆斯党人军由于前一夜的强行军而筋疲力尽，已经失去了这次胜利的机会。[1]

东北方向100码（约91.4米）开外，由威廉·奥古斯都、坎伯兰公爵和乔治二世的儿子指挥的英国和低地军队正享受着在步兵、骑兵、炮兵数量上具有压倒性优势的强大优越感。詹姆斯党人军大约在下午1点打响战争第一枪，但战斗在随后的一小时内便以失败告终。这个被约翰·普雷布尔称为"苏格兰历史上历时最久的争吵"曾延续了几个世纪，最终在詹姆斯党人军溃败时达到了悲惨的高潮。[2]

受到来自苏格兰多方对1707年联合法案的不满的影响，詹姆斯党人叛乱妄图在英国复辟斯图亚特王朝。1745年7月，他们以老僭王（詹姆斯三世·斯图尔特）的名义宣称，前几个月的军事行动取得了巨大成功，而当时英格兰的军事指挥官主要关注于与法国的战争。叛军在12月初到达距离伦敦只有约209千米的德比，但是仅凭五千兵力想要控制英国首都是非常艰难的，查尔斯王子不得不把军队撤回苏格兰。次年1月，他们取得了一些军事上的成功，但到了4月16日，詹姆斯党人的军队面临兵力耗损严重、弹尽粮绝、没有资金补给等问题。那天，查尔斯王子心情极度糟糕，却坚持在那里开战。他负责指挥部队，并任命奥沙利文为副指挥官。[3]

当詹姆斯党人军的中线和右线部队穿越沼泽时，遭到了英军炮火的猛烈攻击。高地人的惯用战术是，先用炮火攻打，然后弃枪拔剑，直接冲向敌人，以便趁敌人重装弹药之际突袭成功。来自8个部族的1500人在枪林弹雨中进攻。[4]作为回击，坎伯兰公爵的炮兵将普通实心弹换成霰弹（铅球，装着钉子的罐子），用这些小金属射向前进中的詹姆斯党人军队，与此同时，英国政府步兵依旧保持稳定的火力攻击。尽管有一些部族突破了坎伯兰的左侧防线，但詹姆斯党人军还是在烟雾弥漫的沼泽地陷入了混乱。[5]炮火逼近，查尔斯自顾不暇，此时的颓势已不可逆转。残余的部队在巴德诺赫的鲁斯温重新整编，但查尔斯为求自保而下令让部队散开。[6]

接下来发生的是英国政府军的野蛮屠戮，在高地地区，坎伯兰至今仍被称作"屠夫"。汉诺威骑兵朝着因弗内斯追捕撤退中的反叛军左线，对詹姆斯党人进行围捕并扫射，使一个将近30人避难的谷仓变成了人间地狱。战场上，血染大地，许多被胜利军刺伤或射伤的詹姆斯党人军因两天无人顾及而相继死去。在库洛登战役之前，战俘基本待遇准则在苏格兰已不复存在。最近一个战后的评估称，政府军很有可能因愤怒而杀害被俘虏的叛军。"但是在库洛登战役中，杀人是故意为之，而不是盲目愤怒所致。"[7] 那些没有直接参与战争的男人、女人和孩子，也被俘虏、杀害，或者送去监狱和监狱船。当得知有相当数量的反叛军在鲁斯温集结时，坎伯兰公爵决定斩草除根，彻底摧毁詹姆斯党人的斗争精神。他最初的计划是将所有部族的人送到殖民地，后来却决定采用焦土政策警示高地人民。[8]

这场战役中，詹姆斯党人军有1500人死亡，而政府军中有50人死亡、259人受伤。尽管查尔斯王子躲过被俘，并于战争过去的5个月后逃到法国，但这次战争导致3个苏格兰贵族被斩首、120个平民被绞死、接近700人死在狱中、将近千人被送往美国殖民地。

战争的发生地与詹姆斯·马地臣的出生地并不远（大约72.4千米），战事在克兰萨瑟兰以及周围的村落间流传。这些消息恐怕花了更长的时间才传到威廉·渣甸的出生地，他的出生地在战场以南大概273.6千米处。议会立法摧毁滋养叛乱的高地文化，并以此巩固了胜利的果实。1715年的詹姆斯党人叛乱结束后，议会通过了《缴械法》，旨在剥夺各个部族独立军事武装的权利。被证实拥有武装的人需要接受罚款。但是各个部族通过上交旧武器、藏匿最好的武器的方式逃避法律规定。1747年，《缴械法》又被重新定义和扩展。

坎伯兰公爵通过暴行无法彻底消除的，议会可以通过立法来完成，即彻底摧毁苏格兰高地的古盖尔文化。禁止穿苏格兰式短裙、苏格兰格子花呢和格子图案，禁止吹高地风笛，禁止说古盖尔语。累犯将受到流放殖民地7年的惩罚。山地部族只有苏格兰短裙和苏格兰格子衣服，他们没有钱去购买替代的衣物。因此，绝望之际，他们依靠染缸将苏格兰短裙染成黑色或者棕色，然后把裙子中间缝起来，这样就形成了看起来很可笑的马裤。[9]

宗族酋长被剥夺了他们的传统权威，同时，长久以来以贵族法院和宗族委员会为基础的苏格兰的法律框架也被废除。反叛首领的土地被没收，而未受牵连的宗族族长则开始把宗族土地据为已有。小农场主被赶出他们的农场，迫使他们租下峡谷与山坡发展牧羊业，因此，宗族成员间的联系也越来越淡薄。以前那些宗族的耕地，现在为来自低地和英格兰的羊农所有。[10]

18世纪时，苏格兰常常被认为是"北英国"，之前的独立王国多次被认为是大英帝国的兼容省份。18世纪末，越来越多的孩子长大成人，苏格兰农业阶层急需为没有土地可继承的年轻人找到合适的工作。伦敦成了苏格兰就业者的目的地，但是英国担心，自1745年叛乱平定后多年，仍然存在詹姆斯党秘密人士。[11]在威斯敏斯特，苏格兰贵族和议员们不会把他们主要的注意力放在苏格兰选民上。然而，到了18世纪60年代末，当布特勋爵成为自1707年联合法案后第一位出生于苏格兰的总理时，苏格兰恐惧症的迹象在伦敦显现出来，媒体在伦敦刊登了苏格兰人的卡通漫画，将他们描绘成贪婪的投机主义者，窃取英国的资源以壮大自己。[12]

在抑制高地宗族及其文化的计划中，有一项是在宗族中建立政府军。这个想法一开始因为风险过高而被否决。然而，随着1756年七年战争的爆发，坎伯兰公爵和威廉·皮特又将培养高地政府军的计划提上了日程。这个提议隐含的一个可能性是，潜在的詹姆斯党人可能会在与法军的对抗中丧生。[13]该项目可谓建功无数：在接下来的半个世纪，由此诞生了27个军团、19个防卫营。残余的旧部族架构只是为了维护王室，为王室服务：宗族族长和他们的"大租户"们，劝说或强迫年轻的佃农课重税、服徭役。苏格兰军队在对抗美国殖民地反叛军和法军时付出了巨大代价，对此，约翰·普雷布尔表达出难以掩饰的苦涩，"宗族最后的悲哀可能并不是库洛登战役后的屠杀，而是被那些南方的入侵者消耗和浪费了所有的勇气"。[14]18世纪末，苏格兰人口占大不列颠人口的15%，但仅1797年，自愿服兵役的苏格兰人就占志愿兵总人数的 36%。[15]

到 1782 年，《缴械法》已经只是"1745 年叛乱"布满灰尘的遗产，禁止穿苏格兰短裙的规定也被移除。但仅有少数高地人穿着旧宗族服饰，与为政府军服务的人区别开来。宗族正在消亡，苏格兰短裙也只是一些部族族长在特定情况下装腔作势的道具，而这些人现在已经转变为城市绅士。1784 年，土地的原所有者可以缴纳适当的赎金赎回受詹姆斯党人牵连而被没收的土地。在高地农业经济的变革中，宗族族长已经俨然成为地主，向其租客收取地租。反过来说，这些租客在之前的宗族中承担军事管理的义务，而现在，或者移民殖民地，或是开始从转租人手中租赁土地。

威廉·渣甸和詹姆斯·马地臣均出生在 18 世纪最后 20 年，那时詹姆斯党人的反叛狂热已从战场转移到罗伯特·伯恩斯的诗歌中，以及那些醉酒者的回忆中，他们一边喝酒一边浅唱"国王划过水面"。此时，在高地苏格兰人中，欧洲浪漫主义已经初具雏形，人们将对濒危高地文化的同情和高地人独有的浪漫主义视角相结合，从而形成的"高贵的野蛮人"的特质，刚好也是浪漫主义所推崇的。[16] 这时的苏格兰正处于过渡时期，并没有完全延承他们的传统，对将来的发展也充满矛盾与迷茫。在马地臣所在的北部地区，农民生活的变化要比渣甸所在的靠近英国边界地区更为剧烈。

从詹姆斯党人叛乱直到 19 世纪下半叶，这期间的几代人经历了高地的农业革命，旧宗族文化被摧毁，人们流离失所。这就是所谓的"高地大清洗"，其所带来的人口变化是因为强制驱逐宗族家庭和引入牧羊业代替农耕。[17]

最早的实质性高地清洗发生在 18 世纪 70—80 年代。有些农民已经意识到自身利益与土地主的利益的冲突而自愿离开；其他人则是被强行驱逐。一些人离开高地到苏格兰低地的新兴工业区谋生；很多人移民到了美国；有些生活在苏格兰北部的人搬到了海岸地带以采摘海藻为生。到了世纪之交，高地地区人口基本由土地主、牧羊人和勉强维持生计的小佃农组成。[18]

与高地痛苦的转型过程相比，18世纪末苏格兰低地依靠英国资金支持实现工业与农业扩张则是一则更为动人的故事。格拉斯哥是繁荣的纺织品贸易中心，依靠银行业和航运资源促进新工业更具活力，而爱丁堡正在逐步成为一座美丽的现代城市，根据詹姆斯·克雷格（James Craig）的1767新城规划，街道呈网格状，并带有广场、新月形街道和公园。新城建在以城堡为中心的老城北部。

新的爱丁堡将是苏格兰启蒙运动的主要阵地。伏尔泰将这座城市视为与巴黎、伦敦和维也纳并重的知识分子的聚集中心，托马斯·杰斐逊称在科学领域"没有一个地方可以与爱丁堡相提并论"。[19]苏格兰启蒙运动具有特殊的一致性，即知识分子群体并没有疏离教会（大卫·休谟除外）或与政府对抗，亦没有让宗教、自然科学或自然哲学间产生敌对，正是这些特殊的一致性使得苏格兰启蒙运动是全社会性的。苏格兰启蒙运动为苏格兰文学、绘画和建筑方面注入了许多活力，但其主要贡献还是体现在科学和哲学领域中，这些领域同时对医学和法律专业产生了特殊的影响。[20]

格拉斯哥和爱丁堡的医学院校都有着悠久的历史，通常要在一个从业者手下做很多年学徒，并经过专业指导，方可具备从业资格。然而，虽然同处于苏格兰启蒙运动的科学发展时代，由于得到市议会的支持，爱丁堡的医学院比格拉斯哥的学校更快地发展为正式的大学。18世纪下半叶，爱丁堡的医学院吸引了大量的学生前来学习。[21]

从很多方面来看，爱丁堡犹如一块磁铁，吸引着来自苏格兰四面八方的年轻人。位于邓弗里斯东部的低地地区，新的农业概念正在深入人心，威廉·渣甸正是从这里被吸引到爱丁堡的医学院学习；而詹姆斯·马地臣则从北部高地不稳定的农业区被吸引到爱丁堡大学学习,并自此前往伦敦开启了他的商业生涯。

尽管18世纪末苏格兰处于过渡时期,但整个社会流动有明确的限制。最具影响力和高收入的职业,例如法律行业,实际上是预留给名门之后的。而且,像威廉·渣甸这样在乡村学校接受教育的男孩子,通常因为进入大学的时间太晚,无法以教授或科学家的身份打入主流的知识分子圈。[22] 因此,18世纪末,尽管许多年轻人在苏格兰的学院或大学接受教育,但他们却把职业发展的雄心壮志定在苏格兰以外的地方。在众多离开家乡的机会中,印度贸易对于苏格兰各地富有冒险精神的年轻人可谓是巨大的诱惑,其中也包括渣甸和马地臣。

18世纪70—80年代,一位叫亨利·邓达斯(Henry Dundas)的律师对苏格兰政治有着强大的影响力,有时人们由于他强大的政治背景而称他为"亨利九世"。由于与小威廉·皮特的亲密关系,邓达斯在议会拥有席位长达四分之一个世纪,而在18世纪最后30年,他也担任多项重要职位:苏格兰主权倡导者、议员、海军司库,苏格兰国家图章保管人、内政大臣,战争期间,他还担任小威廉·皮特的内阁大臣。他在控制董事会的职责是监控东印度公司的运营政策,这同时让他有机会将在苏格兰的职权与各个渠道的东方贸易结合,并从中获利。

英国在北美的殖民帝国逐渐瓦解后,一些议员将注意力投向东方帝国。18世纪的印度一直是东印度公司官员疯狂牟利的地方,其中一些苏格兰人后来成为大富豪回到英国。1784年《皮特印度法案》设立了控制董事会,旨在监督政府,管理英属印度的收入。1793年,由于亨利·邓达斯对苏格兰人出口到印度的贸易给予很大支持,特为其设立控制董事会主席这一带薪职位。在邓达斯时代之后几年,沃尔特·斯科特爵士(Sir Walter Scott)把控制董事会称为"苏格兰的玉米箱"(指大量苏格兰人到印度谋生)。[23]

在对抗法国大革命的前期阶段，邓达斯作为控制董事会主席兼任战时国务大臣，他说服东印度公司的决策者调出 10 艘远洋轮船作为 64 门炮战船为皇家海军服务，并为每艘船招募 300 名船员。在适当的时候，东印度公司因其战时支援得到了一定的补偿。[24] 直到 18 世纪 90 年代，邓达斯是自"1707 联合法案"后，在整个国家层面而言最具影响力的苏格兰政治家，同时也为苏格兰人在大不列颠和整个联合王国内提供了相当大的支持。1801 年皮特政府下台，尽管邓达斯也失去了自己在内阁的职位，但是在 1802 年，他被封为梅尔维尔子爵而进入贵族行列。

同年，威廉·渣甸作为海上外科医生的助手开始为东印度公司效力。尽管邓达斯没有直接参与渣甸的任命，但他多年来对东印度公司的影响力也肯定为渣甸带来了优势。事实上，18 世纪以来，苏格兰人在东印度公司的影响力日渐增长，其影响力甚至延伸至东印度公司位于伦敦利德贺街的总部。这意味着来自苏格兰人家庭的亲属、子孙也会被带入东印度公司工作。[25] 即使在苏格兰上流社会和一些贵族家庭里，传统对商业的偏见也在逐渐淡化。托马斯·马丁·德班（T.M. Devine）对苏格兰侨民的研究表明，18 世纪整个大不列颠愈发融合，这种转变在东印度公司的官僚机构中体现得更为明显，因为大量苏格兰人前来求职，并在 18 世纪中后期引发了一些苏格兰恐惧症。[26] 1777 年到 1813 年期间，首次被任命指挥东印度舰队的船员中，苏格兰人占了 28%。由于苏格兰前指挥官在成为船东后，会优先选择任命苏格兰人为继任指挥官，所以这些前任指挥官为苏格兰人的发展起到了积极作用。[27]

对于那些没有得到上述任命的人，可以从东印度公司得到从事"国家贸易"许可，其实就是在公司位于东南亚沿海直到广州的贸易点进行私人贸易。当时，邓达斯正受到各方压力，敦促他去建立一个获得印度产品的可靠渠道，以进行接下来与中国的贸易往来。因此，他设法推动这种国家贸易，促使为东印度公司服务的工作人员作为"自由商人"将其个人资源投资到东印度公司垄断以外的企业，这也是他经济战略的一部分。[28] 皮特减少茶叶进口关税政策，促进了中国茶叶在英国的热销，而且东印度公司官员被禁止从事私人贸易，也促使更多自由商人可以在东印度公司的许可下在贸易点建立"代理机构"处理各种业务，包括为他人做投资管理。[29]

从孟买、加尔各答到明古连和广州遍布自由商人，而其中苏格兰人占相当高的比重，部分原因是东印度公司中的苏格兰人和国家贸易中的苏格兰自由商人之间的裙带关系。在印度和其他地方的苏格兰人代理机构大部分是家族式的，使用家族姓氏命名，例如麦金托什、费尔利、弗格森、里德和麦基洛普等。[30]

整个18世纪，在经历了古老苏格兰帝国的灭亡和斯图亚特王朝的终结后，东方贸易为苏格兰的青年人带来了新的机遇。在库洛登战役失败的半个世纪后，在北美洲失去13个殖民地几十年的时间里，高地肃清仍在进行中。对于大多数年轻的苏格兰人来说，移民加拿大或其他殖民地是一种逃离的方式，但对于其他人，他们仍在原来的部族土地上艰难生存，希望渺茫。一些年轻人依靠在高地军队中服役为生，而另一些则选择去苏格兰南部，在现代化农业、亚麻、冶炼和造船业中谋生。对于敢于冒险和富有野心的人来说，东印度公司和作为自由商人进行私人贸易的发财梦具有无法阻挡的诱惑力。而那些去东方寻求机遇的人，很多再也没能回到苏格兰，有些则带回来很少的积蓄，只有极少数人，在东方打拼多年后，带着巨额财富和长盛不衰的家族企业回来。

威廉·渣甸和詹姆斯·马地臣没有被低地或高地的农耕生活所吸引，他们一有机会就离开了家乡。对于这些向往致富的年轻人来说，他们的青少年时期正处于苏格兰的过渡时期，此时的苏格兰能为他们提供稳定生活的机会非常渺茫，却提供给他们更多参与东方贸易的可能性。他们并不渴望在苏格兰成为地主乡绅，也没有想过投身于苏格兰制造业中。作为英国侨民中雄心勃勃的年轻一代，他们注定成为"绅士资本家"。P.J. 凯恩和 A.G. 霍普金斯用这个词语来描述那些推动维多利亚帝国的扩张的生力军。[31] 然而，这些年轻的苏格兰人没有预见到，尽管他们选择了不同的职业道路，但是最终，在 19 世纪早期，都通向了东方贸易。

注　释

1. Duffy, *The '45*, 512–513.
2. Prebble, *The Lion in the North*, 301.
3. Kybett, *Bonnie Prince Charlie*, 205.
4. Magnusson, *Scotland*, 620.
5. Kybett, *Bonnie Prince Charlie*, 207.
6. Devine, *The Scottish Nation*, 45.
7. Plank, *Rebellion and Savagery*, 45.
8. Devine, *The Scottish Nation*, 45; Magnusson, *Scotland*, 623.
9. Prebble, *Culloden*, 328–329.
10. Somerset Fry, *The History of Scotland*, 198–199.
11. Devine, *To the Ends of the Earth*, 5–10.
12. Ibid., 10–11.
13. Lenman, *Integration, Enlightenment, and Industrialization*, 65–66.
14. Prebble, *The Lion in the North*, 302. 在与法国大革命和拿破仑的战争中，高地部队为英国军队提供 7~8 个师的兵力。
15. Devine, *To the Ends of the Earth*, 11, 援引自 J.E. Cookson, *The British Armed Nation*, 1793—1815（Oxford: Oxford University Press 1997）, 128.

16. Trevor-Roper, "The Invention of Tradition",25.
17. Lenman, *Integration, Enlightenment, and Industrialization*, 71.
18. Mitchison, *A History of Scotland*, 375 - 378.
19. Somerset Fry, *The History of Scotland*, 205 - 206.
20. Mitchison, *A History of Scotland*, 352 - 353.
21. Lenman, *Integration, Enlightenment, and Industrialization*, 90 - 91; Mitchison,*A History of Scotland*, 352 - 353.
22. Mitchison, *A History of Scotland*, 351.
23. Lenman, *Integration, Enlightenment, and Industrialization*, 82.
24. Bowen, *The Business of Empire*, 50 - 52.
25. Parker, "Scottish Enterprise in India", 194.
26. Devine, *To the Ends of the Earth*, 20 - 21.
27. Bowen, *The Business of Empire*, 272 - 273. 例如在1805年，也就是渣甸接到任命后的第3年，被派往东印度的47艘船中，有20艘是由格兰船长指挥的。
28. Fry, "Dundas," see odnb, http://0-www.oxforddnb.com.helin.uri.edu/view/article/8250?docPos= 1（accessed 5 June 2013）.
29. Lenman, *Integration, Enlightenment, and Industrialization*, 83; Parker, "Scottish Enterprise in India," 198 - 199.
30. Parker, "Scottish Enterprise in India",199 - 201.
31. Cain and Hopkins, *British Imperialism*.

第一章

起　源

　　1776年亚当·斯密在《国富论》中提出利己主义和经济自由理论，8年后，威廉·渣甸在格拉斯哥南部约80千米的邓弗里斯附近出生，而斯密一度在格拉斯哥担任道德哲学教授一职。不过，斯密所认为的利己主义显然与威廉·渣甸在职业生涯中形成的利己主义是不同的模式，但是其经济自由、重商主义和特许垄断的理论成了渣甸及其合作伙伴詹姆斯·马地臣的信条。这些信条驱使渣甸从其苏格兰西南部的出生地出发，展开了环绕半个地球的商业之旅。

　　在威廉的青年时期，他的出生地正在经历"低地清洗"——历史学家发明的术语，用以描述苏格兰南部农场整合。在高地佃农被强制驱逐的同时，低地地区的租佃制也在发生改变，但程度因地区和庄园而异。这些转变包括向大型畜牧业转型以及农业资产整合。当时的"低地清洗"威胁到许多小农的生计并摧毁了许多承租人原本的生活，不过，渣甸家族的农场在此期间却幸存了下来。总的来说，这一过程几乎没有佃农暴乱的现象产生。与集体抵抗"高地清洗"而产生的严重心理性错位相反，苏格兰南部居民的反应倾向于非暴力和尊重传统，他们依然延续过去简单的生活方式。正如罗伯特·伯恩斯（出生在苏格兰西南部的一个农场）的诗歌中所描写的那样。[1]

渣甸的家族在一个叫阿普尔加思的小村庄（位于邓弗里斯郡洛赫梅本镇的郊区），经营着一家叫"宽河小岛"的农场。农场坐落在安南河支流毗邻的平坦平原上。这片土地在今天看来也是一片理想的农场所在。威廉·渣甸于1784年2月24日在农场出生，父母名为安德鲁·渣甸和伊丽莎白（约翰斯通），威廉在家里7个孩子中排行第六。伊丽莎白和安德鲁于1772年8月23日结婚，却因被记录为"不正常"而被苏格兰教会指责。具体为什么被定为不正常，我们不得而知，但是安德鲁和伊丽莎白的结婚年龄比通常婚龄略晚。[2]结婚时，他们大概30岁左右，伊丽莎白比她的丈夫多活32年，1786年，她43岁的时候生了最后一个孩子，并以自己的名字取名。威廉的大哥罗伯特在1773年出生于卡斯尔梅恩，其他的4个女孩2个男孩都出生在农场。

洛赫梅本和其他两个城镇都声称，13世纪时罗伯特·布鲁斯在此出生。在渣甸的青年时期，布鲁斯的城堡遗迹是当地最引人入胜的风景。由于当地农民都在城堡遗迹那里抢石头建造农舍，所以很有可能渣甸家和他们的邻居都参与了这样的抢夺活动。

根据一种叫"土地自由保有权"的特殊形式，佃农们可以保有对安南河沿岸富饶的土地的占有权，但没有书面授权。洛赫梅本大庄园的领主是斯托蒙特子爵，渣甸的父亲和邻居需要向他支付一定数量的年租。由于当地的土地非常适合亚麻的生长，所以沿河种植了大量亚麻。包括威廉的母亲和姐姐在内的农场妇女都自己生产亚麻布，也会使用外地的亚麻用于纺织。这个小镇年均生产6万码（约5.5万米）亚麻，其中大部分在英国销售。

年少时的威廉会在河里捕鲑鱼，也会帮助家里养猪。渣甸家离英格兰边境不远，与小镇上其他家一样，渣甸家会买产自英格兰的猪仔，在自家农场饲养，养大后再卖回英国。猪当时被认为是一种货币商品，可以为苏格兰南部的小镇换回大量现金。[3] 渣甸还会帮家里削煤泥作为家用燃料，随着18世纪泥煤苔大量减少，人们不得不从近50千米外的英国某地以高价进口煤炭。

到了18世纪中叶，洛赫梅本的人口数为1395人，其中大约30人依靠教区慈善机构度日，这些施舍仅是教会筹集的善款中的微薄部分。教区牧师安德鲁·贾弗里的报告称，有一些流浪汉与当地的穷人争抢资源。"这些人能够挨家挨户乞讨，很多流浪汉和无业游民在全国流窜，这对于当地的穷人来说很有压迫感，原本属于他们的教区善款被抢夺。"[4] 小镇生活中的方方面面无疑都对威廉·渣甸个人经济思想的形成产生了影响。他在农场里努力工作，而乞讨者无所事事，这样的情况对比使他日后对乞讨者都是蔑视的。

渣甸很幸运，他所住的小镇上有一家合法建立的文法学校，来自英格兰雷丁市的詹姆斯·理查斯于1726年捐赠给该学校200英镑遗产。这笔款项的利息收益用于支付校长的工资，他可以免费教授10名穷学生英语和拉丁语、写作和算数。这位捐赠者的其他遗产还用于建立图书馆，为校长提供一所房子，并在海泰建立了另一所学校，使洛赫梅本"四户镇"的孩子受益。[5] 这也就是威廉·渣甸的教育启蒙处。

在威廉的兄弟姐妹中，与他最亲密、相处最久的是比他大10岁的姐姐简和比他大8岁的哥哥大卫。他们的父亲于1793年在"宽河小岛"农场去世，当时威廉只有9岁，失去父亲的悲痛与代替父亲继续维持农场的重担强烈冲击着他想要继续学业的想法。安德鲁·渣甸过世时，他的遗孀伊丽莎白已经50岁，还有三个未成年的孩子。年龄最大的两个孩子罗伯特和简分别是20岁和19岁，都已经到了适婚年龄，势必不会在农场待太长时间。因此，当威廉完成他在洛赫梅本文法学校的拉丁语、英语、写作和算数的基本课程后，对于他的未来，整个家庭需要做一个重要抉择。一个贫穷农民的寡妇，如何能够负担得起儿子继续学业的费用？显然，他最后选择留在农场，直到 16 岁，他被爱丁堡皇家外科学院录取。他的哥哥大卫为他在爱丁堡的学业提供必要的经济资助，正如威廉晚年回忆道："我从母亲财产中得到的那一小笔钱，我一直认为是属于我哥哥的，因为他在我一无所有的时候给了我经济上的资助。"[6]

那些在较好的城镇学校读书的男孩子，可以在青少年早期就进入大学学习。对于上流社会的学生来说，他们受教育比较早，学业扎实稳定，之后一般从事法律职业或在大学的学术领域发展。然而，对于一个来自乡下学校的少年，在青少年晚期得到奖学金，前往大学就读，之后大多会被授予神职或者去做文法学校老师。在苏格兰，另一个主流选择是学医学，苏格兰的大学和学院相当重视其医学教学的水平。

在爱丁堡大学医学院建立之前，就有爱丁堡内科学院和外科学院，在英语国家中，爱丁堡在医学研究领域享有盛誉。而且，皇家医院也作为教学医院建立了临床教学模式。在 1792 年的招生指南中，一位教授写道："爱丁堡医院在医学教学方面远远优于英国其他类似的机构。患者状况定期记录，并由值班医生每天向他们报告病情。"[7] 到了 18 世纪末，其他机构与皇家学院的竞争愈发激烈，在外科学院教学楼周围出现了大批建筑，里面都是提供校外医学研究的独立教育机构。[8]

18 世纪以来，大量学生来到"老烟熏"（爱丁堡老城的绰号）学习医学，学生数量稳步增加。渣甸入学时，正值战时（对抗法国大革命和拿破仑王朝），爱丁堡的学生数量近乎翻了一倍，到 1800 年，注册学生总数达到 420 名。[9] 大量就业机会是医学在苏格兰如此盛行的重要原因，很少有其他专业有如此大的服务需求。毫无疑问，正是这种机会吸引了渣甸这个少年从阿普尔加思来到爱丁堡。

想要得到医疗从业资格证，需要在一名正式医疗从业者手下当多年学徒，还要由内科医生和外科医生在解剖、医疗实践、妇产科学及相关领域提供指导。教授在大学教授医学理论与实践的同时，也在医院为病患诊疗，并开设临床讲座。学生凭票（学费支付）入场，方可参加临床讲座，观察内科医生诊治病人，还可以作为外科助理学生（也被称作"包扎员"）检查和包扎伤口。

像小威廉这样的外科学徒，通常和师父住在一起，但家庭定位比较模糊，介于家庭成员和仆人之间。一般来说，根据契约合同，师父会包学徒食宿，但不提供衣物。执业医师之所以会收学徒，是因为他们是廉价劳动力，还可以收学费。外科工作中，大部分的苦差事被分配给学徒，例如清洁诊室、准备药品、清洗绷带、准备账单和跑腿。学徒达到一定水平后，会跟师父一起诊疗病患，因为很多手术需要两个人一起才能完成。[10]作为回报，师父需要传授给学徒做手术的技术。渣甸作为学徒所跟随的师父是谁，没有记载，因此我们也不得而知。[11]

学费一般都不多。到19世纪中后期，在苏格兰，大学等级的学费也不会超过3或4个几尼。18世纪后期，医学院学生进入病房听临床课程的费用每年十几尼，外科学徒需要支付的费用比医学院学生少。19世纪早期，对于那些预算紧张的学生来说，在爱丁堡一个学期（6个月）的花销估计为14~20英镑。[12]10英镑是一个学生能勉强度过冬季学期的最低花销。威廉·渣甸则属于需要节衣缩食的底层学生，而非那种社交生活丰富的有钱学生。

不同层次的学徒有不同年限的契约，5年契约是针对那些准备进入外科医生行业的学徒，而3年契约是针对那些寻求简单外科培训的人。自1778年起，皇家学院可以为没有参加3年学徒的学生颁发两种文凭。一种文凭表明该学生"有足够资格从事外科和药剂工作"；另一种文凭则是承认该学生"有足够资格在为国王陛下服务中担当外科医生的助手"。后者需要至少做一年学徒,而前者被称为"全职文凭",需要做两年学徒。[13]

到了18世纪末,通识教育对于外科医生而言愈发重要,学生们在15~18岁间需要花大量时间学习数学、拉丁语和自然哲学(也包括医学科目),[14]而不是单纯地做学徒工作。当时,越来越多的学生希望能够同时接受内科和外科的学习和训练。1790年,约翰·贝尔建立了自己的内科学校和外科学校,并坚称,无论学习内科还是外科的年轻人都应该熟悉常见的创伤性问题,包括外伤、骨折和脱臼。外科和内科的学生都应该定期收到关于手术安排的通知,以便他们在皇家医院的阶梯教室观察手术的过程。[15]

日常教学与每两周定期的讲座相结合,为学生提供了实践与医学理论相结合的整体体验。事实上,内科学生和外科学徒是需要在相互包容、相互支持、相互分享的氛围中共同学习的,这就意味着,将内外科学生以社会性和专业性分离开的旧时观念已经开始被打破。[16]到了18世纪90年代,外科学生需要像内科学生一样,跟一位受过良好教育的绅士学习接受通识教育。然而,到18世纪末,外科医生的级别仍然低于内科医生,在专业医疗人员中,他们仍被认为从事着脏乱的体力劳动。[17]

临床课程主要为内科学生受益而组织,入院的病人就是医疗案例。威廉·渣甸本来有充足的机会在爱丁堡学习各式病例,从而获取丰富的知识,为他之后在东印度公司舰队服务提供帮助。尽管皇家海军与皇家医院约定,由皇家医院来负责士兵医疗服务,但是由于爱丁堡不曾驻扎过大量海军军队,所以皇家医院里并没有独立的士兵病房。自1745年詹姆斯党人叛乱起,大量士兵驻扎在爱丁堡城堡,因此设立了第一个士兵病房。城堡军队的外科医生监督士兵在皇家医院被诊治的情况,当一些士兵的疾病需要外科手术治疗时,士兵病房的内科医生需要向军队的外科医生咨询。

在这种情况下,渣甸注意到了军人的常见病症。在入院的病人中,最常见的疾病是呼吸道疾病和性病。

学生在医院观察到的各种病症还包括"发热"、各种传染性疾病、"胸部疾病"(通常指呼吸道感染)、风湿病、胃病、皮肤病(如坏血病),以及各种术后感染。最易感染传染病的两个群体是女仆和海员。由于不良的饮食习惯,医院收治的穷人中患坏血病的很普遍。不过由于北海舰队只有短线航程,而且1795年海军军部采用了柑橘治疗方案,因此渣甸在海员中很少看到此类病症。[18]

做出诊断后,医院提供的治疗形式也从简单的御寒、泡澡、食疗到各种类型的外科介入法,如放血、吸血、祛除水泡、电击和穿刺法(从腹部抽出体内积液)。但在医院中,最常见的治疗方法还是药物治疗(草药配方和化学药剂)。施用的药物类别包括泻药、催吐药、利尿剂、抗酸药、补养药、祛痰剂和止痛剂等。

在止痛剂(被描述为"能够祛除疼痛,帮助睡眠的药品")中,最重要的是鸦片,一般通过液体鸦片酊或者鸦片复方樟脑酊施用。几乎可以肯定的是,威廉·渣甸在爱丁堡求学的这两年,第一次对鸦片有了详细的了解。这种药物被当作镇静剂和止痛剂使用。[19]在渣甸接受外科培训的年代,鸦片被普遍认为是最佳的止痛药物。由于对其上瘾性没有明确了解,所以医务人员使用鸦片的频率比较高。从鸦片(学名为罂粟)罂粟荚中提取罂粟汁并在爱丁堡进行医疗贸易,对于16岁的威廉·渣甸来说,是很难引起他的兴趣和关注的,毕竟他当时只是打算学习外科知识。

虽然自身资源匮乏,但是渣甸从他的哥哥大卫那里获得了重要的经济资助,并在一个外科医师手下做学徒。年轻的渣甸打算在苏格兰先进行两年的外科训练,然后再大展拳脚闯一番事业。在爱丁堡,20%的外科学生像威廉这样做两年学徒。他于1800年入学,于1802年3月2日获得爱丁堡皇家外科学院颁发的"全职文凭"。他所获得的文凭更像是现代大学学位而不是一个传统的公会执照。[20]

通常，外科学生在完成学徒期后会在英格兰甚至海外进行游学，以获得不同外科技术和理论知识，再回到爱丁堡参加皇家学院外科医生的三门职业资格考试。渣甸由于缺少经济资助而无法参加这样的海外游学。也是因为经济上的拮据，使得他只进行了短期学徒。

在渣甸这一代人中，很多年轻人没有获得文凭就离开了爱丁堡，还有一些在经历了法国战争后又回到爱丁堡继续深造。[21]这对于威廉·渣甸来说也未尝不可，如果他有这种打算，在1815年，他拥有了足够的资本后也可以选择回到大学继续深造。但是这些年来他已变得野心勃勃，重新回到医学院学习早已不可能出现在他人生下个阶段的规划中。

在邓弗里斯郡和爱丁堡的北边，确切来讲，更接近于苏格兰最北端，渣甸未来的合作伙伴在此处一个优渥的家庭中出生。自1715年詹姆斯党人起义开始，马地臣家族便开始为汉诺威王室效力，约翰·马地臣时任莱尔格镇马地臣家族领袖。他们家族的房产（辛尼斯旅馆）位于萨瑟兰郡莱尔格镇外约11.3千米处，欣湖的东岸。就在那里，詹姆斯·马地臣于1796年11月17日出生。他比威廉·渣甸小十几岁。

詹姆斯出生时，他的父亲唐纳德·马地臣（1744—1810）已经50多岁了。唐纳德曾在汉诺威政府军队效力。汉诺威政府为了利用高地詹姆斯党人的军事资源而组建该军队。在七年战争（1756—1763）期间，唐纳德·马地臣在萨瑟兰伯爵建立的防卫团中担任少尉，他从1759年15岁起便在此服役，直到1763年。在美国独立战争期间，他的军事生涯出现转机，伯爵要建立另一个防卫团，他被任命在此团里担任中尉，直到1783年《巴黎条约》签订。

唐纳德·马地臣还是个孩子时便失去了父亲。他后来于1775年从祖父那里继承财产，并从萨瑟兰伯爵那儿租赁土地自足，为他 1783 年成家立业提供了经济保障。随后，他成为伯爵的大租户，他向伯爵的佃户（主要生计为养牛）收取租金，然后向伯爵缴纳一笔年金，剩余的租金自留。根据 18 世纪末的教区记录，他已经成为该区域四大土地经营者之一，并被称为"马地臣上尉，土地典当人"。[22] 作为土地典当人，教区内的小土地所有者一般把土地抵押给他换取贷款。1779 年，萨瑟兰家族把在辛尼斯的农场以 15,733 苏格兰英镑的价格抵押给马地臣上尉。这意味着，他拥有了大量的资产。房屋业主需要用 30 年的时间赎回房产，但是如果在唐纳德死后还没付清，他的儿子邓肯将代收还款。农场每年的租金收入是 400 镑（苏格兰币），如果他接受了萨瑟兰的建议，即将邻近土地圈入农场，增加面积，从而建立一个大型牧羊场，租金收入也会随之大幅增加。1808 年，他又有了一个新的想法，即他通知每个租户，如果他们愿意离开租地，每户可以获得 2 镑的"搬家费"，但是当时这项计划所需资源超出他的能力范围而没有执行。唐纳德一直经营着辛尼斯农场，直到 1810 年去世。[23]

尽管有人会说詹姆斯·马地臣含着金汤匙出生，但是据说他的父亲因不善理财而背负了巨额债务。还有一件重要的事情值得注意，在接下来的 10 年中，萨瑟兰公爵夫人对莱尔格镇自耕农进行了野蛮驱逐，以获得土地牧羊，而马地臣家族并没有参与其中。辛尼斯地区的佃农清除行动直到 1819 年才开始，此时农场已经不属于马地臣家族了。

莱尔格镇并不富饶，那里土地贫瘠，杂草丛生，显然不适合种植农作物。因此这一地区的租金也很低。此地的气候也没好到哪去，多雨又潮湿。在 1791 年莱尔格镇的《统计报告》中，一位匿名作者戏谑道："此地居民拥有大量泥炭，需要远离火源，同时他们可以得到大量高纯度酒精，可以用来生火。他们并没有意识到这样做会增加他们生活环境的危险性。"[24]

与唐纳德结婚的年轻女子名叫凯瑟琳·麦基。她的父亲是莱尔格教区牧师托马斯·麦基——一个贫穷但圣洁的人。麦基家族在这一地区是名门望族。马地臣上尉和他新娘的新居坐落在辛尼斯湖边。他们结婚后,凯瑟琳一共孕育了8个孩子,3男5女,詹姆斯是他们的第二个儿子。[25] 而且,他的成长环境是与教会和北方宗族体系紧密相连的,虽然之后宗族体系逐渐破裂,但是教会并没有。詹姆斯早年间对苏格兰教会的信仰是通过家庭影响和在因弗内斯学院的学校教育建立起来的。

尽管辛尼斯当地有一所学校,但显然詹姆斯并没有在那儿上学。他比威廉·渣甸有机会享受更好的基础教育。因弗内斯皇家学院始建于詹姆斯出生前4年,该学院提供5年制教育,学费从第一年每学期6先令向第五年每学期11先令6便士递增。大概是从1805年7月到1808年6月,小詹姆斯在此求学。每年分为两个学期,白天长的几个月(从初春到秋中),学生要遵从严苛的课程安排,即早上7点开始上课,到晚上6点结束课程,中间有两次休息。冬天白天的时间相对较短,课程从早上9点开始,到下午4点结束,中间有两个小时午休。学校教授的课程包括英语语法、盖尔语、拉丁语、希腊语、法语、写作、算术、簿记、数学、地理、防御工事、历史(自然和人文)、自然哲学、化学和天文学。音乐和舞蹈课在另一个教学楼上(来自于同一赞助)。

在学校里,每天的开始和结束都要在牧师的带领下做祷告。牧师在周日早上还要带领师生到教堂做礼拜,并在当天下午5~6点,再次与大家会面,为大家传授宗教和道德准则。作为年幼的学生之一,詹姆斯可以在周六下午有个人玩耍时间,在接下来的几年中,他和其他年长的学生可以有一整个周六的游戏时间。詹姆斯和他的同学们需要协助学校门卫,他们还需要支付教室供暖的煤钱。[26] 校长会向学校董事们汇报学生的进步情况。鉴于詹姆斯之后能够晋升到皇家高中学习,进而进入大学,所以我们推测他得到了不错的评测报告。在1808—1809学年,詹姆斯从因弗内斯来到爱丁堡，因为他已经被皇家高中录取读4年级，师从乔治·欧文。

唐纳德·马地臣上尉于1810年过世。詹姆斯是否从爱丁堡回来参加了父亲的葬礼已经无从考证。如果他参加了，他可能见证，或许参加了马地臣家族、麦基家族和其他朋友们在1810年2月1日为他父亲举行的告别酒会。辛尼斯旅馆的账面显示，威廉·麦克唐纳曾经是马地臣上尉的威士忌走私商，他为参加葬礼的吊唁者提供了11品脱（约6.2升）免费的威士忌。毫无疑问，这些非法的威士忌给吊唁者带来了强有力的安慰。[27]

族谱记载，唐纳德的妻子凯瑟琳在年轻时就去世了，但她的死亡时间没有明确记载。因此可以推断，詹姆斯在皇家高中第三年的时候，他已经是一个孤儿了，不过，是一个受过良好教育的孤儿。詹姆斯的哥哥邓肯在父亲死后继承了辛尼斯农场，但他毫无兴趣经营农场，转而去爱丁堡做了治安官。因此，农场就由凯瑟琳的哥哥约翰·麦基管理，但他不善经营，3年后，马地臣家变卖了农场。[28]到了1818年，詹姆斯曾经度过童年时光的老宅已经属于别人所有，此后，他再也没有回去过。

年轻的詹姆斯在爱丁堡住了5年，遇到了形形色色的人。对于一个12岁的小伙子来说，在这座有着"北方雅典"之称的中世纪城市自由生活是一件令人兴奋的事情。爱丁堡老城的主干道最东边是修士门，接着是高街，连接着山上的爱丁堡城堡。高街的四周布满小巷、胡同，连接街道、广场。马地臣和他的同学们在老城区里追逐嬉戏，穿过一个又一个巷道、胡同，会遇到运水工、卖炭翁、巡警、摇着铃铛卖馅饼的人、街边的剃头师、衣衫褴褛的小孩（公共信使），以及身着长袍的律师。从建在城堡岩上的爱丁堡城堡开始，他们会通过著名的教堂、旧国会大厦、皇家交易所，卖鱼、肉和各种各样东西的露天市场，钟表店和珠宝店，售卖袜子、手套、帽子等针织品的商铺，以及城市中那些有名的建筑。[29]

然而，这座风景如画的城市，肮脏、拥挤、满是烟尘，到处是嗜酒如命的男男女女。阴暗狭窄的街道小巷、开放式的下水道、垃圾遍布的院落，显然不利于居民健康居住。"老烟熏"这个名字是住在爱丁堡边上的法夫的家庭主妇们赋予的，因为每到爱丁堡的晚餐时分，家家户户的烟囱里会冒出浓烟，从福斯湾望去，整个爱丁堡都被烟雾所笼罩。[30]

除了"老烟熏"，还有一座逐渐繁荣起来的新城，位于北湖北侧（现为王子街花园）。由青年建筑师詹姆斯·克雷格设计的新城蓝图，于1767年开始动工。优雅大方的城市布局、简洁规范的城市街道和广场，为爱丁堡上层社会人士提供了舒适的居住环境。但是高中生和大学生仍然住在老城狭窄崎岖的里弄。

皇家高中建于1777年，是一座位于牛门最东边、类似于谷仓的简单建筑。[31] 班级规模比较大（每班80人以上），因而老师们在教育管理上无法做到面面俱到。尽管如此，当时爱丁堡的教育水平仍被认为是全英国最好的。重点学科是拉丁语，学生每天学习该门课程的时间长达6小时，包括学习拉丁语语法、翻译和散文。同时，还要学习数学和希腊语。此外，为了补充学习科目，家里一般会聘请家教来辅导法语、德语、地理、绘画、音乐、工程等科目。[32]

男孩子们在班级的座位根据他们的成绩排列，成绩最差的劣等生坐在最后，这些位置是专门为那些愚笨的学生准备的，越往前，学生成绩越好，最前面就是班级成绩最好的资优生。根据家庭报告，少年时的詹姆斯成绩优异，与其他男孩子共同竞争前排座位。[33] 亨利·科伯恩比詹姆斯·马地臣入学早20年，在他的记忆中，这所学校以老师极度严苛、学生放荡而臭名昭著，在他不堪的回忆中，这所学校的基调是"粗俗与苛刻"。他说，后期有些老师因鞭挞他们的学生而以暴力犯罪被判流放。[34]

少年马地臣在学校的穿着与其他男孩无异。典型的装扮包括黑色圆帽、衬衫，领子部分系着黑色丝带，双排扣背心，外搭单排扣燕尾大衣，及膝灯芯绒马裤配棕色棉边，冬天穿精纺毛袜、笨拙的鞋子。他们大衣和马甲的颜色总是非常醒目，如明亮的蓝色、草绿色或者猩红色。[35]

因此，在街上很容易辨别出皇家高中的学生，这使得他们很容易遭到挑衅，滋生了与低年级男孩在街头斗殴的情况。据马地臣的同学约翰·吉布森·洛克哈特说，学生们似乎很乐意接受这种毫无恶意的"粗暴的游戏"。当一方遭到另一方攻击时，为了守住自己的地盘而战斗，此时石头、棍棒、拳头都成了战斗的武器。马地臣当年是否像别人一样参加了街头混战呢？[36]众所周知，他是个冒险家，所以我们无法想象他在12~13岁的年纪，站在一旁作为局外人，看着自己的同学和来自老城小巷子或者干草市场的粗鲁的小伙子们混战。

1809—1810学年，詹姆斯进入高中第五学年，指导老师是詹姆斯·皮兰斯。詹姆斯·皮兰斯发明了黑板，安装在教学楼里并使用彩色粉笔来教授地理课程。学生们在拉丁语课上接触到了恺撒、李维、维吉尔、萨卢斯特、特伦斯和霍勒斯等历史人物。与此同时，图书馆的借阅记录显示，少年马地臣开始对异域文化产生浓厚兴趣。他在那年冬天借阅的大量书籍包括全卷的《库克船长航海日志》。[37]马地臣和维吉尔相差了1800年，然而马地臣阅读航海日志时，距离库克船长在夏威夷岸边惨死，也仅仅隔了30年。显然，这位英国皇家海军最著名的探险家的日志吸引着这位13岁的少年，并预示着他十几年后远洋南海的征程。

提起上大学，大多数人会想到爱丁堡大学，对詹姆斯来说也是最近便的学校；事实上，当他被录取时，他可以继续住在牛门南边。他在1810年秋天入学时，爱丁堡大学正处于转型时期，从"古老破旧的庭院和肮脏的教室"[38]变为壮丽的新古典建筑。新的教学楼于1789年奠基。城市本身无力资助这个项目，只能依赖皇室扶持。然而，持续23年的英法战争消耗了大量财力，直到1815年击败拿破仑·波拿巴后，皇室才有能力给予大学资助。[39] 新校区的结构设计最初交由罗伯特·亚当，后由威廉·普莱费尔改进完成终稿。19 世纪早期几十年间，他们杰出的设计理念一步步实现，詹姆斯·马地臣等很多学生有幸见证了部分新校区的落成。整个校区于 1833 年建成，此时马地臣与他的合作伙伴正在广州大展拳脚。

当时，十几岁就开始上大学是一件很正常的事情，通常大学入学年龄在 14 岁。1810 年秋天，马地臣被文学院录取时，距离他 14 岁的生日还差一个月。紧接着，11 月，他改变了学术专业，到医学院求学。然而，像很多当时学医的年轻人一样，马地臣并没有完成学业。[40]

获得文学院学士学位需要 4 学年，但并没有统一的笔试。课程包括拉丁文、希腊文、修辞学、美文学、历史学、逻辑学、形而上学、道德哲学和自然哲学，但没有数学。[41] 大多数学生倾向于选择那些他们感兴趣的课程，而不是可以从中获益的课程。因为对于他们而言，获得通识教育比获得学位更重要。文科和医药课程的学费标准都是每门课程 3 几尼。由于毕业在文学院已经变得不那么重要，所以很多学生没有选择固定的课程表，很多人也倾向于避开不受欢迎的教授。[42]

与牛津和剑桥的学生相比，爱丁堡大学的学生不用穿长袍，也不用住校。他们每天上 1～2 次课，基本是大课（70 人及以上），但是课堂纪律比高中要好。19 世纪初，针对爱丁堡的教育水平，有评论家指出，"世界著名的教授给一群 13～14 岁的孩子上课"[43] 是一种不相称的情况。1813 年，迈克尔·罗素牧师抱怨道，爱丁堡的哲学讲座只适合成年绅士，因为"这种广泛而深奥的知识对于那些仍然处于学习基础科学的小伙子来说并不适用，只能使他们更为迷惑和不解"。[44]

对于那些希望将来向更专业层次发展而进入大学深造的学生来说，他们比那些参加自由课程学习的学生有更加强烈的愿望获得毕业证书和学位证书。事实上，希望获得专业资格的学生比那些上自由课程的人要多。[45]

尽管马地臣在第一学年后从文学院转到医学院，也没能让他在大学里逗留超过两年。[46]

在马地臣所处的时代，他之后所终生从事的商业领域并不属于"专业发展"的范畴。当时很多贵族地主、领主，以及拥有大量庄园的乡绅聚集在爱丁堡，主导着爱丁堡的主流社会，他们轻视商人。亨利·科伯恩称："没有一个阶层像商业阶层这样卑微，他们没有直接的政治权利，没有投票权，过于顺从，对他人完全没有威慑力。"[47]然而，还是有一些庄园主的儿子们从事商业贸易。以著名的哲学家大卫·休谟为例，他年轻时曾去了布里斯托尔，为一个糖商工作。

我们无从知晓为什么詹姆斯·马地臣在17岁时决定中途辍学，或许当他从文学院转学医学时就有了从商的念头。如果是这样的话，那么再多学一两个学期可能也不会有助于实现他的野心。他既不想成为牧师和神学家，也不打算进入法律界，医学和外科手术也没能激起他的兴趣。他也从未打算一直进行学术研究从而进入教师队伍。或许父母的过世使得马地臣决定不再继续正规教育。

我们无须深究是什么原因使他终止学业，他确实是带着对商业浓厚的兴趣和商业技巧离开了爱丁堡，这些将陪伴他之后的商业生涯。当然，爱丁堡最著名的具有思考性和学术性的辩论协会鼓励年轻人做一个"敏锐的怀疑者"[48]，并成为出色的演说家，能言善辩。他也学习了一些社交礼仪，如跳舞，以便能在社交圈里如鱼得水，因为社交礼仪被认为是专业社交层面不可或缺的。[49]

马地臣还从爱丁堡带走了一样东西，就是鸦片作为麻醉药的效果和作用的知识。他在医学院期间，主要研究化学，对药物学也略有研究（主要研究药物使用），[50]这是医学院学生的必修课程。像其他医学院学生一样，他应该知道鸦片的药物性，以及医学教授和其他从业者规定的使用剂量。

詹姆斯在苏格兰又待了 6 个月左右，他 17 岁生日过后，大概是 1814 年初，他前往伦敦到一个商行工作。[51] 当詹姆斯·马地臣将其基础教育和医疗培训带入金融和商业领域时，威廉·渣甸还在东印度公司的舰队上做外科医生。可见，詹姆斯商业道路的开启比威廉的更为直接。

注　释

1. Devine，"Social Responses"，152－156.
2. 苏格兰法律承认三种非常规婚姻：在证人面前交换誓言、订婚或有婚约成婚、同居。这三类婚姻不通过当地教会，没有举行正式婚礼，但可以合法登记。
3. Sinclair, ed., *The Statistical Account of Scotland*, 4: 385－395. 约翰·辛克莱爵士向当地教会提出的那些问题有助于完善对 18 世纪晚期苏格兰人文和地貌的记载。针对洛赫梅本的问题是由安德鲁·贾弗里牧师回答的。
4. Ibid., 395.
5. Ibid.
6. Williamson, *Eastern Traders*, 51－52.
7. Alexander Hamilton, professor of midwifery, quoted in J. Johnson, *A Guide for Gentlemen Studying Medicine at the University of Edinburgh*（London:Scotland, 240）.
8. "The Faculty of Medicine at Edinburgh"，http://www.med.ed.ac.uk/history/history3.htm（accessed 13 February 2001）.
9. Risse, *Hospital Life in Enlightenment Scotland*, 245.
10. Rosner, *Medical Education in the Age of Improvement*, 30,89.
11. 传统协会规则允许外科医生每 3 年招收一个学徒，因此多数外科医生在其职业生涯期间只有 5~6 个学徒。然而，有三位外科医生连续每年招收多个学徒。渣甸在爱丁堡期间，他们似乎作为合伙人专门培训学徒。本杰明·贝尔、安德鲁·沃德罗普和詹姆斯·罗素，在他们合作之前以及合作期间，即 1780—1815 年间，一共收了 154 位学徒

（占爱丁堡学徒总数的 36%）。（Rosner, *Medical Education in the Age of Improvement*, 88, 97.）很有可能，威廉·渣甸也接受了他们这种合作培训模式。

12. Risse, *Hospital Life in Enlightenment Scotland*, 242; Williamson, *Eastern Traders*, 51–53; Lenman, *Integration, Enlightenment, and Industrialization*, 90–94; Mitchison, *A History of Scotland*, 35–41; Ferguson, *Scotland 1689 to the Present*, 207–208.

13. Rosner, *Medical Education in the Age of Improvement*, 143–145.

14. 在渣甸所处的时代，几乎所有的学徒在爱丁堡学习的课程无外乎解剖和外科、医疗实践和化学。其他课程包括医学理论、植物学、妇产科学和临床讲座。Ibid., 96.

15. Risse, *Hospital Life in Enlightenment Scotland*, 268.

16. Ibid., 277, 294.

17. Horn, *A Short History of the University of Edinburgh*, 96.

18. Risse 的 *Hospital Life in Enlightenment Scotland* 第三章中有详尽描述医务室治疗疾病的范围。

19. Ibid., 193–194, 379. 1795 年冬天，一名内科医生在教学病房发表了一份关于鸦片的研究报告。报告显示，他的病人中有 85% 的人以各种形式使用过鸦片。J. Worthes Estes, m.d., "Drug Usage at the Infirmary: The Example of Dr Andrew Duncan, Sr.", Appendix D in Risse, *Hospital Life in Enlightenment Scotland*.

20. Rosner, *Medical Education in the Age of Improvement*, 97, 144; Williamson, *Eastern Traders*, 53.

21. Information provided by Jo Currie, assistant librarian, Special Collections, Edinburgh University Library（letter to the author, 17 October 1997）.

22. Sinclair, ed., *The Statistical Account of Scotland*, 18: 385–395. 莱尔格教区的一位作者认为当地居民懒惰，并挖苦道："总的来说，尊重他们的性格没有多大意义，他们似乎特别害怕这些统计调查，并不会允许他们的区长进行调查，这仿佛不是很讨他们喜欢。"

23. Ketteringham, *A History of Lairg*, 57, 158.

24. Sinclair, ed., *The Statistical Account of Scotland*, 18: 453. 到了 18 世纪 80 年代，高地地区每年要生产约 70 万加仑的威士忌。

25. Mackenzie, "A History of the Mathesons", 489–490, 其中有其早年生活的记录; and Alexander Mackenzie, *History of the Mathesons*, edited and rewritten by Alexander McBain, 2d ed.（Stirling: E. MacKay, and London: Gibbings and Cay 1900）, 141–145.

26. Inverness Royal Academy, *The Inverness Academical*, War Memorial Number（Inverness: December 1921）, 48–49.

27. Ketteringham, *A History of Lairg*, 148.

28. Ibid., 179 – 180.

29. Johnson, *Sir Walter Scott*, 1: 35 – 40，充分、生动地描写了老城区风貌。

30. Daiches, *Sir Walter Scott and His World*, 14 – 15.

31. 学校在 1828 年迁至卡尔顿山下的一栋古典建筑中。1832 年，也就是威廉·渣甸获得外科医生文凭的 30 年后，詹姆斯·马地臣的旧高中重新开设为外科医院（现在为大学的考古系所在）。

32. Johnson, *Sir Walter Scott*, 1: 31 – 34; Sutherland, The Life of Walter Scott, 21 – 22.

33. 1880 年 7 月，刘易斯岛，斯托诺韦的刘易斯城堡上为纪念詹姆斯先生竖立的纪念碑，由马地臣夫人题词。

34. Cockburn, *Memorials of His Time*, 3 – 10. 亨利·科伯恩（1779—1854），辉格党律师，19 世纪 30 年代成为苏格兰的副检察长。科伯恩曾说沃尔特·斯科特脾气暴躁，其一则轶事佐证了这个说法。斯科特在班上对一位老师开了羞辱性的玩笑，把维吉尔的一句歪理贴在这位老师的身上，以报复老师对学校尊敬的神父亚历山大的人身攻击。Lockhart, *Memoirs of the Life of Sir Walter Scott*, 5 vols., 1: 95.

35. Cockburn, *Memorials of His Time*, 12.

36. Lockhart, *Memoirs of the Life of Sir Walter Scott*, 1: 86. 约翰·吉布森·洛克哈特，最终成为沃尔特·斯科特的女婿，比詹姆斯·马地臣大两岁。

37. 摘自图书馆借阅登记簿中的班级名单，1809—1810, Archives of the Royal High School, Edinburgh.

38. Buchan, *Sir Walter Scott*, 36.

39. 1815 年夏天的同一天，市议会以多种不同方式感谢大法官协助政府获得第一笔每年 1 万英镑拨款以完成大学的建设，并宣布威灵顿在滑铁卢战役中胜利的消息。Horn, *A Short History of the University of Edinburgh*, 122.

40. Extracts from the Matriculation Album for 1810 and 1811, Manuscripts Division, Edinburgh University Library, courtesy of Charles P. Finlayson, keeper of manuscripts（in correspondence with Margaret Pamplin, Cambridge University Library, 17 August 1977）.

41. Daiches, *Sir Walter Scott and His World*, 35; Horn, *A Short History of the University of Edinburgh*, 120.

42. Horn, *A Short History of the University of Edinburgh*, 60.

43. Buchan, *Sir Walter Scott*, 36.

44. Michael Russel, *View of the System of Education at Present Pursued in the Schools and Universities*

of Scotland（1813）, cited in Horn, *A Short History of the University of Edinburgh*, 120.
45　Horn, *A Short History of the University of Edinburgh*, 46, 68.
46　医学系课程持续到 7 月。由于专业的改变，马地臣在学校多待了 3 个多月，如果他是文科生，其课程会在 4 月结束。
47　Cockburn, *Memorials of His Time*, 164–165.
48　Horn, *A Short History of the University of Edinburgh*, 68; Buchan, *Sir Walter Scott*, 39.
49　Horn, *A Short History of the University of Edinburgh*, 68.
50　Matriculation Album, 1811, Edinburgh University Library. 该记录没有列出他所有的课程，因为入学手册中的条目很少，不必列出一个学生的所有课程，更没有什么现代大学类似的成绩单。
51　Burial monument, Lairg Cemetery.

第二章

从伦敦到广州

威廉·渣甸18岁生日刚过了一周,他在爱丁堡打包好行李,准备离开自己熟悉的苏格兰,离开曾经的青葱岁月。出发前他是否回到"宽河小岛"农场,或者去探望他的母亲我们都无从知晓,但是在他收到学位证书后不到两周,就已经到了伦敦等候登船,以船舶外科医生助手的身份进行第一次中国之旅。[1]

从学生到船员,他的身份转变如此之快,表明了那个中间人对他的影响。那个帮他与英国东印度公司联络的中间人到底是他在爱丁堡认识的内科或外科医生,还是以亨利·邓达斯为代表的苏格兰名流中的一员,这些都被隐藏了200年不得而知。值得注意的是,作为一个求职者,渣甸没有把时间浪费在庆祝获得学位、休整或者周游伦敦上。他收到爱丁堡大学学位证书的当月,就下泰晤士河前往南亚了。

考虑到从苏格兰中部到英格兰南部的旅费,威廉很有可能是从福斯港乘坐小船启程的。福斯港的船只经常在爱丁堡和伦敦之间进行货运和客运,来回大约需要7天。这样的行程使他无须急着越过苏格兰一路赶往邓弗里斯,然后穿过边境到福斯港赶船。

想要在英国东印度公司的船只上工作，不是通过直接向公司申请就能获得任命的。船务人员和外科医生是由英国东印度公司特许的船舶经理人聘用的，这些经理人管理船舶，来往于英格兰和印度运送人力和货物，但他们并不是这些船舶的实际拥有者。这些为英国东印度公司长期远航的大型船舶，其规格都是定制的，并且这些特定航线得到了特许。投资者在建造一艘大商船后，一般会把商船委托给一位经验丰富的合作伙伴来运作，并由这位合作伙伴来选择船员。船长、大副、二副、三副、四副需要经过公司董事审核。如果获得批准，这些海员将宣誓效忠公司，从此成为"宣誓官员"。在东印度公司的商船上供职的外科医生和助理同样必须由经理人挑选，然后上报到英国东印度公司伦敦总部。初级医务人员在第一次登船工作前，需要提交皇家外科学院的文凭，并获得公司首席医疗官的认可。[2]

抵达伦敦后，威廉·渣甸找到了托马斯·纽维特（Thomas Newte），托马斯是英国东印度公司船队的一位资深经理人，他为威廉做了引荐。刚好在"布伦瑞克号"（HCB Brunswick）[3]上有一个外科医生助理的职位空缺，而纽维特是这艘船的股东之一。渣甸在向公司首席医疗官亨特医生出示了证书后，亨特医生又对这个年轻人的外科经验和知识做了考核，并认可渣甸能够胜任船上外科医生助理的职务。随后，渣甸和纽维特就去了英国东印度公司位于伦敦利德贺街的总部。[4]

由于在大楼后部扩建，英国东印度公司大楼现在从街面向后延伸达1米。大楼内设有多间办公室、董事会议事厅、普通法院，以及装潢一新的仓库。威廉·渣甸第一次见到这座带有立柱式山形墙的门廊、爱奥尼亚式设计的建筑物时，他才6岁。对一个来自苏格兰的少年，这个建筑物的外表和内部无不体现出庄严、坚固、安全和高贵。就算没有被震撼到，也给他留下了深刻的印象。

在那里，威廉出示了他的证书，在得到医疗官的认可之后，他作为

"布伦瑞克号"上的外科医生助理而被登记在英国东印度公司的名册里。接下来的几天里，在等待登船通知期间，他会见到他的上级，即接下来航程的外科医生亨利·埃弗林厄姆（Henry Everingham），他也可能经常出入位于康希尔的考珀法院附近的耶路撒冷咖啡馆，这里是从事东印度贸易的商人、船长、办公人员钟爱的聚会场所。[5]

从18世纪末开始，英国东印度公司商船规模逐渐扩大，最终达到1200吨，随着包铜的引入，英国东印度公司特许的新船的航次从4次增加到8次。许多坚固的大型东印度商船，到了19世纪仍在航行。船东得到英国东印度公司保证，即为东印度贸易特别制造的商船可以获得特定航线和航次，因为它们不适合其他类型的运输。[6]"布伦瑞克号"属于新型1200吨的东印度商船，于1793年1月首航，并即将开启其第5次中国之行。[7]"布伦瑞克号"与"皇家夏洛特号"和"格拉顿号"在泰晤士河下游集结，准备启程。商船在"低希望"（Lower Hope）拔锚起航前的最后一位访客是英国东印度公司薪酬部门的一位职员，他来为全体船员发放两个月的预付工资。对于大多数船员，这只是远航前的惯例，而对于渣甸来说，这是他第一份薪水。当他随着众人在甲板上领取作为外科医生助理两个月共计5英镑（每月2英镑10先令，1英镑等于20先令）的工资时，他一定非常激动。[8]休·沃恩·鲍文（H.V. Bowen）曾说过，"有野心的人"并不满足于在商船上工作所得的"微薄的月薪"，而是敢于冒险，通过合法的"优待吨位"（船员可以被分配到若干吨位夹带私货进行贸易），或走私获利。[9]

1802年3月30日，三艘商船各自起航，驶向英吉利海峡。这么多年来，这是开往中国的商船第一次没有皇家海军的军舰护送。多年来的英法战争迫使英国东印度公司商船不得不需要武装保护。来往于印度的大型商船自身都配有武装，实际上，像"布伦瑞克号"这种1200吨级别的商船都有非常强劲的武装配置，通常，船上会配有38门小口径18磅炮，大多数装配在中层甲板，少量位于上层甲板，还配有一对舰尾炮。[10]就算如此，法军的威胁仍然很大，最好以船队方式航行。[11]当渣甸第一次看到多佛的白色悬崖和法国象牙海岸时，英法早已停战。

尽管英国在这条航线上占据统治地位，有将近500艘船只和若干护卫舰守卫在这条航线上，但自从反法同盟破裂以后，英国在欧洲大陆就没有盟友了。因此，英国急于通过谈判来终止敌对行动。1802年3月27日，两国代表在法国北部的亚眠签署了一项和平协议。但这个协议更接近于休战协议，而非稳定的和平，而且仅仅持续了14个月，不过刚好够渣甸和他的船员完成英国到中国的往返航程。

英国东印度公司的商船队被划分成两队，一队为海外航程，另一队为返回航程。这些航线上，一些商船经停印度孟买、马德拉斯和加尔各答，最后抵达中国；而其他商船则直接驶向中国。根据往返中国所需的时间长短，这两个船队交替出发。[12]1802年，"布伦瑞克号"和其他商船出发，直航中国。

亚眠协议签订3天后，商船出发了。到了4月2日，他们经过锡利群岛，一路向南，穿过了广阔的大西洋。英国东印度公司新一代的商船比上一代能够更自如地应对大海的风浪。大多数情况下，商船装载着向中国倾销的货物和去中国的乘客，但有时也运送军队。

英国东印度公司商船的路线在一定程度上由洋流和季风等因素决定，但在前往印度的过程中，他们也会有预测的停留点。外航商船一般在下列地点选择安全的停泊处：马德拉群岛、加那利群岛、维德角、里约热内卢、好望角和约翰娜岛（位于莫桑比克海峡）。无论外航还是返航，这些停泊处几乎都不是英国的领地，但是他们确实为航船提供了必要的船舶修理和补给服务，同时也起到了传递海军情报和商业信息的作用。[13]

通常，航程并不急迫。据一位史学家描述："商船装载着丝绸、细布、茶叶、瓷器，船客是一群准备在东方大展拳脚、拥有雄心壮志的年轻人，或是返乡的家庭。商船在海上悠闲地航行，晚上通常滞航。"[14]尽管如此，巨轮在与大海的较量中依然处于下风。直到19世纪30年代，在苏伊士航线的日益普及前，大多数人仍然认为大西洋航行是一段非常痛苦的经历。一位年轻的英国东印度公司船员在日记中记录了他在第一次印度航行中的不适："船离港了，船上作业辛苦……大海很残酷……晚餐一片混乱，布丁、鸭子、牛肉卷等菜肴随着船剧烈滚动，我们只能牢牢地坐在座位上，根本无暇顾及这些，非常不舒服。"[15]

5月初，"布伦瑞克号"的船舵出现了问题，三艘船不得不停靠在巴西港口进行维修。6月初，他们又回到了海上，在南大西洋的波涛汹涌中艰难前行。当他们航行到大西洋咆哮西风带（南纬40度海域）时，天气糟糕透了，甲板上狂风肆虐，年轻的医生在紧闭的船舱里工作，对他们来说也是一种考验。威廉姆森船长曾写道："我们可以想象得到，渣甸手里拿着灯笼，跟随着他的上级在布满枪炮、曲折的船舱里摸索前行，为海员检查伤病，记录下外科医生的诊断，指导病患服药，并以惊人的速度来回进行复查。"[16]

1802年8月，商船在进入新加坡前要停泊在巽他海峡上补给水和食物，在此地，这位年轻的外科医生助理第一次感受到了东印度群岛的宜人天气。随后，在季风的帮助下，"布伦瑞克号"朝东北方向驶向中国。9月初，尚处于葡萄牙殖民统治下的澳门，人山人海，热闹非凡。坐落在中国南海一角的澳门有"通往中国的海上大门"之称，因为商船只能在广州湾外围停靠。[17]"布伦瑞克号"接上一个澳门领航员后，便逐渐驶向上游的黄埔下锚。在完成了漫长旅程后，这些大型远洋船舶都停靠在那里。黄埔位于广州下游，距离广州约19.3千米。在广州来的英国东印度公司船货管理员（这些船货管理员是英国东印度公司的商务代理人，负责货物的安全和销售）的监管下，货物被转移到驳船上。船长驾驶小艇逆流而上，来到广州城郊珠江边的英国东印度公司所在地汇报货物到达情况，并暂住于此。[18]

外科医生通常和船长一起住在广州商馆，因此亨利·埃弗林厄姆将委托威廉·渣甸全权负责在黄埔的商船。不过当有茶叶要运到"布伦瑞克号"上时，威廉可以借机去广州转转。他不仅对各个商馆在广州的贸易情况做了调查，而且有幸结识了两个人，这两个人对他今后在中国的商业生涯有着重要的影响。其中一位是托马斯·威丁（Thomas Weeding），英国东印度公司驻广州的高层，后来回到伦敦开办了一家结算所，为渣甸和马地臣解决财务事宜。另一位结识的朋友是查尔斯·马尼亚克，他仅比渣甸大8岁，他们见面时，马尼亚克来广州不到两年，并刚刚成为"里德比尔行"的合伙人。[19]

在此有必要先把广州的私人公司作为题外话提及，以此来解释英国在华贸易的独特性。英国东印度公司的运营有两种截然不同的方向。在印度，英国东印度公司大肆敛财，侵占土地。实际上，英国东印度公司已经控制了印度大部分地区。而对于东亚，英国东印度公司侧重于商业贸易，而非侵占领土。从泰晤士河上东印度码头开启的贸易之旅，广州就是终点。

1757年，乾隆皇帝下令所有对外贸易（除与沙俄和日本以外）仅限于广州港。1760年清廷颁布了贸易条例，并在随后20年中多次增修。条例对外国来华贸易的商人做了各项规定，但这并未影响这些爱冒险又精明的商人获取财富的热情。[20]事实上，18世纪初，英国东印度公司已经在广州站稳了脚跟。根据英国法律规定，公司享有从好望角到麦哲伦海峡地区的商业垄断地位。这种垄断在某些方面是相对宽松的，例如允许船员利用货舱夹带一定量货物用于私人商业贸易，被称为"优待吨位"。这种特权是为了鼓励那些有经验的船员在不损害公司利益的前提下继续为英国东印度公司效力。而且英国东印度公司陆地员工获准在这些东方国家的港口之间进行私人贸易，但不能从事东亚与英格兰之间的贸易。正如已经提及的，这种在垄断统治下的让步被称为"国家贸易"，它实际上是鼓励将英国东印度公司的利益发展到新的市场。英国东印度公司的合法垄断和国家商人的私人贸易之间的区别往往模糊不清，实际上，只有当出现明显的滥用权力时（如滥用公司资金），才会严格执行垄断的规定。茶叶贸易由东印度公司完全垄断，但是国家商人可以投机很多其他商品，包括鸦片。因为这些灵活的政策，使英国东印度公司利益和个人利益之间在东印度贸易中形成了一张关系网。[21]

驻扎在广州的东印度公司职员被称为东印度公司管委会，负责监督中国沿海所有英国商人的商业活动。管委会的总部位于珠江边的新英国馆。1813年后，他们的主要任务是管理公司的茶叶贸易，并且只有22名船货管理员和文员来负责完成。[22] 商馆只是负责办理贸易业务的地方，临珠江而建。所有的商馆都被圈在夷馆区，因为通商条例规定，不允许外国人随意在广州城内或广州以外地区活动。[23] "广州十三行"一词是指经朝廷批准，可以与外商贸易往来的中国行商，但数量不限于13家。

渣甸第一次中国之行的活动范围也仅限于黄埔港、黄埔镇和广州珠江边的夷馆区。当他乘坐小艇驶向上游的广州，和其他船员在那里短暂停留时，一定会为眼前的异国风情所着迷，外国商人熙熙攘攘，乘着各式船舶，在夷馆区前的河边来来往往。一位美国商人这样描述他第一次来到这座城市的感受："低沉的嗡鸣声瞬间变成一声巨响，夜以继日，永不停歇。这种嗡鸣声就像是由敲锣、放炮等声音合奏而成的小夜曲，伴随着河船来来回回。"[24] 沿着河北岸，渣甸会发现来自欧洲各国的商人，包括荷兰人、法国人、瑞典人、奥匈帝国（奥地利）人、西班牙人、丹麦人等，还有美国人。[25]（尽管各式商馆都是以传统欧洲名字命名，其中最华丽的还要数英国东印度公司的新英国馆。原先的英国馆在1822年的火灾中付之一炬。19世纪初，这些欧洲的贸易公司并不是每年都派代表来。）船客一般在瑞典馆前的牡驴尖码头（Jackass Point，十三行英国馆前广场边伸入珠江的陆地角）下船上岸，从那里很快就能走到英国东印度公司的新英国馆。在那里，渣甸会见到船货管理员和英国馆的工作人员，总共26人，这已经是当时在广州驻扎的最大的欧洲商馆了。[26]

9月到次年3月的贸易季，外国商人被允许暂时居住在这些商馆里，以便购买和装载茶叶到货船上。每年清朝政府都会发布诏谕，勒令外国商人在贸易季结束后尽快离开广州，其实这项规定是很容易规避的，但是大多数商人在贸易季结束后更愿意去澳门，因为那里有女人。由于清政府不允许外商携带女眷进入广州，无论是妻女还是别的亲眷，所以广州夷馆区里都是男人。这项举措是为了防止外国商人在中国建立永久定居所。不仅仅政策上强制执行，就连被称作"花船"的海上妓院也禁止外国人入内。[27]但是为求商业立业，行商偶尔会偷偷带一些"放荡的女人"进入商馆。[28]外国人在下游的黄埔也有机会寻花问柳。[29]

整个夷馆区面积大约为4.85万平方米，被两条街道和一条小巷分割开来。夷馆区面朝珠江，平均每栋长度不超过30.48米，建筑成长条形，一栋挨着一栋，从河岸到"十三行"街区大概只有500步远。每个商馆都是由高低不同的建筑物（两层或者三层）组合而成，再由拱门或者长廊把它们连接起来，仿佛串在一起。通常，商馆的上层是账房、餐厅、几间卧室和客厅，也可能包含图书馆。一些商行的阳台和屋顶露台面朝珠江，新英国馆甚至还有一个河畔花园。但是占地面积最大的还是仓库，那里的货物被堆放在离地约0.3米的平台上。

夷馆区以及与广州城区的交界处，向来十分拥挤，从出售各种瓷器和漆器的小店，到贩卖水果、蔬菜，甚至是猫、狗、剥皮鼠的食杂店，狭窄的街道上挤满了各种小商店。街头理发店、街边摊儿、乞丐、算命的和各种各样的小贩在拥挤的空间里抢夺地盘。新豆栏街是水手们的酒吧一条街，出售"中国杜松子酒""一等朗姆酒"等各种烈酒。[30]

与其他商行一样，英国东印度公司雇用买办负责所有操作细节（船货管理员和其他工作人员雇用的佣人除外），以此可以将英国东印度公司员工从实际运营的重担中解脱出来。所有的现金交易买办都要经手，而且每次他们都会扣下一小部分钱。这是一个有油水的职位，但是并不光彩，这种回扣当时在广州是普遍存在的，外国商人也算是默认的。

从中国各项事务中解脱出来，英国东印度公司的员工在贸易季非常努力地工作，特别是在贸易季初期，船货管理员和文员甚至经常在账房奋战到深夜。大多数职员接受这份任命，是因为回到英国后可以得到经济资助。这些工作都会有经济上的奖励：一个文员，也叫记录员，其工资会从最开始的每年100镑在几年内涨到每年1000镑。更夸张的是，船货管理员每年工资加上提成竟多达9000镑，这工资可以让他们工作几年返乡后享受舒适的退休生活。[31]

英国东印度公司的工作人员在广州的生活标准是所有外国人中最高的。在商馆的生活费用完全由公司承担，员工餐也非常好。[32]节日时，他们也会精心举办晚宴，而他们在露台上举办的演奏会，最终成为整个洋人圈的每周固定节目。渣甸在广州的那段时间，新英国馆为洋人居民修建了最好的图书馆。他们可以玩台球游戏、纸牌游戏，偶尔还会进行板球游戏。当然，由于靠近河流，最流行的竞技类游戏还是赛艇。[33]

在政府的允许下，泛舟到上游约3.2千米外的法提花园成了最高雅的休闲方式。显然，没有女性的陪伴，这种全男性的野餐实在是索然无味，所以一旦茶季结束，商人和英国东印度公司员工更愿意撤回澳门。澳门是从事东印度贸易的商人家属常年生活的地方，因此被外商称为"阿斯克特、蒙特卡罗、里维埃拉"。有些外国商人的妻子在澳门，有些人在那儿包养情妇，还有不少人享受与澳门女人短暂的鱼水之欢。[34]

英国东印度公司在澳门也有一个高级商馆，一年中有半年的时间那里会举办各种球类运动、戏剧演出、晚宴和音乐会来活跃外商的社交生活，这也使其有别于广州的商馆。[35] 每年东北季风结束，茶叶被清关装船，东印度公司商船离开黄埔返程时，就会出现外商所谓的"澳门航道"。[36] 这个时间点就意味着，威廉·渣甸的第一次中国之旅中可能无法见到15~20艘持许可证的船只，成群结队，顺流而下，行驶2~3天到达当时葡萄牙殖民统治下的澳门。他也没有机会在美丽的格兰德海滨大道漫步，没有机会欣赏澳门舒适惬意的私人住宅。然而在广州，他有机会观察行商（行商是负责与英国东印度公司管委会对接的中国商人）的行事风格。

就像英国东印度公司对中英贸易的垄断一样，在广州有一个由13位杰出中国商人组成的委员会（被称为"行商"），所有对外贸易都必须经由他们处理。[37] 负责管理行商、外国商船和商人的户部，调控对外贸易，督导海关税收，以皇帝的名义向外国商人和行商敛财，实则中饱私囊。[38]

每一艘停泊在黄埔的船都必须由一个行商做担保。这样的商人被称为担保人，担保人对其所担保的外国商船负责，作为回报，他可以为该商船供应茶叶、瓷器、丝绸和食品等出口货物，从而获利。[39] 担保人要向清政府担保货物的关税被缴清，还要负责规范外国商人的行为。尽管数目不限于13个，但还是统称为"十三行"，有时也称为"行商"。他们是外国商人和清政府官员（如广州总督、广西总督、广东总督）一切事务沟通的中间人。沟通必须采取申请的形式，这一形式强调外国商人的劣势地位。只有经政府批准的持有牌照的行商才能与外国商人直接贸易。然而，英国东印度公司也会跟非行商商人交易，很多英国私商也经常与非行商商人（俗称"店主")进行贸易往来,所进行的交易甚至比英国东印度公司还多。[40] 在某些情况下,这些"外围商人"的店铺在商馆附近,被允许直接与外国商人进行贸易,而有时这种交易又受到严格限制。[41]

一些行商获得巨额财富,但是实际上,他们作为中间人的角色极具风险性,有些人甚至会因此破产。由于现金流问题,使得他们不得不依赖于外商的垫款,导致他们长期负债。作为一个团队,他们需要承担连带责任,这就意味着"十三行"需要承担个别行商的破产债务。出于这个原因,他们成立了一个叫作"公所基金"的保险信托基金,向外国商人强制征缴费用。这项基金建于1779年,意在为破产商人的债务建立共同责任。[42]

为商船做担保的行商还需要协助该船的船货管理员找一位"语言学家",即翻译,为外商与清朝海关办理业务提供便利。这些"语言学家"需要持政府批准的执照,他们也会协助客人贿赂海关人员、瞒报,以及帮助客人保守商业秘密。[43] 他们使用一种奇怪的"洋泾浜英语",这种语言缺乏语法句法规范,依靠简单的词语组合。这是一种混合了本土语言、葡萄牙语单词和印度语言的中国式发明,到19世纪,对英语产生着重大影响。由于外国人被禁止学习汉语,中国人也鲜少有人有兴趣学习英语,所以直到19世纪20年代,全广州只有三个外国人能流利地读写中文也不足为奇(渣甸和马地臣也不会流利的中文)。另一方面,在广州也没有一个中国人能读写英语。因此,双方以"洋泾浜英语"作为标准商务语言,有时涉及巨额交易。[44]

渣甸在第一次见识了广州体系和众多潜规则后,一定认为与中国南方官商勾结、社会复杂、贪污之风盛行、语言混杂的混乱世界比起来,"老烟熏"的杂乱无章和城市问题简直是小儿科。他在爱丁堡老城中从来没有见过如广州城中这般可怜贫穷的乞丐。没有迹象表明他在第一次中国之旅时,便被这个充满异国风情而又残酷的南方城市吸引,并立志要留在中国。他已经在黄埔和广州之间的珠江边逗留了将近3个月，这3个月学到的，是他9个月前在学校时不曾有人教过的。

渣甸的船停泊在黄埔的众多船中，桅杆鳞次栉比，他有很多工作要做。水上妓院勾引着英国东印度公司商船上的水手，岸上的竹楼（作为码头上临时储藏货物的建筑）里出售违禁酒精混合产品。毫无疑问，那些忍受病痛的水手把自己沉迷在这些药物中。对于渣甸来说更重要的是，为在战斗中受伤昏迷的水手治疗。

很多商船都无法摆脱在广州周围持续存在的热带疾病，如疟疾和痢疾。由于厨房卫生标准低，饮用水含菌量高，胃病、肝病、黄疸（肝炎）和肠道疾病都是很常见的。[45] 由于此类船上问题，在黄埔停泊的几个月，渣甸和埃弗林厄姆几乎被船员的抱怨声淹没。

"布伦瑞克号"10月开始装载茶叶和瓷器等其他货物。由于黄埔水深不够，他们需要驶到下游深水处停靠并继续装载货物，一直要到11月。[46] 中式帆船是防水的，而西方建造的帆船往往是漏水的；因此，英国东印度公司的师傅们不得不想尽办法以防止茶叶受潮被毁无法交易。因此，英国东印度公司的商船底层要装载不会被水侵害的货物。中国瓷器就很适合，从珠江到泰晤士河不断被"洗涤"而安然无恙。瓷器底下是压仓物，其中包括澳门石头，压舱物用于使装瓷器的箱子保持平衡。英国东印度公司允许商船的船员在非垄断货物上进行投机，这也给了船长和其他船员在航行中赚外快的机会。[47]

渣甸在9月初到达黄埔，这使得他有机会观察到大批外国商人在10月回到广州的盛况，因为此时正是茶叶从广东北部和西部几百千米以外的几个省份通过水路运输抵达广州之时。秋天的几个月对于行商和他们的外国客户来说是非常忙碌的，因为在年末的几个月和下一年年初时，大量的货物会运抵广州。[48]

茶叶有两种基本类别，即红茶和绿茶，英国东印度公司会根据英国的市场需求来调整进货，随着英国政府对茶叶进口税的增加，也会着重挑选关税便宜的品种。绿茶的味道更加细腻，但其清香味一年后就会消失殆尽，因此，英国东印度公司一再提醒其船货管理员采购绿茶的风险性。但像屯溪茶这种绿茶在英国市场非常流行。武夷山红茶在19世纪早期关税上涨前并不受大众喜爱，但是它可以和工夫茶混合而成一股更好的味道。英国东印度公司的基本原则是根据质量定价，同时提供种类繁多的茶以迎合大众的需求，并满足特殊口味需求。[49]

英国法律要求英国东印度公司手上保持一年的茶叶供应量。而一批茶叶从中国的产地运到英国消费者手中，可能需要三年的时间。[50]1786—1833年间，英国东印度公司从中国进口的茶叶量翻倍增长，从1786年的1600万磅，到英国东印度公司的垄断被终止时已经增长到3000万磅。[51]那些年来，英国东印度公司四分之一的净利润来自于广州茶叶贸易。[52]

中国境内的茶叶运输大概需要4~8周到达广州。从福建、江西或者其他偏远省份出发，沿途需要经过7个海关站，每经过一站，茶叶价格就会有所增长，直到到达广州。茶叶的样品会被送到商馆，在那里，质检员会评估行商所提供的茶叶的质量，质检员满意，茶叶合格，即交易结束。[53]外国商人希望确保他们所带到广东的货物能够售出，同时进行采购。因此，外商和行商会签订书面合同，虽然合同条款并不总是符合清朝的法律。[54]

到19世纪初期，英国东印度公司每年进口的茶叶超过2000万磅。休·沃恩·鲍文（H.V. Bowen）坚持认为"英国东印度公司1765—1833年间的贸易重点就是把财富从印度转移到英国"。茶叶贸易是一种通过商业贸易把财富从印度转移出去的渠道，但英国东印度公司主要还是依靠运输成箱的金条回国。[55]然而，茶叶的收益已经比英国东印度公司在整个印度的收益还要多。[56]相比之下，英国东印度公司商船携带的其他货物就显得不那么重要了。像"布伦瑞克号"这种商船,除了主要货物茶叶,通常还装载着丝绸、雕刻象牙、中国墙纸、油漆家具和瓷器。[57]

休斯船长签署货物提单,并在拿到装满寄往英国的信件邮包后,就离开广州返回"布伦瑞克号",此时的"布伦瑞克号"正在珠江第二道码头静静等待他和外科医生的到来。等到所有货物装载完成,从清朝海关处拿到清关文件,休斯船长和埃弗林厄姆医生在1802年11月28日登上"布伦瑞克号"准备返程。两天后,由四艘商船组成的船队从伶仃岛启程,在澳门放下领航员,开始顺着东北季风向南航行,英国东印度公司红白蓝相间的旗帜随风飘扬。[58]不到两个月,他们经过好望角,并继续向南大西洋行驶,驶向下一个目的地圣赫勒拿(地图上显示位于西北方向约2735千米)。在那里,"布伦瑞克号"的船员发现皇家海军舰艇"罗姆尼号"正在等待他们的到来,并得知与法国的战争即将重新开始。3天内,一个由7艘英国东印度公司商船、2艘捕鲸船和1艘军舰组成的新船队集结完毕,向英国驶进。[59]

在休斯船长的命令下,"布伦瑞克号"做好准备,随时成为战舰。埃弗林厄姆和渣甸也在船尾底舱安排了一个房间作为外科病房使用,以便为在与法军对抗中受伤的人员进行救治,尽管如此,此次回程仍不太平。在此次长途中,唯一的一次"对抗"行动发生在英国水域。在与英国东印度公司商船分开前,"罗姆尼号"派了一组人登上"布伦瑞克号"并扣押了36名船员在皇家海军服役。事情往往如此出人意料,经过了13个月漫长的航行,英格兰近在眼前时,这些水手才发现自己被强征服役,而非解散回家。

"布伦瑞克号"带着剩下的船员继续溯流而上,于1803年4月25日在格林海斯之上的朗里奇抛锚靠岸,至此,这位年轻的外科医生助理结束了他的第一次中国之行。渣甸和埃弗林厄姆医生向船舶管理人托马斯·纽维特汇报工作,然后将他们的医疗日志交给英国东印度公司首席医疗官,之后他们就自由了。[60]三周之后,英法之战再次打响。

而那时，威廉·渣甸已经回到其在邓弗里斯郡的家中。他在伦敦逗留时间较短，来不及领薪水，便委托商船三副帮他代领。薪水共计 27 英镑 13 先令 4 便士。对于一个在爱丁堡获得文凭，并作为外科医生助理超过一年的人来说，这点儿薪水真是少得可怜。但是威廉发现，英国东印度公司高级职员可以通过做私人贸易来贴补工资。[61]"布伦瑞克号"卸载的货物中，除了茶叶，其他的货物允许船员们作为私人商品进行交易。但"洋泾浜"瓷器不在所谓的"优待吨位"的货物中，因为它们被放在茶叶之下船上下层的地方。在往返航程中，英国东印度公司官员可以利用免费的优待吨位投机奢侈品或者其他散货。[62] 根据 1793 年特许状法案规定，英国东印度公司每年可以提供 3000 吨舱位用于私人运输，价格是外航每吨 5 镑，回程每吨 15 镑。此条款引发了返程进口的热潮，导致进口额急剧增加。[63] "优待吨位"是按照船员等级分配的，船长可以免费带出境 56 吨，入境 20 吨。[64] 在这些人中，最低等级的是商人，他们只能携带几立方英尺货物。[65] 18 世纪末期，善于投资的船长可以从每次航行的优待吨位中赚取 4000 ~ 5000 英镑。[66] 处于低等级的外科医生可以带 3 吨回程，而外科医生助理可以带 2 吨。[67] 一个年仅 18 岁的外科医生助理，第一次航行，还在不断摸索中，可能只是把他的优待吨位出售给他的上级以贴补工资或者得到一盒中国瓷器，这样就已经很满足了。但他早有打算，待其等级提升后，他可以为在英国或移居印度的朋友代购小件奢侈品，从而抽成获利。[68]

渣甸下一次有这样的盈利机会是在 1804 年，英国东印度公司再次发给"布伦瑞克号"特许证。商船在布莱克沃尔整修的时候，托马斯·纽维特必须重新定制船员名单。当时菲利普·休斯船长已经辞职，由詹姆斯·卢多维奇·格兰特（James Ludovic Grant）代替，后者曾在早些时候的航行中指挥过这艘船。还有些其他的变化，但对渣甸影响最大的是，亨利·埃弗林厄姆辞去了船上外科医生的职务。尽管威廉当时只有 19 岁，纽维特还是让他接任商船外科医生的职位,想必是由于埃弗林厄姆的强烈推荐。[69] 仅仅在一次航行中担当外科医生助理后,渣甸在等级排序中就前进了一大步,提高到一个更高的级别。[70] 一位德高望重的海军史学家坚称,1800—1830年是英国东印度商船的黄金时间,而且在这段时间里"能进入英国东印度公司工作,就像能得到皇家海军的委任一样幸运"。[71]

英法重新开战使得像威廉这样强健的年轻人必须立即取得在商船上做外科医生的资格认证,否则他可能就被强征到皇家海军战舰上服役,因为只有那些在职的英国东印度公司船员,到了应征年龄才不会被强制入伍。那些被英国东印度商船解雇,或者想在其他外航船上寻找新的工作的年轻人有被带去伦敦塔附近的"征兵站"的危险。为了免于强制入伍,需要一个海军部证书。渣甸在1月份前往东印度公司大楼时拿到了,他在那里签署了一份协议,正式登记在册,并提前领取了两个月工资。[72]

战时海上服务最大的麻烦就是,船员是否能领到工资取决于货物是否能安全返航。海员们主要的抱怨之一就是,船货一旦被劫,他们就会失去所有的工资。英国东印度公司是出了名的吝啬,对于船员家庭的抚恤金也很微薄:每艘船从布莱克沃尔启程前,每一位船员可以指定一位亲属或朋友,如果船出事,他们可以每六个月领取一个月的工资。

通常来说,一艘1200吨的东印度公司商船可以承载大约130名船组人员,[73] 外加一些乘客。然而,"布伦瑞克号"这次的旅程似乎有些超载,因为英国东印度公司特许这艘船和其他两艘船运送国王军团第66军到锡兰(斯里兰卡)。第66军350名军官士兵在特海德登上了"布伦瑞克号"。1804年春季的一天,"布伦瑞克号""广州号"和"伊利侯爵号"三艘英国东印度公司商船作为运兵船,和其他5艘英国东印度公司商船,以及护卫舰"麦鸡属号"组成船队出发。[74]

由于"布伦瑞克号"上人数较多,渣甸简直忙不过来,不过值得高兴的是，在商船出发前两周，他招到了一名医生助理——威廉·雷（William Rae）。在船队出发前三周，渣甸已经满20岁了，他现在已经是一艘载有近500人的船上的高级医疗官了。考虑到船上有如此多的部队人员，渣甸在启程前要花相当多的时间订购药品和医疗器械，并监督装船。当然，他也在耶路撒冷咖啡馆与资深的外科医生商讨了途中可能遇到的状况，以及处理方法。[75]

"布伦瑞克号"的船员将他们的吊床挂在主甲板上的枪炮之间，他们也在那里吃饭，而皇家部队则住在客舱里。船上的助理、事务长和外科医生则在客舱里搭帆布帐篷。对于渣甸来说，这次的住宿相较于第一次航行，已经有很大的改善。现在，他有一个用帆布隔起来的单间。[76]

为了防止船员、士兵和乘客患上坏血病，1803年，英国东印度公司董事会决定，来往于中国的船需要为每4个人携带1加仑（约3.78升）的柠檬汁。考虑到船上人数众多，渣甸需要确保船上存有至少100加仑的柠檬汁。柠檬汁可以帮助消除一些传统破坏性强的疾病，但在旅程刚开始时他便注意到由于供水水质问题引发的一种持续蔓延的消化道病症。与往常一样，商船上的水是直接从泰晤士河里抽取出来的，又脏又臭。所以董事会要求每一艘开往中国的英国东印度公司特许商船都要携带净水器。但是奇怪的是，水中的有机物会发酵释放出一种气体并留下盐残渣，在漫长的旅程中可以起到净化水质，改善水的味道的作用。可惜的是，对于那些在航程一开始就饮用船上水的人，由于水中细菌含量还很高，这些不纯净的水会导致饮用者消化系统痉挛。[77]渣甸认为应对这类病症最好的方法，除了劝告人们饮用除水以外的其他饮品，就是开一种鸦片酊作为放松肠道和控制痉挛的方式。很多人在旅行开始时便准备了包括鸦片在内用于私人出售的药品，例如"戈弗雷氏补品""贝利妈妈的镇静糖浆"和"巴特利镇静剂"。毫无疑问，我们年轻的外科医生也带了大量酒和鸦片上船，用以混合成温和的酊剂。

渣甸等级上升，已经成为外科医生，因此他有权利享受在上风舷的后甲板散步，更重要的是，他也在格兰特船长室的餐桌上获得了一个位置。詹姆斯·卢多维奇·格兰特显然是一个有性格的人，与他共进晚餐也活跃自然了很多。而且，英国东印度公司船长们通常来说会请一些演奏家上船。船长的餐桌上也可以享受无限量的葡萄酒和白兰地，以及大量的一级干酪和柴郡芝士。所以渣甸此次行程的餐食比第一次航行要丰富许多，第一次航行时他只能在下船舱就餐。

在幸存的航海日志中没有查到在船队中有任何流行病的迹象。所以渣甸和他的助理应该是一直忙于处理船上日常的医疗事务，如由于跌倒、打架导致的骨折、撕裂，或者在厨房或锅炉房中出现的烧伤，牙痛，食物和水质污染造成的消化道疾病，以及其他常见病。从英格兰启程后4个月，船队到达了斯里兰卡东北部城市亭可马里，毫无疑问，多周以来，我们的外科医生和他的助理已经厌倦了与那么多脾气暴躁的人共同相处，尤其是还要为他们处理伤口。

三艘东印度公司商船在印度东南部海岸的马德拉斯稍作停歇，因为他们在海上漂泊了4个月，急需补给。船只在印度港口停留3周，装载棉花运往广州销售，并招聘印度水手来填补职位空缺。8月30日，在两艘护卫舰的护送下，"布伦瑞克号""广州号"和"伊利侯爵号"继续向中国驶进，在马六甲海峡与其他东印度公司商船和国家商船会合。9月初，18艘商船在5艘护卫舰（其中包括"罗素号"）的护送下从马六甲海峡启航，护卫舰装备74门炮，以防御近期法军在东部水域的强大火力。[78]

鉴于法国和荷兰在南方水域的军事实力，渣甸也可以预想到他这次穿越东南亚海域要比第一次危险得多。尽管"布伦瑞克号"在最后一航段躲过了法国的袭击，但船队在中国南海遭遇猛烈的台风，船队被迫分散，商船遭到严重破坏。所幸没有船只失事，东印度公司商船最终于1804年10

月 13 日抵达珠江口，距离离开英吉利海峡已经过去了 7 个月。

虽然"布伦瑞克号"和其他两艘船在暗夜中于距离黄埔不远处就搁浅了，但他们随波漂流，很快安全抵达码头下锚。他们到岸后卸货，缴纳关税和小费，准备装载茶叶并等待组建返程的船队。作为商船的外科医生，威廉·渣甸有权同格兰特船长一起去上游的新英国馆，并在英国东印度公司驻广州总部享受高规格的晚宴。其他的时间里，他主要忙于安排货物填满他 3 吨的优待吨位，并安排一些瓷器放在商船底层为茶叶垫底。这一次，在黄埔照看船员的工作交给了外科医生的助手，威廉·雷，所以渣甸可以有机会了解新英国馆的方方面面。

商船得到启程官印后，"布伦瑞克号"顺流而下加入其船队中，这次的船队与 1804 年 3 月从泰晤士河出发的船队大不相同，由于船组成员在锡兰和印度被强制征兵，所以在广州又重新雇用了 30 名水手。[79] 船队由 15 艘商船组成，在海军的护送下于 1805 年 1 月 8 日启程离开伶仃岛，预计在初夏抵达英国。到达马六甲海峡附近英属港口槟城两周后，确保没有法军威胁后，船队分成两个队伍，国家商船开往孟买，而包括"布伦瑞克号"在内的东印度公司商船驶向英国。[80]

现在"布伦瑞克号"需要在波涛汹涌的印度洋上挣扎。之前在珠江搁浅时，船体已经受损但未被察觉，现在由于船体与海水的碰撞而更加严重。船队派了中国海员协助抽水，但问题愈发严重，船队队长不得不召集所有船长到"布伦瑞克号"上评估其适航性。他们判断，"布伦瑞克号"已无法继续前行，只能前往孟买停靠和维修，同时其他船只继续返程。在"温切尔西号"的护送下，这艘受伤的商船在 1805 年 3 月初挣扎着向孟买驶进。[81]

可能因为维修设备被孟买海军（孟买海军是英国东印度公司强大的海上力量）征用，所以直到 5 月中旬"布伦瑞克号"才能得到维修，因此渣甸有很多空闲时间。从"布伦瑞克号"卸下的好茶叶被装载到另一艘英国东印度公司的商船上，运往英国，而因为船舱进水而受损的茶叶，就在当地拍卖了。渣甸在孟买卖掉了他的特权货物，并开始计划在"布伦瑞克号"返程时再进行投机买卖。

在孟买的英国东印度公司官员解除了"布伦瑞克号"的特许，并允许格兰特船长私人运输棉花到广州，但条件是，"布伦瑞克号"需要再次为英国东印度公司运送茶叶回英国。格兰特在这次的冒险中获利的机会很大，因为他的船将是今年第一艘抵达广州的商船。

几乎可以肯定的是，格兰特的棉花货物是通过帕西商人担保的。与印度其他地区人的从属地位相比，这个在印度信奉琐罗亚斯德教的民族是与英国人相对平等且优秀的商业代理。[82] 在孟买的国外商业团体中，帕西人是"从事海外贸易、运输、银行业和汇款业中最为惹人注目和有野心的团队"。随着现代文明和公民文明的发展，他们最终也成为孟买社会最具影响力的组织。[83] 帕西商人对广州的商机很敏感，最终在广州从事银行和保险业，并成为当地商会成员。在广州的帕西人比英国人还多，截至1835年，在广州有52个帕西人，只有35个英国人。根据西方资料显示，鸦片战争前，帕西人占在华广州外国商人总数的三分之一。[84] 沿着江边，他们的商馆就是众所周知的"炒炒馆"，而非官方称作的"帕西馆"。[85] 帕西商人从孟买推销到中国的两大主要产品是鸦片和棉花。[86] 帕西商人以具有侵略性闻名，他们借贷给行商，使行商负债累累，这让清政府和英国东印度公司非常恼火。除了在运输管理方面获利，他们还大量投资造船，据称，他们的大型船舶在国家贸易中的使用期长达60年。[87]

随"布伦瑞克号"前往广州的乘客中，有一位叫詹姆斯·杰吉伯伊（Jamsetjee Jejeebhoy）的年轻帕西人，他年仅21岁，却从1799年开始来广州，这已经是第四次了。由于缺乏正规教育，他几乎不识字，7岁起，便在叔叔的酒行工作，这也是他获得的唯一商业培训。他的第一次冒险之旅是毫无收获的，在第二次尝试中被注意到也是因为奥尔岛海战时，他在一艘英国船只上。他比渣甸小一岁，他们是在 1805 年开往广州的"布伦瑞克号"上认识的，自此成了终生的朋友和商业伙伴。[88] 事实上，杰吉伯伊后来成了渣甸和马地臣在孟买主要的贸易伙伴。[89]

1805 年 7 月 1 日，刚刚维修好的"布伦瑞克号"在没有护航的情况下从孟买启航。因为最近去中国的船队要在 7 月末出发，格兰特船长不想再等。他打算载着原棉，成为这一贸易季第一艘到达广州的商船，以求在大批商船到达黄埔、市场上供过于求前，卖个好价钱。离开孟买时，爱德华·佩柳爵士（Sir Edward Pellew）得到海军部的授权在孟买尽可能多地强制征兵，"布伦瑞克号"上本就不多的英国海员变得更少，渣甸也因此失去了助理。在这种情况下，"布伦瑞克号"上训练有素的枪手急剧减少，大概只剩下 20 个英国海员留在船上。（事实上，"布伦瑞克号"上很多枪支只能作为压舱物被压在舱底。）

由于在孟买英国水手被强制征兵，格兰特不得不雇用法国修帆工（实际上是战俘）协助维修"布伦瑞克号"的风帆。然而在 6 月末，这些囚犯因为交换囚犯协议而被释放。他们乘坐挂着休战旗帜的"首相号"离开孟买前往毛里求斯交换战俘，却被法国旗舰"马伦戈号"截获。"马伦戈号"是配有 74 门炮的旗舰，舰长海军上将查尔斯－亚历山大·利诺（Admiral Charles-Alexandre Linois）违反协议，释放了 75 名法国战俘，只给船长留了一张收据。这些法国战俘一被释放就立刻到"马伦戈号"和"拉贝尔伯爵号"上服役。法国军舰立刻人员充沛，全力追击英国商船。[90]

在这些被利诺上将非法释放的水手中，有一些几天前还在"布伦瑞克号"上修补船帆。"布伦瑞克号"上的见习军官托马斯·爱迪生（Thomas Addison）回忆道："这些法国人肯定把修帆时关于我们的所见所闻说了出去，当然会把我们的出发时间等情况告诉他们，好让约翰尼·柯拉博很容易追上我们。"[91] 利诺得知"布伦瑞克号"会在没有海军护送的情况下航行，而且他的新船员能在很远的距离里就认出这艘船。于是，"布伦瑞克号"和商船"萨拉号"在7月11日驶入了利诺设下的圈套。

格兰特及全船已经做好战斗的准备，渣甸也准备好照料伤员，但是实际上他无人可照料，因为战争只开了两枪，一枪是来自法国护卫舰，另一枪来自"布伦瑞克号"。随着"马伦戈号"的逼近，格兰特知道他失败了，并降下旗帜。渣甸被叫到上层甲板时，船已经被法国水手占领了。

"萨拉号"立满了所有的帆全速前进，得以逃过法军的追捕。但是它的成功逃脱也是毁灭之路的开始，因为之后，"萨拉号"在斯里兰卡海岸失事。好在船上的船员获救了，货物也被打捞上来。它的逃脱也让在马德拉斯的英国人迅速得知，利诺和他的旗舰在附近海域潜伏。由于诡计被揭穿，利诺便带着战利品向南航行。[92]

格兰特和剩下的英国船员被转移到"马伦戈号"上，"布伦瑞克号"上只留下一名押解船员，还有来自印度和中国的劳力。渣甸和他的第一助理休·斯科特（Hugh Scott）被留在了"布伦瑞克号"上，以协助法国押解员管理商船，并照看船上的亚洲船员。[93] 作为战俘，年轻的斯科特现在有大量时间把整个事件重组，从船在黄埔停靠，一直到被法军俘虏。最开始的漫长航行中，同行的伙伴都是英国军队和英国水手，所以现在他已经无法预测旅程会在哪里结束，或者他的外科技术是否会被法国占领者和印度、中国的苦力所需。

格兰特在"马伦戈号"上一直闷闷不乐，他称这艘船为"充满混乱、污秽和愚蠢的巨船"。[94] 而他自己的船早已远去，因为法国上将在遇到一支前往马德拉斯的英国东印度商船队时，便放走了"布伦瑞克号"。不久之后，利诺启程驶向好望角，期待在那里与"布伦瑞克号"和护卫舰"亚特兰大号"相遇。上将在西蒙湾释放了格兰特船长和船员。在岸上,他们见证了"布伦瑞克号"的毁灭。"我们上岸后的第四天早上,听到在远处海面的射击声,似乎来自一艘遇险船。它飘摇了一整晚,大约在9~10点间,可怜的老'布伦瑞克号'缓缓驶来,风帆成残缕,显然已经与船锚脱离,最终选择停靠上岸。"[95]

由于法国押解员的操作失误,渣甸和斯科特只能眼睁睁看着笨拙的法国船员驾驶着"布伦瑞克号"冲向好望角海岸,心有余悸。船载的棉花在海中漂浮,1805年9月初,"布伦瑞克号"以这种灾难性的方式走向了生命的终结。所有船员都获救了,渣甸和格兰特在商船的残骸中重聚。[96]

英国的俘虏被转移到开普敦(由法国的盟友荷兰关押),并在那里安全度过了几周,在此期间,法国船只正在为出海做改装。渣甸和"布伦瑞克号"上大部分的船员不久后由美国捕鲸船"伊丽莎白号"送往圣赫勒拿。当他们到达时,皇家海军舰艇"豪号"正在靠岸。[97]这艘军舰正负责将刚刚卸任的印度总督韦尔斯利侯爵护送回英国,渣甸和随行的职员以及"布伦瑞克号"上剩余的水手乘坐"豪号"于11月20日启程返回英国。

渣甸和仅剩的同伴们向韦尔斯利侯爵和科伯恩舰长描述了他们亲眼见到的"布伦瑞克号"被俘、沉没等戏剧性的经过,同时详尽描述了在法国海军的生活。经历过大革命的法国海军讲求平等,但纪律涣散。"布伦瑞克号"上的人们在海上庆祝了1805年的圣诞节,他们与很多大人物共进晚餐,此间谈笑风生,以讽刺法军为乐,一扫之前的不快。登上"豪号"后,他们的生活瞬间明朗起来,以至于都没有察觉还有两周就要到英格兰了,之后再有几天就可以到苏格兰了。

几乎可以肯定的是,渣甸在离开圣赫勒拿前一个月(即10月21日左右)已经得知,法国-西班牙联合舰队在加的斯南边的特拉法尔加角附近被霍雷肖·纳尔逊的英国舰队击毁。新年初期,英军占领了好望角,利诺上将失去了基地，被迫返回法国。1806年3月10日，利诺的两艘军舰遭遇英国舰队，在激烈的交火中，"马伦戈号"被打得支离破碎，也算为"布伦瑞克号"复仇成功。[98]

1806年1月8日，"豪号"沿着海峡逆流行驶，天气随之变得恶劣，它不得不停靠在朴次茅斯下游的斯匹特海德。等到第二天，天气有所好转，船只才昂首驶入朴次茅斯港，17声鸣枪向这位卸任的印度总督致敬。渣甸和其他职员们还有海军军官当天晚些时候便启程返回伦敦。[99]

1月11日，渣甸和他的第一助理抵达伦敦后便写信向英国东印度公司董事会汇报。由于商船失事导致渣甸无法向首席医疗官提供医疗日志，渣甸因此失去了大部分工资。幸好英国东印度公司批准给"布伦瑞克号"船组人员两个月工资（超过最初预付的两个月工资）作为此次的补贴。对于渣甸来说，这意味着他在"布伦瑞克号"上工作了16个月14天后只得到6镑10便士的额外收入。商船失事导致他损失了大概40镑工资。当然，他还有其他收入来源，为第66军服务，得到了175镑的报酬，而且他的优待吨位在孟买已经通过"布里奇沃特号"转运回英国。无论怎样进行销售，优待吨位的收入都能够弥补他工资的损失。[100]

詹姆斯·卢多维奇·格兰特就没有那么幸运了。英国东印度公司的董事召开调查法庭指责他的失职造成"布伦瑞克号"的损失，特别是因为他将船上的6支枪卸载放到了较低的船舱，以便腾出额外的空间在枪支甲板上装载棉花。公司要求他为每支被卸下的枪支付40英镑的罚款，加上工资损失，再没有其他处罚。他的私人贸易在孟买损失惨重。他最终因为"布伦瑞克号"船主的起诉，失去指挥官的职位，并自此再也没有指挥过船只，变得困苦不堪。[101]

如果在那次疯狂之旅后，渣甸还在考虑是否继续担任英国东印度公司的医务人员，那么在他卸任到达伦敦后不久，"格拉顿号"上外科医生的空缺给了他答案。"格拉顿号"的外科医生——托马斯·威丁曾与渣甸于 1802 年在广州见过，他后来放弃了海上工作选择在城市里工作。通过威丁的推荐，渣甸这个年轻人被批准可以在这艘船上担任外科医生，并于 1806 年春天启程。[102] 确定好下一个工作后，渣甸有时间回到阿普尔加思的老家，他已经两年没有回去了。他是否赶得及在 2 月底到家，庆祝自己 22 岁的生日我们不得而知，但他至少在正值深冬的邓弗里斯郡度过了几周。他可以说是这个小镇上的英雄。那里的人们几乎不会唱有关大海的歌曲，却很熟悉当地一个叫罗伯特·伯恩斯的歌。不难想象，他们高唱着《流浪的威利》，欢迎渣甸回家，或者一边举着装满威士忌的酒杯，一边唱着《威利酿的酒》，向年轻有为的威廉·渣甸医生致敬。

注　释

1. 他在英国东印度公司商船上工作的职业经历被详细记录于 Williamson's *Eastern Traders*。
2. Ibid., 52–53.
3. HCS 是 "Honourable Company Ship" 的缩写。
4. Ibid.; Willd, *The East India Company*, 71; Gardner, *The East India Company*. 128.
5. Williamson, *Eastern Traders*, 53.
6. MacGregor, *Merchant Sailing Ships*, 171–172. 1200 吨的船舶评级不是指它们的实际吨位，而是指它们的载货能力。在 18 世纪后期广州最大的商船隶属于丹麦和瑞典。
7. Farrington, *Catalogue of East India Company Ships Journals and Logs*, 84–85. 1244 吨的 "布伦瑞克号" 于 1792 年起航。
8. Ibid., 54.
9. Bowen, *The Business of Empire*, 270. 希望在英国东印度公司商船上担任指挥官的人需要准备大量资金，以确保高级官员能享有私人贸易机会。一个足智多谋的指挥官可以在一次往返的航程中获得多达 1 万英镑的利润。

10. Ibid., 174, 187. 有时，英国东印度公司船员会在下层甲板上绘有假枪口，以迷惑敌人其实际兵力。

11. 战时，在敌对水域，英国东印度公司商船以船队的方式航行。MacGregor, *Merchant Sailing Ships*, 174.

12. Hunter, *The "Fan Kwae" at Canton*, 103‐104; MacGregor, *Merchant Sailing Ships*, 174. 亨特在广州受雇于美国罗素公司。"Fan Kwae"在中文中是"洋鬼子"的意思。

13. Bowen, "Britain in the Indian Ocean Region and Beyond", 55. 对于返回英国的船只来说，路线选择很少，所以圣赫勒拿是回程的英国东印度公司商船重新补给维修的主要地点。

14. Gardner, *The East India Company*, 98.

15. Ibid., 180‐181.

16. Williamson, *Eastern Traders*, 56.

17. Downes, *The Golden Ghetto*, 19.

18. Williamson, *Eastern Traders*, 56.

19. Ibid., 56‐58.

20. Van Dyke, *The Canton System*, 16; Hsü, *The Rise of Modern China*, 150‐151; Pritchard, *Anglo-Chinese Relations during the Seventeenth and Eighteenth Centuries*, 126‐127; Blake, *Jardine Matheson*, 16.

21. Wild, *The East India Company*, 79.

22. Bowen, "Britain in the Indian Ocean Region and Beyond", 54.

23. Reid, "Sealskins and Singsongs", 51.

24. Downes, *The Golden Ghetto*, 27, cited in Bryant Tilden, "Father's Journals", 2: 32（Fifth Voyage, 1 August 1833）, Peabody and Essex Museum.

25. Blake, *Jardine Matheson*, 22.

26. Wild, *The East India Company*, 34.

27. Blake, *Jardine Matheson*, 23; Downes, *The Golden Ghetto*, 62; Downing, *The Fan-Qui in China*, 1: 242‐243, 298‐299.

28. Van Dyke, *The Canton Trade*, 61.

29. Downing, *The Fan-Qui in China*, 1: 245‐246.

30. Downes 在 *The Golden Ghetto*,25‐37 页中详尽描述了商馆区附近的情况。

31. Wild, *The East India Company*, 34.
32. 1830 年，议会调查显示，广州的英国馆每年的花费约为 9 万英镑，这表明了一种非常奢侈的生活方式。Downes, *The Golden Ghetto*, 36.
33. Ibid., 47.
34. 在许多情况下，英国海军和政府官员由他们的妻子和家人陪同。对于传教士、船长以及在澳门拥有房屋的押运员来说，情况也是如此。然而，大多数私人公司的高级合伙人是单身汉。在中国，他们很少有机会能够接触未婚并被大众接受的年轻女性，因此，许多私人商人在澳门有葡萄牙或者中国情妇。Reid, "Love and Marriage", 39.
35. Downes, *The Golden Ghetto*, 49 - 51.
36. Hunter, *The "Fan Kwae" at Canton*, 81. 18 世纪中叶以来，外国商人必须季节性移居澳门一直是清政府的一项强制政策。他们在西江通道乘坐特别准备的船，以便户部能够跟踪在广州进行贸易的外国人的数量和身份。乘客禁止经过虎门。Van Dyke, *The Canton Trade*, 111, 115.
37. Fairbank, "Ewo in History", 247.
38. Cheong, *The Hong Merchants of Canton*, 193; Blake, *Jardine Matheson*, 22.
39. Van Dyke, *Merchants of Canton and Macao*, 7 - 8.
40. Van Dyke, *Merchants of Canton and Macao*, 9; Blake, *Jardine Matheson*, 22 - 25. 广州体系下，行商的数量固定在 6~13 家。
41. Van Dyke, *Merchants of Canton and Macao*, 10 - 11. 渣甸在中国的那段时间，大约有 100 家"外商"处于行商的监管下。
42. Cheong, *The Hong Merchants of Canton*, 274; Van Dyke, *Merchants of Canton and Macao*, 7; Downes, *The Golden Ghetto*, 76. 然而，到了 18 世纪末，公所基金被用来支付军事、海军、公共工程和福利支出有关的费用。因此，支付行商债务的功能，只是基金的多类债权之一。Cheong, *The Hong Merchants of Canton*, 232.
43. Cheong, *The Hong Merchants of Canton*, 232. "语言学家"在很大程度上是外国商人的"影子、导游和管家"。除此之外，他们还帮忙安排驳船从黄埔到广州转运货物。Smith, "Philadelphia Displays 'The Flowery Flag'", 36.
44. Hunter, *The "Fan Kwae" at Canton*, 44, 60 - 64; Downes, *The Golden Ghetto*, 22. "Pigeon"是"商业"腐败的意思，还有广为使用的"chop"，是一种文件，"chow-chow"比较多用，经常与其他词语混用。
45. Downes, *The Golden Ghetto*, 25, 60. 渣甸从中国回来后的几年里饱受胃病困扰，在回国后的第四年死于肠癌。

46. Williamson, *Eastern Traders*, 59.

47. Ibid., 58–59.

48. Downes, *The Golden Ghetto*, 71.

49. Hoh-cheung Mui and Lorna H. Mui, *The Management of Monopoly*, 92–94, 96, 117.

50. Hunter, *The "Fan Kwae" at Canton*, 91; Downes, *The Golden Ghetto*, 65–71; Fay, *The Opium War*, 18–19.

51. Gardella, *Harvesting Mountains*, 37.

52. Ibid., 34.

53. Van Dyke, *Merchants of Canton and Macao*, 13; Hunter, *The "Fan Kwae" at Canton*, 97; Wild, *The East India Company*, 34.

54. Van Dyke, *Merchants of Canton and Macao*, 31. 由于中国商人被禁止与外国政府沟通或与欧洲进行直接贸易，他们不能向欧洲（或印度）法院求助，以帮助他们追讨债务。Ibid., 217.

55. Bowen, *The Business of Empire*, 258–259.

56. Wild, *The East India Company*, 40.

57. Downes, *The Golden Ghetto*, 71–72; Wild, *The East India Company*, 44–46. 私人交易者倾向于接受英国的高质量成品丝绸订单，但英国东印度公司承揽了大部分生丝贸易。

58. 英国东印度公司的船只可以在东部水域（经过圣赫勒拿之后）悬挂旗帜。1801年以后，英国东印度公司使用的旗帜由十三道交替的红色和白色条纹组成，并将英国新国旗放在左上角。由威廉·约翰斯绘制，参见"Flags of the World"及"Whampoa in China（1835）"中插图, in the exhibition catalog of the Hong Kong Museum of Art and the Peabody Essex Museum, *Views of the Pearl River Delta*, 128–129。

59. Williamson, *Eastern Traders*, 59.

60. Ibid., 60–62.

61. Ibid., 62.

62. Bowen, *The Business of Empire*, 247.

63. Ibid., 252–253. 直到1813年英国东印度公司失去对印度贸易的垄断地位，英国东印度公司的董事们才充分认识到英国私营商人在印度贸易中所面临的严重挑战。

64. "优待吨位"有货物限制，且由公司制定税金。英国的某些出口产品，如毛织品、金属和军用品，被排除在"优待吨位"之外。

65. Bowen, *The Business of Empire*, 270.
66. Gardner, *The East India Company*, 97; 鲍恩报告说，船长的利润最高可达 1 万英镑。Bowen, *The Business of Empire*, 270.
67. Gardner, *The East India Company*, 97–98; Blake, *Jardine Matheson*, 31.
68. Williamson, *Eastern Traders*, 58–59; Reid, "The Steel Frame", 14.
69. Williamson, *Eastern Traders*, 62.
70. 1800 年 8 月 29 日大卫·斯科特写信给威廉·格兰特船长，援引自 Sutton, *Lords of the East*, 79。
71. Chatterton, *The Mercantile Marine*, 104–105.
72. Williamson, *Eastern Traders*, 63. 按照当时外科医生等级，他两个月的预付工资是 6 英镑 10 便士。
73. 除了船长、6 个副手、外科医生、外科医生助手、事务长、炮手、军官学校学生，这艘 1200 吨东印度公司商船上还有：木匠、修桶匠、修帆者、敛缝工人、军械师、屠夫、面包师、家禽饲养员以及官员的仆人和管家。海员占船公司人员的一半左右。Sutton, *Lords of the East*, 79; Chatterton, *The Mercantile Marine*, 106; Bowen, *The Business of Empire*, 269.
74. Chatterton, *The Mercantile Marine*, 106; Williamson, *Eastern Traders*, 63.
75. Williamson, *Eastern Traders*, 63.
76. Ibid., 64.
77. Sutton, *Lords of the East*, 88.
78. Ibid., 64–65.
79. 英国东印度公司章程要求四分之三的英国东印度公司商船乘员组必须是英国人。然而仍需要强行征用印度和中国水手作为补充。鲍恩给出了一个合理的估算，战争期间，东印度公司商船上的英国人大概占三分之二。Bowen, *The Business of Empire*, 269.
80. Addison, *The Journals of Thomas Addison*, 351–352; Williamson, *Eastern Traders*, 66.
81. Williamson, *Eastern Traders*, 66.
82. Wild, *The East India Company*, 53–54.
83. Subramanian, "Seths and Sahibs", 320–321.
84. Deyan, "The Study of Parsee Merchants", 54.
85. Thampi, "Parsees in the China Trade", 19.
86. Shalini, "Parsi Contributions to the Growth of Bombay and Hong Kong", 27; Reid, "The Steel Frame", 16.

87. Thampi, "Parsees in the China Trade", 20. 截至 1840 年，巴纳吉家族在国家贸易中经营着 40 艘船。有时怡和洋行在帕西人的船上持有投资股份（64%），拥有例如巴纳吉家族和卡马斯家族的股份，而有些帕西人也在怡和洋行的船上持有股份。Deyan, "The Study of Parsee Merchants", 64.

88. Shalini, "Parsi Contributions to the Growth of Bombay and Hong Kong", 26 - 27, 29 - 32; Reid, "Jamsetjee Jejeebhoy", 17. 到了 1807 年，杰吉伯伊已经在印度、东南亚、中国和英国建立了商业网络。然后，他在孟买定居下来进行商业运营。他最重要的商品是鸦片和棉花，除此之外，他还建立了一支庞大的商业船队，来节省运费。他在孟买因慷慨的慈善事业而闻名和受人尊敬，特别是在医学和教育方面，维多利亚女王在 1842 年授予他骑士爵位，并在女王 1857 年的生日时封他为男爵。

89. Thampi, "Parsees in the China Trade", 20.

90. Parkinson, *War in the Eastern Seas*, 266.

91. Addison, *The Journals of Thomas Addison*, 353.

92. Williamson, *Eastern Traders*, 67–68. 拿破仑战争期间，英国东印度公司损失惨重，特别是 1808—1809 年间，公司共损失或被掠劫了 18 艘商船。Bowen, *The Business of Empire*, 155.

93. Williamson, *Eastern Traders*, 68.

94. Parkinson, *War in the Eastern Seas*, 271, 引自 HEIC Proceedings Relative to Ships, appendix 4229. 海军军官爱迪生在日记中写道："我们很快发现他们纪律松散，官兵们打成一片。自由与平等是他们的座右铭。" Addison, *The Journals of Thomas Addison*, 359.

95. Addison, *The Journals of Thomas Addison*, 362.

96. 沉船和船上的货物以 3500 里亚尔的价格卖给了一位美国船长。Ibid., 363.

97. Ibid., 364. 格兰特船长、两名军官和两名船员被允许乘坐一艘中立国船只从开普敦返航。杰吉伯伊费了好大的劲儿才登上一艘开往加尔各答的丹麦船只。Thampi, "Parsees in the China Trade", 19.

98. Parkinson, *War in the Eastern Seas*, 273 - 275.

99. Williamson, *Eastern Traders*, 71.

100. Ibid., 72. 渣甸给了"布伦瑞克号"上的每个士兵 10 先令。

101. Williamson, *Eastern Traders*, 72; Sutton, *Lords of the East*, 65 - 66. 本书第五章总结了东印度商船指挥官的工资和津贴。

102. Williamson, *Eastern Traders*, 72 - 73.

第三章

商业的汽笛

1806年的春天,当马地臣未来的合作伙伴正在监督往"格拉顿号"上装载医疗用品,准备开往中国时,詹姆斯·马地臣正在因弗内斯学院帮看门人搬煤灰、学习拉丁语第二变格、和神父祈祷、辨认主要星座、在操场上把膝盖蹭破了、崇拜已故的英雄纳尔逊……他们的生命轨迹再过14年才会有交集,不过在此期间,他们的年龄差距似乎在减小。现在,我们的目光仍然聚焦在威廉·渣甸身上,他继续为东印度公司服务,并逐渐被印度和中国之间利润丰厚的私人贸易所吸引。

1806年4月底,渣甸在"洛厄奥佩"登上"格拉顿号"时,船上一切准备就绪,只是军队还没有登船。就像"布伦瑞克号"之前一样,"格拉顿号"也被要求运输军队到印度,船从泰晤士河出发,斯匹特海德是第一站。在怀特岛附近,第30军团322名军官及随行家属(22位妻子、19个孩子随军)登上了这艘1417吨的英国东印度公司商船。[1] 在旅程初期,一切都很平静,渣甸有机会结识了"格拉顿号"上的出纳亨利·赖特。当船在肯特和苏塞克斯海岸靠岸时,他几乎没有想过,赖特会在19世纪20年代成为他在广州的合作伙伴。[2] 渣甸在他人生不同阶段遇到了不同的人

（例如赖特、威丁和杰吉伯伊），他们都在渣甸离开英国东印度公司追求自己的商业之路时起到了至关重要的作用。

在船长詹姆斯·哈里伯顿的指示下，"格拉顿号"于1806年5月中旬从斯匹特海德带着540人出发。一支由11艘英国东印度公司商船和3艘护卫舰组成的船队开始顺着英吉利海峡前行时，遇到了一个由5艘船组成的小分队，并且明显有战斗过的迹象。其中两艘船是在大西洋被俘虏的，威廉·渣甸对它们再熟悉不过了，因为它们正是"马伦戈号"和"拉贝尔伯爵号"。[3]

然而，法军的威胁在印度洋依然存在。渣甸的船队遇到被俘法军的一个月后，1200吨的"黑斯廷斯号"在没有护卫舰保护的情况下，在马达加斯加东南部的印度洋海域被全副武装的法国护卫舰"皮埃蒙特号"拦截。"皮埃蒙特号"配备有小型炮、来复枪和46磅小口径炮，在4个半小时的交战中，发起过不少于5次进攻，直到英国东印度公司商船降旗。

"黑斯廷斯号"上共7人死亡，包括外科医生的助理。战斗期间外科医生正在进行手术，一颗法军炮弹直击手术室，摧毁了所有医疗器材。两船相撞时，法军带着匕首跳上商船刺伤了船长、外科医生和其他3名船组成员。这些消息让年仅22岁的渣甸震惊，也让他警醒，在战斗时，就算是英国东印度公司的医疗人员也会面临直接危险。[4]

到目前为止，"格拉顿号"防范良好，也有装备齐全的同行船只。渣甸上一次因为商船在荷兰殖民地海岸失事，而成为法国俘虏时，来过非洲大陆最南端的西蒙湾。西蒙湾自从1806年初从荷兰人手中夺回来，便由英国控制了，其间西蒙湾曾接收了大量运送来的军队。船队在8月中旬恢复航行，却遭遇印度洋的猛烈风暴，导致船队走散，天气缓和后，只剩下"格拉顿号"。它独自航行到马六甲海峡，10月中旬在槟城下锚停靠，船队在那里重新集结。船上运送的部队下船后，人们便对所有船只进行修整，并修理了"格拉顿号"损坏的舵，也因此推迟了重新出发的时间。最终，船队得以在 11 月 12 日从槟城起航，但受东北季风的影响，无法按照既定航线直达中国。因此，船队只能先向南航行到婆罗洲，再向东航行至菲律宾东部，最后于 1807 年 1 月 19 日到达伶仃岛。此时，距离开朴次茅斯已经过去了 8 个月。[5]

"格拉顿号"在黄埔抛锚停靠后，哈里伯顿船长、出纳赖特和渣甸医生前往上游广州英国东印度公司的新英国馆。然而，按照英国东印度公司规定，船组人员周末必须在船上，所以他们每周末必须返回黄埔。船长有义务在星期日上午召集全员进行检查，主持接下来的宗教仪式。[6]这意味着渣甸需要定期往返于黄埔和广州，这正好可以安排他的优待吨位，并为"格拉顿号"上的职员和海员准备医疗必需品。"格拉顿号"和其船队姐妹船上的茶叶和其他货物的装载工作本应该在 1807 年 3 月初之前就结束了，但是由于广州珠江边出现大规模混乱导致 2 月下旬贸易中断。一些来自"伊利侯爵号"和"海王星号"的船员，在上岸休假时，卷入了与中国男子的打斗中，并造成其中一名中国人死亡。

经过两天的骚乱，有很多人受伤，太多伤员需要缝合包扎伤口，这已经不是一个外科医生可以完成的，所以渣甸被急召去协助其他商船和英国馆的外科医生。事后，户部中止了所有贸易，清政府要求一名或多名英国船员对这名广东人的死亡负责。连日来经过多方商讨，中国的法官给出了一个折中方案，即将犯罪的性质减轻到意外杀人并处以 4 英镑的小额罚款，以此安然度过这个交易季。因此，英国东印度公司的商船推迟两个月离开中国，并最终于 1807 年 5 月初返航。[7]

有关法国海军和军队将增援驻扎在爪哇的荷兰军队的传言，使得返程的英国东印度公司船队不得不改变路线，经过两个月的艰难航程才到达槟城。这也导致船队直到 10 月 14 日才到达圣赫勒拿。两周后，他们开始与来自印度的一支船队合并，然后启航。作为对这次长时间返程的补偿，渣甸有幸欣赏到两支英国东印度公司船队和海军护卫舰队全速返航的壮观景象。

当这支庞大的合并船队到达英吉利海峡时，已经是1807年12月底了，此时的天气相当恶劣。12月28日3时许，"格拉顿号"在距法国海岸约16千米处搁浅。就像1805年那次一样，渣甸再一次在返航途中身处险境。随着夜幕降临，"格拉顿号"发出求救信号，将乘客中的妇女、儿童成功解救出来。幸运的是，随着潮汐的变化，几个小时后，"格拉顿号"漂离浅滩，继续向英国海岸前进。

一周后，渣甸和他的同事们回到了泰晤士河平静的水域，停靠在格林海斯。旅途的最后阶段是乏味而缓慢的，直到1808年初春，"格拉顿号"才最后获得海关批准，缴纳了税金，船员们得到报酬，并解散。渣甸的第三次中国之行持续了整整两年，作为外科医生，他获得了57英镑18先令8便士的工资。除此之外，他为远航军队提供医疗服务而获得180镑的报酬。这次安全返程带回的优待吨位对于他来说才是最重要的收入来源，但是具体的金额不得而知。不过可以肯定的是，私人贸易带来的财富，让他足以应对没有工资的生活。因为在他下一次航行时，别的船员都领了预付工资，而他在3个月后才去领取。[8]

自从渣甸1806年随"格拉顿号"离开英国，在泰晤士河和英国水域外，世界其他国家对于英国贸易的敌意更加强烈。1806年10月，普鲁士军队在耶拿和奥尔施泰特被拿破仑的军队击溃。1807年6月，俄国人在弗里德兰被打败。在这一连串的打击下，第三次反法联盟瓦解了，英国在与法国的经济战中再次变成孤军奋战。法国禁止英国的货物进入在其统治下或与法国结盟的欧洲大陆的任何地方。拿破仑称英国为"小店主之国"，其意图就是通过破坏英国的出口贸易，从而摧毁它的整个商业。

拿破仑的"大陆经济封锁政策"的一个后果就是，英国东印度公司向欧洲出口的印度产品急剧减少。美国的散商抓住了这个机会，但英、法、德经济战争最终导致美国限制与英法的贸易。与此同时，英国东印度公司糟糕的财务状况，以及疲于保持其在印度贸易的垄断地位，导致了非常严重的内部混乱。[9]

在这些动荡的岁月里，渣甸持续在英国东印度公司商船上工作，并从优待吨位的私人贸易中获利。在目前战时商业不确定的情况下，他很愿意留在英国东印度公司，为直航中国的商船提供医疗服务，直到与法国的战争结束，他都一直以这一身份工作。

除了回程的速度和珠江河口的海盗威胁，渣甸的第四次中国之行并无特别的事情。1809年1月，"格拉顿号"的"驻军"（stationing）开始为新一轮的中国之行做准备。[10] 渣甸打算从事私人贸易，因此他必须在商船到达格雷弗森德前的4天内做好投机计划。所以他在1月中旬回到伦敦，在领完预付工资后，于3月登船启航。他的工资已提高到每月5英镑，但是因为"格拉顿号"此次没有运输军队，所以没有其他补助。

船队由7艘舰船组成，包括一艘护卫舰，"格拉顿号"于4月初从斯匹特海德启程，7月下旬到达马来亚的槟城。抵达中国大陆之前，几个乘客从澳门下船，商船前往伶仃岛，在河口处遭遇成群的海盗，原本顺利的旅程被打破了。珠江口水域的海盗舢板超过2000艘，导致英国东印度公司送货的小船无法正常运行。[11]

海盗在印度洋、马六甲海峡、中国南海和珠江口异常活跃，造成对西方贸易，甚至是当地贸易的持续威胁。1780—1810年间是中国历史上海盗猖獗活动的最后一个时期，而这一时期，渣甸也刚好作为外科医生在商船上工作。[12] 当时有由数千艘小船、超过7万名海盗组成的几个海盗联盟。虽然小海盗活动仍在继续，但是当地很多小规模的海盗团伙重组成为更强大的"海上土匪"。[13]海盗船经常是全副武装，海盗头目们往往杀人不眨眼，将那些无利可图的人质，无论死活，都扔入大海。因为清政府采取迅速处决罪犯的政策，所以那些指证海盗的目击者常有被灭口的危险。[14]虽然海盗们很少挑衅规模庞大、装备精良的东印度商船，但他们经常袭击在澳门和黄埔之间往来的小型船只，以及在广州珠江边的商馆。[15]

清政府规定英国皇家海军的军舰最远只能护送到伶仃岛，这就意味着英国东印度公司的小艇在前往黄埔或者位于广州的商馆时极易受到攻击。甚至连在广州的商馆也不能保证绝对的安全，很可能遭到潜伏在河岸的海盗的攻击。[16]1804年，广州的英国东印度公司职员报告称，海盗活动使其停靠在伶仃岛的船只无法得到补给。1805年，英国观察员记录道，广州和澳门之间很多村庄常年被海盗洗劫，妇女被侮辱，深受其害。就在"格拉顿号"抵达珠江河口两个月前，海盗组织"黑旗舰队"在珠江进行大规模攻击，历时6周，造成大约1万人死亡。到了8月的第二个星期，他们烧毁了紫泥海关，并在距广州约27千米的地方设立了封锁。[17]

1809年9月20日，"格拉顿号"历经5个月的航行终于在伶仃岛安全停靠。但英国东印度公司船货管理员在9月26日的报告中提及海盗"涛"，"他们已经在河里潜伏了几周了，袭击了附近的村庄和城镇，没有遇到任何反击"。[18]渣甸的商船等待适当的时机驶向黄埔。在广州，每天都可以听到海盗船的炮火声，恐慌笼罩着这座城市。海盗头目张保发出公告说要攻打广州，很多外国商人只能眼睁睁看着外国商品市场崩溃，而束手无策。[19]

海盗们已经向澳门进发，美国商船不得不在葡萄牙领地的枪炮下寻求庇护，并占据了葡萄牙帝汶总督的一间禁闭室。绝望之际，清朝的省级政府向葡萄牙、美国和英国船只寻求帮助。英国商船"水星号"应召协助清廷战船清理内部航道，并于9月底完成；然而，由于"圣奥尔本斯号"的弗朗西斯·奥斯汀船长坚持要求清政府提交寻求帮助的书面申请，英国进一步援助的谈判失败了。[20]

就在"格拉顿号"到达伶仃岛后仅一天，"伊利侯爵号"上的一名官员和 6 名船员在接领航员时被海盗劫持，并被勒索赎金（11 周之后支付了 10 万西班牙币）。这一事件导致"格拉顿号"延迟了 7 周抵达黄埔。在交易季开始前，那些在澳门居住的商馆人员需要返回广州，但是他们非常担心行程中出现危险。此时，东印度商船需要起到护卫舰的作用，护送这些商馆人员从澳门返回广州。[21]但是，对于清政府来说，英国出面保护澳门，始终是一个敏感的问题。总督坚持要求英国保证，不会再出现类似 1808 年的行为，即以保护殖民地、对抗法国为由派兵到澳门，妄图接管葡萄牙殖民权。[22]

一时间，海盗的猖狂令清廷战船心有余悸，事实上他们想要向停靠在黄埔的外国商船寻求庇护，而大量海盗船不断地逼近，距离几乎到了外国商船射程范围内。在没有与奥斯汀船长达成协议的情况下，总督与葡萄牙人达成协议，装备 6 艘小型舰艇，以打击海盗。最终，虽然不法分子躲过了抓捕，但好在英国东印度公司的商船得以在 11 月 6 日驶入黄埔。尽管有些危险，但渣甸终于能够去上游的英国馆了。（这次危险发生在 1810 年 1 月底，即他启程回英的前 6 周。海盗劫持了一艘从广州到黄埔的接驳船，这艘船属于国家商船"爱德华·柳佩爵士号"，海盗将船员扔下水，并抢夺了 3 箱财宝。）[23]

海盗浪潮在 1809 年年底达到顶峰，1810 年初，清朝皇帝征召广东前巡抚百灵对海盗进行强有力的打击，随后，海盗的声势轰然瓦解。1809 年 12 月中旬，两个最重要的海盗首领内斗，使两支海盗队伍均伤亡惨重。次年 1 月，在葡萄牙的斡旋下，海盗"黑旗舰队"的首领向百灵投降；到了 4 月，"红旗舰队"首领也投降了；随后，就像多米诺骨牌一样，黄旗、蓝旗和绿旗舰队在接下来几个月相继投降。到了1810年年中，曾经庞大的海盗帝国已经烟消云散。[24]

尽管河上和河口有诸多混乱，但是这一季的广东交易季还是进行得比较顺利，商船的装载也很顺利，以至于渣甸觉得船队能在1810年2月顺利启航。然而，1月中旬，一名中国人在夷馆区被人刺伤致死，调查重点指向了英国水手。清政府要求英国大班（东印度公司广州委员会主席）查出罪魁祸首，并让其接受审判和惩罚，随后遣返。但是英国政府以违背英国法律为由拒绝了，于是户部宣布将不会签发大印，这就意味着商船无法离开。[25]

由于广州的司法流程走得很慢，时而暂停，最后甚至完全停下来，渣甸不得不再一次被困原地。最终，船队指挥官奥斯汀船长通知总督，无论有没有大印，他都要带着船队启航。他等了3周才下令13艘东印度商船准备启航，就在此时，行商表达了敬意，大印也发放了。1810年3月1日，"格拉顿号"起锚，次日，整个商船队终于离开了黄埔。[26]

返程的速度正常，船队于当年7月28日在泰晤士河河口唐斯停靠，此时距从黄埔启程已经过去了近5个月。[27] 通常来说，最后的收尾工作是痛苦而漫长的，直到10月的最后一周，英国东印度公司才将工资发给船员。由于长时间拿不到工资（73镑10先令3便士），渣甸已经急不可耐地下船了。在完成卸货和销售自己的私人货物后，渣甸极有可能抓住最早的机会离开商船，回到位于北部的家乡洛赫梅本，这是两年来他第一次回去看望家人。

英国东印度公司分配给员工的优待吨位是渣甸中国之行收入的主要来源。英国东印度公司对此的监管非常严格，货物需要被运送到英国东印度公司仓库进行称重测量，查看货物是否符合公司要求。此后，货物会在公开拍卖中被出售，扣除税和其他费用后，余款将被汇至该员工账户。在许多情况下，货物在被销售时，这些职员已经在新的航程中了。因此，英国东印度公司有一份名单，上面的商人可以代表公司职员处理优待吨位货物。

托马斯·威丁就是威廉·渣甸私人贸易的代理人，威丁曾是"格拉顿号"的外科医生，现在是一名伦敦商人。他们于1802年在广州相识。毫无疑问，威丁对渣甸的情况非常了解，了解他的工资水平，了解他优待货物的种类（茶叶和其他从中国带回来的商品），了解他期待从拍卖中获得多少利润，也了解他再投资的方式。通过观察威丁的商业模式，渣甸也获得了经营灵感，即退出船上医生这个职业后应该如何继续获利。[28] 两人在中国之行中建立的生意关系和习得的经验知识，使得威丁和渣甸两人在海上生活、医疗、广州英国馆、"格拉顿号"航行和特定商品利润方面有很多共同话题。

1811年起，另一个可以与渣甸畅聊医疗和贸易的就是"格拉顿号"新的船舶经理人罗伯特·威格拉姆爵士（码头上的人称他们为船舶代理人）。[29] 威格拉姆在1810年成为位于布莱克沃尔的大型东印度公司造船厂的合伙人。他之前是英国东印度公司的外科医生，也是威格拉姆家族的创始人。渣甸与威丁、威格拉姆有密切联系，这两位都曾经是英国东印度公司的外科医生，之后弃医从商。由此我们可以得出结论，对于年近30岁的渣甸来说，这是一种诱人且可以成功的发展模式。[30]

根据英国东印度公司的规定，"格拉顿号"在第六次来华后要进行全面整修，所以1811年整整一年，渣甸都是在英国度过的。这种情况下，渣甸可以选择到其他船上做外科医生，或者等"格拉顿号"下一次航程。显然，在别的商船上没有他的职位。所以，他一整年都赋闲在家，最有可能研习医术，或者与托马斯·威丁学习经商，又或者两件事都做。

当商船准备再次出海时，他重新加入了哈里伯顿船长麾下，一组新船员准备就绪，并于1812年1月启程。第七和第八次中国之旅是"格拉顿号"的最后两次航行，而渣甸在船上待了将近3年，只在1813年秋季有个短暂的歇息。对医务人员来说，这两次航行中，船上出现了高死亡和高出生的情况。在1812年1月至1813年9月的往返行程中，船上的11名成员死于疾病或意外。虽然在远洋航行中死亡的情况并不少见，但在海员以外的人员中出现如此高的死亡率，实属罕见。二副、水手长、水手长助理、一名见习军官和7名水手相继死亡。[31]

1812年9月，历时6个月的航行，"格拉顿号"到达黄埔不久，船上便恶疾肆虐。渣甸花费大量时间在船上照顾生病的船员。最不幸的是，他要正式宣布一名年轻的海军军官在11月初死亡。商船在黄埔停靠时，詹姆斯·克拉克死于恶疾，他去世当晚便被埋葬在岸上，远离英国故乡，他的家人甚至无法去祭拜。[32]

对于渣甸，或者对于任何船上医生来说，并不是所有疾病都能得到适当的救治。例如腹膜炎、突发心脏病、从索具上摔下、肺部刀伤等这些无可避免的病症，是船上外科医生力所不能及的。最让他感觉郁闷的就是宣布一个生命的终结，就像宣布詹姆斯·克拉克死亡一样，这种情况在每次航行中都会上演，但最具有戏剧性的就是船长死亡。

1814年2月，是"格拉顿号"的最后一次航行，也是其指挥官的最后一次航行。船队于2月8日从斯匹特海德启程，再过两天就是威廉·渣甸30岁的生日。乘客中有两名孕妇（士官的妻子）陪同其丈夫到圣赫勒拿岛。4月中旬，当船正在南大西洋的海浪里航行时，渣甸为一位年轻的母亲接生了一个健康的男婴。一周以后，另一位母亲生了一个女婴，可惜女婴是早产儿，只存活了几个小时便夭折了。对这位妇女和她的丈夫来说，在海上埋葬婴儿肯定是一段痛苦的经历，但其实，对于那些无法救活新生命的医生来说也是如此。

平安无事度过一个交易季,在中国装载完茶叶和其他货物后,由6艘东印度商船组成的船队在没有护卫舰的情况下于1815年2月初离开黄埔。船队满张着风帆,轻松跨越印度洋,但在4月8日,距开普敦约2414千米时,哈里伯顿船长突然病倒了。渣甸对他的病症感到困惑,并找了另一位外科医生到"格拉顿号"上会诊。罗尔夫医生是"泰晤士号"上的外科医生,临时登上"格拉顿号"加入渣甸的团队,但是两个人加在一起的医疗知识和经验也没能挽救船长,第三天,哈里伯顿就去世了。大副亨利·厄普顿接下指挥权,决定将哈里伯顿船长带到圣赫勒拿风光大葬。5月16日,商船为其已故的船长鸣枪致敬,詹姆斯·哈里伯顿的遗体被运到岸上安葬在英国东印度公司在南大西洋的一个小岛上。[33]6年后,那位被废黜的法国皇帝成了他沉默的邻居。

从圣赫勒拿回程的途中,渣甸和水手们从过往的船只那里得知在布鲁塞尔城外发生了一场大战,威灵顿公爵胜利了。更令他们意想不到的是,胜利者把战败的法国俘虏囚禁在"格拉顿号"刚刚离开的小岛上。一周后,当船队北上时,船队指挥官宴请各位船长,共同庆祝威灵顿公爵的胜利。毫无疑问,渣甸和他的同僚们也借此机会在"格拉顿号"上以自己的方式举行了庆祝活动。一个月后,这艘东印度商船在格林海斯上游的泰晤士河停靠,完成了最后一次中国之行。

渣甸收到84镑6先令4便士的工资和78镑军队医疗服务费。[34]一旦拍卖开始,他的私人贸易所得也会随之而来。我们确实对他的贸易规模有一定了解,渣甸在一份特别声明中对此次航行中广州贸易的详细情况进行了说明,该声明是为了帮助亨利·厄普顿洗刷走私的指控。渣甸指出,在"格拉顿号"上只有四个人(即哈里伯顿船长、大副亨利·厄普顿、亚历山大·林赛和渣甸自己)在近期的航行中从事私人贸易。他肯定他们的业务是在他的严格检查下进行的，他们的资金都是由他经手的。（因此，很明显，渣甸在作为英国东印度公司外科医生期间，对代理业务已经驾轻就熟。）他说，除了清单上的东西，没有任何东西在广州装船，而且在船到达泰晤士河之前，也没有任何东西被带下船。他投入了2.8万西班牙币为上述四人（包括他自己）采购棉布和杂货，也为自己投入了一笔未知金额，用以进口茶叶、中国瓷器和其他商品。[35]

一旦航行日志封存，记载着船长去世的医疗日志被上交给英国东印度公司首席医疗官，"格拉顿号"的生涯也会随之结束。而威廉·渣甸的职业生涯也将发生转变。他可以选择调整自己的生活，以适应英国贸易新的政治和经济环境，可以选择放弃船上的外科工作，而改为在英国本土从事外科医生工作，或者在英国东印度公司其他船上继续从事外科医生的工作，抑或完全改变职业方向，开始一份全新的生活。短期而言，他做了最为安全平稳的选择，即继续在英国东印度公司从事医疗工作。但事情的发展往往不像利德贺街一样笔直。英国东印度公司此时已是步履维艰。

"英商对东印度贸易联合公司"（The United Company of Merchants of England trading to the East Indies，官方名称），已经经营了12个年头，一直在努力维持其垄断地位，从而顶住制造商、散商和船主参与东方贸易日益强大的压力。此外，还有一些私商和英国东印度公司职员，他们在印度积累了大量财富，需要一种途径将这些财富带回英国，但是从印度和中国进口商品到英国的渠道被英国东印度公司垄断。于是，就有了非法使用外国船只（主要是美国商船）来完成这种财富转移的"秘密贸易"。这也意味着，英国正在失去印英之间贸易霸主的地位。[36]

拿破仑战争在英国掀起了反垄断情绪，因为"大陆经济封锁政策"给英格兰中部和苏格兰的制造商带来了很大麻烦。特别是在1810年以后，寻找新市场的商人再次提出东方贸易对所有私商开放的要求。格拉斯哥、爱丁堡和利物浦的商人纷纷递上请愿书，人们也开始游说国会议员终止英国东印度公司的垄断。[37] 最近的一项分析认为，英国东印度公司在19世纪初的这场斗争中处于劣势，因为"对英国在亚洲的既得利益和民众进行控制和监管已经成为一个日益全球化的帝国体系的重要组成部分，而英国东印度公司不属于国家机构，其作用也就显得不那么重要了"。[38]

1813年，英国东印度公司申请延续特许状时，公司董事们在经济战略方面产生了很大分歧，公司财务状况也陷入极度混乱。事实上，英国东印度公司当时正处于一个窘迫的境地，并试图向政府借贷250万英镑。[39] 1813年，英国下议院通过延长英国东印度公司特许状，但有一个政府部门并不赞同续约，这也注定了英国东印度公司垄断的失败。虽然英国东印度公司被授权继续管理印度殖民地20年，[40] 但其对印度贸易的垄断却终结了。印度贸易可以开放给所有持有营业执照的英国商人，但是英国东印度公司仍然拥有对中国贸易20年的垄断权。[41]

此时，中国无疑是英国贸易最大的市场，而且茶叶是利润最为丰厚的中国出口商品，年利润高达3000万英镑。英国东印度公司对于中国贸易的经营相当有效，而英国财政对茶叶税收每年约为300万英镑，占整个英国总收入的近10%。再加上印度鸦片出口到中国，有效扭转了英中贸易逆差，到1804年，英国和印度出口到中国的货品价值超过了从中国进口的货品（主要是茶叶）价值。[42] 虽然英国东印度公司管理在印度的鸦片生产，但该公司没有参与运输或销售鸦片到中国，因为鸦片在中国是非法品。为了避免损害其在广州的贸易权，英国东印度公司将鸦片卖给印度的代理公司，由这些代理公司将毒品运往中国，并转卖给沿岸的走私犯。

几年间，印度的贸易新形势促使渣甸重新考虑其与东方贸易的整体关系。随着"格拉顿号"不再出航，第一个诱人的机会出现在1815年渣甸回到英国的几个星期内，他被任命为重达850吨的印度商船"温德姆号"的外科医生。即将到来的航程将是他第一个顺利度过的往返旅程，也是他作为船上外科医生的最后一次航行。

"温德姆号"是一艘具有历史戏剧性的船，在它的第五次航行中（1809—1811年间），辗转于英国人和法国人之手不下4次。1815年秋季，"温德姆号"唯一的所有者约瑟夫·安德鲁斯，提名自己为指挥官（因为他作为大副在"孟加拉号"上进行过4次中国之行），并且开始为1816年春天的中国之行招兵买马。[43] 伦敦考珀街的耶路撒冷咖啡馆是英国东印度公司高管经常出入的地方，约瑟夫·安德鲁斯和威廉·渣甸很有可能就是在那里相识的。安德鲁斯需要一位医疗官，所以向这位32岁的外科医生抛出橄榄枝。我们无法臆测，渣甸当时是否在想"就再来一次吧"。

就在"温德姆号"驶下泰晤士河的前两个月，一支由三艘船组成的小型船队从斯匹特海德启程，船队载着新上任的英国大使出使中国，希望在两国间建立更为广泛、更为规范的贸易和外交关系。1793年马戛尔尼带领使团访华失利。此次英国代表团在厄尔·阿美士德的带领下，希望一雪前耻，扭转1793年前任使团失利的局面。此前，马戛尔尼伯爵率团访华，曾试图商谈放宽广州贸易限制，将英国贸易扩展到中国北部港口，以及在中国领土上建立一个英属飞地。清朝皇帝在热河亲切接见了马戛尔尼使团，但是对他们花哨的亮相并没有留下太多印象。皇帝的回复揭示了马戛尔尼失败的根本原因：中国认为自己可以自给自足，不需要英国制造的商品，因此没有理由对外国商人做出更多让步，而允许外商出现在广州，也是为了保证中国茶叶的出口。最后，马嘎尔尼使团唯一的成功之处就是谒见了皇帝。而英国政府唯一可以安慰自己的是英国东印度公司会为这场价值8万英镑的出访买单。[44]

对于渣甸、英国东印度公司员工，以及私商来说，阿美士德使团承载着新的希望。尤其是对于一些商人而言，他们把英国东印度公司对印度贸易垄断的终结作为英国自由贸易时代开启的一个信号。阿美士德使团一行人来到京师后,被告知将于午夜时分谒见嘉庆帝,而且只有4人能够前往。阿兰·佩雷菲特回忆起当时的场景:"突然爆发出激烈的争吵,一群清朝官吏抓住英国人并拖着他们进入正殿,大使以身体疲惫、服装不当、时间不合适为由进行抗议。他抗议暴力行径,一再重申拒绝磕头,并要求撤离。他的抗议被上报给皇上,嘉庆帝震怒,要求使团立即离开,使团当晚就被强制撤离京师。"[45]

1817年10月,阿美士德使团回到英国,其失败的消息已经先一步到达。渣甸和马地臣二人听到这次外交失利的消息时正在亚洲,关于阿美士德使团被逐出京师的生动描述给两个人留下了深刻的印象。在他们的印象中,清政府态度傲慢,抵制外交合作,这些印象都会影响他们对清政府的态度,也会最终影响他们对中国贸易的态度。

1816年4月21日,"温德姆号"开出英吉利海峡,驶向中国。此时,渣甸已经具备了两项职业技能,即医疗和对中国贸易。而且,后者很快会取代前者,但在那时,他首先是一名船上外科医生,医疗服务是他的首要职责,贸易只是副业。5月下旬,这艘船越过赤道,在穿过"咆哮西风带"时,因天气恶劣,船体不断颠簸。渣甸早已习惯在天气恶劣的情况下航行,但"温德姆号"比"格拉顿号"轻得多,船身晃动更严重,他不得不采取各种方法为乘客和船员解决晕船问题。

10月12日,"温德姆号"到达黄埔。第二天,安德鲁斯船长和外科医生渣甸前往上游的英国馆,接下来的日子也会居住在那里。此时,关于使团的流言四起,说皇帝拒绝接见阿美士德使团,使团蒙羞返回广州。但英国商人都团结在大使周围。

阿美士德伯爵于1817年元旦到达广州时,所有的英国指挥官和军官,身着盛装,为他举行了盛大的欢迎会。渣甸很有可能会出席晚宴,因此得到了关于9月在京师觐见清朝皇帝的第一手信息。但是船长和渣甸只有几天时间来收集消化这些外交信息，因为他们要在"第十二夜"之前回到"温德姆号"上，并于1817年1月11日从珠江出海咽喉的穿鼻洋启航。[46]

在离开珠江口10周后，"温德姆号"到达圣赫勒拿，在那里停留了4天。渣甸有机会见到那位著名的囚犯（被流放至此的拿破仑）吗？作为安德鲁斯船长的亲信，渣甸很有可能见到了这位流亡皇帝。如果没有这个机会，也可以合理假设，他出于历史的好奇心，会骑马去郎伍德看看拿破仑。[47]

"温德姆号"在离开圣赫勒拿后两个月抵达英吉利海峡。渣甸作为英国东印度公司船上外科医生的第七次也是最后一次航行，就在英国东印度公司在布莱克沃尔的造船厂结束了。按照英国东印度公司的规定，所有船员必须在船上待命直到货物卸载完毕，海关清关完成。[48] 直到6月25日，作为外科医生的渣甸才能离开"温德姆号"。6个月后，他拿到了55英镑16先令9便士的工资。[49] 他私人贸易的收入相对而言更加重要，此时他已经做出决定，离开英国东印度公司后会朝着商业投机方向发展。

接下来的一年半时间里，渣甸的大部分时间待在伦敦。在那里，他学会了两件事，即进出口贸易的运作以及伦敦银行金融体系流程。几个月来，他与托马斯·威丁在商业上的交往并不密切，但是因为1815年威丁被任命为英国东印度公司董事，所以渣甸也算是在跟一位业内人士学习。在针线街东部街头附近的南海道尽头，有一个南海院，威丁在其中有一间办公室。1666年伦敦大火后，重建起来的古老的小巷和通道，途径众多，这些巷道为私人联络提供了便利的渠道，从这些联络中逐渐形成了追求商业利益的特定方式。这座17世纪时建造的建筑距离皇家交易所和英国东印度公司大厦的距离差不多，曾是税务署，现在是几位商人的办公场所，其中一位便是托马斯·威丁，他的公司叫"英国东印度公司代理商社"。无论是在皇家交易所交易，还是在耶路撒冷咖啡馆与船东和船长达成协议，威丁都在他所熟悉的领域保持着专业性和实践性。与威丁同游整个城市，让渣甸对伦敦的整个商业格局有了更好的了解。

除此之外，渣甸还学到如何为家里人创造机会，第一个就是他的外甥安德鲁·约翰斯通。1814—1816 年间，他曾在爱丁堡学习医学，现在 19 岁，已经获得医学文凭，正在寻求一个职位。[50] 毫无疑问，正是他舅父的帮助使他获得了在"斯加勒比城堡号"上外科医生助理的职位。这艘船重达 1242 吨，与渣甸成年后工作过的东印度商船差不多。然而，这不是一艘特许船，而是英国东印度公司全权所有的六艘船之一，被称为"英国东印度公司自有船"。[51] "斯加勒比城堡号"于 1818 年 10 月中旬启程前往广州前，渣甸很有可能还在向这位年轻人传授医疗和贸易的经验，他可能是跟着最后一批访客离开英国东印度公司造船厂的。

安德鲁·约翰斯通为出海做准备时，他的舅父也在忙于自己的计划。1818 年 8 月，威丁向英国东印度公司申请，派渣甸作为其代理人去印度，可惜请求被拒绝了。一般情况下，只有英国东印度公司董事提名，而且被公司授予"自由商人契约"的个人才能去印度从事商业活动。但是每位董事的提名名额有限，显然，威丁没有剩余的名额了。因此，威丁和渣甸必须先找到一位有提名名额的董事。这个能为他们提供提名的关键人物就是新晋董事约翰·桑希尔。[52]

此后事情进展顺利，11 月中旬，渣甸成功加入，1819 年春天他便启程去印度。渣甸、威丁和一个名叫化治林·考瓦斯季的孟买商人合伙投资了一艘正在泰晤士造船厂建造的新船"萨拉号"。[53] 由于该船正在建造中，渣甸很有可能乘坐私人船舶"孟买商人号"在 1819 年初秋到达孟买。[54]

滑铁卢之后持续几年英国都处于政治局势紧张、经济混乱、工人不满的状态，所以此时离开英国也是个不错的选择。渣甸在威丁的公司锻炼商业技巧的几个月里已经决定要到印度从商。然而，直到1819年，社会和经济失调达到高峰，他才着手准备离开英国，重返东方贸易。与此同时，他也意识到印度和中国间的贸易正在增长，他认为自己将来在广州会大有可为。[55] 当时孟买的主要贸易品是棉花和鸦片，至少在一段时间内，他可以作为船货管理员来往于印度和中国，监督运输的货物，同时这也会降低自己的财务风险。

在拜访过化治林·考瓦斯季后，他们便开始安排"萨拉号"进入亚洲跨国贸易，渣甸找到了处于困境中的老伙伴——詹姆斯·杰吉伯伊。自从在"布伦瑞克号"上被法军俘虏后，他们已经14年没见了。他们再次见面，成了一生的朋友，最终在孟买和广州之间展开了蓬勃的商业合作。就在他们在孟买相聚时，"萨拉号"也在泰晤士造船厂准备出厂。"萨拉号"注册信息为：伦敦出产，重488吨，吃水约5.5米，获英国东印度公司董事会批准前往孟买、马德拉斯、加尔各答、槟城和明古连。从事中国贸易的许可证需要驻印度的英国东印度公司官员颁发，因为个体商人从事印度和广州之间贸易属于亚洲跨国贸易的一部分。"萨拉号"于1819年11月2日从英格兰启程，渣甸是1820年4月在孟买第一次见到这艘船的，同时也是他第一次见到詹姆斯·马地臣。[56]

尽管马地臣比渣甸小十几岁，实际上他却比渣甸早几年就到了印度。经过两年在爱丁堡大学的学习，17岁的詹姆斯就到伦敦的一间商号观察、学习和实践了两年。[57] 从某种意义上说，马地臣做学徒时，渣甸正在爱丁堡跟着一名外科医生学习。马地臣的家族很早就开始为英国东印度公司工作，通过家族的关系，年轻的詹姆斯19岁时，也就是1815年3月就获得了"自由商人契约"，因此他可以前往加尔各答，加入他叔叔的麦金托什商行。[58]

但不到三年，他就失业了。对于他失业的原因，怡和洋行内众说纷纭，其中一个版本是：他需要送一封急信给一位即将返航的船长，可是他在开船前未能送达，于是他的叔叔非常气愤，并且要把他打发回家。这个故事更为精彩的版本出现在巴席尔·鲁布波克的《鸦片快船》一书中："他愤怒的叔叔称马地臣是个废物，最好滚回英国去。马地臣听了叔叔的话，准备买船票离开。但幸运的是，他所申请船票的第一个船长，像大多数东印度船长一样，是个精明的人，他建议年轻的马地臣不如去广州试试。马地臣听从了他的建议。"[59]

短期来看，他的失业似乎非常不幸，因为1819年麦金托什在加尔各答还开设了一家商业银行。但是长远来看却是一件幸事，因为麦金托什商行以及其他几家在加尔各答的英国公司在1833年突然崩盘，留下一群个体商人在金融灾难中挣扎。[60]1818年失业事件后不久，马地臣便离开了加尔各答，但并没有回家，而是抓住机会去了广州。失业期间，他在加尔各答结识了一位名叫罗伯特·泰勒的老商人，其曾在英国东印度公司担任出纳。泰勒也曾作为国家商船的船货管理员去过广州。他邀请马地臣陪他去中国，一起开一家处理一般贸易和保险的机构。这种非正式的合作关系在1819年确实取得了短暂的成功，但是后来因为23岁的马地臣的鲁莽而使这段关系陷入了困境。

1819年春天，马地臣作为位于加尔各答的西班牙拉鲁莱塔公司的货运代理乘坐"黑斯廷斯号"从加尔各答到广州。他在马六甲海峡的槟城报告中说，他的第一项任务是确定当地的鸦片市场状况，从而确定他是否可以在当地出售拉鲁莱塔公司的鸦片并从中获利。在新加坡是否能成为英国在马来半岛最南端的商业阵地这个问题上，马地臣对新加坡的第一印象是对其巨大的商业市场颇为震惊。[61]他认为如果可以跟当地商人达成协议，鸦片在新加坡可以卖得很好。"一个人在这里待几个月，只需几千西班牙币的流动资金就可以做得很好。"[62] 这位年轻商人的眼中流露出对投机的渴求，正是这种风险投机让他和他的合作伙伴很快深陷泥潭。

他刚到广州不久便习得了河流运输中规避法律法规的技巧，比如如何和中国官员打交道，以及如何顺利地将英国原棉走私到广州。他一到广州就将注意力放在了鸦片价格上。[63] 他在中国贸易的早期生涯中，很聪明，但也有些鲁莽。

带着大展宏图的美好憧憬，马地臣与泰勒1819年6月到达广州，但"泰勒先生陷入了难以挽救的困境中"。马地臣得知，他的朋友泰勒先生很不明智地把一大笔钱（6.5万西班牙币）借给了一个名叫巴霍姆的亚美尼亚人，而这个人资不抵债，已经无力偿还欠款。1819年马地臣和泰勒在商业合作中所获得的收益勉强缓解了这位老商人的痛苦，但他们计划通过将现有资源投资于"印度投机"中，进一步摆脱这种困境。[64]

而这次投机几乎葬送了马地臣冉冉升起的事业。加尔各答的拉鲁莱塔公司所拥有的"胡格利号"商船挂着丹麦旗帜，这样可以避免英国东印度公司对英国商品的限制。"胡格利号"于1819年夏末抵达广州，泰勒和马地臣受委托担任拉鲁莱塔公司的代理。由于这艘船可供他们使用，加上被鸦片投机活动的巨大利润冲昏了头脑，两人租用该船10个月，将一些中国出口货物运到科罗曼德海岸（印度东南部）。当然，他们还有第二个秘密任务，就是将"胡格利号"开到印度西海岸（孟买以北）的葡萄牙飞地达曼，以获得比英国东印度公司价格更低的鸦片。为了投机，马地臣以船货管理员的身份与"胡格利号"同行。[65] 显然，泰勒对他的年轻合伙人的商业技巧很有信心，甚至委托马地臣在加尔各答解决账户纠纷。（泰勒曾在广州写信给马地臣，"我知道，你善于审核账目，所以我要求斯科特公司允许你到现场后检查他们的账目"。）[66]

我们的两位主人公在"胡格利号"到加尔各答和孟买的航行中第一次

见面了。1820年1月,马地臣在马六甲写信给拉鲁莱塔公司,谈到一位帕西的朋友正在安排船舶在孟买停靠的事宜。结果,承担"胡格利号"代理的正是化治林·考瓦斯季和威廉·渣甸。

马地臣在这次航行中既表现出了对商机本能的激情,又制定了一系列规避法律法规的计划。在本地治里,他从一位来自印度北部内陆地区的法国人那里听说,印度北部内陆地区就像是鸦片采购者的天堂,"大量优质鸦片无人问津"。而且当地政府"不闻不问",所以那里的鸦片可以"无风险,不限量地"被带到海岸。[67]他雇用那个法国人帮他采购鸦片,自己则在加尔各答寻找投机者,为他们提供鸦片,自己再从中赚取5%的佣金。为了让鸦片样品躲避官方检查,防止鸦片的味道暴露了包裹里的东西,这位年轻的苏格兰小伙子给在加尔各答的拉鲁莱塔公司寄样品时,填写收件人为法院,并指定拉鲁莱塔公司到法院领取包裹。

他对自己的销售方式和产品质量都颇为自信,并称与其他代理相比,自己对鸦片质量有着"相当好的判断":"每次出现产品质量的问题,我都会把它归咎于代理的商业失信。"[68]在努力购买廉价鸦片的过程中,他把船开到了印度亚南(在印度东海岸的法国殖民地),到达后却发现价格远远高于他的预期。因此,他把船留在了亚南,并命令船员尽可能多地采购鸦片装船,他自己则去了海得拉巴做其他"安排"。装载完鸦片,船将向印度南部航行,先在孟买停靠,然后继续驶向达曼。马地臣通知拉鲁莱塔说:"我已经让在孟买的渣甸先生预付了这一季船长的工资。你是知道的,他代表我管理这艘船。"[69]虽然他还从未见过威廉·渣甸,但在1820年他一味追求廉价鸦片的时期,已经在利用渣甸的服务。他从海得拉巴航行约644千米,大概在5月初到达孟买,此时,这两位未来的著名大班才算是第一次正式会面。如果渣甸能预料到,马地臣在未来几个月的处境将会多么糟糕,他一定会对与这位年轻的苏格兰人的长期合作持怀疑态度。而这种窘境很大程度上是由于马地臣的机会主义和对这个险恶的世界缺乏经验所致。

"胡格利号"已经到达达曼,但船上的鸦片无法卸货。马地臣急忙赶往果阿寻求葡萄牙总督的帮助,却遭到拒绝。"胡格利号"的任务失败后,马地臣被迫从果阿启航前往西印度的丹麦殖民地特兰奎巴港寻求丹麦人的帮助("胡格利号"挂着丹麦国旗航行),以抗议在果阿的葡萄牙当局。虽然他的这一请求被拒绝,但他的第二项请愿被批准了,即他被任命为丹麦驻中国领事。这一任命对他而言意义深远。[70]

到了1820年夏天,马地臣的冒险投机彻底失败,随后,他开始了作为东方商人的职业生涯。他的合作伙伴罗伯特·泰勒在8月4日意外去世。泰勒是突发的疾病,似乎没有很严重,却毫无征兆地去世了,死时甚至都不在床上。[71]事发时,"胡格利号"仍然在海上航行,9月6日马地臣到达广州后对代理商行说:"泰勒的去世差点儿摧毁了我们的事业"。但后来由于鸦片需求超过供应量的三分之一,价格飙升,让他得以逃过一劫。能够以每担1420西班牙币(133 1/3 英镑)的高价出售鸦片,让他得以逃过经济危机。[72]在几乎灾难性的商业危机后,他指责在印度的葡萄牙政府"不公正导致商业失败"。[73]这个年轻人似乎在这次冒进的投机中得到惨痛的教训,但是他并没有放弃鼓励其他人进行鸦片投机。他在给本地治里的代理商的信中提到,鸦片在澳门的售价很高,"值得你好好关注一下"。[74]

虽然与泰勒的合作不是一个愉快的开端,但他还是留在了中国。他原本打算回到印度,但到了1820年12月初,他得出结论说:"对于接下来是否回印度去表示怀疑。"几个星期后,他写信给印度的一个发行人,告诉对方"现在我还是打算留在这个国家。"[75]1820年到1821年的这个冬天,这位迅速成长的企业家在澳门和广州之间来回奔波,从而为在印度的客户销售鸦片。这种毒品的稀缺导致价格飞涨(孟加拉鸦片售价为2500西班牙币每担，白皮土鸦片售价为1800西班牙币每担）。马地臣对鸦片质量的判断能力越来越强，当他在澳门检查货物时，会非常认真地告诉代理商这些货物的适销性。[76]

马地臣经济好转的迹象也从渣甸的外甥安德鲁·约翰斯通身上表现出来的。安德鲁正在"斯加勒比城堡号"上做外科医生助理，该商船正在黄埔停靠。显然，年轻的约翰斯通需要资金来投资他的优待吨位，马地臣刚好可以借钱给他。正如我们从约翰斯通在11月底的记录中得知的："亲爱的舅父，马地臣先生一共借给我1820西班牙币，同样金额的汇票也会开给您。"显然是渣甸授意马地臣资助他的外甥，马地臣也要求将这笔款项记入他在加尔各答的拉鲁莱塔账户。[77]

威廉·渣甸和詹姆斯·马地臣的合作还有很长的路要走，两人之间的关系也会变得紧密而复杂。虽然马地臣在印度的阵地是加尔各答，而渣甸则是在孟买，但他们交汇在珠江口，并在那里学会了操纵亚洲跨国贸易以实现他们的共同利益最大化。两人的商业关系也从此开始了。两人虽然也会有其他合作伙伴，但他们的关系似乎注定捆绑在一起了。

注　释

1. Williamson, *Eastern Traders*, 79.
2. Ibid., 73 - 76; Reid, "The Steel Frame", 18.
3. Williamson, *Eastern Traders*, 79.
4. Chatterton, *The Mercantile Marine*, 109 - 110; Sutton, *Lords of the East*, 46.

5. Farrington, *Catalogue of East India Company Ships Journals and Logs*, 277. "格拉顿号"于 1808 年 5 月 14 日从朴次茅斯启航。在 11 月中旬离开槟榔屿后，它继续南下向婆罗洲前行，穿过马卡萨海峡、西里贝斯（苏拉威西）北部，进入太平洋。从菲律宾向东航行后，"格拉顿号"经过了台湾和吕宋岛之间的巴士海峡，"成功避开中国的东北季风"。Williamson, *Eastern Traders*, 80.

6. Williamson, *Eastern Traders*, 80.

7. 这一事件详细描述见 Morse, ed., *The Chronicles of the East India Company Trading to China*, 3: 40–49。

8. Williamson, *Eastern Traders*, 81–82, 84.

9. Philips, *The East India Company*, 156.

10. 该术语指公司包租船只进行特定航行。

11. Williamson, *Eastern Traders*, 83.

12. Antony, *Like Froth Floating on the Sea*, 19–20.

13. Ibid., 19.

14. 安东尼说，海盗们甚至到了自相残杀的残忍程度。Ibid., 115–17.

15. Ibid., 44–5.

16. Wild, *The East India Company*, 78; Blake, *Jardine Matheson*, 34; Morse, ed., *The Chronicles of the East India Company Trading to China*, 3: 8–9. 郑氏家族统治广东沿海的海盗活动长达一个半世纪之久。Antony, *Like Froth Floating on the Sea*, 43.

17. Murray, *Pirates of the South China Coast*, 126.

18. 同上，援引自 Consultations and Transactions of the Select Committee of Supercargoes, 16 August and 27 September 1809。

19. Ibid., 131–132.

20. Ibid., 133.

21. Williamson, *Eastern Traders*, 83.

22. 1808 年 9 月，由海军上将威廉·德鲁里率领的一支英国舰队在澳门登陆，以阻止法国侵占葡萄牙占领的澳门。经过 3 个月的外交交涉，因为清朝皇帝以禁止英国在广州的贸易相威胁，军队被迫撤退。皇帝称，如果法国军队试图占领澳门，他随时会进行抵抗。Parkinson, *War in the Eastern Seas*, chapter 16.

23. Morse, ed., *Chronicles of the East India Company Trading to China*, 3: 117–123; Murray, *Pirates of the South China Coast*, 140.

24. Antony, *Like Froth Floating on the Sea*, 51; Murray, *Pirates of the South China Coast*, 144 - 145.
25. Morse, ed., *Chronicles of the East India Company Trading to China*, 3: 123 - 125.
26. Ibid.,123 - 126; *Williamson, Eastern Traders*, 83.
27. Farrington, *Catalogue of East India Company Ships Journals and Logs*, 277; Williamson, *Eastern Traders*, 83 - 84.
28. Williamson, *Eastern Traders*, 90 - 91. 在"格拉顿号"的前3次航行中，威丁担任随船的外科医生。
29. Williamso, *Eastern Traders*, 85.
30. Parkinson, *War in the Eastern Seas*, 123, 211.
31. Williamson, *Eastern Traders*, 86.
32. Williamson, *Eastern Traders*, 86; Parkinson, *War in the Eastern Seas*, 228 - 230; Chatterton, *The Mercantile Marine*, 137.
33. Williamson, *Eastern Traders*, 89.
34. Ibid.,90.
35. Ibid.,116 - 117. 为了获取信息，威廉姆森援引了 the Henry Upton Papers at the National Maritime Museum and the Journal of Magniac and Company at the University Library, Cambridge。
36. Parkinson, *War in the Eastern Seas*, 357 - 365.
37. Philips, *The East India Company*, 182.
38. Stern, "Company, State and Empire", 149 - 150.
39. Lawson, *The East India Company*, 139.
40. Ibid.,142.
41. Philips, *The East India Company*, 190.
42. Keay, *The Honourable Company*, 452 - 453.
43. Williamson, Eastern Traders, 114 - 115; Farrington, *Catalogue of East India Company Ships Journals and Logs*, 711.
44. Peyrefitte, *The Immobile Empire*, xxix - xxx; Keay, *The Honourable Company*, 435 - 436; Wild, *The East India Company*, 40.
45. Peyrefitte, *The Immobile Empire*, 510.
46. Williamson, *Eastern Traders*, 120 - 122, 127.

47. Ibid.,127.

48. 威廉·渣甸最后一次在英国东印度公司商船上工作就是在"温德姆号"上，安德鲁斯在 1818 年把这艘船卖给了当时正在对抗西班牙的智利反叛军。

49. Williamson, *Eastern Traders*, 129.

50. 安德鲁是威廉的大姐与大卫·约翰斯通的儿子。安德鲁后来成为怡和公司的成员，其后代在 20 世纪成为公司的主要管理者。族谱作为附录收录于 Keswick, ed., *The Thistle and the Jade*, 262‑263。

51. Farrington, *Catalogue of East India Company Ships Journals and Logs*, 593.经过 17 次航行，这艘坚固耐用的船只于 1834 年从东印度公司船队中退役。

52. 董事会 1818 年 10 月 7 日会议记录如下："根据'自由商人契约'中的条款，经约翰·桑希尔先生提名，现委派威廉·渣甸先生前往孟买。" Williamson, *Eastern Traders*, 135.

53. 化治林·考瓦斯季是巴纳吉家族最著名的成员，他的投资遍布农业、其他行业、商贸以及前往中国的航运。Palsetia, "The Parsis of India and the Opium Trade in China", 654.

54. "孟买商人号"属于麦库伦·伊斯比斯特·霍恩斯利公司，这家公司与威丁交情匪浅，威廉姆森推测，威丁可能持有这艘船的股份。Williamson, *Eastern Traders*, 136.

55. Reid, "The Steel Frame", 16.

56. Williamson, *Eastern Traders*, 139.

57. Mackenzie, "A History of the Mathesons", 489. 他实习的这家公司的名字无从知晓。

58. Reid, "The Steel Frame", 17‑18; Blake, *Jardine Matheson*, 38; Williamson, *Eastern Traders*, 138. 董事会成员约翰·B. 泰勒提名。

59. Lubbock, *The Opium Clippers*, 32. 在关于怡和洋行的传闻中，因信件未送达而被开除流传广泛，而阿兰·勒·皮克洪（Alain Le Pichon）认为这是杜撰的，他认为由于不服从而遭到解雇更有可能。Le Pichon, *China Trade and Empire*, 20n65.

60. Williamson, *Eastern Traders*, 138; Reid, "The Steel Frame",18; Blake, *Jardine Matheson*, 38.

61. 1819 年 2 月，也就是马地臣到达新加坡前 3 个月，托马斯·斯坦福德·莱佛士（Thomas Stamford Raffles）在此建立了英属殖民地。

62. James Matheson（aboard *Marquis of Hastings*, Penang harbour）to M.Larruleta and Company（Calcutta）, Penang, 14 May 1819, and Singapore,24 May 1819, James Matheson‑Private Letter Book 1819‑1820, Jardine Matheson Archive, University Library, Cambridge（hereafter ms jm）, c1/3.

63. James Matheson (aboard *Marquis of Hastings*) to McIntyre and Company (Calcutta), Canton, 11 and 14 August 1819, and to Crattenham Mackillop and Company (Calcutta), Canton, 14 August 1819, Taylor and Matheson – Letter Book, ms jm, c1/3.

64. James Matheson (Canton) to Mrs R. Taylor (Canton), 27 November 1820, James Matheson – Private Letter Book 1820 – 1821, ms jm, c1/4.

65. James Matheson (Canton) to M. Larruleta and Company (Calcutta), 14 November 1819, James Matheson – Private Letter Book 1819 – 1820, ms jm, c1/3; Williamson, Eastern Traders, 138.

66. Robert Taylor (Canton) to James Matheson (at sea), 4 April 1820, Taylor and Matheson – Letter Book, ms jm, c1/3.

67. James Matheson (Pondicherry) to M. Larruleta and Company (Calcutta), 12 February 1820, James Matheson – Private Letter Book 1820 – 1821, ms jm, c1/4.

68. James Matheson (Pondicherry) to M. Larruleta and Company (Calcutta), 14 February 1820, James Matheson – Private Letter Book 1820 – 1821, ms jm, c1/4.

69. James Matheson (Yanam) to M. Larruleta and Compnay (Calcutta), 20 March 1820, James Matheson – Private Letter Book 1820 – 1821, ms jm, c1/4; Williamson, Eastern Traders, 139.

70. James Matheson (Panjim Goa) to M. Larruleta and Company (Calcutta), 1 May 1820, James Matheson – Private Letter Book 1820 – 1821, ms jm, c1/4; Williamson, *Eastern Traders*, 139.

71. James Matheson (Canton) to Mrs R. Taylor (Canton), 27 November 1820, James Matheson – Private Letter Book 1820 – 1821, ms jm, c1/4.

72. James Matheson (Canton) to M. De Courson de la Vilettelio, 5 December 1820, James Matheson – Private Letter Book 1820 – 1821, ms jm, c1/4; James Matheson (Canton) to M. de Arriaga, 13 January 1821, ibid.

73. James Matheson (Canton) to Mrs R. Taylor (Canton). 27 November 1820, James Matheson – Private Letter Book 1820 – 1821, ms jm, c1/4; James Matheson (Canton) to James Scott and Company (Calcutta), 11 December 1822, Yrissari and Company – Letter Book, ms jm, c2/1. 马地臣不准备为之前的债务承担责任。

74. James Matheson (Canton) to Parrisat and Company (Pondicherry), 5 December 1820, James Matheson – Private Letter Book 1820 – 1821, ms jm, c1/4.

75. James Matheson (Canton) to J. Hoefod (Canton), 5 December 1820, and to D. Brodie (Calcutta), 31 January 1821, James Matheson – Private Letter Book 1820 – 1821, ms jm, c1/4.

76. James Matheson (Macao) to M. Larruleta and Company (Calcutta) , 23 December 1820, and to Thomas Anderson (Batavia) , 17 February 1821, James Matheson – Private Letter Book 1820 – 1821, ms jm, c1/4.

77. Andrew Johnstone (Canton) to William Jardine (Bombay) , 27 November 1820, James Matheson – Private Letter Book 1820 – 1821, ms jm, c1/4; James Matheson (Canton) to William Jardine and Framjee Cowasjee (Bombay) , 12 December 1820, ibid.

第四章

考克斯－比尔的继承人

"如果你能送我一只苏拉特羊（怀孕的更好）、一些龙头鱼和一些孟买洋葱，我将会感激不尽。"马地臣在1821年3月初向一个孟买人请求道。按照他的描述，他当时居住在"澳门一所体面的房子里"，在那里他可以招待他的朋友。显然，他打算留在中国沿海，暂时独自从事代理业务，并希望尽快拿到在广州的丹麦领事特权，也期待合伙人尽快出现。[1]

他的新合作伙伴不是他的朋友兼老乡渣甸，而是一位叫泽维尔·伊里萨里的西班牙人，对方来自加尔各答的拉鲁莱塔公司，并于6月底到达澳门。马地臣不仅因为他通过伊里萨里可以与拉鲁莱塔公司开展非正式合作而感到高兴，更因为"这次合作能够带来前所未有的业务量，使我们能够开始建立公司，这是一种超越想象的巨大希望"而兴奋不已。1821年7月1日起，以"伊里萨里"名字命名的公司成立，他们的合作关系正式开始。凭借伊里萨里的商业人脉和马地臣的领事特权，他们可以在广州避开英国东印度公司的垄断。[2]

透过他的书信可以看出，他为印度和新加坡的鸦片商销售鸦片的业务异常活跃。[3]他的公司还与孟加拉一家名为"凤凰保险"的公司合作保险业务，这家公司成立于 1820 年，经营了 5 年。[4] 从欣湖到苏格兰教会再到爱丁堡的教室，詹姆斯·马地臣在 26 岁时终于在中国沿海定居下来，成为一名野心勃勃的代理商，通过他专业的谈判技巧，为那些遥远的供货商在不稳定的鸦片市场中赚取高额利润。

虽然证据不够充分，但我们仍然有理由相信，威廉·渣甸此时仍然作为船货管理员在"萨拉号"上，并且有确凿证据表明他也参与了鸦片投机，而马地臣正是他在广州的代理人。1822 年春天，马地臣的鸦片销售取得了巨大成功，他在告诉渣甸此事时引用了一段奇特的《圣经》隐喻："我认为，我们将拥有比去年更多的饼和鱼。"[5]

1820 年到 1822 年间，"萨拉号"作为国家商船不断往返于印度和中国，并在 1823 年返回英国。1822 年的秋天，渣甸并没有乘坐"萨拉号"回英国，而是留在了广州。由于没有得到英国东印度公司的允许而不能在广州设立永久办公处，他不得不在茶叶运输季节结束后回到澳门休息。他很有可能去了詹姆斯·马地臣舒适的居所休息。此外，马地臣也非常欣赏渣甸的外甥，安德鲁·约翰斯通。约翰斯通现在仍然在"斯加勒比城堡号"上做外科医生助理。对于安德鲁日后的职业安排，马地臣在 1822 年 4 月给渣甸的信中说："我十分欣喜地告诉你，不论是我的朋友，还是他的长官都非常喜爱安德鲁。"[6] 这两位苏格兰人在澳门的关系愈发亲密，不过距离他们商业合并，成为考克斯-比尔新的继承人还有 5 年的时间。

18 世纪末，著名的伦敦金匠詹姆斯·考克斯发现一种被称为"八音盒"的精致音乐摆件和珠宝钟表在中国很有市场。广州的行商赊购这些器物，把它们作为新年礼物送给清朝官员。这些器物产于伯明翰，主要由在伦敦的鞋巷的考克斯和在伦敦克勒肯威尔街区的弗朗西斯·马尼亚克负责销售。1779 年，一些行商破产而无力偿还债务，这引发了多米诺骨牌效应，连带导致詹姆斯·考克斯生意失败。为了追讨他的债款，1780年，考克斯的债权人安排他两个儿子在英国东印度公司的特许下前往中国两年。

英国东印度公司广州管委会为了维护垄断地位而驱逐所有散商，而约翰·亨利·考克斯作为唯一一个英国"自由商人"留在了中国。考克斯并不局限于收债和出售打簧货，而是开始作为英国东印度公司职员在广州的代理，为他们处理优待吨位，与此同时，他也为印度国家商人提供代理服务。[7]1783年秋天，约翰·亨利·考克斯与一名叫约翰·里德的苏格兰人开始合作，此人于1780年底，以奥地利驻广州领事的外交身份出现在中国沿海。对于东印度公司管委会来说，这个身份很荒谬，但这种外交身份超出了他们的管辖范围。[8]同时，奥地利"帝国公司"想要恢复位于奥属尼德兰的奥斯坦德和广州之间贸易未果。因此，考克斯希望在广州寻求一位有稳定外交特权的合伙人。1783年12月，当丹尼尔·比尔作为"沃波尔号"的出纳来到广州，考克斯与他达成合作协议，但协议并没有立即生效。1787年下半年，比尔带着普鲁士领事的任命来到广州时，考克斯–比尔公司正式成立。[9]

约翰·亨利·考克斯在1791年去世时，他们的合作关系尚处于初步合作阶段，于是托马斯·比尔顶替他的位置成为新的合伙人。托马斯于1790年秋天到达广州，其兄长丹尼尔是普鲁士领事，而他作为普鲁士副领事受到保护。[10]由于当时的清朝法律不允许女眷定居广州，丹尼尔·比尔夫人于1797年9月到达澳门定居，并与其丈夫在1797年回到英国，而托马斯则作为新的普鲁士领事留在广州。此时，托马斯显然与三个新人开始了合作关系，其中之一是一位名叫戴维·里德的苏格兰人，其早些年以丹麦领事的身份到达广州。然而这段合作很短暂，戴维·里德于1800年回国了。不久之后，托马斯·比尔在1801年与伦敦金匠弗朗西斯·马尼亚克之子查尔斯·马尼亚克合作。[11]查尔斯被派来确保其家族在广州的利益，并迅速接手普鲁士副领事的职位，因为从约翰·里德开始，在外交头衔上做文章可以花样百出。从 1801 年 4 月 1 日起，公司更名为里德－比尔公司。[12]

在接下来的 15 年里，当威廉·渣甸正在英国东印度公司商船上航行，詹姆斯·马地臣还在苏格兰上学时，这家公司的名字就早已几经变迁。1816 年初，托马斯·比尔破产，他生命的最后几年在澳门度过。直到 1817 年，唯一不变的合伙人就是查尔斯·马尼亚克和他的兄弟荷林华斯。荷林华斯是在 1811 年以驻广州普鲁士领事的秘书身份来到广州的。这家公司也在 1817 年更名为"马尼亚克商行"，业务范围不仅仅是销售打簧货，还提供包括营销、银行、航运和保险在内的一系列服务。[13]

不出所料，变动最大的产品是在广州销售的印度鸦片，因为这项贸易在中国是非法的。1819 年，鸦片的价格暴涨，此时马尼亚克兄弟非常频繁地参与鸦片贸易，然而，在 1819 年到 1821 年间，鸦片价格涨幅达到 100%，正当清朝官员试图阻拦毒品交易时，查尔斯和荷林华斯出售了他们所有的鸦片。他们从这种令人欣喜的投机中获得了巨大利润。此时，将中国市场的获利转移回印度和英国的运营模式也已经趋于稳定。

詹姆斯·马地臣擅长的技能之一便是将汇票转汇到伦敦，因为在广州的西方商人都依赖于这样一套系统的运作模式，即把船上买家购买鸦片支付的白银（银圆或银锭）转换成可在印度和伦敦流通的汇票。1822 年，威廉·渣甸居住在中国时，同样是这项金融能力使他作为代理商声名大噪。

就在威廉·渣甸刚开始在英国东印度商船上担任医务人员的时候，中国进出口贸易的平衡正朝着有利于英国商人的方向倾斜。直到 18 世纪末，中国人对于购买英国商品都兴趣寥寥。所以，对于英国东印度公司和英国商人来说，寻找一种中国人愿意购买的商品成为一种挑战。香料和皮毛的市场需求有限，还不足以平衡从中国进口茶叶和丝绸的成本。所以，英国东印度公司主要通过金币和银币来支付采购费用。

但货币运输也存在大量问题。其中之一就是东部海域的海盗，对于他们来说，钱币是他们的首要截获目标。另一个问题就是清政府禁止只携带货币的船只进入广州。还有其他的问题，例如，船只会在暴风雨中迷失。另外，对于货币的估价也是一个难题，中国人更倾向于接受西班牙币（硬币上是哪个国王的头像，决定了这个硬币的等级）。[14]

每一个在广州的外国商馆都有一个限制进出、戒备森严的金库。但是频繁的火灾和内乱使得这些金库极易受到劫匪的攻击。每个商馆都会雇用一位中国人作为钱币鉴定人，由他来确定付款时银币或银锭的重量和纯度。在鸦片贸易中，离岸支付时，钱币鉴定官就会随着买家购买时登船检查钱币，如果钱币符合标准，他就会在银币和银锭上盖上他的印章。[15]

随着茶叶消费在英国的增长，购买茶叶所需的钱币量也随之增长。英国东印度公司用于采购茶叶的硬金属货币的唯一来源是私商的国家贸易，而他们的主要货物是从印度而来的原棉和鸦片。尽管荷兰和西班牙商人在中国市场销售大米，美国商人将毛皮引进中国，但是西方与清廷的贸易总量仍不足以抵消白银流入中国茶商和丝绸商的腰包。

19世纪初，中国开始大量购买印度商品，尤其是棉花。同时，中国市场对于印度鸦片的需求量也在不断增长。由于这些市场变化，到了1804年，中国的贸易顺差开始逆转，在三年内，白银开始流出中国，落入英裔印度商人手中。然而，这些财富的变化并没有消除海运白银的问题；此外，清朝法律禁止白银出口。

此时在国家贸易中，鸦片还不是来自印度的主要产品，但却是英国私商获得白银的重要来源之一。如果这些商人想要把走私而来的钱变成在不违反清朝法律的情况下获得的利润，就需要"洗钱"。对此，散商的解决方案是，把白银放到广州英国馆的金库里，供英国东印度公司采购茶叶使用。

作为回报，散商们可以得到汇票，这样既可以避免白银储存、运输和保价过程中产生的费用，又可以在印度或伦敦兑换汇票时获得一定的利息。[16]

通常情况下，汇票可以让卖方在货物发出后尽快获得现金，同时允许买方（进口商）推迟付款，直到货物到达。在广州发行票据时，白银的卖方会收到一份纸质票据，这份票据若还未在伦敦、加尔各答或孟买的银行兑换，可以出售给第三方。"贴现"指的是在伦敦（或印度主要城市）的银行或贴现公司出售汇票，而"贴现率"是指汇票的年利率。（若贴现率为3%，对于一张3个月的汇票来说，其实际利息为0.75%。）[17] 长远来说，由里德和考克斯创立，后由渣甸和马地臣继承发展的业务，实际上也包括为汇票交易的两端服务，因为他们在东亚有办事处，只是总部位于伦敦的伦巴第街。

19世纪20年代，英国东印度公司广州管委会金库不仅从英国商人处购得白银，也从西班牙、葡萄牙和美国从事对华贸易的商人那里购买。但管委会可以接受的白银的数量毕竟有限。在这种情况下，美国商人想到一种新的贸易方式。一个美国商人在伦敦的商业银行建立自己的信用账户，这样只需要带一份附息的凭证到广州，避免携带大量白银，在那里，他可以用这份凭证与英国鸦片商进行交易，这些鸦片商也可以通过这种方式把收入带回英国。[18]

虽然西方商人正在逐步完善鸦片贸易的金融体制，但是这种贸易本身在中国还是违法的。与英国东印度公司在出口贸易中把茶叶作为主要商品不同，国家贸易以把棉花和鸦片进口到中国为主。由于鸦片禁令，导致行商无法参与利润最高的进口贸易，因此国家贸易对行商的财务状况产生了恶劣影响。[19]

1729年，清廷发布了第一个禁止进口鸦片的法令。此后，1780年和

1796 年，相继发表禁止该贸易的声明，再之后，几乎每年都会发布禁令。直到 19 世纪初期，无视清廷的禁令，鸦片深入中国内陆，在各个阶层蔓延开来。有证据表明，甚至是皇宫的侍卫和宦官也有吸食鸦片的。[20]

与清政府的明令禁止不同，鸦片进口到英国是很广泛的，其医药用途也是很正常和普遍的。19 世纪 30 年代公共卫生运动开始前，鸦片的医疗和非医疗用途几乎没有任何区别。[21] 在英国人眼中，鸦片不是被禁的有害药物，只是一种止痛药，就像 21 世纪初广泛使用的阿司匹林、对乙酰氨基酚或布洛芬。酊剂的鸦片通常用于缓解牙痛、腹泻、心绞痛、关节炎、坐骨神经痛、经期不适、支气管炎，甚至结核病和癌症，并在许多其他方面用于镇静或镇痛药物。在英国，人们可以获得不同形式的鸦片，药片或粉末，锭剂、栓剂、膏药、剂、糖浆或者鸦片种子。[22] 对于许多成年人来说，鸦片酊是摄取这种药物的首选方式，可以将它与水、酒或者啤酒混合服用。

流入英国的鸦片 80%~90% 源于土耳其，而且它的吗啡含量比印度鸦片高得多。在英国也可以买到印度鸦片。奥斯曼帝国购买了大量的棉花制品，这意味着与广州茶叶贸易逆差不同，英国和土耳其之间的贸易往来大致是平衡的。当时的布里斯托尔、多佛和利物浦都是鸦片港，但欧洲鸦片贸易的中心是在伦敦，集中在民辛街和加罗威咖啡馆附近。[23] 马地臣和渣甸曾在这一街区学习商贸业务，所以他们对于鸦片贸易的特点，尤其是风险和利润率是比较熟悉的。鸦片的成瘾性在英国是众所周知的，但是进口时却没有考虑到这个因素，这导致 1830 年进口量为 9.1 万磅，下一世代的进口量是这个的三倍。

进口的鸦片有一部分是在皇家交易所附近的加罗威咖啡馆进行拍卖，但是大多数鸦片贸易是鸦片进口商和伦敦大型批发商之间的私人交易。药剂公司有权检查药店和药物，这些药店通常通过代理商供货，然后把样品交由采购委员会检查评估。鸦片价格浮动受税收影响（1836 年从每磅 4 先令锐减到每磅 1 先令）。但是通常来说，优质鸦片的价格浮动不像中国沿海地区那样随意变化。[24]

一旦交易达成，进口的鸦片就成了药品批发公司的财产，他们把鸦片卖给制药商，由制药商做成制剂销售。批发公司也会自己制药。最著名的鸦片批发商就是药剂公司（the Apothecaries Company），属于伦敦同业公会，他们自己生产大量鸦片药剂。在1868年《药房法案》通过之前，批发商的存货可以自由出售给任何希望购买鸦片的人。[25] 贩卖鸦片也没有什么不光彩的，这也表明了当时的鸦片贸易在英国商业中多么常见，可以说，鸦片只是"市场上的一种商品"。[26]

在1868年议会开始管制鸦片销售前，人们可以在大多数城镇商店、酒吧、面包店、裁缝店和街边小铺，甚至是乡村小贩那里买到它们。鸦片批发业务向任何想要大量购进鸦片用于零售的人开放。在伊利小城附近的沼泽地区，很多家庭平均每周要花费 8 便士到 1 先令用于购买鸦片。据报道，威兹贝奇小集镇的鸦片消耗量是东安格利亚地区最大的。沼泽地的工人喜欢就着鸦片喝啤酒，在一些地方，鸦片甚至代替了医生问诊，很多妇女依靠"戈弗雷氏补品""温斯洛夫人止咳糖浆"来让孩子保持安静，[27] 就连部分德高望重的医务人员也赞同使用鸦片制剂安抚幼儿。[28]

英国医学理论不接受一个人可能会对医疗药剂上瘾的说法。直到19世纪中后期，鸦片医疗注射更加频繁时，人们才对药物依赖，即"成瘾性"进行更为科学的研究。到了19世纪70年代，一些医生开始使用"吗啡中毒"一词来描述成瘾性疾病。[29] 然而，20世纪初期，一些名人仍习惯性依赖鸦片，在他们的著作中也表露出他们滥用药物的情况，如塞缪尔·泰勒·柯勒律治和托玛斯·德·昆西。对于柯勒律治来说，鸦片的作用是产生生动的幻想。在《忽必烈汗》中，有一首诗就是描写鸦片诱发的梦境般的恍惚状态，柯勒律治把这种药称为"天堂的琼浆"。另一方面，德·昆西的《瘾君子自白》（1821）中也解释了鸦片的用途在于摆脱痛苦、释放快感。"酒精令人蒙蔽心智，而鸦片恰恰相反，会为人带来宁静秩序，不干扰立法和社会和谐。"然而，他之后在自白中接着描述了成瘾后的痛苦折磨，在经过艰苦努力后才得以摆脱。[30]

英国人常用的鸦片酊或者止痛剂一般不会造成上瘾，但吸食鸦片就极有可能上瘾。那些购买印度鸦片的中国买家甘愿冒着失去自由和生命的风险可不是为了简单的鸦片酊，而是为了吸食鸦片，吞云吐雾后，享受所谓的快意。

卡尔·特洛基在《鸦片、帝国与全球政治经济》一书中指出，鸦片是19世纪大英帝国发展的关键因素，并将它描述成"整体中的一环，但却有至关重要的作用"。[31]《商业手册》的编辑 J. 菲普斯和渣甸与马地臣是同一时代的人，菲普斯在1836年称鸦片贸易"不符合世界上任何一个地方的任何一项消费"。[32] 当然，渣甸和马地臣在19世纪20年代在广州建立办事处时，它是一个快速增长的贸易方式。然而这不仅仅是一个私人机构牟取暴利的行业，在很大程度上，鸦片贸易还帮助英国东印度公司维持在印度次大陆的统治权威。18世纪后期，印度的英国统治者垄断了鸦片的生产和销售，最终鸦片收入占英属印度总收入的七分之一。英国下议院敏锐地意识到这一收入对南亚殖民地稳定的重要性。[33] 鸦片贸易的利润非常可观，英国东印度公司每年的净利润很少低于100%。[34] 特洛基坚持认为，到了18世纪70年代，鸦片开始影响在亚洲的欧洲人生活的方方面面，而且在19世纪大部分时间里，鸦片贸易是外国商人在中国的唯一商业优势。[35]

印度的鸦片作物主要生长在巴特那和贝拿勒斯之间的恒河平原上，是那里的农民种植的一种作物，后正式命名为罂粟。鸦片的种植和收割属于劳动密集型工作。[36] 罂粟花大多是白色的（也有深红色、粉色或者紫色的），花期只有几天，之后花瓣脱落，露出豆荚继续生长，直到长成鸡蛋大小。此时农民就会划开它并收集流出来的不透明的、牛奶似的汁液。生鸦片与空气接触就会变成棕色黏稠物质，制成具有一定稠度的油泥后，可以将其做成球状或者蛋糕状。（当时的一个观察者说）然后用叶子包裹储存，当鸦片干了后就会变硬，就像一颗0.45千克重的炮弹。等到它足够干燥时，将鸦片球装进杧果木制成的箱子中，每个箱子装40个球，总重大约18千克。然后用沥青将箱子密封好，并缝成麻袋包裹，既保护它们在运输途中避免受损，又起到伪装作用。在拍卖或销售之前，人们会根据鸦片的重量、含水量、粒度、密度和颜色进行评判，就像品酒师评判波尔多葡萄酒一样。[37]

英国东印度公司的政策是将其鸦片业务限于在印度境内生产和拍卖，因为公司担心与清政府的关系会因"涉嫌非法贸易"而中断。[38]因此，英国东印度公司商船被禁止携带鸦片到中国，而分销鸦片的业务就落到国家商人手中，他们会在每年1月开始的加尔各答拍卖会上购买鸦片。1819年，英国东印度公司考虑加大鸦片的供应量，而对于鸦片带给中国的危害则推卸责任，且论断荒谬："证据显示，中国人和马来人如果不使用鸦片就不能生存，如果我们不提供他们所需要的东西，其他外国商人也会提供。"[39]

在印度西部的白皮土地区有一条生产鸦片的私营产业，在英国东印度公司管辖范围之外，不受公司管理。由于在竞争中受挫，1819年，英国东印度公司决定收购白皮土鸦片，统一在加尔各答或者孟买拍卖。这样可以防止因为白皮土鸦片的出现导致英国东印度公司的公班土和刺班土价格下降，同时也为了控制向中国的鸦片供应。但是英国东印度公司购买越多的白皮土鸦片，白皮土商人就会生产更多的鸦片，为了能有一些用于自己销售。[40]最终，英国东印度公司决定向生产白皮土鸦片的独立商人强制收取过路费，每一箱从孟买过来的白皮土鸦片都要缴纳过路费。直到19世纪30年代初期，从巴特那、贝拿勒斯和白皮土运往中国的鸦片总量达到约

7000 箱。特洛基观察到，当时鸦片之于亚洲就如同过去烟草和糖之于欧洲，"它创造了一个大众市场，一种新的毒品文化"。[41] 鸦片产业的丰厚利润，主要是因为英国东印度公司支付给辛勤耕种罂粟的农民的费用和鸦片投机者购买鸦片所支付的费用之间的巨大差额。一旦鸦片从加尔各答的恒河支流胡格利河运往了其他国家，英国东印度公司就把自己从鸦片商业中摘得干干净净。[42]

运给中国走私者的箱子里装的是一种适合吸食的鸦片，而不是在印度常见的胶质的咀嚼型鸦片，也不是在英国广泛使用的液体类鸦片酊。禁止烟草进口后，吸食鸦片在中国流行开来。为了可以吸食，鸦片必须被浓缩成豌豆大小的药片，放在烟管前的烟锅里加热，直到药物开始蒸发。吸食者斜躺在床上，通过烟枪将鸦片深吸入肺部，然后尽可能屏住呼吸再吐出来。许多中国人用水烟袋，通过水或带香味的液体过滤蒸汽。因为肺部会立即吸收蒸汽，所以吸食鸦片的效果立竿见影。一个常年吸食鸦片的人可能要连续抽 3～4 管鸦片（每一管都是新药片），才能多睡一会儿，并在平静放松的状态下醒来。[43]

外国商人把成箱的鸦片卖给珠江三角洲的走私者，对于之后买家如何使用鸦片他们并不关心。在西方，轻剂量的鸦片可以用于药剂，有时在医生的指导下可以加大剂量，他们考虑的是鸦片的益处而非害处。正如特洛基所做的，我们也可以合理推测，中国上层阶级使用鸦片或者开始使用鸦片是为了止痛。[44] 清政府称，禁止鸦片是为了防止其破坏性和上瘾性对社会产生危害。鉴于这种交易是非法的，中国鸦片的交易大部分是由中国社会的边缘分子，例如罪犯、秘密团体、海盗和走私者在进行。[45]

第一次鸦片战争前的几十年里，珠江三角洲上形成了以澳门、广州附近的黄埔锚地、珠江河口虎门以南约 40 千米的伶仃岛为基地的三条走私网。到了 19 世纪 20 年代初，来自印度的鸦片船大多开往伶仃岛西北端的深水锚地。[46] 由于与当地官员勾结，在黄埔的鸦片贸易已经变得明目张胆，但是之后在 1819 年到 1822 年间遭到严厉打击。虽然压制行动比以前更为严格，却仍然流于表面。此时，为外国商船提供补给的买办们正在闹罢工，以抗议他们要为每艘提供补给的船只向黄埔官员缴纳费用，而且此费用已经越来越高。他们拒绝向在黄埔停靠的商船提供补给，但是同意为这些船在伶仃岛上建立补给站，在那里商船可以购买包括蔬菜和肉类在内的食品。[47] 这一做法导致大部分鸦片贸易从黄埔转移到伶仃岛，伶仃岛也开始成为走私中心。[48]

到了 19 世纪 20 年代，走私制度已经很完善了，外国人可以把鸦片存放在广州的仓库里，并在商馆进行销售。[49] 1821 年，大部分鸦片贸易从黄埔转移到伶仃岛时，以詹姆斯·马地臣为首的外国私商开始将鸦片仓储船停靠在贸易兴旺的伶仃岛。[50] 从事走私鸦片贸易的公司都会将仓储船停靠在那里作为永久性的浮动仓库，国家贸易的商船会为其定期补给成箱的鸦片。只要他们不把货物运送到岸上，私商们就会争辩说，他们并没有从事走私活动。

当地的官员有权使这些仓库船只难于经营，但是他们没有海军去对付那些装备精良的英国商船。他们唯一能做的就是拦截想要走私鸦片上岸的中国船只。然而，由于部分清朝官员很容易被贿赂诱惑，很多时候，他们对贩运睁一只眼闭一只眼，从而使鸦片贸易屡禁不止。另一方面，广州的行商更谨慎地遵守法律，他们在 1821 年就宣称，他们不会与任何装着一箱箱鸦片的船只做生意。虽然没有积极的反对行动，但是当自身安全受到威胁时，他们也会采取相应的行动。因此，他们特别点名了 4 艘船，要求它们只能停靠在其他锚地。其中一艘是美国商船，其他 3 艘都是委托给詹姆斯·马地臣从事国家贸易的商船，只是他在其中一艘里面存放鸦片。当他向英国东印度公司广州管委会询问应对措施时，管委会因怕受到牵连而拒绝提供有关鸦片贸易的建议。初来乍到，马地臣不准备得罪行商、清政府官员和管委会，所以他决定把船开走。从1821年起，大部分的鸦片贸易被迫转移到外港锚地，美国、英国和西班牙的公司将接收船停靠在那里。[51]从19世纪30年代开始，大量船只停靠在伶仃岛，而岛上的村民根本无法满足船只的补给需求，不足的部分不得不依靠澳门提供。[52]

仓储船上的桅杆都被拆掉了，甲板上用竹板和船帆上拆下来的帆布搭起棚子，船上为私人商船储存着各种货物和补给品。更重要的是，他们还为从广州走私出来的白银提供仓储。一旦贸易的天平开始向英国倾斜，从广州走私银锭、银条就是非常冒险的行为。然而，在1821年以后出口白银放在仓储船上容易多了（从货币的角度考虑）。[53]

走私者乘着涂着亮漆、窄长形的船，配备枪炮等各种小型武器向仓储船靠近，这些船被称为"螃蟹""爬龙""蜈蚣"。通常情况下，在商船交货时清廷官船不会轻易出击，而是潜伏在河口处，在走私者上岸前伏击。[54]19世纪30年代初，考克斯－比尔的继承人大约有35～40艘这样的走私船活动在珠江三角洲。保罗·范·戴克（Paul Van Dyke）认为："这些船就像邮政服务一样，带着违禁品定期进出中国。"[55]

实际上，交易并不在仓储船上进行，而是由销往中国的鸦片批发商的代理在广州完成。这样，鸦片就像中国茶叶、丝绸，印度棉花和英国制品一样可以在商馆里完成交易。因此，当伶仃岛成为鸦片走私活动的枢纽时，詹姆斯·马地臣立刻回到广州，在英国馆着重处理其办事处的鸦片业务。在那里，他会与立即支付白银为货款的中国代理会面。对于委托他销售的鸦片，他会抽取固定的佣金（最初是5%，后来变成3%）。在澳门印制的标准格式的交货单将通过快艇送给接收船的船长。在短短几个小时内就可以将100箱鸦片的拆解、称量和重新包装完成，而接收船的船长将得到每箱5美元的佣金。但鸦片交易中没有一个人能够目睹从头到尾的全部过程。[56]

马地臣和渣甸到达广州时正值中国贸易重新洗牌，而鸦片贸易成为最为繁盛的时期。1818—1827年间，从拿破仑战争的困境中恢复过来后，英国与中国的传统贸易进入了一个旷日持久的危机时期。其中一个导致商业不稳定的因素就是包括马地臣和渣甸在内的新商人的到来。这些野心勃勃的年轻人涌入广州，导致广州竞争的加剧，库存过剩，价格暴跌，经济萧条。

另一个因素就是行商经济不稳定，已有数人破产。因此，只有4家行商被西方商人认为是财政稳定，安全可靠的。1822年的大火摧毁了广州的大部分地区，造成严重损失，也使这一问题变得更糟。另外，广州市场的变化导致传统中国贸易中一些商品被淘汰。例如"打簧货"的需求量已经大大减少，部分原因是中国的工匠已经学会制作廉价的复制品。但最让英国商人担心的就是棉花贸易，因为从1819年起，印度棉花的销售量开始下滑。直到1823年，印度棉花一直是国家贸易中最重要的商品；此后，鸦片成为最重要的投机商品；其次是大米，但是销售情况并不稳定。1827—1828年间，鸦片是唯一可以带来可观利润的商品。[57]

1822年，鸦片贸易繁荣，年仅26岁的马地臣拒绝代理"小商人的货"，并以鸦片、棉花，以及白银、汇票之间的汇款收益来界定伊里萨里和英国东印度公司的业务。他保留了丹麦领事的身份，以免受到英国东印度公司广州管委会的限制。他的合作伙伴泽维尔·伊里萨里在马尼拉、墨西哥和加尔各答都有亲戚，马地臣通过其关系网来拓展自己的商业网络。[58]

1822年初，愤怒的伶仃岛村民攻击了护卫舰"黄宝石号"上的一批水手后，所有在广州的英国人都离开了商馆。护卫舰的第一中尉命令射手朝岸上射击，并派遣一支队伍登岸，救出被围困的海员。2名中国人被杀，双方数人受伤，此事激怒了总督，他要求将"外国凶手"移交审判，并暂时拦截了英国在广州的所有贸易。此时，英国馆的所有工作人员和大部分财产被转移到了船上，之后离开广州在穿鼻停靠了几周。英国馆工作人员迁走后，许多英国私商也立刻离开广州，马地臣就是其中之一。最终，"黄宝石号"的指挥官承诺将案件提交给他的上级官员，根据英国法律审判，而"黄宝石号"也驶到澳门，并从那里开往印度。清廷总督勉强接受这一解决方案后，管委会和英国馆的工作人员返回广州。但是马地臣直到4月初才回到广州，这很可能是因为清朝官员针对鸦片船只颁布了严厉的禁令。[59]

马士（H.B.Morse）所提出的"伶仃体系"这一术语意味着伶仃岛已成为鸦片走私者的专属区域，但是最新研究表明，黄埔仍然是鸦片走私的活跃区域。地方官员急于从鸦片贩运中获利，鼓励走私者利用大米装运的幌子，将违禁品藏在大米里，或者船上的其他地方，运往上游。事实上，大型走私活动正从伶仃岛开始，驶向广州上游，藏有鸦片的运米船数量大幅增加。事实上，有些大米是从黄埔顺流而下走私出来的，目的是"出租"给那些计划乘运米船返回黄埔的走私者。[60] 1836—1837年间，黄埔的腐败官员以各种方法大肆敛财，鸦片几乎可以公开被走私到广州。[61]

中国的中间商需要在广州的一家承兑公司支付白银购买鸦片，鸦片在几周内交付，他们需要先付订金，余款在仓储船上付清。所有的"脏活"都是由中国人去做，例如向地方官员行贿，把鸦片送上岸，以及向瘾君子等个人买家出售鸦片。[62] 像马地臣和后来的渣甸这样的常驻商人主要负责销售，每销售一箱鸦片就会向卖家收取佣金，通常为20美金每箱。[63] 以这种方式，他们的办事处既能够从销售鸦片中获利，又可以避免投机鸦片带来的风险。当然，贸易中的任何波动也会存在造成损失的风险。

1822年，"伶仃体系"迅速成形，作为私商的詹姆斯·马地臣主要负责设计和运营这一贸易体系。此时的威廉·渣甸还没有拿到广州的永久居住权，所以当他在孟买经营时，马地臣就负责销售渣甸的鸦片，但是1822年初，渣甸选择离开印度，在中国居住，偶尔会和马地臣住在一起。[64]

从 1822 年夏末或初秋开始，38 岁的渣甸开启了在中国沿海 17 年的生活。他开始在广州管理印度商人委托给他的货物，但是，由于没有领事身份的保护，他不能在广州永久居留，所以在茶季结束后，他会搬到澳门。1822 年 11 月初的广州大火毁了广州十三行的一切，所有英国商人都放弃了广州，所以 1823 年的交易淡季，渣甸很有可能住在詹姆斯·马地臣的家里。65

11 月 1 日晚上，商馆区北边的棚户区里燃起熊熊大火，到了 9 点多，英国馆被大火吞没，商馆的工作人员被迫到河边的空地避难。英国馆金库里约 75 万西班牙币被及时抢救出来。66 行商立即开始重建，那些属于行商的商馆和房产很快以更加坚固奢华的样子出现。

威廉·渣甸和詹姆斯·马地臣应该也在从英国馆撤离的人员之中，因为 1822 年茶季，他们都在广州做生意。1823 年头几个月，渣甸在澳门继续忙于处理印度机构的代理业务，与马地臣的合作对此也颇有益处。同年夏天，一个在加尔各答的商行希望将自己所有的鸦片业务都交给伊里萨里行打理，此时他们觉得，应该与渣甸联合行动。67

然而，伊里萨里行正在进行一场博弈，这对于此时的渣甸来说显得过于激进。因为马地臣的公司试图垄断公班土的市场，但是库存量太大。因此，他们决定在广州湾以外的地方也进行销售，并计划在 1823 年年中，对中国沿海其他地区进行考察。为了获得潜在市场的第一手资料，马地臣在 1823 年 6 月 1 日登上悬挂着西班牙国旗的小船"圣塞巴斯蒂安号"，这艘船在他的表弟——约翰·麦凯的指挥下航行。68 这次远征持续了大约两个月，但并不是特别顺利，最终，他还是卖出了价值 8 万西班牙币的鸦片，这也足以满足他们希望用沿海市场来清库存的愿望。"圣塞巴斯蒂安号"的第二次远航在商业上非常成功，1824 年 1 月底，它从第三次远征中回来时，几乎所有鸦片都被卖完了，仅剩下一箱。一直以来，伊里萨里和马地臣都认为，沿岸的鸦片贸易最终会变得如同广州在贸易中的中心地位一样重要。[69]

1824年，广州商馆区里最古老的私人公司马尼亚克公司出现危机，而对于威廉·渣甸而言，这是一个让他能在中国长期从商的特别机遇。查尔斯·马尼亚克和荷林华斯·马尼亚克兄弟一直享有普鲁士正副领事的外交身份。作为考克斯－比尔行的主要继承人，他们的公司主要为代理商进行代理业务，也利用自己的资源从事私人贸易。荷林华斯于1830年末在上议院的委员会面前作证说，他在广州的交易"主要几乎都是鸦片"。[70]

1823年，查尔斯·马尼亚克在广州病重，英国东印度公司的医生建议他尽快返回英国。本应该与查尔斯分担经营业务的荷林华斯此时正在英国度假。因此，查尔斯通过一个广州商人的推荐找到了威廉·渣甸，希望他负责马尼亚克商行的业务直到荷林华斯回来。1824年1月，查尔斯启程回英国后，渣甸一直经营马尼亚克公司，直到同年10月荷林华斯再次出现，渣甸才结束了临时管理，前往印度处理他与化治林·考瓦斯季的合作关系，因为他们之间出现了一些分歧。[71]

在结束作为孟买商人的事务之前，渣甸对马尼亚克公司在印度的主要商社进行了探访。他一直打算回到广州，直到1825年8月，他回到广州居住在商馆区最东边的"小溪馆"。渣甸还未到达广州时，荷林华斯·马尼亚克就已经发出通告称，威廉·渣甸自1825年7月1日起成为马尼亚克公司的合伙人。查尔斯·马尼亚克回到英国不久，大约在1825年年初就病逝了。而荷林华斯在中国海岸漂泊了20年，非常渴望结束在中国的商业生涯，退休回到英国。[72]他坚信自己为公司找到了一个值得信赖的管理者："渣甸是最尽责、最值得尊敬、最富有善心的人，他是这个市场上非常开明和杰出的商人，他在鸦片贸易和大多数出口品方面的知识和经验是非常宝贵的。他是值得被称赞的。"[73]通篇是一种温和而婉转的说辞。

对于渣甸而言，此次合作有希望全面掌控马尼亚克公司。而荷林华斯打算将自己在广州的财富转移到英国，渣甸恰是完成这一目标的最佳人选。在渣甸对荷林华斯的赞美之词中可见他们亲密的关系："他是我们所见之人中最为诚实和宽容的人，或者说，他是我们在商业交易中最期望遇见的合作伙伴。"[74]1827年1月，荷林华斯离开广州时，渣甸完全掌控了马尼亚克公司的运营，同时他决定放弃"萨拉号"的所有权。[75]在未来12年中，广州将是他的世界的中心。

就在荷林华斯离开前，渣甸聘请了一个老朋友作为初级合伙人来协助他。亨利·赖特曾在"格拉顿号"上担任出纳，当时渣甸在这艘船上进行了头两次航程（1806—1810年）。赖特于1826年10月作为"亨利特城堡号"的出纳到达黄埔时，渣甸借机招揽他。在英国馆，人们称他为"老赖特"，他在渣甸的公司待了16年。[76]据说，赖特一直待在"小溪馆"7年没有离开，有一次终于决定出去走走却发现自己没戴帽子。[77]

渣甸成为马尼亚克公司决策人时，位于"帝国馆"的伊里萨里行的业务也在不断壮大。从他们发给英国供应商的个人物品订单就可以看出他们的事业相当成功。例如，詹姆斯·马地臣向伦敦的"胡德父子"定做大衣，他要求大衣必须符合当下的潮流，大衣的下摆要用丝绸而不是布缝制。伊里萨里通常从伦敦的"格列史丹斯行"订酒，1824年下半年，他从那里订购了一桶最好的马德拉酒（订量是平时雪莉酒的两倍）、四分之一桶马姆齐甜酒，以及一些法国红葡萄酒。[78]

除了物质上的享受，马地臣给伦敦供应商的信中还体现出了对精神享受的需求：海顿、莫扎特和普列尔的长笛曲；最受欢迎的民谣合辑；苏格兰城镇画；《诺兰通用语法续集》；以及两本《堂吉诃德》的新译本。为了印刷商业通告和其他东西，马地臣要求伦敦的文具商运给他一台印刷机

（价格不超过 60 镑），包括葡萄牙语和西班牙音标。[79] 印刷机在 1825 年秋天安全运达，并在两年内印刷出了中国第一份英语新闻传单。

众所周知的《广州纪录报》和《广州行情快报》上大量篇幅被用于报道广州鸦片价格。1827 年 11 月，詹姆斯的侄子亚历山大·马地臣依靠他叔叔的资源建立了《广州纪录报》。詹姆斯认为该报报道了"客观的"新闻，但其实质上是伊里萨里行和后来的怡和洋行的企业商报。[80] 直到 19 世纪 20 年代，中国贸易的信息在外国人中都是通过口口相传、书信和期刊传播的。现在，在广州体系的运作中，所有的外国人第一次清楚地知道其他人都在做什么。此外，《广州纪录报》以及其他应运而生的报纸使得外国人士能够了解清政府对于走私的立场变化。[81] 威廉·怀特曼·伍德是《广州纪录报》的第一任编辑，但由于其对英国东印度公司和清政府的不当言辞，他只负责了 6 期。[82] 1834 年，约翰·斯莱德成为报纸编辑，他的办报方针倾向于反映渣甸和马地臣所想。[83]

伊里萨里行因帮助印度客人销售鸦片以及自己进行鸦片投机而不断壮大。1825 年年中，鸦片价格趋于平稳，该公司预计，截至夏末会有约 3500 箱鸦片的供应量。鸦片市场的繁荣不仅促使马地臣和伊里萨里鼓励麦金托什公司的客人在 1825 年重新恢复鸦片贸易，还促使他们要求麦金托什为伊里萨里行采购一定量的鸦片。[84] 稳定的伙伴关系和合作业务的繁荣使他们能够有时间规划假期。

1826 年新年伊始，泽维尔·伊里萨里便乘坐"沙锥鸟号"离开了广州。他途经新加坡到达印度，并计划年底返回，以便马地臣可以休假。但他这个计划最终没有实现，因为他在 9 月的最后一天死在了加尔各答。[85] 他去加尔各答可能与门迭塔·乌里亚特公司糟糕的经营状况有关，他在该公司持有四分之一的股份，价值约 4 万美金，他想极力挽救自己的资产，结果压力过大导致猝死。[86]

6年来，这已经是马地臣第二次需要面对合作伙伴的突然离世，独自经营。然而与罗伯特·泰勒去世时不同，这一次他经济上是稳固的。直到1827年1月初，詹姆斯·马地臣才得知泽维尔·伊里萨里去世的消息，而此时他已经制定了前往孟加拉的计划。

　　泽维尔·伊里萨里留下两份遗嘱（早先在加尔各答有一个，后来在广州有一个）。两份遗嘱都列明马地臣是他在中国的遗产执行者。随后，马地臣通知客人们，伊里萨里在公司的股份将自4月30日起终结。他继续为孟加拉之行做准备，同时把业务委托给威廉·渣甸，并在信中称渣甸为"我的老朋友"。伊里萨里行日常运作由詹姆斯的两个助手管理，一个是他的侄子亚历山大·马地臣，另一个是伊里萨里的侄子简库恩·伊巴尔。[87]

　　在马地臣不在的三四个月中，渣甸对公司事务全权负责，并监督这两个年轻的职员。马地臣这次离开广州不仅仅是单纯地旅行，还是一次清盘伊里萨里业务的商务旅行。出发前，马地臣分四次将9万美金转入他在马尼亚克公司的账户，以保证他的资产在渣甸的保管下安全而不受伊里萨里资产索赔的牵连。[88]当他到达加尔各答时，门迭塔·乌里亚特公司已经破产了，他要极力保护伊里萨里行的利益不受到牵连损害。

　　伊里萨里在已经倒闭的加尔各答办事处价值4万美金的股份没能收回。而他在广州的财产结算后仅有1.7万美金，马地臣在给泽维尔身在西班牙的母亲和妹妹的一封信中，还是毫不客气地解释道，泽维尔在合伙时根本没有投入启动资金，所以遗产只有他在公司所获得的利益再减去合作期间的生活开支。[89]公司解散时，马地臣显然获益更多。他向自己在印度的账户转账25万美金，据推测，这部分资产就来源于这段已经结束的合作。

　　马地臣还有一个需要迅速解决的难题，就是处理伊里萨里在广州夷馆区7号的房产——"帝国馆"。这栋楼于1822年大火后重建，显然，这对合伙人也为这栋房产投资不少，马地臣不准备结算这笔费用，而是建议找一个中立的评估员评估为这栋房产投入的价值。他将剩余的 6 年租约转给马尼亚克公司，实际上就是转租给渣甸。但亲兄弟还要明算账，出于商业本能，他在结束伊里萨里公司前还要咨询收集资产资料，如对租赁财产的增值。[90]

他在旧公司的基础上建立了一家新的公司，1827 年 9 月，他在公告中称这家公司为马地臣洋行。但他敏锐地意识到，在有众多成熟的竞争对手的环境中（例如英国的马尼亚克洋行和颠地洋行），他的公司被孤立了。在前往印度前，他曾要求加入宝顺洋行（即颠地洋行），然而被拒绝了。这可能是因为他从来没有打算加入颠地洋行，而只是提出一些建议来满足他在麦金托什公司的加尔各答客人们的需求，这些客人通过伦敦办事处与颠地洋行合作。[91] 这一拒绝反而让他可以自由选择发展方向，例如一直寻求与渣甸合作。渣甸邀请他成为马尼亚克行的合伙人，他非常乐意，这也意味着 1827 年秋季成立的马地臣商行只是昙花一现。[92]

他显然对这个可靠的新开端充满信心，进入马尼亚克行的几个星期后，他就开始计划搭乘自己的船"怡胜号"去孟买和加尔各答的新行程。[93] 尽管此时渣甸和马地臣的合作已经开始，但是公司依然沿用"马尼亚克行"这个名字，因为这对新的合伙人尚未接手马尼亚克家族的股份。这一家族的利益尚未被新的伙伴接管。最小的弟弟丹尼尔·马尼亚克在广州仍然有股份，而他的哥哥荷林华斯直到 1832 年一直是个隐形合作伙伴。[94]

马地臣为新的合作带来了高达 6 万美金的资金，以及伊里萨里行的西班牙人脉，渣甸则带来了建立和运营老牌贸易公司的丰富经验。此时渣甸已经 44 岁，从 1822 年开始就定居在中国。马地臣刚刚过了 32 岁生日，从 1820 年就开始在中国沿海生活。两人良好的个人关系为日后成功地合作奠定了坚实的基础。两人中，马地臣比较聪明，但他还是更为尊重渣甸丰富的商业经验和严谨理性的商业判断。另一方面，由于广州没有训练有素的英国律师，离他们最近的英国律师也在加尔各答，马地臣只能依赖于英国馆的工作人员给出的法律建议。他们的代理业务主要是为他人买卖商品赚取佣金，偶尔自己投机鸦片、大米、丝绸或者其他风险贸易赚取可观的收入。[95]

在马地臣写给其合作伙伴伊里萨里的一封信中，阐述了他最重要的商业原则，即合作伙伴之间的透明度和开放性。当一个客人想要对伊里萨里有所保留时，马地臣就会说"对我而言，我不赞成在商业双方间有所保留，没有什么比坦诚和直言不讳地表达更有利于相互理解"。[96]这种开放式的交流是威廉·渣甸和詹姆斯·马地臣这么多年商业合作的特征之一。

在经营方面，马地臣在两人之中胆子更大，而渣甸相对保守。由于贸易季特定贸易中缺乏机会，同时为了避免在贸易季资金闲置，马地臣决定不局限于委托人的指示，"随机应变"。"任何可以不让委托人失望的应急措施都是可以被接受的。"[97]他们两个人对待客人、员工和买家卖家都非常坦诚，甚至是很直接。那些因为工作努力而被带到中国来的亲戚可能是听到两人最为直言不讳表达不满的人。渣甸和马地臣对待自己的侄甥都非常慷慨，把他们带入公司，为他们提供无限期在中国学习东方贸易、积累个人财富的机会。随着自由贸易的倡导者在议会中逐渐获得成功，人们也越来越清楚地意识到，英国东印度公司在广州的垄断地位很快就会消失，同时也会迎来私人贸易的繁盛时期。在英国东印度公司垄断终结前，像渣甸和马地臣的侄甥这样优秀的年轻人，如果能够得到叔舅们的认可，在未来英国东印度公司垄断结束后，将大有可为。

渣甸随时准备向在苏格兰的家人提供经济援助，但他希望安德鲁·约翰斯通能让年轻的表亲们明白真正的需要和懒惰之间的区分。"你是知道的，我强烈反对铺张浪费和碌碌无为，我相信你会让你年轻的表亲们记住这些：我绝对不会帮助懒散和放荡的人，无论他与我的亲属关系多近。但我也时刻准备着，在合理范围内支持那些努力生活、辛勤工作的亲人。"[98] 詹姆斯的侄子们——休·马地臣和亚历山大·马地臣在19世纪20年代中期就加入了其伯父的伊里萨里行，并始终追随家族企业，直到1848年在伦敦建立马地臣公司，并成为创始人。威廉的侄甥们——安德鲁·约翰斯通和安德鲁·渣甸在19世纪30年代上半叶来到广州跟随他们的叔舅，加入了他们的叔舅在广州的公司。在这个商业帝国建立初期，这两个苏格兰家庭的其他成员也与渣甸和马地臣的各种公司有着不同的合作。

渣甸和马地臣都没有自己的孩子来进行这种商业训练。直到19世纪40年代回到英国时，马地臣仍然是单身，而渣甸终生未婚。[99]这种情况在他们的圈子里很常见：由于外国商人不被允许携妻子住在广州，所以大多数公司的高级合伙人没有结婚。就其本身而言，威廉·渣甸和詹姆斯·马地臣早年就离开了英国，并一直在中国打拼。两人几乎没时间回英国，所以结识同阶层的适婚年轻女性的机会也非常有限。[100]

虽然广州管理委员会否认在英国人中存在纳妾的现象，但事实上，在广州的外国商人在澳门包养情妇是一种普遍的做法；但在英国商人阶级中盛行的风俗是禁止将这种关系通过婚姻正式化。社会与经济因素形成了一条不成文的规定：进入英国圈子中的亚洲女人或者混血女人享有与英国人平等的地位，其子女享有平等的继承权，他们也可以接受父亲的产业。当英国父亲离开中国时，这些女人和她们的孩子可以领取赡养费。渣甸和马地臣有权处理各种业务，包括个人业务，而且在许多情况下，他们是当地英国商人的遗嘱执行人。通常情况下，他们会协助管理信托基金，以便那些妇女及其子女在之后依然有体面、舒适、安全的生活。[101]

作为在广州和澳门的英国商人中的领军人物，他们的"家属"曾多次向马地臣和渣甸求助，帮助她们脱离苦难。如何给这些被玩弄和遗弃的女人公正的经济裁定，对于两人来说都是十分敏感的事情。[102] 马地臣愿意帮助那些被英国人抛弃的女人消除通货膨胀给她们的抚恤金带来的影响，他以公司基金为两位在马德拉斯的妇女做抚恤金担保。这笔抚恤金来自第四骑兵队队长休·麦凯，他后来在印度的战斗中丧生。[103] 渣甸也解决过类似的问题，他曾帮助一位英国寡妇走出困境。虽然他认为她已故的丈夫犯有商业罪，但渣甸还是从在广州和澳门的英国人中为她筹得一笔款项，让她能够去新加坡（她姐姐的住处）或者回英国，并为她提供100～200英镑的抚恤金。[104]

在荷林华斯退休回到英国后，丹尼尔·马尼亚克作为三兄弟中最小的一个，成为马尼亚克家族仅剩的留在"小溪馆"里的合伙人。但是丹尼尔在澳门有一个情妇，可能是一个葡亚混血女子，而且他跟这个情妇生了两个孩子。他无视公约，娶了她。由于这一丑闻，1827年他被哥哥逼着拿着一笔遣散费从公司退休。（在荷林华斯·马尼亚克的安排下，丹尼尔·马尼亚克的儿子丹尼尔·弗朗西斯在加尔各答接受教育。但是渣甸和马地臣认为在加尔各答这个男孩的健康无法得到保障，便将他送去因弗内斯，和亚历山大·马地臣的母亲住在一起，并在那里接受教育。）[105] 由于丹尼尔被迫离开，使得渣甸完全掌控公司业务，直到马地臣被邀请加入公司。[106]

詹姆斯·马地臣也包养了一个情妇，但他对个人生活这方面更加谨慎，这使她的存在也蒙上了神秘面纱。大家只知道她的中文名字可能是阿优，她也被叫作罗斯·玛丽亚·泽维尔。由此推断，她可能是有葡萄牙或者西班牙的部分血统。在1825年11月的一封信件中，她第一次被提及，但没有确凿的证据说明两人的关系何时开始或维持了多久。

公司记录中没有任何资料表明，威廉·渣甸在华期间与任何一位当地女性有过长时间的亲密关系。然而，渣甸和马地臣的来往书信表明，在去中国之前，他可能与一位住在肯特郡的名叫拉特克利夫夫人的妇女有过联系。[107] 他们的私人信件并未找到，也许没有被保存下来。拉特克利夫夫人那时未婚（或早年丧偶），有一个女儿名叫玛蒂尔达·简，威廉·渣甸为这个孩子设立的信托基金表明他可能是她的父亲。

渣甸指示当时还在英国的侄子安德鲁·约翰斯通和托马斯·威丁在伦敦的办事处定期给拉特克利夫夫人汇津贴。而威丁也被授权，在他认为需要的情况下可以增加金额，因为渣甸希望她有一个"在合理范围内的舒适生活"，不要"过度奢侈"。但渣甸的指示里似乎有一丝苦涩，因为这位夫人的姐妹对她十分恶劣，不断索取他给她的津贴。他非常肯定，给这位夫人的钱有一部分是花费不当的，但是他愿意忽视这一点，希望她能够用这笔钱好好照顾她的父母，而不是让她的姐妹们受益。[108] "阿特拉斯号"的船长约翰·海恩负责为玛蒂尔达·简选择一所合适的学校。渣甸告诉海恩，对于孩子的教育的选择应该是"有用的、适合她的生活情况的，而不是时髦的"。[109]

1834 年，拉特克利夫夫人被求婚了，而渣甸也表示赞同。他让威丁在她结婚前，给她的女儿安排一个好归宿。他写信给拉特克利夫夫人，并由威丁转交，信中说他收到了她的信，并完全同意这门婚事。他还告诉威丁：如果拉特克利夫夫人在等待他的同意，他应该给她一个 20 英镑的结婚礼物。[110]

拉特克利夫夫人结婚后，她的身影在渣甸的书信中就消失了，但对"蒂莉"（玛蒂尔达·简）的关心仍在继续，到了 19 世纪 30 年代末，大概在简十几岁或者二十岁时，她写信给渣甸抱怨生活的苦难。很显然，她的继父遭遇困境，并失去了所有财产。"毫无疑问，她夸大了他们的痛苦，"渣甸告诉威丁，"但是在回信中还是要附上 10 英镑。"[111] 在渣甸死前，他显然为蒂莉日后的生活做好了规划。1854 年，她在伦敦的麦尔安德写信给在香港的渣甸和马地臣，解释说她现在的情况需要很多钱，让他们汇100英镑到她的账户。[112]

由于缺少他们之间的私人信件，渣甸、蒂莉和她母亲之间的关系很难明确，但是艾伦·里德猜测拉特克利夫夫人在渣甸去中国前曾是他的情妇，这也就可以解释他对她们强烈的保护欲，甚至是占有欲。[113]

从某种意义上说，威廉·渣甸和詹姆斯·马地臣在中国的这些年其实算是在"小溪馆"里与工作结婚了。他们废寝忘食地工作，经常在办公桌边工作到深夜，因此他们的公司在这个行业中蓬勃发展。1829年3月《英国东印度公司编年史》记载，"小溪馆"里的合伙人是威廉·渣甸、詹姆斯·马地臣、弗朗西斯·荷林华斯（荷林华斯的表弟）、亚历山大·马地臣、亨利·赖特和托马斯·查·比尔。在这个对这家公司演变家谱式的总结中，渣甸就是整个企业的主导，这也是为什么年轻的弗朗西斯·荷林华斯很快就领了一大笔遣散费离开了。

自从19世纪20年代在广州创立，在印度和英国发展了强大的关系网和客户资源，到现如今发展成为在中国最有名的英国民企，威廉·渣甸和詹姆斯·马地臣准备继续用自己的经验、商业天赋和经济资源大展宏图。他们现在仍然保有从马尼亚克家族继承的普鲁士国旗，一旦国会打破英国东印度公司的垄断地位，实行自由贸易，普鲁士国旗的重要性就会减弱。在自由贸易的竞争中，他们自己的能力要比外交特权更重要。莫里斯·柯林斯评估道："他们是鸦片贸易中最能干的人，组建了一家公司，建立了一个比任何其他机构都更有效率的销售组织。"[114]

1830年年末，广州的英国私商向下议院提交了一份请愿书，由于当时广州存在严重的官僚贪腐问题，他们要求将"在中国的英国商人和外国商人从当下屈辱的境况中"解救出来。在将请愿书递交给议会时，广州管委

第四章　考克斯－比尔的继承人

会附上了一封说明,该文件上有"几乎每一位在广州从商的知名人士的签名,但与英国东印度公司英国馆无关"。名单最前面的签名就有当时在中国最有名的私商——威廉·渣甸和詹姆斯·马地臣。[115]

注　释

1. James Matheson(Macao) to T. Milburn(Bombay), 8 March 1821, James Matheson – Private Letter Book 1820‐1821, ms jm, c1/4; James Matheson(Macao) to D.J. Napier(Singapore), 8 March 1821, ibid.; James Matheson(Canton) to John Morgan(Singapore), 2 June 1821, ibid. 从摩根的信中我们了解到马地臣的商业天赋。为了保证他的商业文件在澳门的新居里能妥当保存,他要求摩根运送给他一个铁制保险箱。他在新加坡时曾为此讨价还价,但是现在他告诉摩根:"如果我早知道你跟泰勒是一伙儿的,我就不那么狠地还价了。"
2. James Matheson(Macao) to M. Larruleta and Company(Calcutta), 18 June 1821, James Matheson – Private Letter Book 1820‐1821, ms jm, c1/4; Williamson, *Eastern Traders*, 140.
3. James Matheson(Canton) to M. Larruleta and Company(Calcutta), 3 June 1821, James Matheson – Private Letter Book 1820‐1821, ms jm, c1/4; James Matheson(Canton) to John Morgan(Singapore), 2 June 1821, ibid.
4. 詹姆斯·马地臣于1822年5月28日在广州发表的声明表明了他在公司中的合伙关系,并指定若干人受其委托行事。名单上有加尔各答的麦金托什公司的成员,马地臣曾在此开始东方商人的生涯,可惜出师不利。由此我们可以推断,他与其叔叔公司的关系已经修复了。Yrissari and Company – Letter Book, ms jm, c2/1.
5. 在1822年4月13日写给渣甸的信中,马地臣写道:"随信附上鸦片销售的情况和往来账目,我相信,借此你会对公司情况有所了解。"Yrissari and Company – Letter Book, ms jm, c2/1.
6. Williamson, *Eastern Traders*, 140‐141; James Matheson(Canton) to William Jardine(Bombay), 13 April 1822, Yrissari and Company – Letter Book, ms jm, c2/1.

7. Greenberg, *British Trade and the Opening of China*, 22 – 24; Reid, "Sealskins and Singsongs," 50 – 53; Williamson, *Eastern Traders*, 5; Morse, ed., *The Chronicles of the East India Company Trading to China*, 2: 84 – 85.

8. Morse, ed., *The Chronicles of the East India Company Trading to China*, 2: 85.

9. 1787年2月，奥地利帝国公司破产后，约翰·里德结束在广州的工作，离开了中国。Williamson, *Eastern Traders*, 12; Greenberg, *British Trade and the Opening of China*, 25; Reid, "Sealskins and Singsongs", 53; Morse, ed., *The Chronicles of the East India Company Trading to China*, 2: 150.

10. Williamson, *Eastern Traders*, 14 – 16, 22 – 23; Greenberg, *British Trade and the Opening of China*, 25. 外交领事的职位赋予其居住权，这是英国东印度公司不能否决的。

11. Greenberg, *British Trade and the Opening of China*, 27.

12. 1799年，公司更名为汉密尔顿和里德，合伙人有罗伯特·汉密尔顿、戴维·里德、托马斯·比尔和亚历山大·申克。1799年汉密尔顿去世，1800年里德离开后，公司又更名为里德–比尔公司。到了1804年，公司再次更名为比尔–马尼亚克公司。Greenberg, *British Trade and the Opening of China*, 27 – 28, 76.

13. Reid, "Merchant Consuls", 63; Greenberg, *British Trade and the Opening of China*, 27; Williamson, *Eastern Traders*, 48.

14. 在广州，西班牙元估值一直很高，以至于一些商人私下铸造该货币，詹姆斯·马地臣似乎从1840年才开始这种行为。

15. Ibid.

16. Ibid., 108 – 109; Reid, "Sealskins and Singsongs", 52 – 53.

17. 大英帝国的金融贸易发展被详细记载于Gillett Brothers Discount Company, *The Bill on London*。

18. Downes, *The Golden Ghetto*, 109.

19. Cheong, *Mandarins and Merchants*, 285.

20. Fay, *The Opium War*, 43.

21. Milligan, *Pleasures and Pains*, 25.

22. Ibid., 22.

23. Booth, *Opium*, 51 – 53; Milligan, *Pleasures and Pains*, 22.

24. Berridge and Edwards, *Opium and the People*, 9 – 10.

25. Ibid., 21 – 22.

第四章　考克斯－比尔的继承人

26. Ibid., 10.
27. Howat, "Godfrey's Cordial or Little Penny Sticks", 24–25.
28. Milligan, *Pleasures and Pains*, 27.
29. Ibid., 24–25.
30. Coleridge, "Kubla Kahn", in Applebaum, ed., *English Romantic Poetry*, 105–106; de Quincey, *Confessions of an Opium Eater*, 36.
31. Trocki, *Opium, Empire and Global Political Economy*, 58.
32. Greenberg, *British Trade and the Opening of China*, 104–105, citing J. Phipps, *A Practical Treatise on the China and Eastern Trade*（1836）, introduction.
33. Greenberg, *British Trade and the Opening of China*, 104–105.
34. Trocki, *Opium, Empire and Global Political Economy*, 67.
35. Ibid., 59. 特洛基认为：没有鸦片就没有大英帝国，当然，他也承认，这一论点很难证明。19 世纪前 60 年，鸦片是印度占比最大的出口商品。
36. Ibid., 68–70.
37. Booth, *Opium*, 6–10.
38. Morse, ed., *The Chronicles of the East India Company Trading to China*, 2: 316–317.
39. Fay, *The Opium War*, 44, citing Owen, *British Opium Policy in China and India*, 87.
40. Trocki, *Opium, Empire and Global Political Economy*, 78.
41. Ibid., 87.
42. Fay, *The Opium War*, 14.
43. Booth, *Opium*, 12–13.
44. Trocki, *Opium, Empire and Global Political Economy*, 91. 这一时期吸食鸦片者的情况主要靠估计。19 世纪初，中国人口接近 4 亿。外国观察家在 1836 年估计，当时中国有 1250 万鸦片吸食者。
45. Trocki, *Opium, Empire and Global Political Economy*, 93.
46. Van Dyke, "Smuggling Networks of the Pearl River Delta before 1842", 49–50.
47. Ibid., 60.
48. Ibid., 61.
49. Van Dyke, *The Canton Trade*, 132.
50. Greenberg, *British Trade and the Opening of China*, 48. 伶仃岛位于广州以南约 128.75 千米，澳门东北方向约 32.19 千米。

51. Fay, *The Opium War*, 46–48.
52. Van Dyke, "Smuggling Networks of the Pearl River Delta before 1842", 65.
53. Greenberg, *British Trade and the Opening of China*, 49; Lubbock, *The Opium Clippers*, 88–89. 白银是未铸造的银锭或银块。
54. Booth, *Opium*, 118–119.
55. Van Dyke, *The Canton Trade*, 133.
56. Lubbock, *The Opium Clippers*, 53–55; Fay, *The Opium War*, 48–49; Trocki, *Opium, Empire and Global Political Economy*, 102.
57. See Greenberg, *British Trade and the Opening of China*, chapter 4; and Van Dyke, *The Canton Trade*, 126–141.
58. Williamson, *Eastern Traders*, 140; Greenberg, *British Trade and the Opening of China*, 94–95.
59. Morse, ed., *The Chronicles of the East India Company Trading to China*, 4: 11–19; James Matheson（Canton）to James L. Buckingham, 13 April 1822, Yrissari and Company – Letter Book, ms jm, c2/1.
60. Van Dyke, "Smuggling Networks of the Pearl River Delta before 1842", 68.
61. Ibid., 62.
62. Downes, *The Golden Ghetto*, 122.
63. Trocki, *Opium, Empire and Global Political Economy*, 101.
64. James Matheson（Canton）to William Jardine（Bombay）, 13 April 1822, Yrissari and Company – Letter Book, ms jm, c2/1.
65. Williamson, *Eastern Traders*, 141.
66. Morse, ed., *The Chronicles of the East India Company Trading to China*, 4: 64–66. Hong Kong Museum of Art and the Peabody Essex Museum, *Views of the Pearl River Delta*, 174–183 页中可以看到火灾后的场景以及重建场景的画作。
67. Xavier Yrissari（Canton）to Alexander Mackintosh（Bombay）, 27 July 1823, Yrissari and Company – Letter Book, ms jm, c2/2.
68. Yrissari and Company（Canton）to M. Uriarte（Calcutta）, 26 April 1823, and to Mackintosh and Company, 29 July 1823, Yrissari and Company – Letter Book, ms jm, c2/2.
69. Yrissari and Company（Canton）to Mackintosh and Company（Calcutta）, 13 November 1823, Yrissari and Company – Letter Book, ms jm, c2/2; Blake, *Jardine Matheson*, 40.

第四章　　考克斯－比尔的继承人　　121

70. Parliamentary Papers: Opium Trade（1832）, cited in Chang, *Commissioner Lin and the Opium War*, 238n7.
71. Williamson, *Eastern Traders*, 141, 145. 不久之后，渣甸和考瓦斯季卖掉了"萨拉号"。
72. Ibid., 141; Grace, "Hollingworth Magniac", ODNB. Jardine's travels may be traced in letters included in the Yrissari and Company – Letter Book, ms jm, c2/3: James Matheson（Canton）to O. Mortucci（London）, 18 December 1824; Yrissari and Company（Canton）to William Jardine（Canton）, 26 June 1824, and（Bombay）, 11 February 1825; Yrissari and Company（Canton）reporting Jardine's departure for Bombay to W.H.Hamilton（Van Diemensland）, 10 January 1825.
73. Collis, *Foreign Mud*, 66.
74. 这句话出自 Hollingworth Magniac in the（old）DNB, by Charles Sebag-Montefiore; 但没有列出报价表。
75. 荷林华斯·马尼亚克的退休只是暂时的，1833年的金融危机导致他们在加尔各答的客户费尔利公司倒闭后，他再次出山支持渣甸马地臣汇票公司。1835年，他与约翰·阿贝尔·史密斯与奥斯瓦尔德·史密斯合伙创立了马尼亚克－史密斯公司，后于1841年更名为马尼亚克－渣甸公司，最终于1848年更名为马地臣公司，而此时，荷林华斯·马尼亚克仍是公司合伙人，"Hollingworth Magniac", ODNB。1827年11月26日，托马斯·威丁在伦敦登记成为"萨拉号"的唯一所有者。Williamson, *Eastern Traders*, 145.
76. Ibid., 142; Reid, "The Steel Frame", 18.
77. Nye, "The Morning of My Life in China", 28.
78. James Matheson（Canton）to Hood and Son（London）, 13 November 1824; to J.H. Gledstanes（London）, 12 November 1824; to Gledstanes King and Company（London）, 8 February 1827; and to Thomas Dobue and Duboisviolette（Nantes）, 30 December 1826, Yrissari and Company – Letter Book, ms jm, c2/3, c2/5, and c2/6.
79. James Matheson（Canton）to Messrs. Smith and Elder（London）, 30 April 1824, 22 March 1825, and 11 November 1825, Yrissari and Company – Letter Book, ms jm, c2/3 and c2/4.
80. 大多数资料来源于詹姆斯·马地臣的报纸，但唐尼斯认为这份报纸原本是亚历山大的，但是最终詹姆斯取得了控制权。Downes, *The Golden Ghetto*, 92n117, 399n118; Reid, "The Steel Frame", 18; Blake, *Jardine Matheso*n, 39; Greenberg, *British Trade and the Opening of China*, 39.

81. Van Dyke, *The Canton Trade*, 107 - 108. Notable among the other Englishlanguage newspapers were the *Canton Press*, the *Chinese Repository*, and the *Chinese Courier*.

82. He, "Russell and Company and the Imperialism of Anglo-American Free Trade", 85 - 86. 伍德离开广州后又于 1831 年回来为罗素公司工作，之后他离开这家公司，创办了他的第二份英文报纸, *Chinese Courier and Canton Gazette*。

83. 该报纸第 1 期于 1827 年 11 月 8 日发行。之后每两周发行一次。第一期发行几个月后，编辑对广州非法的鸦片贸易进行了全面的描述。此时，《广州纪录报》也同时刊登了"价目表"，列出不同鸦片的价格。*Canton Register*, 12 April 1828.

84. Yrissari and Company（Canton）to M. Uriarte（Calcutta）, 18 June 1825; to Mackintosh and Company（Calcutta）, 28 October 1825; to Lyme and Company（Singapore）, 14 December 1825; and to John Purvis（Singapore）, 25 September 1826, Yrissari and Company - Letter Book, ms jm, c2/4 and c2/5.

85. Yrissari and Company（Canton）to Maclaine and Company（Batavia）, 1 March 1827, Yrissari and Company - Letter Book, ms jm, c2/5; Williamson, *Eastern Traders*, 142.

86. Cheong, *Mandarins and Merchants*, 73.

87. Yrissari and Company to Ricards, Mackintosh and Company（London）, 13 January 1827; to Mendietta, Uriarte and Company（Calcutta）, 12 February 1827; and to Willliam Jardine（Canton）, 20 February 1827, Yrissari and Company - Letter Book, ms jm, c2/5.

88. J. Ybar to William Jardine（Canton）, 9 March 1827, and James Matheson（Canton）to Mendietta, Uriarte and Company（Calcutta）, 3 March 1827, Yrissari and Company - Letter Book, ms jm, c2/5.

89. Cheong, *Mandarins and Merchants*, 85n97.

90. Yrissari and Company（Canton）to Magniac and Company（Canton）, 14 February 1827, Yrissari and Company - Letter Book, ms jm, c2/5.

91. Cheong, *Mandarins and Merchants*, 75.

92. James Matheson to Rustomjee Cowasjee（Calcutta）, 27 May 1827, and James Matheson（Canton）to Antonio Pereira（Macao）, 1 October 1827, Yrissari and Company - Letter Book, ms jm, c2/5; Williamson, *Eastern Traders*, 142 - 143; Blake, Jardine Matheson, 41; Reid, "The Steel Frame", 18.

93. 早在 1823 年，马地臣就已拥有以自己名字命名的船——"詹姆斯号"。这艘船由英国军舰改装而成。马地臣成为合伙人后，这艘船被委托给马尼亚克公司专门从事鸦

第四章　　　　考克斯－比尔的继承人　　123

片贸易。James Matheson to Allport, Ashburner and Company, 25 January 1828, and James Matheson（Canton）to Jose Lopes（Macao）, 23 September 1828, Yrissari and Company – Letter Book, ms jm, c2/5; Lubbock, *The Opium Clippers*, 69 – 70.

94. Cheong, *Mandarins and Merchants*, 114.

95. Williamson, *Eastern Traders*, 143; Reid, "The Steel Frame", 18; Greenberg, *British Trade and the Opening of China*, 148.

96. James Matheson（Canton）to Charles Knowles Robinson（Calcutta）, 15 April 1825, Yrissari and Company – Letter Book, ms jm, c2/4.

97. James Matheson（Canton）to Mackintosh and Company（Calcutta）, 7 October 1829, Yrissari and Company – Letter Book, ms jm, c2/5.

98. William Jardine（Canton）to Andrew Johnstone（in Britain）, 21 March 1830, William Jardine – Private Letter Book, ms jm, c4/1.

99. 直到19世纪40年代，公司仍以香港为中心，合伙人未婚一直是公司的惯例。该公司宿舍没有提供适合已婚夫妇居住的住房。Reid, "The Steel Frame", 30.

100. Reid, "Love and Marriage", 39.

101. Ibid.

102. Letters from James Matheson（Macao）to John White（Calcutta）, 11 March and 16 June 1832, James Matheson – Private Letter Book, ms jm, c5/1.

103. James Matheson（Canton）to Arbuthnot and Company（Madras）, 16 June 1832, James Matheson – Private Letter Book, ms jm, c5/1.

104. William Jardine（Canton）to J.H. Gledstanes（London）, 22 November 1832, William Jardine – Private Letter Book, ms jm, c4/2.

105. William Jardine（Canton）to Hollingworth Magniac（Colworth）, 1 January 1831, William Jardine – Private Letter Book, ms jm, c4/1. 事实上，按照苏格兰习俗，此时该是举办盛大的新年庆祝活动的时候，但是渣甸却在他"小溪馆"的办公室里写信，这也揭示出正是出于内在动力才促使他把那么多时间投入到工作中。

106. Collis, *Foreign Mud*, 67; Cheong, *Mandarins and Merchants*, 114, 269.

107. 1993年，我向该公司的名誉档案保管员艾伦·里德问起这位神秘的拉特克利夫夫人。他回答说他以为她是威廉·渣甸的情妇。

108. William Jardine to Andrew Johnstone, 21 March 1830, and to Thomas Weeding（London）, October 1833 and 4 December 1833, William Jardine – Private Letter Book, ms jm, c4/3. 渣

甸就家庭事务给了侄子详细的指示。

109. William Jardine to Captain John Hine, 27 March 1830, William Jardine – Private Letter Book, ms jm, c4/1.

110. William Jardine to Thomas Weeding (London), 7 November 1834, *enclosing a letter for Mrs Ratcliffe*, William Jardine – Private Letter Book, ms jm, c4/3.

111. William Jardine (Canton) to Thomas Weeding (London), 3 and 6 December 1838, and to Matilda Jane Ratcliffe, 3 December 1838, William Jardine – Private Letter Book, ms jm, c4/7.

112. Matilda Jane Ratcliffe (London) to Jardine, Matheson and Company (Hong Kong), 19 October 1854, Letters – Great Britain, Private, ms jm, b1/8.

113. 也许还有其他的可能性发生，例如，拉特克利夫夫人可能是他的女儿，源于他年轻时在英国东印度公司工作时的一段韵事，蒂莉也许是他的外孙女；或者他对这对母女的关照也许源自于去中国之前不为人知的承诺；再或者，他曾向这位年轻的寡妇许下结婚的誓言却从未兑现。虽然文档记录着他对在苏格兰的亲戚的慷慨大方，但并没有把这种情况也归类于对亲戚的关照。

114. Collis, *Foreign Mud*, 68.

115. Morse, ed., *The Chronicles of the East India Company Trading to China*, 4: 244–245.

第五章

在"小溪馆"做生意

　　威廉·渣甸的办公室位于夷馆区6号的"小溪馆"中，里面只有一把他的办公椅，因为他不会把宝贵的工作时间用于喋喋不休。众所周知，他的办公方式言简意赅，当访客来跟他谈业务时都是站着的。就是这种实际的方式，使他在广州的影响力因为一个偶然事件而迅速提升。在广州，外国人可以向清朝官员提出诉求。有一天，渣甸来到城门处，一个不明身份的当地人因为对"洋鬼子"的蔑视，挥舞木棒击中了渣甸的头部。事发后，渣甸对此不以为意，无视伤口，面不改色地继续前行。因此他在当地被称为"铁头老鼠"，这表示对他的坚韧、强悍性格的尊敬，而非嘲笑。"一根木棒"和"铁头老鼠"的故事在广州华人圈和外国商人圈子里成为传奇故事，但渣甸却不是一个传说中的怪人。事实上，他说话谨慎，往往经过仔细衡量，他的财务技能备受推崇，且作为一个精明而诚实的生意人而广受赞誉。

　　而马地臣是一个直言不讳、能够较为清楚地表达自我意愿的人。他总是比渣甸更为犀利地表达自己的观点。虽不至于奢华，但是他比渣甸更为时尚，当然，这也是可以理解的，毕竟两人家庭经济实力不同。马地臣喜欢旅行，而渣甸更愿意待在广州和澳门。两人中，马地臣更具有冒险精神。在成为渣甸的合伙人之前，马地臣已经养成了良好的工作习惯，但是当他们开始作为马尼亚克商行的负责人合作，年长的渣甸的工作方式便在某种程度上约束了马地臣。合作两年后，渣甸在给英国老友的信中写道："我这几个月的健康状况比之前几年不顾艰苦、彻夜工作时好多了。马地臣对我而言非常重要，他经常和我一起工作到深夜，但他仍能保持良好的健康状况，我们努力工作保证公司能蒸蒸日上，公司业务比你在中国时增长了很多。"[1]

正如他们的书信中透露的那样，他们在办公室加班到深夜是常有的事情。威廉·渣甸曾写道："我们在这儿都挺好的，就是工作非常辛苦。马地臣几乎要病倒了。我的侄子小渣甸还好，但我本人在重感冒和嗓子发炎的情况下还要工作，半夜1点15分似乎更适合在床上躺着而不是在办公室工作。"[2] 詹姆斯·马地臣写道："现在已经凌晨2点，我正在准备启程去孟买进行短期考察。"[3]

费正清通过观察发现，广州成功的经理人都有些共同的特征，例如"充满创造力，刻苦，对利润和损失有敏锐的洞察力"，这些特点在詹姆斯·马地臣身上都有体现。例如，在研究了中国买家的品位之后，他报告说："带有白条图案的蓝头巾的销售价格远远高于带白色圆点图案的。"[4] 这类商业情报使远方的客户避免了非畅销商品的徒劳运输。

在广州的夷馆区，渣甸和马地臣成为私人企业和商业判断力的双重典范。他们合作关系成功的重要因素就是彼此信任。1830年春天马地臣在新加坡时，两人正在考虑为那里的客户提供2万美金的贷款。渣甸写信给马地臣："做你所想，我全力支持你。"[5] 他们合力，最终终结了英国东印度公司的垄断，为国际贸易争取中国市场，领导马尼亚克商行力压其他竞争对手成为领军公司。以上要素在渣甸和马地臣总体战略中相互关联。但如果清政府继续拒绝外国企业进入沿岸主要港口，那么新的商机将受到限制。

他们商业行为的标准是由一个清晰的商业规定和个人诚信所构成的。不管在中国还是在英国，从事鸦片贸易的公司都会让人不屑并引起道德上的批判，但是在他们自己心目中，商业事务中的礼节不仅仅是好的举止问题，更是他们努力遵守的标准。当他们预料到英国东印度公司对茶叶贸易的垄断将会终结，渣甸在给伦敦委托人的信中写道，私商可以从行商手中购买的红茶和绿茶的数量要与其在茶叶贸易中的地位成正比——"通常假设他们在商业交易中会做到诚实、合理、公正和可敬"。[6] 渣甸在处理某些商业情况时可能很强硬，因此罗勒·卢伯克等人称他为冷酷无情的人，但是从性格和行为方式等方面来看，这一评价其实是不准确的。[7] 渣甸在商业策略上很精明，但因此对他持批评态度就略显草率了。

在渣甸看来，在鸦片市场上谨慎投资是"最明智的投机"。他给一位在埃塞克斯的年轻客户建议道："这是我所知道的最安全的投机。购买加尔各答或者孟买的货票，把货票送到印度去兑现，然后将收益部分投资到鸦片贸易中，实现利益最大化。也可用收益购买丝绸、瓷器、纹银甚至是钱币运回英国。"[8] 渣甸认为，如果由有经验的代理商全权负责处理，这是一个明智的商业投资，没有任何不稳定因素，而且有利可图。尽管清政府严厉禁止，但是渣甸不认为其代理的鸦片贸易是黑市上的暗箱操作，而是把它视为一个良好的商业机会，无视朝廷的阻力，通过正常的商业程序（营销、融资、会计、航运、质量控制等）大力发展。买家的大量现金、不断扩大的需求量、当地官员在非法贸易中相互勾结，以上种种使得渣甸和马地臣坚信，现在清政府的立场并不代表中国人的民意。从他们的来往书信、文章和行为中可见，他们已得出结论，即他们有合理的方法来规避清政府的禁毒令，而且这并不违反他们的商业诚信。此外，他们坚信自由贸易是商业的自然法这一哲学概念，政府授予的垄断权并且强制阻碍商业自由流通是对该法则的无理侵犯。在这方面，马地臣是亚当·斯密的忠实追随者。

他们的自我约束仅限于诚实交易，还做不到尊重商业干预和商业监管。他们对清政府拒绝将鸦片贸易合法化或无视鸦片贸易的行为感到不满，而且他们感觉在广州的外国商人群体受到当地政府官员和省级官员的粗鲁对待，因此更加不满。

很明显，渣甸和马地臣强烈的个人责任感主要体现在对英国的亲人和密友的关心上。由于两人都未婚，他们把各自的侄子从苏格兰带到中国成为他们业务上的副手。启用值得信任的亲人工作，一方面可以保障业务安全，另一方面也是出于伯父对晚辈的关爱。同时，两人都慷慨地给予那些无法保障生活的亲属经济支持。

从苏格兰高地或低地来到中国的他们的侄子们，有的在中国只是待几年，有的时间更长。在马地臣的侄子中，最突出的便是他姐姐玛格丽特（她嫁给了来自阿塔代尔的约翰·马地臣）的儿子亚历山大·马地臣和他大哥邓肯（在利斯做律师）的儿子休·马地臣和唐纳德·马地臣。伊里萨里死后，亚历山大和伊里萨里的侄子一起负责管理马地臣在广州的生意，并且在 1828 年，詹姆斯成为马尼亚克行的合伙人后，亚历山大也继续跟随舅父进入该公司。最终在 1835 年，亚历山大成为怡和洋行的初级合伙人。1835 年，唐纳德·马地臣跟随回英国探亲的叔叔詹姆斯来到中国。这个年轻人来到中国后，便协助处理怡和洋行在香港的业务，但是他对鸦片贸易的反感使他最后离开公司。几十年后，马地臣夫人去世后，他继承了叔叔在苏格兰西北部的财产。

与大多数侄子相比，詹姆斯·马地臣的表弟约翰·麦凯更为直接地参与到鸦片贸易中。1823 年，詹姆斯在中国沿海航行贩卖鸦片时，麦凯担任

"圣塞巴斯蒂安号"上的指挥官。之后几年，约翰·麦凯在伶仃岛的一艘仓储船"喜神星号"上担任船长。[9]

詹姆斯除了对处于经济苦难中的朋友和已故朋友的遗孀出于同情给予经济支持，偶尔也会给在苏格兰老家的乡亲们送去茶叶（关税已清）。他还为在苏格兰的亲戚们制定了更周全的计划来保障他们的生活。他留出了一笔相当可观的资金（投资于鸦片，是因为没有其他更好的机会赚取利润）作为他母亲和姐妹们的保障金。1833年，他寄回家3500镑的汇票作为家庭基金，由他的兄弟邓肯管理。[10]

渣甸家族的经济实力比马地臣家族薄弱，所以威廉·渣甸意识到要经常给家里或者苏格兰南部的家族支系寄钱以维持生活。当他的哥哥大卫在1828年去世时，威廉做出计划保障大卫家人在缪尔豪斯的生活和安全。他寄钱给他姐姐的儿子安德鲁·约翰斯通，并承诺将根据需要提供更多资金。安德鲁·约翰斯通是简·约翰斯通（简·渣甸）的第一个儿子，也是渣甸所有外甥中跟舅父最为亲近的一个。他只比威廉小14岁，比詹姆斯·马地臣小两岁。在威廉离开苏格兰的20年里，他把安德鲁视为处理家庭事务的可靠帮手。这个年轻人跟随其舅父的脚步进入英国东印度公司从事医疗服务直到1831年，并于1833年在广州定居。他于1835年成为公司的合伙人；不过，他并没有像他舅父那样长期从事中国贸易，在成为合伙人仅仅14个月后，他便在1836年离开澳门。

大卫·渣甸最年长的儿子安德鲁是约翰斯通表兄弟中最早去东方的，人称"小渣甸"，以此来区分他和他叔叔。通过约翰斯通，威廉为他在缪尔豪斯的侄子们提供教育，而安德鲁是这些孩子中第一个加入公司的。威廉在给侄子的一个邻居詹姆斯·斯图尔特的信中写道："我来负责管理教育他，他不再是他母亲的负担，而且可能……他还会把自己在家庭财产中的份额交给他的兄弟姐妹。"[11]渣甸之前受到过哥哥的恩惠，一直铭记于心,现在是时候偿还了。"我母亲财产中属于我的那一小部分,我一直认为是属于我哥哥大卫的,当我身无分文时,他全力资助我。我更愿意自己支付属于我姐姐(伊丽莎白)姐夫(詹姆斯)的那部分遗产,而不是从我哥哥那里出。"[12] 他还告诉詹姆斯·斯图尔特,他一直为他们担忧,因为他们"(对于受到资助)比其他亲戚更难为情"。他认为,最好为大卫的遗孀设立一项年金,用于为男孩们提供教育,"让他们能够在家或者在国外,在世界上立足"[13]。因此,威廉指示安德鲁·约翰斯通安排詹姆斯和伊丽莎白从渣甸自己提供的资金中拿走相当于大卫遗产的那一部分。大卫当年资助威廉在爱丁堡学习的资金设立成年金,这样,大卫的遗孀雷切尔和他们的6个孩子可以收到长期分红。[14]

除了钱,渣甸还经常很大方地将已经清关的茶叶从广州寄给在英国的亲戚朋友。但还没有证据表示他是否有送鸦片给他们,尽管当时鸦片在英国被视为一种常见的止痛药。把鸦片进行化学加工可能会减弱其作为毒品的药性。很有可能,这两个合伙人都不愿意让他们在苏格兰的朋友和邻居知道他们在这种商品上的慷慨大方。事实上,很少有印度鸦片进入英国,英国市场上的鸦片主要来自土耳其。

当英国政策试图打破宗亲制度,这种保护亲属的模式揭示了强烈宗族意识的残留。渣甸和马地臣从中国退休后,虽然大部分时间待在伦敦而不是苏格兰,但强烈的家庭责任感一再体现出他们是苏格兰人。

从长远来看,公司的未来与威廉·渣甸家族的后人紧密相连。安德鲁·约翰斯通的妹妹玛格丽特嫁入了凯西克家族,他们的后人成为21世纪渣甸家族在怡和集团的重要代表。1848年,马尼亚克–渣甸公司关闭后,马地臣商行独立出来,由马地臣的侄子及后人一直运营到20世纪初。[15] 到了19世纪20年代末期,渣甸和马地臣都打算在中国居住更长时间来建立他们的代理业务。他们希望在苏格兰的亲属享受良好生活的愿景受到距离的限制，而不得不由离家比较近的人来处理，他们采取的做法是让侄子们加入公司以保证公司在两个家庭的控制下。

在日常运行中，公司的运营资金足以满足其需求，因为作为一家代理公司，他们利用客户的资金运营，运送商品去中国。荷林华斯·马尼亚克没有撤回他的资本，而是在他的家族公司中保留了自己的股份，这就意味着渣甸和马地臣在1828年成为公司管理者时是有资金保障的。[16] 他们的代理公司的主要业务就是代替客人进行买卖从而获得佣金。1825年，在广东的代理商社共同制定了"佣金率表"，该表于1831年得到确认。例如，销售鸦片、棉花和小部分货物种类可收取3%的佣金，大部分货物种类可收取5%的佣金，船舶租赁可收取2.5%的佣金，离港运费可收取5%的佣金，汇票交易可收取1%的佣金，票据、债券或者事务担保可收取2.5%的佣金。事实上，有些公司会降低佣金率，即使像马尼亚克行这样声名远播的大公司也会给那些有着密切合作关系的公司（如杰其博父子公司）优惠。[17] 合伙人每年都会平分红利，但通常他们会把红利再投资到公司里，每个合伙人都有一个单独的资金账户，当他们选择用自己账户的资金投机鸦片、大米和丝绸时，渣甸和马地臣不得不在他们所谓的"冒险"中用自己的资本承担风险。

广州的鸦片贸易竞争越发激烈，这意味着马尼亚克行的两位合伙人需要考虑在其他地点销售鸦片或定期销售其他种类商品以避免过于依赖鸦片销售，并着手从事其他类型的商业活动。他们在广州的主要竞争对手是英国公司宝顺洋行和美国公司罗素洋行。从1830年开始，他们便与颠地交恶，这种恶劣关系在渣甸和马地臣的中国生涯中一直存在。根据詹姆斯·马地臣所述，恩怨起源于一封给颠地的信，信是从加尔各答通过渣甸的船转送的。这封信是要通知颠地其加尔各答办事处帕尔默公司遇到重大危机，但据说此信被扣留了，没有及时通知到颠地，他因此遭受了严重的财务损失。[18]

据詹姆斯·马地臣说，这封存在争议的信是在1830年由帆船"怡胜号"的试航运输，"怡胜号"由蒸汽拖船"福布斯号"从印度拖往中国。由于蒸汽拖船的燃煤供给不足而导致蒸汽船和帆船分开了，从而导致"怡胜号"及船上的信件延迟送达。没人会想到这两艘船中的一艘会早于另一艘到达广州，但蒸汽船"福布斯号"确实比"怡胜号"提早两天到达广州。马地臣说颠地非常不高兴，因为他的信不是由蒸汽船送达，但是他从来没有要求渣甸就此做出解释。他主要是抱怨渣甸没有提早通知他加尔各答的帕默尔公司经营失败的消息，如果可以提早知道，还可以减少损失。马地臣坚持称，颠地在加尔各答的办事处并没有申请由蒸汽船送信，"怡胜号"也只是为鸦片收货人顺便带信，他们的理解是，只要把信在适当的时候交付即可。[19]费正清认为这两家代理公司激烈的竞争"活跃了中国沿海两代人的生活"，也反映出在英国经济中已经成形的一种模式，即印度公司与曾经联系密切的公司现在已经成为竞争对手。（例如，费尔利公司和马尼亚克行的关系、帕尔默公司与宝顺洋行的关系。）[20]

公司的众多业务之一是保险业务，并与颠地的宝顺洋行每隔几年轮流坐庄。广州的第一家保险社是在1805年由里德和比尔创立的，其管理权每三年在其合伙人或者后继者还有其他公司（颠地之前的公司）之间交替。当管理层发生变化时，这家保险社的资源就会被彻底结算，然后再开一家新的保险公司，如广州第二保险社，紧接着第三家、第四家。最终，在1836年第十家保险社被清盘后，谏当保险公司成立并成为怡和洋行的子公司。[21]此后，渣甸的谏当保险公司和颠地的于仁洋面水险保安公司经常在《广州纪录报》的头版刊登竞争广告，有时同时刊登，中间只隔着食品供应商啤酒、火腿或葡萄干的广告。

对于那些运输贵重货物的商人来说，无论是鸦片、丝绸，还是银子，在海洋灾害和海盗的威胁下，保险都是必不可少的。广州保险社相继建立的重要原因，即为在中国或印度都能很方便地得到赔偿，这也是为什么广州社和加尔各答办事处有如此密切的联系。广州保险社每三年重新建立一次，股份通常分成60股，备受广州、加尔各答和孟买商人的热烈追捧，因为保险计划的参与者不需要现金存款，公司的红利一般是每股3000～4000美元。截至1829年，马尼亚克行至少代理了6家保险公司。保险行业丰厚的回报使得詹姆斯·马地臣从1829年开始用私人账户经营。"詹姆斯·马地臣及合伙人"发行了36股，马尼亚克行持有20股，每股每年的红利为1000美金。

在这对苏格兰合作伙伴的领导下，银行业成为马尼亚克行的另一个盈利点。由于在广州没有欧洲银行，外国商人必须为远距离商业交易提供必要的信贷服务。贷款通常以向放款人本人或其伦敦的代理机构开具汇票的形式进行，利率为每个月1%。此外，马尼亚克行像其他商行一样提供了许多现代银行的服务，如向旅行者提供快报或信贷、信托或执行遗嘱的服务，为英国馆或英国东印度公司相关人员提供短期借贷、投资中介的服务。19世纪20年代，该公司以高达10%～12%的年利率吸引来自印度的资金，并将这些资金以更高的利率贷款给行商，利用广州资金短缺的情况来牟利。[22]

19世纪20年代以来，国家贸易的大幅扩张使大量资金流向印度和伦敦。马尼亚克行在20年代后半期采取的解决方式是通过美国汇票向伦敦的银行汇款，其中最引人瞩目的是巴林兄弟公司。20年代末，印度的一些主要公司已经陷入恐慌。1830年春天，当詹姆斯去加尔各答时，他亲眼见到了金融灾难的早期阶段。

1813年英国东印度公司特许权被延长后，孟加拉的私人代理公司陷入印度出口产品（特别是靛蓝染料）的投机热潮中，而且随着贸易的激增，大量资金被投入其中。他们能够以极低的利率借钱，不顾一切地投资到靛蓝生产上。但第一次英缅战争（1824—1826）的巨大代价导致货币市场严重萎缩，资金短缺，靛蓝染料价格下跌，很多代理商发现自己处于危险之中。[23] 被称为"孟加拉靛蓝国王"的帕尔默商行在1830年的第一周关门，斯科特商行在1832年倒闭，亚历山大公司也随之在年底关闭了。[24]

1833年年初，马地臣的第一个雇主麦金托什公司倒闭了，使得孟加拉的金融危机如洪水般袭来，到了1834年，加尔各答几乎所有主要代理机构都崩盘了。这次事件带来了约为1500万英镑的债务，而关于这次灾难的解释也是众说纷纭。马地臣把其归咎为对靛蓝的草率投机，并称之为"最危险的商品"。[25] 而《泰晤士报》的一名作者把这场灾难归结为加尔各答代理商们的贪婪无度，这些人在印度待上几年，拼命赚钱然后退休回到英国，留下一堆烂摊子。当然还有其他的原因，例如加尔各答迅速增长的商行数量使得竞争异常激烈，以及印度政府设立了一家储蓄银行，将存款吸引走，对代理商造成了威胁。[26]

鉴于广州商行和加尔各答商行之间的关系，这场印度的金融地震也波及了广州。帕尔默商行的倒闭使得颠地洋行蒙受巨大损失。但是渣甸和马地臣因为提前得知加尔各答许多公司倒闭的消息，并通过采用美国汇票制度分散风险，从而逃过一劫。1833年费尔利公司倒闭时，渣甸和马地臣损失了大约2.2万英镑，马地臣认为，"这种损失在当时的情况下算是轻微的"。以他们的能力可以承担这样的损失，而且这也证明了他们公司的稳定和强大实力。随着加尔各答的痛苦加剧，荷林华斯·马尼亚克重出江湖，以支持他的合伙人，并获得了一位强大的伦敦金融家——蒂莫西·威金斯对怡和洋行（该公司自1832年以来被称为这个名字）汇票的支持。因此，朋友们告诉他俩，他们在皇家交易所的地位不仅未受到损害，反而比以往任何时候更高了。[27]

为了绕过印度汇款到伦敦，渣甸和马地臣（当时仍用马尼亚克商行这一名头）最初依靠美国银行开出的汇票，很快开始依赖纽约的约翰·雅各布或费城的斯蒂芬·吉拉德开出的汇票。马地臣认为，美国银行的票据理应与英国东印度公司的票据同样畅销，因为它们的安全性最好。[28]（但讽刺的是，马地臣可能对美国政治不够了解，所以他一定不知道，如果安德鲁·杰克逊总统在1832年再次当选，其本打算摧毁美国第二银行。）

马地臣给他在加尔各答的侄子休的信中写道："这一交易季，广州四分之三的汇票交易都要经过我们处理。"他们公司的战略是使获取票据的途径多样化："我们从多家信誉良好的公司购买汇票，为商业中无法避免的风险提供强大的保障，好过仅从一家公司购买。"[29] 当谈及自己公司的信赖度时，渣甸和马地臣坚信他们是稳定且值得信赖的："我们从来不为任何公司的汇票背书，除非我们在道德上认可这些公司值得被尊重。"[30]

1831年，渣甸和马地臣（当时仍以马尼亚克商行为名运营）通知在孟买的公司："我们掌握了比孟买更有利的方式汇款到英国。"[31] 于是孟买商人决定采取的战略是将大量白皮土鸦片运输到中国，再将销售利润通过美国票据汇到伦敦。[32] 美国汇票制度不仅有利于中国贸易的参与者们，而且让代理商行可以摆脱英国东印度公司汇票在伦敦交易的汇率限制，达到一定程度上的财政独立。这些通过美国汇票进行的交易帮助渣甸和马地臣将印度的利润通过广州转到英国。[33]

航运是马尼亚克行运营的另一个重点，对此渣甸和马地臣不断发展创新之路，寻求优势力压竞争对手。他们通过尝试革新船体设计和技术，即将不同大小和容量的船只组合在一起接力运输，既保证速度，同时又实现利益最大化。公司的船运代理业务与贸易业务密不可分，那些从事鸦片贸易的船舶既要有能力应对中国沿海的潮汐变化，又要可以对抗中国海域的季风。[34] 夏季风（每年5月到9月）盛吹西南风，而严酷的冬季风（10月到次年3月）则从东北部肆虐而来。"季风铁律"是一种自然的模式，从传统意义上决定了外国商船去广州的运输策略。一般来说，从印度到中国有两条主要路线：一条是经过马六甲海峡，另一条是经过巽他海峡。[35] 然而到了18世纪末，一些西班牙船只开发出了先到菲律宾，再到澳门的新航线，这使得他们可以沿着这条路线每年多次往返。

但是这条新路线的缺点是，到达广州时正是交易淡季。最为重要的是，从广州出口的最好的产品大部分是在7月至12月的交易季节才能购买的。在淡季到达使得公司不得不留些人全年待在广州，但这也给了他们获取商业情报的优势，而且由于卖家少，鸦片的价格在淡季反而会上涨。[36] 淡季到达的外国商船也让中国商人有机会处理库存。[37] 到了19世纪初，在短短40年间，广州每年的船舶交易数量竟增长了近3倍。尽管清政府在正常交易季节结束时继续强制外国人移居澳门，但实际上，随着"季风铁律"的影响正在减弱，中国贸易已然变成了全年运营。[38]

因此，那些为马尼亚克商行和其顾客服务的船队必须是全能型的，这就是为什么一些船是自有的，而另一些是包租的。19世纪20年代末，马尼亚克商行的两个合伙人制定的战略之一便是将从中国出口的货物在新的自由港——新加坡卸下，再把同样的货物装载到同一艘船上运往英国。这样做是为了规避"不允许散商从广州直接运送货物到英国"的禁令。因为这条航线目前继续由英国东印度公司垄断，而且至少未来几年都是如此。[39]

在最初的几十年里，这些广州的代理公司为印度贸易公司的国家商船担任当地的代理人。这些代理公司按比例抽取佣金，处理抵达货物的佣金为1%，采购出口货物的佣金为5%。在广州租船或者卖船获得的佣金比例更高。某些公司成为印度客户所拥有的固定商船的常年收货人，例如马尼亚克商行负责处理"安号"的货物，这艘船由孟买的莱基公司和詹姆斯·杰吉伯伊的得成公司所有。这些与英国东印度公司商船同行的私人商船被称为"国家仆人"。鸦片贸易的不断扩张使得这些在广州的代理公司更加活跃地参与运输行业。通常，鸦片快船由广州代理和印度的鸦片供应商共同拥有。[40]

从事鸦片贸易的船舶被分为两类。第一类船大概200~300吨重，从加尔各答和孟买装载成箱的鸦片运往伶仃岛，整个行程大概1个多月。接货的船一直停靠在那里作为鸦片的仓储船，并在沿海贩卖鸦片。这些船只也可以在中国沿海航行开拓市场。第二类是小型"快艇"，用来为销售船补给鸦片。[41]

到了19世纪20年代末，加尔各答和孟买的鸦片有大量库存，已经不再拘泥于每年一次的传统运送方式。鸦片商人希望在1月从英国东印度公司购买的鸦片能够在2月被送达中国沿海，然后这些船能够返回印度，5月和7月分别再装载两次鸦片派送。这些船舶只要能抵挡住东北季风，能在2月在中国海域航行，就能够完成每年3次往返的行程。

蒸汽船的出现促使加尔各答的麦金托什公司为他们的新拖船"福布斯号"推出了一个新的计划，将一艘帆船从加尔各答拖到广州。帆船"路易莎号"装载着蒸汽船所需的煤炭和销往中国的鸦片在1829年7月2日从加尔各答出发，"福布斯号"以侧轮拖着它从胡格利河下锚。几个小时后，当"福布斯号"驶入浅滩时，不幸发生了。还没等到拖绳收线或者切断，帆船就撞上了蒸汽船，帆船的锚掉了，然后船体被自己的船锚刺穿，损失了大部分货物。[42]

"路易莎号"的这场灾难可能使大多数投资者和代理商不敢再重复蒸汽帆船试验。但是蒸汽船的潜力给詹姆斯·马地臣留下了深刻的印象，一年以后，他包下了"福布斯号"拖着"怡胜号"在30天内到达中国。这场冒险就像买乐透一样刺激，船票在加尔各答可以买到。1829年，在马尼亚克行的10艘船中，只有"怡胜号"专门从事鸦片运输，1829年3月14

日，它装载了840箱鸦片离开加尔各答。"怡胜号"上还载有52吨煤炭，作为"福布斯号"所需的130吨煤炭的补充。但是煤炭的供应明显是不够的。第四次补给后，所有的煤炭消耗殆尽，两艘船在4月12日分开，"福布斯号"在一周后到达伶仃岛，比"怡胜号"提前两天到达。这项试验没有再被人重复过，因为威廉·克利夫顿船长（命运多舛的"路易莎号"的唯一主人）已经演示了一种新设计的鸦片运输船。[43]"红海盗号"是第一艘鸦片快艇，在1830年初的几个月成功抵御了冬季风。马地臣预测它代表了一种更好的运输方式，比之前用蒸汽船拖拉"怡胜号"的方式更好。

克利夫顿说服印度总督本廷克勋爵相信，这样的快船可以完成一年内3次往返印度和中国的航程，本廷克同意进行试航。因此，一艘重达255吨的快船在位于胡格利河的豪拉船坞被建造，并被命名为"红海盗号"。它于1829年12月启航。这艘船是平甲板式的，几乎不会偏航，所以驶入季风区时能够最大限度地减小风的阻力。倾斜式的桅杆可以化解风的偏转力，所以它可以逆风航行，这也是从事中国贸易的其他任何英国船只所不具备的能力。它看起来更像一艘私掠船而不是商船，"红海盗号"也是以詹姆斯·费尼莫尔·库珀最新小说中的海盗英雄的名字来命名的。船头装饰的人像也是一个虚拟的海盗形象。"红海盗号"在1829年12月29日离开加尔各答，从中国海域的季风区突围后，于1830年2月17日到达澳门。10天后，这艘船便开始返程回加尔各答，并在86天内完成往返航行，这是私人商船和英国东印度公司商船都从未完成过的壮举。1830年年底之前，剩下的两次往返航行也圆满完成。

在接下来的几年里，怡和洋行、颠地洋行和罗素商行都收购了专门为鸦片贸易设计的快船。快船因为相对较小的货物空间，光滑的船体，以及可以尽可能多地覆盖帆布而无须担心翻船，也给造船界带来一次革新。这种快船可以装备大量人员和武器抵御海盗和沿海势力。海上没有比它更快的船了，因为它可以完成每年3次从加尔各答或孟买往返中国的航行，与其他标准设计的国家商船相比，这种快船途中无须停靠，无须减重，也无须其他补给。[44]

这种快船具备交货速度快，也能快速传递商业信息的优势，这就意味着，在"红海盗号"首航后，运往伶仃岛的鸦片数量将会激增。航运的创新使得大量鸦片源源不断地涌入广州，每艘快船可装载500~1000箱鸦片。[45]渣甸的公司在1833年获得"红海盗号"50%的所有权，并于1836年克利夫顿退休后完成全部收购。[46]怡和洋行还准备建造或购买其他类似的船只，例如三桅帆船、双桅横帆船、双桅帆船或大号帆船，其他广州代理商也纷纷效仿。但是"红海盗号"是无可取代的，并且直到19世纪40年代在鸦片快艇中仍然是首屈一指。(它在1853年孟加拉湾的大风中失踪了。)

1832年春天，马地臣给公司的客人、曼彻斯特的布料商约翰·麦克维卡写信，要求他收购一艘快速帆船用于传送情报到印度或其他地方。他对麦克维卡的指示相当明确："主要目标是速度快，能够抵御巨浪。"能够装载越多的货物越好，只要货运能力与主要目标相符。帆、桅杆、横档及其他规格，还有住宿条件都在信中有所提及。甚至连船组人员都指定好了："2个不错的苏格兰人、1个木匠、5个遇事冷静的水手，能够团结一致，并且愿意长时间在船上服务。"

新船的市价为每吨12~13镑，但是他们愿意将价格提高到每吨15~16镑以获得符合要求的船舶。不过，他们希望有某种形式的担保。毫无疑问，渣甸和马地臣在制定合同条款方面起到了重要作用：如果船只不符合要求，承建商要同意免去一部分费用。他们这种做法援引自美国的海上先例，但是人们更倾向于认为这是两个精明的苏格兰人精于算计的表现。[47]

麦克维卡未能找到合适的现成船只，转而向利物浦的詹姆斯·威尔逊父子造船公司征求建议。这家公司建造快速帆船经验丰富，曾经承建过著名的"法尔茅斯号",他们建议建造一艘不低于160吨的双桅横帆船,才能达到速度与力量的完美结合。马地臣对他们的建议印象深刻,并授权麦克维卡跟威尔逊的造船厂下了订单,建造一艘他们所建议的船只。此外,他还找到了约翰·坦普顿作为新船的指挥官,负责新船的中国首航。[48]

1833年5月初,约23.5米长、6.86米宽、重161吨的帆船"仙女号"完工。总造价4000英镑,准备在夏至前夕启航。船上载着价值1.5万镑的布匹,还有唯一的乘客安德鲁·约翰斯通,他要前往舅父在广州的公司。"仙女号"的中国首航表现良好,并在11月末到达伶仃岛。[49]

讽刺的是,当时怡和洋行已经拥有了"红海盗号"一半的所有权,足以让他们快速获取商业情报,"仙女号"不再需要为此目的服务。因此,这艘新的快船有不同的任务,它可能被当作运输船使用,负责停靠在中国沿海的鸦片销售船的供给。在"仙女号"到达前,他们先派了一艘"上校号"在厦门以东找到一个锚地用来出售鸦片和其他货物。"上校号"属于新加坡的查尔斯·托马斯,他把这艘船以8707美元的价格抵押给了马尼亚克行,这个价格远远低于这艘船的实际价值。因此,马地臣建议由他们来接管这艘船,托马斯欠他们的巨额债务则一笔勾销。直到1833年,也就是"仙女号"到来之前,这件事才解决,怡和洋行收购了"上校号",并把这艘船作为他们的销售船派到中国海岸。因此,这两艘船是远离广州的鸦片零售网络的第一步。[50]

鸦片快船在中国贸易舞台上的出现从根本上改变了渣甸、马地臣及其他竞争者的经营环境。英国东印度公司的商船一般是在年初离开伦敦,以便利用西南季风在中国海域顺风航行。相比之下,私商的商船一般是全年航行。不过在最后一批商船穿过东印度群岛,经菲律宾抵达中国海域后,在广州会有一个休整期。在休整期间,广州属于卖方市场,由于鸦片库存锐减而导致价格升高。[51]快艇问世,东北季风的威胁不在,预计一年内随时都有货物到达，这就意味着卖方市场的优势随之消失。那些从印度携带货物和商业情报的商船可以让其代理公司根据预期的竞争情况制定战略。因此，竞争会加剧，市场有时也会饱和。19世纪30年代初，每年有不到2万箱鸦片进入中国市场，但是到了19世纪30年代末，已经超过每年4万箱。[52]

这10年间，鸦片贸易一直如火如荼地进行着，马尼亚克行的两位合伙人也准备宣布荷林华斯·马尼亚克正式退休，也意味着马尼亚克行这个名字的终结。但马尼亚克家族的名字还会在公司保留两年到1832年，以便能够让该家族在中国的最后一位成员弗朗西斯·荷林华斯在退休后拿到养老金。渣甸称马尼亚克对于"我们为其亲属养老有所顾虑"，因此将马尼亚克留在公司的资金中的3万英镑转回英国，留1万英镑（约5万美金）给弗朗西斯·荷林华斯，使他能够安享晚年。[53] 弗朗西斯被认为不适合作为合伙人留在公司，最初他对离职条件也犹豫不决。1832年，他登上"拉金斯号"返回英国，而渣甸和马地臣这对新合伙人对此并不难过。渣甸写信给马尼亚克时写道："从始至终，荷林华斯先生的行为都让我很恼火，这也是你我都不想看到的结果。"对于马尼亚克的离去，他认为是"终于摆脱了"。[54]

从1782年约翰·亨利·考克斯、丹尼尔·比尔和约翰·里德合伙创立公司，经过10次更名后，这家公司终于得到了这个一直沿用到21世纪的名字。1832年6月30日，马尼亚克行关门，公司在7月1日以怡和洋行的名字重新开业。[55]

渣甸和马地臣经过在广州和澳门十几年的打拼，已经成为在华英国商人中的佼佼者。此时，渣甸刚刚过了48岁生日，而马地臣将近36岁。英国东印度公司在广州的垄断注定要被终结，而他们二人的重要性也即将超越广州管理委员会，他们在金融服务和市场营销上的专业度也让他们在英国本土极具影响力。实际上,从1828年起,他们就一直是合作伙伴,现在更以自己的名字命名公司。表面上来看,他们是一家集商品销售、保险、金融和航运服务为一体的公司的领导者;从另一个角度来说,他们是一个强大的组合,甚至影响了伦敦和广州的政治环境。

令人惊讶的是,在两人的私人信件中几乎没有提到公司改名的事情,而《英国东印度公司对华贸易编年史》中对此事也是一笔带过。2月15日,公司发表正式声明称,马尼亚克先生将于6月30日退休,只比更名事件稍微"大张旗鼓"了一点儿。[56]事实上,公司从1828年开始就以怡和洋行的名义运营,所以名头和所有权的正式更改并不影响其业务模式和规模。3年后,亚历山大·马地臣、安德鲁·约翰斯通和亨利·赖特成为公司合伙人,但是毫无疑问,整个公司的运转仍然以威廉·渣甸和詹姆斯·马地臣为核心。

荷林华斯·马尼亚克仍然是他们的亲密好友以及合作伙伴,而且当渣甸和马地臣后来回到英国后,他又先后与两人合作。金融危机导致伦敦的代理公司陷入瘫痪,于是荷林华斯在1837年重操旧业,支持渣甸和马地臣的汇票交易。两年以后,他在伦敦又创立了一家办事处,与渣甸的公司合作。新公司叫马尼亚克–史密斯公司,位于伦敦朗伯德街3号,最终在1848年重组,更名为马地臣公司,由荷林华斯·马尼亚克、亚历山大·马地臣和休·马地臣、安德鲁·渣甸和约翰·阿贝·史密斯担任合伙人。[57]

马尼亚克公司名字改为"怡和洋行"后的16年间,私商们期待着英国东印度公司在中国贸易中的垄断地位的结束。1813年的《特许状法案》中,英国东印度公司对英印贸易的垄断权被终止,而在广州的垄断权被延长20年。随着在加尔各答和孟买的私商贸易的繁荣,数以千计的新代理公司出现,其中大部分专注于中国贸易。然而,由于中国南方市场中印度原棉贸易崩盘,加尔各答很多优秀的代理公司在19世纪30年代初的商业灾难中倒闭了。但在广州的国家贸易商人能够抵御危机，部分得益于他们的金融服务，例如渣甸用美国汇票汇钱到伦敦的做法。[58]

然而，广州的贸易也是不稳定而且不灵活的，1829 年，孟买的代理公司要求改革制度。马地臣的报纸《广州纪录报》在 1828 年提到英国东印度公司垄断时这样说："多样的商业运作在这种被束缚的状态下是无法实现的，谈判和交易也无法达到令双方满意的效果。"[59] 英国东印度公司广州管委会的大部分成员对于商户的抱怨表示同情，并且建议对中国的整个贸易体系进行改革。然而，管委会主席反对这一倡议，并前往伦敦亲自向董事会阐述自己的论点，董事会因此决定罢免管委会成员。渣甸指责董事会在不知情的情况下，如此轻率地解雇管委会成员是犯了一个"重大错误"。他们是第一个在目的港保护英国贸易，或者能为个人财产和利益提供轻微保护的委员会。[60]

不过，渣甸和他的同事以及其他在华的英国商人都明白，终止英国东印度公司的垄断也不会有益于与中国建立良好的贸易关系。谈到对私商的临时安排时，渣甸感叹道："我们处于一个可悲、愚蠢的国家，恐怕英国的当权者不会给予我们所要求的保护；但是时间会给予我们。"[61] 1832 年 2 月，他告诉一位在伦敦的代理商："以目前的征税方式、行商敲诈钱财等问题来说，英国永远无法从中国贸易中讨到好处。在扩大商业运作前，我们必须与这些中国的野蛮人制定商业法规。我们有权要求达成一项公平的商业条约，如果被拒绝就强制执行。"[62] 他没有解释如何强制执行这项条约，但他的语气是坚决的；他的行为有时和他的语气一样大胆。

然而，这些在中国的国家商人或是在孟买的帕西商人的抱怨根本不会削弱东印度公司的垄断地位，相反，英国制造商们对议会的游说起到了巨大作用。中部地区新出口市场的发展被认为是英国工业经济增长的一个重要因素。棉纺织品继续寻求新的市场。英国东印度公司结束印度垄断后的几年内，印度对棉纺织品的需求大幅增加，因此曼彻斯特（英国棉纺织中心）商人预测，在中国市场也会出现类似情况。[63]

1829年4月，在曼彻斯特市政厅举行的一次公开会议上，该地区的商业和制造业利益代表投票通过了几项决议，要求建立与中国的全面自由贸易。这次会议促成了来自曼彻斯特、利物浦、格拉斯哥、布里斯托尔、伯明翰、利兹和加尔各答的代表们的广泛合作，他们在1829年春季的游说活动促使政府同意对东方贸易进行全面考察。第一次全国大会在1830年2月举行，与会代表来自各个城镇，他们反对继续延长英国东印度公司的垄断期，并决定筹措1000英镑战争基金。[64] 1831年，他们直接将提案提交给首相格雷伯爵，并努力说服他相信开发中国贸易将会带来巨大利益，不过这场运动在1831—1832年间一再受到打压。[65]

另一方面，英国东印度公司不能再掉以轻心，以传统的商业模式在广州运营。自1814年起，英国东印度公司从中国贸易中获得的利润平均每年超过100万英镑，这一利润用来补偿英国东印度公司在印度的财务赤字。[66] 茶叶是盈利的核心，这也是英国东印度公司谨慎守护保持垄断地位的商品。但是在广州的英国东印度公司管委会想要在中国沿海尝试销售英国的纺织品。1832年，一个年轻的货物管理员胡夏米（休·汉密尔顿·林赛）包租了帆船"阿美士德号"，从英国运来棉花和羊毛制品。他还聘请了一个德国新教传教士——郭士立（卡尔·古特斯拉夫）作为翻译参与到交易中。林赛沿着中国海岸向北航行，多次登陆中国城市，包括福州、宁波和上海等。虽然他成功地强行进入这些地区，但并没有成功销售出他所有的羊毛和棉花货物。[67]

当他带着未售出的商品回到澳门时，一个高级货物管理员以这一次实验为证据证明英国制造业内夸大了中国市场的潜力。林赛没有得到任何进一步的鼓励。[68] 但是，渣甸和马地臣受到启发，他们可以尝试"阿美士德号"的航行路线，但采用不同的营销策略，以鸦片为主要货物，而英国制造品只是一小部分辅助产品。[69] 他们对中国沿海城市鸦片和英国纺织品的市场探索由"精灵号"来进行，并在"阿美士德号"归来后立即出发。航行虽然算不上成功，但是与林赛的惨淡相比，"精灵号"还是有盈利的。[70]

在英国，改革议会的驱动力与英国制造商要求贸易改革的压力是平行的，而随着1832年伟大《改革法案》的通过，这一政治运动达到高潮。这一法案将议会席位重新分配给新型制造业阶层，并且扩大了投票权。法案通过后，选举出的第一届议会就处理了诸如废除奴隶制、限制童工和改革济贫法等重大问题。其最早的措施就是扩大英国东印度公司特许权，在这种情况下，改革内容代表了自由贸易的进程。在1833年夏末，英国东印度公司特许权再次延长，而立法规定于1834年4月剥夺英国东印度公司的一切商业职能。[71] 自此以后，英国东印度公司成为替英国政府管理印度的机构，而其作为国际贸易巨头的漫长历史也走向终结。

英国东印度公司不再是广州自由贸易的阻碍，中国贸易蓬勃发展的时刻已经到来，至少在多年来努力游说的英国制造业者看来是这样的。[72] 然而事与愿违，尽管英国的垄断已经消失，但中国的限制依然存在。清政府尚未消除这些障碍；事实上，即使在广州，也是不允许外国人随意进入的。淡季期间，外国商人只能待在夷馆区和澳门。在离开之前，管委会的成员曾推测，军事行动是改善现状的必要措施。他们坚持认为，中国人吃硬不吃软。[73] 而渣甸不太愿意诉诸武力。"我们需要一个公平的商业条约，当我们在广州受到不公待遇时，有权向皇帝申诉。而且我相信，如果这些要求合理的话，不需要流血就可以实现。"[74]

1833年的法案，废除了英国东印度公司在广州的垄断权力，同时在广州设立英国贸易总监的职位来监督英国商人圈。在渣甸看来，这是一个新的麻烦，跟中国人厌恶外国人一样棘手，那就是外国人自身的商业混乱。英国东印度公司的约束力已经不在，那么在广州的英国商人会做出什么鲁莽的行为呢。现有的私商们担心会有大量新的商人涌入，导致竞争加剧，广州将会被英国的商品淹没。另外，渣甸担心只要外国人还像奴隶或乞丐那样，屈服于中国人的恐吓和勒索，那么就很难有机会与中国人达成可接受的贸易协议。[75]

在贸易总监到来之前，渣甸和马地臣准备抓住机会进行尝试。彼得·沃德·费伊评论说，随着管理委员会限制的消失，私商们开始以一种"过度明显的方式"期待英国东印度公司的离开。[76]渣甸以及其他人正试图通过重塑贸易体系，改变运输方式，以及重新圈定中国市场范围来改写游戏规则。

1833年时，虽然离管委会离开还有一年时间，但其已经失去了权威，无法迫使商人继续遵守旧规则。当渣甸和马地臣利用自己的商业直觉和商业技巧，准备复制"阿美士德号"的航程时，他们也聘请了刚刚从"阿美士德号"上回来的郭士立，作为"精灵号"上的翻译。船上装载着"公班土"和"刺班土"以及少量英国商品驶向中国沿海。到了1833年夏天，"精灵号"返回广州湾，为怡和洋行带来25万美元的收入，该公司还收购了"大力神号"。[77]渣甸和马地臣得出的结论是，中国北部沿海市场有很大发展潜力。

渣甸为两艘船雇用的指挥官分别是因义士（詹姆斯·英尼斯）船长和亚历山大·格兰特船长。这两人因为他们傲慢的态度和轻佻的行为在春季期间惹怒了广州管理委员会，而被吊销执照。但执照又被英国东印度公司在加尔各答的管理机构恢复了，从而逃过了惩罚。这个小插曲也证明了在广州的英国东印度公司大势已去，而渣甸也注意到了。谈到重组管委会时，他说道："他们在这一交易季犯了很多愚蠢的错误，他们被所有人嘲笑，被许多人鄙视。管委会的努力到头了。"[78]渣甸甚至采取民事诉讼来威胁管委会，要求追回公司因为他们的失职而产生的损失。[79]

两位苏格兰冒险家利用"精灵号"在中国沿海的商业实验在1833年秋天发展成更大的商业冒险。他们任命约翰·里斯为"上校号"的船长，并指示他把船沿着福建海域开到泉州，作为一个相对固定的海上仓储出售鸦片和布匹。"上校号"出发后没多久，从利物浦刚刚出厂的"仙女号"就到达广州。[80]它被迅速改装并满载货物，然后派到沿海与"上校号"配合。现在这两艘船成为怡和洋行船队里的一对组合，分别担任仓储船（销售船）和补给船（运输船）。"仙女号"的任务是负责从广州运输成箱的鸦片、邮件和补给给"上校号"，然后把白银带回广州。

"仙女号"在巨大的争议中到来，这说明当时怡和洋行实际上已经享有独立的决策权，而广州管委会对他们的约束能力日渐衰弱。1833年夏末，一场猛烈的暴风雨袭击了怡和洋行停靠在金星门的仓储船"萨马朗号"，船体破坏严重。怡和洋行的另一艘船"大力神号"的船长亚历山大·格兰特（在怡和洋行里是船队高级指挥官）决定在船沉没前尽可能地抢救货物。然而，当地岛民也有同样的意图，哄抢导致了10月流血事件。[81]清政府要求他们对在该事件中丧生的一名中国人做出赔偿，广州管委会希望渣甸来解决这起意外事件。格兰特船长被派去和清朝官员谈判，不过这个插曲在英国新年开始前就平息下来了。[82]

从金星门事件可以很明显地看出广州管委会气数已尽。清朝总督和怡和洋行对其来说都是一种羞辱。尽管后者脱离了英国东印度公司旧的规章制度，但管委会离开时还是为渣甸定制了一个银盘，以感谢他"一直以来的突出贡献"。在海恩斯船长的夷馆举行的一次公开会议上，他们告诉渣甸，他们即将离开，因此也不得不承认渣甸和他的公司曾多次向他们提供无偿的帮助。[83]

虽然总督坚称广州管理委员会要为英国私商的行为负责，但格兰特和渣甸的行动表明管委会已不再拥有这种权力。事实上，格兰特还曾厚颜无耻地通知管委会，因为管委会已经无法保护私商的利益，他的行为标准将完全取决于他所负责货物的货主的利益，他所说的当然是指渣甸和马地臣的鸦片贸易。[84]

在管委会即将卸任，英国的贸易总监还未到来的几个月里，渣甸和马地臣在广州、澳门和广州湾都有着相当大的权力和影响力，而且已经远远超越商业和海运事业的范围了。12月中旬，渣甸写信给郭士立："不会再有英国东印度公司的商船到达中国了。"如果要写一篇关于英国东印度公司在广州最后岁月的故事的话，他一定是主角。[85]

注　释

1. William Jardine（Canton）to Andrew Thomson, 11 December 1830, William Jardine – Private Letter Book, ms jm, c4/1.

2. William Jardine（Canton）to Andrew Johnstone（London）, 22 October 1832, William Jardine – Private Letter Book, ms jm, c4/2.

3. James Matheson（Canton）to John MacVicar（London）, 6 February 1833, James Matheson – Private Letter Book, ms jm, c5/1.

4. Fairbank, *Trade and Diplomacy on the China Coast*, 63, citing Gerald Yorke, "The Princely House: The Story of the Early Years of Jardine Matheson and Company in China 1782－1844"（unpublished manuscript in the col‐lection of Matheson and Company）, 111.

5. William Jardine（Canton）to James Matheson（Singapore）, 18 March 1830, William Jardine – Private Letter Book, ms jm, c4/1.

6. William Jardine（Canton）to I.H. Gladstone（London），29 March 1830, William Jardine – Private Letter Book, ms jm, c4/1.

7. Lubbock, *The Opium Clippers*, 33. 卢伯克坚持认为渣甸"在商场上手段强硬，全身心追求鸦片贸易，并全然没有道德约束"。

8. William Jardine（Canton）to R. Rolfe（Bocking, Essex），6 April 1830, William Jardine – Private Letter Book, ms jm, c4/1.

9. James Matheson（Canton）to Smith Elder and Company（London），4 May 1831, James Matheson – Private Letter Book, ms jm, c5/1.

10. James Matheson（Canton）to Hugh Matheson（Calcutta），4 November 1831, and to Thomas Weeding（London），16 November 1833, James Matheson – Private Letter Book, ms jm, c5/1.

11. 安德鲁·渣甸于1832年跟随叔叔在中国从商，但在1836年因病返英，并在一年后重返中国，于1839年成为合伙人。安德鲁一直待在中国，直到1843年，尽管他在1845年从怡和洋行退休，但是他在1848年成为马地臣公司开朝元老之一。

12. William Jardine（Canton）to Charles Stewart（Hillside near Lockerbie），23 March 1830, William Jardine – Private Letter Book, ms jm, c4/1. 威廉的二姐玛格丽特及其丈夫詹姆斯（也姓渣甸）就是后来众所周知的Chipknowe家族。威廉最小的妹妹伊丽莎白后来嫁给了威廉·多比，她就是后来著名的多比夫人。

13. Wiliam Jardine（Canton）to James Stewart（Gillembierigg near Lockerbie），28 January 1831, William Jardine – Private Letter Book, ms jm, c4/1.

14. William Jardine（Canton）to Andrew Johnstone（Scotland），26 March 1830, William Jardine – Private Letter Book, ms jm, c4/1. 他给安德鲁·约翰斯通寄了价值1148美元的票据以资助Kirkburn家族。William Jardine（Canton）to Andrew Johnstone（Scotland），14 March 1830, William Jardine – Private Letter Book, ms jm, c4/1.

15. 在凯西克的《蓟与玉》(*The Thistle and the Jade*, 262–265) 中有非常有用的附录，提供了渣甸家族的族谱，以及从20世纪80年代起，马地臣公司、怡和洋行众多合作伙伴和管理者的名单。布莱克：《怡和洋行》(116 - 119) 提供了怡和洋行运营成员的信息以及其在伦敦和加尔各答的住址。

16. Greenberg, *British Trade and the Opening of China*, 146 – 147.

17. Ibid., 149 – 150.

18. Ibid., 167n21.

19. James Matheson（Canton）to H.P. Hadow（Bombay），10 March 1832, James Matheson – Private Letter Book, ms jm, c5/1.
20. Fairbank, *Trade and Diplomacy on the China Coas*t, 62.
21. Reid, "Spreading Risks", 181.
22. Fairbank, *Trade and Diplomacy on the China Coast*, 62.
23. Singh, *European Agency Houses in Bengal (1783–1833)*, 276.
24. Ibid., 277 – 285.
25. James Matheson（Canton）to Hugh Matheson（Calcutta），4 November 1831, James Matheson – Private Letter Book, ms jm, c5/1; Cheong, *Mandarins and Merchants*, 166.
26. Cheong, *Mandarins and Merchants*, 165 – 166.
27. James Matheson to unnamed party（addressed "Dear Sir"），26 May 1834, James Matheson – Private Letter Book, ms jm, c5/1; Cheong, *Mandarins and Merchants*, 167.
28. James Matheson（Canton）to Hugh Matheson（Calcutta），7 April 1832, James Matheson – Private Letter Book, ms jm, c5/1.
29. Ibid.
30. James Matheson（Canton）to Hugh Matheson（Calcutta），7 April 1832, James Matheson – Private Letter Book, ms jm, c5/1. 马尼亚克授权的票据中，不管是公司还是个人，都是怡和洋行（当时仍然以马尼亚克公司运营）所信任的：霸菱兄弟（伦敦）、约翰·雅各布（纽约）、Gledstanes 和 Drysdale 公司（伦敦）、托马斯·威丁（伦敦）、托马斯·怀亚特（伦敦）、斯波德和科普兰（伦敦）。
31. Greenberg, *British Trade and the Opening of China*, 164, 援引自渣甸和马地臣给孟买商人关于减少流向英国的资金的信件。
32. Ibid., 164 – 165. 马尼亚克财政安排的本质和内容在 Cheong, *Mandarins and Merchants* 第三章中有详细讨论。
33. Fairbank, *Trade and Diplomacy on the China Coast*, 63.
34. Reid, "The Shipping Interest", 132.
35. Van Dyke, "New Sea Routes to Canton in the 18th Century and the Decline of China's Control over Trade", 59.
36. Ibid., 72 – 77.
37. Ibid., 77.

第五章　在"小溪馆"做生意　　151

38. Ibid., 78–82. 范戴克坚称，淡季的到来是清政府开始对外贸失去控制的早期迹象之一。
39. Fairbank, *Trade and Diplomacy on the China Coast*, 62.
40. Greenberg, *British Trade and the Opening of China*, 173–174.
41. Reid, "The Shipping Interest", 132.
42. Lubbock, *The Opium Clippers*, 66–69; Fay, *The Opium War*, 51; Williamson, *Eastern Traders*, 188.
43. Lubbock, *The Opium Clippers*, 78–79; Reid, "The Shipping Interest", 136.
44. Trocki, *Opium, Empire and the Global Political Economy*, 104–106.
45. Ibid., 106.
46. Fay, *The Opium War*, 51; Lubbock, *The Opium Clippers*, 77–78; Blake, *Jardine Matheson*, 54; Fay, "The Opening of China", 67.
47. James Matheson（Canton）to John MacVicar（London），26 March 1832, James Matheson – Private Letter Book, ms jm, c5/1.
48. Williamson, *Eastern Traders*, 148.
49. Ibid., 149.
50. James Matheson（Canton）to Charles Thomas（Singapore），April 1831, 23 July 1832, 11 August 1832, 28 January 1833, and 14 October 1833, James Matheson–Private Letter Book, ms jm, c5/1; Williamson, Eastern Traders, 149; Lubbock, *The Opium Clippers*, 61.
51. Williamson, *Eastern Traders*, 185.
52. Fay, "The Opening of China", 67; Trocki, *Opium, Empire and the Global Political Economy*, 95.
53. 由此可见，渣甸和马地臣在商业行为上的侧重，两家公司做出了巨大的调整，调整后的资金将转移至荷林华斯·马尼亚克。他们的分公司 Fairlie 和 Bonham 已经确定马尼亚克的账户价值 1 万英镑。渣甸和马地臣又转到马尼亚克的账户 2 万英镑。James Matheson to Hollingworth Magniac（Colworth, England），22 October 1831, James Matheson – Private Letter Book, ms jm, c5/1.

马尼亚克的退休日期由原定的 1827 年 6 月 30 日延迟了，这让他有机会弥补他因香港的 Manho 破产而遭受的损失。渣甸决定将马尼亚克的退休时间推迟到 1830 年。正如渣甸和马地臣那样，荷林华斯·马尼亚克也需要供养家人。某种程度上讲，这一推迟可以让他得到补偿，因为他的兄弟丹尼尔因为迎娶了亚洲情妇而被迫离开公司。这直接导致渣甸和马地臣决定让弗朗西斯·荷林华斯退休。在马尼亚克延迟退休的额外两年多时间中，马尼亚克的资金仍在公司中，该资金所获得的利润为弗朗西斯建立了养老基金，用于供给其家人。James Matheson（Macao）to H.P. Hadow（Bombay），10 March 1832, James Matheson – Private Letter Book, ms jm, c5/1.

54. William Jardine（Canton）to F.P. Alleyn（London），27 February 1832; to C. Marjoribanks（London），27 February 1832; and to Hollingworth Magniac, 2 March 1832, William Jardine – Private Letter Book, ms jm, c4/1 and c4/2. 当马尼亚克推荐另一位亲属接替弗朗西斯·荷林华斯的位置，成为公司合伙人时，渣甸感到不舒服，因为他和其合伙人已经让他们的两个侄子进入公司，因此，他不得不拒绝詹姆斯·杰吉伯伊的请求，放弃让孟买的 Mr Low 进入公司。William Jardine（Canton）to Jamsetjee Jejeebhoy（Bombay），27 February 1832, William Jardine – Private Letter Book, ms jm, c4/1.

55. *Canton Register*, 2 July 1832, 1; Morse, ed., *The Chronicles of the East India Company Trading to China*, 4: 327; Reid, "The Steel Frame", 20; Blake, *Jardine Matheson*, 41.2 月 15 日的 Register 上刊登了一则荷林华斯·马尼亚克退休的公告。

56. William Jardine（Canton）to C. Marjoribanks（London），27 February 1832, William Jardine – Private Letter Book, ms jm, c4/1.

57. Grace, "Hollingworth Magniac", ODNB.

58. Wakeman, "The Canton Trade and the Opium War", 170–171.

59. *Canton Register*, 2 August 1828.

60. Greenberg, *British Trade and the Opening of China*, 177; William Jardine（Canton）to H. Gledstanes（London），27 December, 1830, William Jardine – Private Letter Book, ms jm, c4/1.

61. William Jardine（Canton）to F.P. Alleyn（London），27 February 1832, William Jardine – Private Letter Book, ms jm, c4/1.

62. William Jardine（Canton）to J.R. Reid（London），28 February 1832, William Jardine – Private Letter Book, ms jm, c4/1.

63. Greenberg, *British Trade and the Opening of China*, 180; Fay, *The Opium War*, 57.

64. Greenberg, *British Trade and the Opening of China*, 183.

65. Ibid., 184.

66. Gardner, *The East India Company*, 202. 该公司 15 年来，即 1814—1829 年，从中国获得的利润为 1541.4 万英镑，占该时期总利润的四分之三。同期，该公司其余业务的总利润为 507.4 万英镑。

67. William Jardine (Canton) to William Baynes (London) , 27 February 1828, William Jardine – Private Letter Book, ms jm, c4/1; Fay, The Opium War, 57; Morse, ed., *The Chronicles of the East India Company Trading to China*, 4:332 – 334.
68. Fay, *The Opium War*, 58.
69. Ibid., 60.
70. Ibid., 61; Morse, ed., *The Chronicles of the East India Company Trading to China*, 4: 334 – 335.
71. Gardner, *The East India Company*, 203.
72. Wakeman, "The Canton Trade and the Opium War", 173.
73. Extracts from Dispatch of Select Committee to Governor General of India, 25 October 1831, in Morse, ed., *The Chronicles of the East India Company Trading to China*, 4: 313 – 320.
74. William Jardine (Canton) to Thomas Crawford (Bombay) , 16 March 1832, William Jardine – Private Letter Book, ms jm, c4/2.
75. Greenberg, *British Trade and the Opening of China*, 179; William Jardine (Canton) to Thomas Weeding (London) , 15 January 1831,William Jardine – Private Letter Book, ms jm, c4/1.
76. Fay, *The Opium War*, 61 – 62.
77. Ibid., 62.
78. Greenberg, *British Trade and the Opening of China*, 34, citing William Jardine – Private Letter Book, 10 February 1833.
79. William Jardine (Canton) to Thomas Weeding (London) , 23 October 1833, William Jardine – Private Letter Book, ms jm, c4/3.
80. William Jardine (Canton) to John MacVicar (Manchester) , 10 December 1833, William Jardine – Private Letter Book, ms jm, c4/3.
81. Fay, *The Opium War*, 63; Morse, ed., *The Chronicles of the East India Company Trading to China*, 4: 350, 361 – 366.
82. Morse, ed., *The Chronicles of the East India Company Trading to China*, 4: 360 – 366; Fay, *The Opium War*, 63 – 64.
83. *Canton Register*, 15 November 1833, 98 – 99. 该致辞是由在场的指挥官和官员一致同意，并由约翰·海恩斯、罗伯特·斯科特和 W.R. 布莱克利签署的。

84. Fay, *The Opium War*, 64; Williamson, *Eastern Traders*, 176－177; William Jardine（Canton）to John MacVicar（Manchester）, 10 December 1833, and to Rev. Karl Gutzlaff（aboard *Colonel Young*）, 14 December 1833, William Jardine－Private Letter Book, ms jm, c4/3.
85. William Jardine（Canton）to Rev. Karl Gutzlaff（aboard *Colonel Young*）, 14 December 1833, William Jardine－Private Letter Book, ms jm, c4/3.

第六章

开创先河

怡和洋行的商船上飞扬着蓝色为底、白色十字图案的旗帜（怡和洋行采用苏格兰圣安德鲁十字图案），19世纪30年代，他们的船队是在中国的英国私商船队中最突出的一支。随着英国东印度公司的旗帜从东亚海岸逐渐消失，怡和洋行的旗帜飘扬在各式各样的船只上，小帆船、纵帆船、双桅横帆船、单桅帆船，这些船只组成了庞大的船队，甚至比一些小国家海军舰队的规模还要大。怡和洋行的快船把印度制造的"国家仆人"商船和500~800吨重的老式柚木船都淘汰了，其中一些已经在海上航行了150年。[1]

怡和洋行的这些商船，有些是公司完全拥有，有些只有部分所有权，还有一些是包租的，这样可以让他们能够根据自己的需要灵活调整其运输资源。他们的公司准备抓住机会扩大市场，在鸦片代理业务中占有更大的份额，在伦敦汇款方面发挥中心作用，并找机会从棉花、丝绸和大米等商品的区域贸易中获利。快船在搜集中印贸易的商业情报方面起到了至关重要的作用，特别是关于鸦片装运的数量、质量和离境时间的消息，怡和洋行快船队的情报给公司带来巨大的优势。

在广州的国家商人对于英国东印度公司的离去几乎没有太多留恋。欢喜是短暂的，中国始终禁止鸦片贸易的态度成为横在他们致富路上的绊脚石。管委会离开后，通过行商进行贸易的老旧制度和清朝朝廷傲慢的外交政策还会持续多年。在不断呼吁建立中英商贸条约的同时，渣甸和马地臣机智地充分利用旧制度，从中获利。

两人有其明确的商业诚信准则，都不愿意违抗清政府有关限制广州港贸易的法律。他们认为这些法令荒谬且无礼，于是通过买家自愿走私鸦片上岸的沿海贸易来规避法令。从1832年秋季开始，沿海贸易成为怡和洋行的常规业务，而广州的正常业务仍在继续，但随着管委会的离开，许多不确定性也会随时发生。

渣甸和马地臣以其直言不讳谈论贸易关系的风格成为英国商界的先锋。但有相当一部分人并不急于附和这对苏格兰合作伙伴的要求，即与清政府达成新的商业协议。管委会历来不干预外国商人与清廷之间长期存在的"不平等"关系，而保守党的一些商人并不希望这种状况被改变。这些人中就有渣甸的主要竞争对手颠地（兰斯洛特·丹特）。[2] "我们在沿岸的交易似乎对皇帝身边的大臣们产生了影响，他们自然会好奇，为什么我们要离开安全舒适的黄埔港，冒着生命危险，违抗清政府法令，到冰天雪地之处进行贸易。"渣甸对麦克维卡说，答案很容易理解：广州的清政府强加给外商的苛捐杂税太多，我们认为有理由避开这些费用。[3]

从他们投入的大量时间，以及账目的复杂程度可以看出，这对合作伙伴一直在积极扩张自己的业务。有意思的是，在写给荷林华斯·马尼亚克的几封信件中，他们承诺会将荷林华斯在公司的资产做结算，但尴尬的是，他们还没准备好。1827年，马尼亚克离开广州时，留下了大量的流动资产和不动产交给渣甸打理。随着他们沿海贸易的蓬勃发展，增大的工作量意味着他们无法为自己和他人维护账户。1830年初，渣甸写信给马尼亚克，告诉他有关"红海盗号"的事情和其他新闻，顺便提到截至1829年他就会关闭马尼亚克的账户，不再帮忙管理了。14个月后，他向马尼亚克表示很抱歉称，他的职员凯特·比尔并没有关闭账户，但所有账目都会在4个月内结算完成。最终，在1833年11月中旬，也就是马尼亚克离开的6年后，渣甸才写信告诉他："奉上您的账户结算，截至6月30日，余额为403 035西班牙币。"[4]

那时已经有多条船从事沿海贸易，令人惊奇的是，筋疲力尽的两个人在运营的同时还能向幕后合伙人提供准确的广州资产评估。因此，马地臣在短时间内就患上严重眼疾这件事也不足为奇了。"老赖特"仍然与他们在一起工作，并且相伴10年，但是事情仍然多得处理不完。渣甸不得不因为没能完成托马斯·威丁的账目而向他道歉："尽管我和马地臣在这个交易季大部分时间很少在凌晨2~3点前睡觉，我仍然无法完成。"[5]

寻求可靠的帮手也是个难题。一些侄子可以值得信任并坚持留在公司，例如亚历山大·马地臣，而其他人，例如安德鲁·约翰斯通觉得中国并不适合他。凯特·比尔一直在协助管理账簿，但他并不是一个勤快的人，并最终在1832—1833年的冬天离开了公司。"我不知道他打算做什么，"渣甸说，"他是一个懒惰的人。"对于勤奋的渣甸来说，懒惰当然是一个非常严重的恶习。[6]公司里一名叫厄尔曼的职员也有些问题。他似乎有精神困扰（总有幻觉，觉得他和他的家人处于危险之中）。后来马地臣不得不说，厄尔曼无法在办公室工作了。这位老先生一直忙于斡旋价格，应付罚款、鸦片贸易和其他会计事项，渣甸非常同情可怜的厄尔曼，厄尔曼对于自己所处的困境竟然只字未提。由于厄尔曼的病情和比尔的不作为，1830年秋天，渣甸陷入了公司内部效率低下的尴尬局面。为此，他抱怨道："这样的公司状态令人恼火。"[7]两人设立一项基金，以保护厄尔曼和他的四个女儿免于饥饿，马地臣告诉一些朋友，公司希望找一些有能力的员工来接手厄尔曼的工作。[8] 这就是渣甸和马地臣的共性，他们都会想方设法帮助那些处于困境中的同胞。

他们还有一个共性就是蔑视无能的人。当他们批评某人时，会毫不犹豫地直接告诉他。渣甸曾对一个澳大利亚客人说："如果你对自己在这件事情上的不当行为感到不满，那么利己主义一定在很大程度上扭曲了你的推理能力，这种程度已经超出我的想象。"马地臣对一个澳门的代理人说："我善意地提醒你，我们对你的管理非常不满，缺乏执行力，货物处理速度慢，不善于管理客户的资金，牺牲客户利益，而且做出了不必要的妥协。"马地臣还对一位里斯本的代理商说："我已经尽我所能保障你的徒弟的利益，但是我必须坦率地告诉你，我强烈怀疑他在社会生存上的能力，他是如此顽固不化，自负，肤浅还不自知。"[9]

当他们发现不合理时，也会对老朋友发飙。詹姆斯·杰吉伯伊是孟买非常有影响力的商人之一，与怡和洋行有诸多业务往来，渣甸更将他视为非常亲密的朋友。不过，这个高级合伙人也会直截了当地说："我们这么做是为了你的利益，而不是我们自己的。我重提你那件事主要是想表达你的信让我十分恼火。特别是当你对这一交易季汇款做出强制性指示，让我无从选择。"[10]

即使是渣甸的老主顾托马斯·威丁，也会被这个老朋友的尖酸刻薄所刺痛。金融危机促使威丁在伦敦减少兑现怡和洋行的汇票。为此，渣甸对他的指责相当犀利（当然，还是留有一点儿回旋的余地）："你最清楚你的财务状况，当时你对我们造成的伤害，如果是出于无能为力，不得已而为之，我们不会怪你；但如果是出于谨慎而犹豫了，情况就不一样了。"[11]

当情况需要时，两个合伙人不会回避这种坦率的交流方式，但他们在信函中通常是非常温和的，甚至是客套的。这两个人都保留着大量的书信，主要是用英语写的，但马地臣也会用西班牙语和葡萄牙语写信。

偶尔在信中也会有些小幽默。渣甸写信给一位身在英国正在考虑结婚的年轻朋友，许诺会送给他一份礼物，但有附加条件："祝你结婚计划成功！我许诺给你的精美的工具箱要先留在我这里，等到我听说你通过真情实意，在牧师的见证下娶到了这位姑娘后再给你。"[12] 事实上，像这样的信件揭示出在两人之中，渣甸的性格相对复杂，他大部分时间是严肃且沉闷的，但偶尔他的眼睛会闪烁出俏皮的光芒。正如马尼亚克所说："他需要被了解，被适当地赞赏。"[13]

显然，两人都不善于阅读和书写广东话，也许他们的口语能力可以满足在广州的需要。[14] 但是在沿海贸易中，需要有人能够说流利的方言与当地的走私者谈判。略有讽刺的是，他们找到了郭士立牧师，他是一个从普鲁士而来的传播新教的医学传教士。郭士立是一个热心的传教者，也是一个性格古怪的人。他在1827年接受荷兰传教会的赞助直到到达暹罗，之后便开始自我谋生。作为一个亲英派，他先后娶了3个英国女人，第一任妻子死后，他便用她的遗产来到中国北方，在那里传播宗教福音和派发药品，从而对沿海地区和方言非常熟悉。[15] 郭士立在澳门有一所小房子，在那里，他最令人熟悉的形象就是用宽边草帽遮挡着自己的大圆脸。他是个精力充沛的人，经常四处奔波，作为翻译赚钱。1832年，管委会允许休·林赛指挥"阿美士德号"沿海航行时，郭士立曾多次登岸，并借机向当地居民传教。同时，他也证明了自己在贸易中的价值。[16]

正如我们所知，当"阿美士德号"返回后，渣甸便招募郭士立在"精灵号"和"上校号"上担任翻译。这位传教士坚信，西方商业是向中国异教徒们传教的合适方式。怡和洋行此次冒险的费用主要依靠鸦片贸易，这就要求郭士立考虑传教与鸦片贸易结合是否合适。渣甸是如何说服这位传教士不会因鸦片销售而受到良心的谴责的？1832年，渣甸写信劝说郭士立，信中他坦言公司主要依靠鸦片贸易获利，但随后补充道："虽然很多人认为鸦片贸易是不道德的,但我们真诚希望您不要因小失大,不要因为这些影响您远大的志向。任何一艘船只都要依靠鸦片提供必要费用。我们相信,如果我们需要,您不会拒绝为我们提供服务的。您一定很清楚,在中国沿海贸易中,其他货物的利润都无法吸引私商从事如此昂贵的冒险。"他指出,除了跟随鸦片商船,郭士立几乎没有其他机会向中国沿海民众传教。紧接着,渣甸提到郭士立可能期待的薪资问题:"我们想再补充说明一下,如果您在此行中担任船上外科医生和翻译,我们愿意付给您应得的酬劳。而且此次远征利润越多,我们付给您的酬劳也会越多。这笔钱会有助于您实现梦想,我们对此也很有兴趣,并预祝您成功。"[17]除了这些条件,渣甸还自愿从1833年开始,承担郭士立办的中文杂志的费用,并且为郭士立从伦敦进口高级药品,用于旅途中派发。

郭士立也曾有过疑虑,但很快打消了:"我跟很多人咨询过,也进行了自我斗争,最后还是于1832年10月20日登上了'精灵号'。"[18]他在很多地方发现愿意接纳新事物的人:"在一些村庄中,村民问我是否带了新的书,他们渴望得到这些书。发放了几次后,需求量大增,导致我不敢在一些村里露面,以免被人包围。"[19]到了1833年春天,郭士立跟渣甸和马地臣住在澳门,但他十分渴望再次冒险。他在1833年11月乘坐怡和洋行的另一艘鸦片船"上校号"出发。艾伦·里德评价这些远征为怡和洋行赢得了销售鸦片以及传教的双重美誉,"'精灵号'一边发放圣经小册子,一边销售毒品"。[20]

英国制成品,特别是纺织品,可能会在广州和其他沿海地区有相当大的市场,但由于英国东印度公司仍然垄断着茶叶的运输(直到1834年),鸦片将继续成为怡和洋行最重要的商品。清朝官员偶尔会严查鸦片,但是公司最大的危机在于印度的投机者向中国转移大量鸦片库存,导致价格混乱。渣甸和马地臣明白，他们可能会被自己危险的投机所摧毁，而他们可以通过向投机者提供稳定的高质量的服务，为客人提供专业的货物管理，从而赚取可观的利润。然而，他们确实以自己的资金进行少量的鸦片投机，沿海贸易的成功引起了他们强烈的个人兴趣。而且他们不仅用各自的私人名义投资，也用公司的名义投资。1831 年，詹姆斯·马地臣曾指示他在加尔各答的侄子休（Hugh），将一张已获批准的 202 英镑账单，连同一个月前汇出的 2200 英镑，贷给"詹姆斯·马地臣信托基金"（James Matheson's Trust fund），用于投资鸦片。[21] 同年，渣甸和马地臣又与广州的其他英国商人合伙投机鸦片。[22] 这种合作可以分散风险，存货变质或者滞销都不会给任何一个投资者带来太严重的损失。然而，渣甸和马地臣根本不愿意与其他公司合并，他们有信心有足够的资本达成自己的目标，而且不愿意为了迎合他人而改变自己做生意的方法。[23]

这对苏格兰合伙人在东亚、东南亚、澳大利亚、印度等地都很有名气。事实上，很多贸易商需要寻求和依靠他们的建议来运营多种商品，尤其是鸦片。对市场敏锐的判断，加上及时的商业情报，使得他们成为最有价值的商业顾问。他们的信件一次又一次传达出他们良好的商业直觉，以及货物的最新信息和销售前景。他们的战略是寻求发挥市场优势，为客户争取最大利益，同时掩盖自己的踪迹。当他们想向竞争对手隐瞒客人在这一交易季购买的印度鸦片货量时，会伪装自己的货物："有时，掩饰和隐瞒我们销售的途径是非常重要的，也是非常难做到的，除非我们的鸦片货物和其他运往中国的货物混在一起。"[24] 这种欺骗是为了让竞争对手错误地猜测在伶仃岛的鸦片量。在销售淡季时，渣甸会警告客人们（尤其是孟买的客人）在印度拍卖会上要谨慎出手，因为他们不想让客人的鸦片在市场低迷时以低价在市场销售。他们愿意透露的内容都公开发表在《广州纪录报》上，以"商业评论"为标题，由渣甸和马地臣进行评论，以保证其准确性。当然,"价格表"也是由两人确认的,上面还有鸦片的价格,虽然鸦片是违禁品,但他们仍明目张胆地公布其价格。[25]

19世纪30年代初期,怡和洋行每月(有时更频繁)向其客人们发出"鸦片通告",报告不同类型鸦片的销售价格,并标明在广州的现货数量;公告中也有棉花、大米等主要进口商品,以及茶叶和丝绸等主要出口商品的信息。现在,加尔各答和广州之间的商业信息往来只需要几周,所以中国的鸦片销量激增将很快影响到加尔各答新鸦片的拍卖价格,鸦片市场的波动性也会随之增强。这类信息和怡和洋行的市场预测受到南亚各地商客的追捧,并给渣甸和马地臣在该地区市场竞争中带来了巨大的优势。[26]

1831年,两个合伙人正在考虑英国东印度公司特许权期满后,不再续约。他们也很担心,一旦投机者和代理商涌入鸦片市场,会造成混乱。他们希望这些新人只是想通过鸦片贸易把钱弄回孟买、新加坡或伦敦,而无暇顾及扩大利益。面对这种情况,马地臣说:"除非进行大规模贸易,并且确保在商业情报方面始终领先于竞争对手,否则以原有方式从事鸦片贸易是无利可图的。"[27]

在议会讨论英国东印度公司章程之前,那些广州的新手所做的事情正如渣甸和马地臣预料的那样。渣甸告诉杰吉伯伊,鸦片贸易是痛苦的,因为很多人持有大量鸦片库存,他们不顾公司利益,压低价格才能销售出去。他说,他们似乎可以以任何条件出售。因此,他严厉地劝告这位帕西商人:"无论你做什么都不要插手明年的鸦片贸易,除非你能拿到一个好的成本价,能让我们以低至400美金一箱的卖价出售。"与迟缓的账目管理相反的是,怡和洋行应对市场变化的反应非常迅速。[28]

反过来说,如果渣甸不能谨慎处事,他们的处境将会很艰难。来自孟买的错误消息(杰吉伯伊商行对此事要负部分责任)不止一次出现在1832年下半年的信件中。渣甸告诉商人们,"我们可以弥补你们在上个交易季的损失",而白皮土鸦片的损失就是由于来自孟买的错误信息导致的。即使到了这年年底,他还在反复跟杰吉伯伊说:"我们被孟买员工的信息严重误导了。"

对于在广州的私商,渣甸和马地臣很少向他们透露自己的情报,喜欢把底牌藏得很深。有些情况下,广州主要代理商会为了稳定市场而寻求合作,但是渣甸并不喜欢进行这种秘密磋商,他坚持认为,如果中国的经销商了解了这些信息,就会阻碍市场的发展。[29] 另一方面,当他急于向客户传达机密情报时,也会竭尽全力及时地将消息转达到印度。有一次,为了让杰吉伯伊在孟买的原棉销售量大增,他急忙派遣"丹斯伯格号"前往印度,同时把广州棉花售价攀升的消息带过去。[30] 还有一次,1832年年末,鸦片价格飙升,渣甸立即把这个消息传达给他在孟买的客人迪威特,并提醒说,市场是疯狂的,这种高价不会持续很久。[31] 他嘱咐迪威特严格保密,唯恐竞争对手听到风声而涌入市场捞金。这对搭档很清楚,竞争对手关注着他们的一举一动,但在情报往来方面没有渣甸和马地臣这样的优势。詹姆斯·马地臣告诉一位新加坡的客人:"没有令人兴奋的消息我不会随便写信给你的。"[32]

他们的鸦片销售和机密电报与航运业务的发展密切相关。他们接受委托货物时可以顺便观察供货商和收货人的身份。渣甸对迪威特说:"在我们负责的船只中储存的鸦片越多,我们就越能更好地判断鸦片市场的情况。"他们把自己的货物与怡和洋行其他客人的货物混在一起,便于隐藏自己的动向,从而使竞争者的间谍活动无法获知他们的意图。"这种隐蔽性有时是非常重要的,"渣甸写道,"特别是在困难时期,那些小从业者和新来者都紧盯着每一笔生意,希望效仿那些大公司的商业模式,而不是跟随自己的商业判断。"这也促使怡和洋行开始包租重达200吨、挂有丹麦旗帜的"丹斯伯格号",以此来迷惑其他竞争对手。[33]

他们不仅仅寻找各种方式迷惑对手，更希望运载的鸦片能够放在他们的仓储船上销售，并通过这种传统方式盈利。他们对潜在的托运人有一定的影响力，因为许多客户希望在销售前获得预付款。渣甸和马地臣有财政资源来满足这些要求，但他们并不特别喜欢这样做，因为这意味着，即使市场低迷，也要进行鸦片销售。特别是一些客人用别人的船运输鸦片，然后以别人船上的鸦片向怡和洋行要求预付，这使得他们格外恼火。最后，他们通知所有客人，只有把货物存到他们公司位于伶仃岛的仓储船上，才能得到预付款。以这种方式，他们能够为那些在他们那里存放鸦片，但要求预付款的客人预留出资金，同时也能够掩饰鸦片的来源，以此来迷惑窥视者。渣甸在写给孟买人的信中直言不讳地要求他们告诉在广州的代理，如果想要从怡和洋行拿到预付款，就必须使用"萨马朗号"和"怡胜号"。[34]

为了保证远方客人的利益，渣甸和马地臣像经验丰富的军事家或者优秀的运动员一样，不断调整自己的战略，以各种方式操纵市场，以智取胜。渣甸建议一位在印度的客人把鸦片存放在乡下，这样在广州的人就不会知道在东北季风过后会有多少鸦片进入市场。[35] 他向船长建议，把新鸦片推迟一个月或六周进入市场，以便抬高价格。[36]

找到进入市场的最佳时机要基于精明的预测、丰富的经验、可靠的情报和运气，而这些老牌商行大多依赖资深经验和与客户的公平交易，而非运气。这些客人也十分重视位于"小溪馆"的怡和洋行所提供的建议。渣甸曾坦率又具体地向约翰·麦克维卡讲解哪些英国纺织品可以在中国市场上销售，哪些销量较少。（平纹棉布和羊毛可以销售，印花棉布和印花手帕无人问津。）他给出的信息很明确：我们要努力销售适销对路的布料，而不要在其他产品上浪费心思。这也是麦克维卡需要了解的，他可以信赖渣甸的建议。[37]

1832年年底，詹姆斯·马地臣给他在加尔各答的侄子的信中提到，公司业务正在增加，没有必要降低价格来吸引新客人。他说，我们比其他公司更具有优势，因为我们在广州贸易中占有很大份额。所以我们可以看得更远，也能更早预料到市场变化。[38] 怡和洋行因精准的预测、渣甸和马地臣高超的议价能力、明智的投资建议以及良好的声誉而令客人满意。马地臣显然因这一声誉感到骄傲，他告诉休，哲学家威廉·帕列曾经说过，他承担不起保持良知的代价，"但是现在我们要保持，而且这是我们成功的基石"。[39]

然而，当这对合伙人嗅到好机会时，良知就会有灵活性了。就在马地臣为良知感到骄傲的前几周，渣甸抓住一个机遇将一批大米销售到中国市场。此时的中国，连续两年水稻的收成都不好。渣甸关注到了这个人口大国粮食短缺的状况，而他对于商业稀缺资源具有高度敏感性。[40] 1832年下半年，他预见到接下来3～4个月大米的价格会上涨，他联系了一个在马尼拉的人，要求获得向广州出口大米的许可。渣甸希望找到一艘船，能够装载5万到10万担大米，他希望J.H.佐贝尔用其政治影响力来安排此事。渣甸给出的报酬非常诱人，佐贝尔可以分到四分之一的利润，马尼拉的政府或任何能够促成出口许可的人也能分到四分之一。"如果有任何有影响力的一方希望得到现金而不是股份，你可以在安排完大米供应后承诺他们，最后一批货装运后会支付现金给他们（10万担可以支付8000～10000美金），并给你自己留下四分之一的利润。"[41] 一些西方观察家肯定会把这种通过中间人联络官员的方式说成贿赂；但是渣甸已经非常习惯这种贿赂或者"压榨"。

就在几个星期后，渣甸告诉他的朋友查尔斯·梅杰里班科斯（广州管委会前主席），在广州的贸易扩大前，外国商人需要对征税的方式进行一些有利的改变。"除非我们采用美国制度，贿赂货物审查员和翻译，欺上瞒下，减少税金，但这不是最好的方式。"[42] 显然，他发现了一次性的现金交易（例如佐贝尔参与的大米交易）和长期贿赂体系的区别。

渣甸和马地臣在评判鸦片质量，分析中国鸦片市场，以及鸦片使用方法等方面获得了众所周知的声誉。英国客人的鸦片主要来源于土耳其，他们希望渣甸帮忙在中国销售土耳其鸦片。但是他坦白对他们说，这不是一笔好的生意。[43] 另一方面，渣甸有兴趣与威丁合作，在英国市场上投机土耳其鸦片。因为他知道，在1829年和1830年，土耳其鸦片在英国市场上获利颇丰。实际上，他告诉威丁："如果你找到一个投机土耳其鸦片的好机会，算上我一个。"[44]

有时，这对合伙人会试图回复来自四面八方关于鸦片和市场预测的问题。有些问题是相当幼稚的，但即使这样，渣甸和马地臣还是会抽空给一些或长或短的答复。加尔各答的一个人写信问如何吸食鸦片，马地臣将他转介到"中国的大英博物馆"，这是一个在广州夷馆区的英国居民组建的科学社团。但这封信最终成了一份较为详细的解释，说明了如何将生鸦片熬成糊状，然后在火上烤熟，再把它切开，煮沸，过滤，最终得到一种焦油状的萃取物。当有人问他什么是中国人口中鸦片的"纯度"时，他甚至还提供了一些统计数据，然后解释说，这代表了一定量鸦片中可吸食的比例。"公班土"一般能达到45%~50%的纯度，而白皮土鸦片能达到70%。显然，马地臣对于生鸦片转化为致幻剂的方法非常熟悉。[45]

不过，渣甸称他们对于鸦片的种植和收割一无所知。但他得知一个叫麦克劳德的孟买客人打算写一本关于鸦片文化和种植的书时，渣甸提出要买6本，并说此书涉及了一个"我们最不了解的课题"。[46] 他在信中没有显示出讽刺的迹象！

尽管这对苏格兰搭档在他们那个时代因擅长经营鸦片贸易而闻名，但如果有人认为他们的能力仅止于此，那就大错特错了。他们的企业是多元化经营，而他们的商业技巧也被应用于多种产品和服务中。位于"小溪馆"的怡和洋行以及旗下的商船将印度的原棉、英国的成品棉和羊毛制品带入中国市场。通过他们的服务，大米进入了中国市场而茶叶进入英国市场。公司还巧妙处理了其他各种商品。例如，威丁想要麝香，渣甸就为他弄到了一批货。但是渣甸知道他们的麝香会连同其他公司的麝香一起跟随"美人鱼号"于1832年进入英国市场。因此，他制订了一个计划，他将部分麝香通过丹麦商船"锡登号"经由圣赫勒拿到达英国，因此他们的麝香就会比"美人鱼号"上的麝香提早到达英国。[47]当竞争对手得知他的计划时，为时已晚。

保险是公司多元化经营的另一项业务。截至1832年底，颠地主管的广州第9保险社完成了其任期，渣甸和马地臣负责给接手运营第10保险社的人分配股份。第10保险社是最后一届为期3年的保险社，因为在1836年，怡和洋行建立了永久性的广州保险公司，一共200股。保险业对于公司来说是一项长期盈利项目，除了广州保险公司，两人还有自己的私人业务——"怡和友邦"。[48]

在经营业务的过程中，马地臣待在船上的时间比渣甸多得多。渣甸大多只在广州和澳门之间往返，这就是他生活了20年的小小世界。与他不同，马地臣去过很多地方，印度、东南亚各地，并在1835年回过一次英国。他的旅行大多出于商业目的，而返回英国是出于医疗问题。

马尼亚克离开广州后的几年，马地臣开始出访印度两个最重要的商业城市。1829年12月末，他开始了第一次旅行，前往加尔各答并在那里待到1830年春天。他在仲春返回广州，这让渣甸松了一口气，因为自他离开后，公司的日常运作都落在了渣甸肩上。在马地臣旅行的几个月中，与客户的信件往来和代理运作都由渣甸一人监管执行。有证据表明，当两人都在"小溪馆"上班时,他们几乎都是凌晨才能离开办公桌,由此可见,渣甸独自管理公司的时候,工作量一定非常繁重。[49]

到了1832年年底,马地臣再次出海,前往孟买。金融危机时,很多加尔各答的公司都倒闭了,渣甸和马地臣担心加尔各答的困境会导致伦敦的代理行破产。因此,马地臣从新加坡写信给马尼亚克和威丁,通过委托书授权给他们,让他们代表怡和洋行采取行动,来保护他们的利益。事实证明,对于怡和洋行而言,1832年并不是危机的一年。实际上,马尼亚克出面为怡和洋行的汇票做担保,并设法将渣甸的资产从费尔利公司里抽离出来,这家公司是当年倒闭的印度商行之一。[50]

马地臣回到广州时已是1833年8月中旬,那时渣甸的身体虚弱,病得很厉害。他写信给杰吉伯伊道:"请原谅这封混乱的信,我得了重感冒,喉咙痛得厉害,头都抬不起来了。"尽管他告诉另一个孟买的客户,他"非常痛苦",但仍然在办公室工作。[51]

马地臣的行程一般是秋天待在广州,此时茶叶正陆续从中国内地运送过来,在茶季即将结束时动身前往新加坡和印度,直到装载着新鸦片的第一批快船到达广州。1834年春天,马地臣前往孟买。此次行程对于渣甸和马地臣都非常重要,因为随着英国东印度公司广州管委会的离开,到新的贸易总监被任命前,对于广州的英国商人来说有一段管理薄弱的空窗期。此时,渣甸想要插手茶叶出口贸易,并准备在鸦片交易季开始时,全面掌控当地和沿海的市场。但在马地臣离开的几周内,在没有总督的情况下,清政府的一些低级官员利用职权造成鸦片市场的混乱。在伶仃岛的一艘船上,有96箱鸦片被缴获,中国的鸦片商四处躲避。[52]渣甸需要独自处理这些市场问题,其中一个小插曲对广州鸦片市场造成了严重影响,因为近几年来,那两个鸦片商负责伶仃岛上一半鸦片的采购与销售。一时间,所有沿海销售船与广州商行间的联系都中断了,但是沿海鸦片销售的灵活性弥补了伶仃岛和广州鸦片市场的低迷。

马地臣不在的这段时间，渣甸的书信透露出他就像一个隐形的巫师一样，操纵着公司日复一日的运转，了解客户的需求和市场的状况，哪些商品可以从何处获得，哪些商品又可以在何处销售。("海斯夫人号"没有去加尔各答，我们就派出"红海盗号"。如果"上校号"在 2~3 天内没有回来，我们就派出"仙女号"到沿海去。我希望"奥斯丁号"已经收到了莱尔·马地臣为我们采购的鸦片。我们将派"上校号"载着郭士立医生去新加坡海湾接货，希望医生能够在 6 月前回来，再乘船启程。)[53]

为了缓解广州地区销售不力的状况，渣甸开始把更多的鸦片转移到沿海销售船上，在那里，鸦片能卖一个更好的价格。此外，由于广州和伶仃岛市场的低迷，他让广州/伶仃岛的鸦片降价销售，然后他再以买家身份进入市场，通过中间人用高价买回鸦片，以扭转趋势和提高价格。尽管如此，要不是"仙女号"在沿海销售的成功，促使渣甸将大量鸦片从伶仃岛的仓储船转移至销售船上，卖给北方的走私者，那么 1834 年的夏天对于渣甸的鸦片贸易将是灾难性的。事实上，他甚至鼓励"仙女号"的麦凯船长与买家签订合同，在固定的时间内运送特定数量的鸦片，并保证价格低于近期的平均价格。[54]

渣甸不会被轻易吓到，广州鸦片市场的暂时崩溃并没有让他产生恐慌。他操纵沿海销售，扩大自己的优势碾压竞争对手。同时，他开创了怡和洋行在茶叶贸易中的新定位，并在可行的情况下促进英国纺织品的销售。1834 年夏末，马地臣回来了，并为搭档的商业策略感到高兴。

和很多在广州的西方商人一样，威廉·渣甸和詹姆斯·马地臣对于未来中英贸易监管条款一无所知。因此，他们必须遵循自己的商业本能。1833 年 11 月，渣甸对托马斯·威丁说："我们对茶叶贸易一窍不通，但对我们来说什么时候可以开始茶叶业务是非常重要的。"两个月后，他对另一个客人说："我们不清楚会有怎样的机构来接任英国东印度公司的位置，前方路途艰险，但是坚强的意志和谨慎的管理可以克服一切困难。"[55] 马地臣预见到大量茶叶贸易对品茶师的需求，但这并不像为商行订购一架钢琴，只要从伦敦运来这样简单。渣甸授权威丁，让他找一个可靠的年轻人，薪资待遇适中，信中还说："最好能即刻从英国出发。"[56]

英国东印度公司并没有完全退出茶叶贸易，但有一阵子，其注意力集中在印度贸易上，因为阿萨姆野生茶叶与中国茶叶的杂交种植还需要几年时间，才能把阿萨姆茶叶推入英国市场。首批的12箱茶叶直到1839年才被送到英国。在此之前，中国一直是茶叶贸易的中心。虽然广州的英国商人对于茶叶市场自由开放而激动万分，但他们也意识到有必要由议会修订茶叶税，以免英国消费者发现自己要在普通茶叶价格基础上支付100%的关税。[57]

尽管马地臣不在，渣甸仍然决定在1834年春天尽早把运往英国的茶叶装载到怡和洋行的商船和另外一艘不属于怡和洋行的商船上。渣甸写信给马地臣表示，他已经决定派"卡姆登号"去格拉斯哥，派"弗朗西斯·夏洛特号"去赫尔，派"乔治安娜号"去利物浦，"4月23号大印下来了"。此外，渣甸在"皮拉摩斯号"上装载茶叶派往法尔茅斯。[58]

他告诉威丁，不管有没有新总监，公司都打算在22号后发船。他略带轻蔑地说，如果皇家官员的出现对于新贸易合法化很有必要，那么他们早该在此之前到达广州了。[59] 这就是典型的渣甸作风，在英国东印度公司垄断期满后，他不会因为英国政府没有及时向广州发出明确的监管规定而踌躇不前。经过了1834年4月22日—23日这一夜，渣甸和马地臣成了影响范围很大的茶商。新的贸易还没有逐渐成形。他们的船只已经装载完毕，准备等英国东印度公司的茶叶贸易一结束，便乘着第一波浪潮启航。

渣甸对那些把绿茶和红茶带到广州市场的中国茶商评价不高。茶叶由内陆商人运送到广州,其中大概有 400 多个小商户需要通过行商进行交易。内地的"茶商"一般不会说洋泾浜英语,[60] 所以他们必须依赖行商作为交易的中间人。有时,外国商人也不希望与内地商人进行直接交易。渣甸称他们为"冷漠的人",而且怀疑他们在贸易中要诡计,就像之前对英国东印度公司那样,把大部分好茶叶藏起来,以更高的价格卖给美国人。[61] 与鸦片贸易相比,茶叶贸易中的潜规则更让他烦恼。

渣甸在评估了广州新贸易的财务要求后坚称,茶叶贸易的资金必须从英国以金条、票据和信用证的形式提供,因为广州的贷款成本太高了,无法让所有船只都从事该贸易。[62] 在广州的英国商人数量从 1833 年的 66 人迅速增加到 1837 年的 156 人,这就意味着,由于竞争者的增多,英国进口到中国商品的利润被摊薄,而中国出口到英国的商品成本不断攀升。

英国东印度公司对英国商业的垄断权结束时,广州出现了达尔文式的自由贸易,这与渣甸和马地臣之前的预想截然不同。广州管委会离开后的几个月,英国商界对在与清政府、行商和茶人交往时如何遵守规范仍不明朗。英国政府已指定一名总监,但他在 1834 年 7 月中旬才到达广州,此时距离管委会离开已经有 3 个月了。

1833 年 12 月,《中国丛报》上一篇未署名的文章明确表达出英国商界许多人士的期望。文章称,管委会应该由皇家指派的一位官员接替,这名官员应该有权采取一系列行动。虽然作者承认这种改变将困难重重,但他认为,如果清政府继续拒绝贸易正式化,那么战争可能是非常有用的威胁手段,英国巡洋舰队在中国近海出现将会给中国人足够的震慑力。作者总结说,在整个大清帝国全面开放自由贸易前,英中两国之间是不可能实现良好的商业关系的。无论这篇文章是否是渣甸写的,这些都是渣甸的意见,他会敦促王室代表积极应对。[63]

首相格雷伯爵最初推荐奥克兰勋爵担任首席贸易总监的职位，但奥克兰希望在印度获得任命，拒绝了在广州的职位，他称"这对欧洲人而言是地球上最不令人愉悦的居住地"。[64] 相反，在议会中失去席位的苏格兰贵族律劳卑正在积极谋求首席贸易总监这一职位，并且在国王威廉四世的支持下，在1833年底顺利接受任命。

律劳卑几乎完全没有与中国进行商业往来的经验。48岁时，他是一名海军老兵，也是一位牧羊人。拿破仑战争后，他离开皇家海军，在苏格兰过了近10年的务农生活，但最终，他以护卫舰指挥官的身份重新加入海军。格雷伯爵和他的外交大臣帕默斯顿勋爵认为律劳卑在广州的角色是领事，而非外交使命。因此，他们拒绝给予他更大的权力，而且格雷告诫他，如果与清政府有任何分歧，应尽量克制：劝说和调解才是最好的方式。[65]

律劳卑不仅对于清朝法律和商业惯例缺乏了解，还因为外交大臣帕默斯顿给出的一系列模糊不清的指令而迷茫困惑。帕默斯顿指示他在监管英国商业在广州的利益的同时，要尝试将英国贸易扩展到其他中国港口，努力寻求与清政府建立正常关系的可能性。但他不能做出任何引起中国人恐慌或冒犯中国人的事情。他被告诫要谨慎对待鸦片贸易，既不能支持鼓励，也无权干涉。他将有一艘海军护卫舰供他使用，但是被告知，除非有极端情况，否则不能命令它进入珠江。[66] 科里斯称，这些"可能是为皇室外派官员起草的最不周全的指令"。1834年冬天，身负重任的律劳卑在妻子和两个女儿的陪伴下，乘坐"安德洛玛刻号"（HMS Andromache）从英国出发。[67] 在漫长的海上航行中，他翻阅了外交部为他提供的几份文件，其中涉及英国与中国关系的历史。他得出的结论是，与清政府打交道最好的办法就是采取严厉态度，强制他们服从指令。[68] 普里西拉·律劳卑在写给她丈夫家已故亲戚的信中提道："在他见到渣甸或者踏上中国大陆之前，他已经从这些故事中得到的结论。"与渣甸大致相同，即如何实现自由贸易并获得中国人的尊重。"但是无论他怎么想,他都没有必要采取强硬的立场,更别提他没有这个权威了。"[69]

在广州,总督[70]、清朝官员,还有行商们都等待着新任总监的到来。他们称新总监为"野蛮人的眼睛",并计划拒绝一切企图修订两国商贸关系的计划。律劳卑的到来在广州并不受欢迎,但他已经下定决心推行自己的计划,而且不通过行商,直接与总督打交道。这种想法惊动了像颠地那样的保守派商人。由于他们的业务主要局限在广州及其周边地区,他们认为如果新任总监如此激进地推行一项超前但前景堪忧的新政策,会导致贸易中断。因此,他们更倾向于沿用以行商为中介的旧制度,而且默认清政府对他们的不承认。而对于颠地的死对头渣甸来说,一味地讨好总督和清政府是一种不能忍受的侮辱。对于渣甸和马地臣来说,贸易中断不会带来可怕的后果,因为他们已经在沿海地区扩大了市场。因此,渣甸准备鼓励律劳卑坚定执行自己的想法。[71]

如果律劳卑预先知道他要面临什么,知道自己会坠入旋涡之中,那么他可能会选择留在苏格兰南部的家中,饲养绵羊,等待女儿们出嫁,成为祖父。他在中国度过的几个月中一直充满了挫败感、争议和侮辱,也一直饱受疾病的困扰。而且,英国商界有不少人对于他为执行帕默斯顿的指示而做出的"艰苦努力"没有一丝感激,当然,这些指令常常令人费解。

尽管渣甸、马地臣及很多英国同胞乐于看到英国东印度公司撤离广州,但是广州管委会曾经履行的很多职能如今无人接手。虽然在新任命的官员到来之前,与中国人进行的英国贸易处于无人监管的状态,但是一旦英国东印度公司在广州的金库关闭,就会出现财政问题,英国商人将会很难向印度和英国汇款。

对于这位新官员身份的猜测早在1833年年底就开始了,渣甸希望英国政府不会委派一位资深的管委会成员来担任。他对威丁说,我们不想和一个习惯了受中国人侮辱的人一起创建新制度。[72] 律劳卑的任命解除了他的疑虑，新任总监不是英国东印度公司的人，但渣甸又担心律劳卑（受帕默斯顿委任）将听取英国东印度公司前官员的建议。渣甸不反对律劳卑，但出于商人的立场，他认为律劳卑更应该待在家里，而不是来广州通过行商进行谈判。人们不确定清政府会如何接待律劳卑并猜测他们会派行商去和新来的总监打交道。而渣甸坚持认为，律劳卑应该把他的护卫舰驶入黄海，进入朝廷，"在那里向天子表达我们的不满，并要求赔偿。如果这样做，并很好地完成了，我会对结果负责。这样做可能会有好处，但绝不至于有坏处。这个话题就到此为止了，你很清楚我很少接触政治"。[73] 尽管有免责声明，但是从渣甸的信件和他对律劳卑的影响中可以很清楚地看出，一旦新总监到来，他就无法避免插手政治。

澳门路上葡萄牙礼炮齐鸣，律劳卑有充分的理由相信他受到了英国王室官员的尊敬。几个前管委会的成员为他在澳门海边提供了奢华的住宅，以求与第一负责人建立良好的关系，并鼓励他以温和的方式履行新的职责。然而，渣甸已经先发制人。拉拢律劳卑的竞争在其到达之前就已经开始了。当律劳卑和他的家人还在途中时，他从船长因义士（詹姆斯·英尼斯）那里收到一封信，信中告诉他渣甸公司将借给他一套宽敞的房子，并且他想借多久就借多久。律劳卑在给苏格兰亲戚的信中写道："这是一个非常好的机会。"但他很快就意识到了英国东印度公司的人和自由商人之间的竞争："渣甸、因义士等人都是自由贸易商，为了摆脱两方的束缚，我宁愿住进一个不属于任何一方的只有简单家具的房子里。"[74]

第二天早上，这位"浅色头发的高个子苏格兰人"与前管理委员会成员会面，并接受了帕默斯顿指派的特别助理。[75] 这些与英国东印度公司有关的人不可能建议律劳卑对清政府采取强硬政策，因为英国东印度公司的策略一直是避免冲突。他们极有可能告诫新总监，如果他坚持与清朝总督直接沟通，会引起麻烦。[76]

帕默斯顿下达给律劳卑的指令之一就是"阁下应致函清朝总督，通知他阁下已经抵达广州"。[77] 因此，律劳卑在澳门仅仅待了一周多，安置家人，召集员工，购买了英国东印度公司配有武器装配的船只"路易莎号"，并筹备从澳门到广州的行程（行程为 14 小时）。律劳卑乘坐小船从黄埔逆流而上，经历风雨，终于在 7 月 25 号凌晨 2 点到达广州。当在牡驴尖上岸时，他发现威廉·渣甸在暗夜中等待他，准备将他护送到英国馆的住处。他们的关系在接下来几周里迅速升温，渣甸成为律劳卑的知己、顾问，以及与行商沟通的中间人。[78]

清政府和中国商人都知道"野蛮人的眼睛"已经到达澳门，而两广总督卢坤决心阻止外国人向广州发展。卢告诉行商："本官核查后发现，'野蛮人的眼睛'和'野蛮人的商人'是不一样的，前者不能擅自来广州。"[79] 他于 7 月 21 日向行商颁布法令，让他们警告"野蛮人的眼睛"，在他提交请愿书，要求进入中国之前，是不能进入广州的。[80] 按照指令，一个由行商组成的代表团由内航道前往澳门，而此时，律劳卑已经在"安德洛玛刻号"上，由外航道前往广州。

随后，事情的发展非常具有戏剧性，尽管风险很大，但参与者都想放手一搏。无论是卢还是律劳卑都不接受对方的沟通，而两方的信使也似乎一直绕过对方。卢坚持认为法令应该在新英国馆颁布给律劳卑。正在准备送信时，律劳卑也在翻译人员新教传教士罗伯特·莫里森和其儿子约翰的帮助下写信给卢。星期六下午 3 点，律劳卑的秘书约翰·阿斯特尔、小莫里森以及新英国馆的一些人来到城门口，一般外国人可以在那里向清政府提交请愿书。但是律劳卑的文函是"信件"而非"请愿书"的形式，所以守城官员拒绝接收。[81] 与此同时，著名行商伍秉鉴和卢观恒带着卢德法令来到英国馆，但律劳卑拒绝接受。他彬彬有礼地接待了两位行商，但告诉他们，他来是为了启动一个新的贸易体系，这件事情只能与两广总督直接沟通。[82]当天晚上，律劳卑与渣甸共进晚餐。[83]

罗伯特·莫里森在帮律劳卑翻译给卢的信件时已经生病了，而在这个周末，病情急转直下，英国东印度公司外科医生托马斯·科莱奇和渣甸为他开了一些鸦片来缓解胃痛。下周后期，莫里斯开始发高烧，并在周五（8月1日）去世。他的离开使得律劳卑失去了一位优秀的中英文专家，他是广州在该领域仅有的三位专家之一。[84]约翰·莫里斯带着他父亲的遗体回到澳门，而此时，郭士立正在贸易远航中，因此律劳卑身边没有人能够帮助他与清政府准确沟通。[85]

8月，两广总督向律劳卑公布了一系列法令，并提醒他关于外国人进入广州从商的规定。他命令律劳卑回到澳门，并用侮辱性语言翻译其名字，法令在提及律劳卑时使用了"辛劳的，出苦力的，卑鄙的畜生"的字眼，对此律劳卑理解为一个字"驴"。[86]为了表示抗议，律劳卑不仅打算留在英国馆里，而且很快计划加盖一层楼，这样就可以有一个大的餐厅、多个房间，还有他一直想要的露台，以便他"晚上可以像快活的老国王大卫一样散步"。

在较量中，总督始终无法确切地断定这个"野蛮人的眼睛"是谁，因为他拒绝接受和阅读律劳卑的信。同时，直到行商把法令转交给渣甸，渣甸又让刚刚回来的约翰·莫里斯把它翻译成英文，律劳卑才知道卢颁布的法令的具体内容。但律劳卑仍然坚决拒绝提交请愿书，因为提出请愿就相当于承认自己处于从属地位，而且他坚决不肯离开广州。在给伦敦和曼彻斯特的商人的信中，渣甸抱怨英国政府给律劳卑的任命不妥，没有给他权力直接与清廷接触，也不让"安德洛玛刻号"的指挥官带领舰队进入虎门（珠江主要入口）。[87]几乎可以肯定的是，与渣甸的频繁会面更加坚定了律劳卑的决心，渣甸坚决反对通过行商进行贸易的旧制度。

关于如何正确回应两广总督卢，英国人众说纷纭，矛盾重重，律劳卑开始更多地依赖渣甸和马地臣的建议，而非英国东印度公司前成员的保守建议。马地臣于 8 月末结束了他的旅程，两个苏格兰合伙人坚定了支持律劳卑留在广州向卢施压的决心。8 月 26 日，60 名英国商人聚集在新英国馆庆祝国王的生日并听律劳卑宣布他的决议。众人举杯遥祝威廉四世和维多利亚公主后，船长查理·义律提议为律劳卑干杯，众人欢呼雀跃。聚会结束后，律劳卑说他的名字"将永垂青史，因为他会让中国的大门向英国精神和英国工业敞开"。[88]

他已经写信给议会，敦促政府授权他可以使用武力对抗清政府。经过漫长的旅程，信件终于被送达帕默斯顿勋爵那里，由于格雷在 7 月下台，此时帕默斯顿已经不再是外交大臣。贸易总监在信中断言，卢的法令表现了清政府的冥顽不灵。律劳卑呼吁向清政府发出最后通牒，要求英国人享有与中国人相同的商业特权。如果中国人仍做出不利的回应，那么英国海军应该采取行动，在不伤害人民的情况下，摧毁中国沿海的堡垒和炮台。"3~4 艘护卫舰或双桅帆船，加上一些常驻英国士兵（而不是印度兵），可以把事情在短时间内解决。"[89]

更肆无忌惮的是，律劳卑决定在广州的大街小巷张贴一份通告来回应这些法令，他公然批评总督的"无知和固执"，并为成千上万勤劳的中国人感到惋惜，称他们会被政府的不当行为而毁掉。律劳卑以为中国的民意会支持他。不过，他失算了，他不仅没有得到中国人的支持，而且当清政府在 8 月 16 日下令行商暂停贸易时，他在英国商人圈中也威信大跌。一旦英国与中国的贸易被叫停，律劳卑就不得不重新考虑自己的策略。在他的信件中，他告诉帕默斯顿，如果贸易被迫中止而导致英国商人蒙受损失，他就会退休回澳门。

律劳卑的公告激怒了总督，卢也发布公告，谴责这位贸易总监试图煽动群众。几天后，卢又发布了一条法令，称"野蛮人的眼睛"是"愚蠢、盲目且无知的"，并宣称："他留在广州的话，这里就永无宁日。因此，我正式暂停贸易，直到他离开。"[90] 两天后，惊慌失措的仆人们告诉律劳卑，清军官兵包围了新英国馆，所有的中国仆人也都不见了。律劳卑当即便下令"安德洛玛刻号"和"伊莫金号"护卫舰从虎门开到上游的黄埔。这一指令是由渣甸手下的一艘快船带去的。于是在9月6日（星期六），"安德洛玛刻号"上的一个中尉率领一支皇家海军小分队，到达新英国馆，见到了律劳卑和其他英国人。[91]

帕默斯顿曾告诫过律劳卑，除非最极端的紧急情况，否则不要让"安德洛玛刻号"进入珠江。尽管这些英国商人在广州还是很安全的，但律劳卑竟然将这些清军士兵的存在解释为一个可怕的紧急事件。两周前，他告诉马克·内皮尔，清廷总督以武力威胁命令他离开，而这一行动在他看来无异于"宣战"。[92]

渣甸在"小溪馆"观察到这一切后，写信给杰吉伯伊解释说，这场争端可能需要40天才能解决，清廷总督正在把此事上奏给皇帝。同时，清政府允许8月16日之前达成的交易可以继续完成。对此渣甸认为，在等待皇帝回应期间，还会有大量贸易往来。[93] 但如果开火，完全停止贸易是不可避免的。

伴随着这场闹剧的上演，从8月中旬开始，持续的降雨和广泛的洪灾就困扰着广州。[94] 最终在8月底，可能由于空气中的细菌或是水中的细菌，律劳卑身体感到很不舒服。毫无疑问，两艘护卫舰来到上游的行动给他带来了巨大的压力，也导致他的身体状况每况愈下。1834年9月7日（星期日）"安德洛玛刻号"和"伊莫金号"护卫舰开始驶入珠江的门户航道。[95] 清廷战船试图阻止，但是效果不佳。后来他们与海湾两侧的炮台联合起来，阻止护卫舰驶入。在广州居住的美国传教士塞缪尔·威尔斯·威廉姆斯（卫三畏）曾写道："这是英国和清政府在近代史上的第一次较量。"[96]

此次较量投入的军事规模和持续时间都很有限。英国船员的伤亡并不严重，1 人死亡，几人受伤。[97]

到了 9 月 8 日（星期一），就在护卫舰继续向黄埔驶进的同时，律劳卑开始发烧，一天后，他的病情愈发严重，随着时间的推移，他的病情持续恶化。当舰队到达黄埔时，这位贸易总监本打算留在广州新英国馆的住所，但是由于贸易暂停引起英国商人的不满，加上他的健康状况不佳，迫使他考虑退出。马地臣在 9 月前回到广州，他是声援律劳卑的人群中的坚定力量。事实上，马地臣是强硬的鹰派，他曾写道："应该给予中国人更进一步、更大规模的武力震慑。"[98] 但实际上，他的军事设想是很难实现的，因为黄埔上游水很浅，这就意味着，如果事情如他期待般发展，这些护卫舰是无法帮助律劳卑离开广州的。

经过 17 天的贸易中断和新英国馆封锁，律劳卑决定离开。渣甸似乎对于律劳卑这一决定起到了重要作用。然而，渣甸并非出于商业上的紧迫性而做出这样的建议，因为他公司大部分贸易在外部的锚地，卢的禁止贸易指令不会影响到那里。他可能是出于对律劳卑病情恶化的担忧而劝其退出。[99] 贸易总监于 9 月 14 日（星期日）做出离开的决定，但离开被封锁的新英国馆并不像他想象的那样容易。

律劳卑在因义士为他提供的住所修养，他能够下地走路后便计划乘坐"路易莎号"顺流而下前往位于黄埔的护卫舰上，并从那里乘坐英国船只去澳门。[100] 一旦护卫舰离开黄埔，律劳卑就可以乘坐中国船只通过内河河道离开。[101] 这是卢提出的条件。在接下来的日子里，事情悬而未决，律劳卑的健康状况也急转直下。最终，渣甸和科莱奇医生（郭雷枢）面见伍秉鉴和卢茂官，获得了离境许可。律劳卑同意并签署命令，指示护卫舰离开黄埔。9月21日晚上，他被搀扶着走到英国馆的码头，并由此登上一艘由中国武装护航的船。[102]

此时，渣甸还不知道将来会发生的悲剧，但他已经准备承认："第一次尝试是灾难性的失败，英国东印度公司曾为了贪图利益而一直保持现状。"他把失败归咎于"英国政府对中国贸易可怜的无知"，以及英国东印度公司的表里不一，其"财务委员会"对自由贸易构成障碍。他的信以"一个英国商人"为署名刊登在《广州纪录报》上，而此时，律劳卑正在前往澳门的途中。[103]

科莱奇医生陪伴律劳卑走了一段艰难又漫长的旅途，一路上又慢又吵，不时有锣鼓声和鞭炮声，还有人把头伸进他们的包厢看。律劳卑高烧不退，但是科莱奇医生没有药物能够缓解他的病症。对于一个病人来说，这5天的行程无疑是冗长的，他在周五到达澳门。[104]他被抬到山上的房子里和他妻女住在一起，连续两周，他一直处于游离、发烧，但是神志清醒的状态。在他最后的日子里，澳门的教会甚至不再敲钟，以免打扰他。到10月的第二个星期，马地臣仍抱有希望，但是渣甸更为理智："律劳卑在澳门病重，恐怕很难康复。"[105]事实上，医生的直觉是准确的，这位曾身陷囹圄的同伴在1834年10月11日晚上去世，距他48岁生日还有两天。[106]

四天后，他隆重的葬礼给了他在中国从未享受过的尊严。仪仗队之后，是护柩队和灵柩，然后是家人、副总监们。紧随其后的是律劳卑的新晋知己威廉·渣甸，而詹姆斯·马地臣在带领队伍后方的商人队伍。当众人走向坟墓时，停靠在澳门路的"安德洛玛刻号"鸣炮向律劳卑勋爵做最后的告别。[107]

作为驻华商务总监，律劳卑短暂的任期生涯有许多古典悲剧的色彩。当代人很不友好地把它描述为"律劳卑的失败"。他的短暂任期有两个主要后果：其一，它导致清政府断定，如果封锁商馆，英国商人将无法自卫；其二，它让下一任英国总监意识到，在没有军事行动应急计划的情况下，强行挑战广州现有的贸易制度是很危险的。[108] 在危机期间，由于伦敦到广州通信不便，使得英国政府无法向律劳卑下达指令或给出建议。贸易总监去世后的几个月，威灵顿公爵在1835年曾短暂担任过外交大臣，虽然他不知晓律劳卑的状况，但他曾写信提醒律劳卑，英国的政策应通过和平手段而不是武力维持广州的商业特权。[109]

中国人得出结论，英国的压迫可以被成功地拒绝，"野蛮人的眼睛"因被驱逐而受到侮辱。但是对于渣甸和马地臣这样的商人而言，律劳卑事件引发了一个不容忽视的问题，无论需要多少时间，他们都会找到方法解决它。吉迪·奈恩在回顾其在19世纪30年代初到广州的第一印象时说："外国人在广州的实际情况就好像伦敦动物园里动物的情况。"奈恩观察到，清政府想要限制外国人的自由，因为他们不指望野蛮人的行为会符合中国社会的要求。[110]

在熟悉这些事件的学者中，有一种普遍认知，即在律劳卑作为第一负责人时，威廉·渣甸对其策略影响最大。律劳卑任职初期，马地臣不在广州，当他回来时，律劳卑已经制定了好了策略。渣甸成功地将律劳卑拉入自己的阵营。两个人经常见面，一起吃饭，也就自然而然有了统一意识。律劳卑事件一年后，渣甸承认，他一直是律劳卑和行商的中间人。"一切斡旋，都由您卑微的仆人完成。"[111]

渣甸要对"律劳卑的失败"负上多大的责任呢？似乎渣甸必须为律劳卑和卢之间的僵局负责。他鼓励律劳卑坚持拒绝旧的广州体系，并且充当律劳卑和行商的中间人，从中协调沟通。而律劳卑并不认为这是他与清廷总督沟通的良好方式。在律劳卑到达的前几周，渣甸已经设想好可能发生的情况：清政府会派行商见律劳卑，律劳卑应该礼貌回应，但对于商业贸易应该只字不提。[112] 律劳卑完成了渣甸的一系列建议后，渣甸最终告诉他，他们在这场对抗中已经输了，律劳卑需要离开广州。渣甸意识到，这场贸易总监和清廷总督之间的插曲其实是一场变革的开始，目的是说服英国政府和清廷为他们的商业关系制定一套新的规则。

普里西拉·律劳卑认为，律劳卑在他那个时代被视为一个好人，也是个聪明人，而后来的历史学家们都责难他为一个脾气暴躁、头脑不清、彻头彻尾愚蠢的人。她更是重申，他并不像"一些历史学家所认为的"，在1834年他并不是威廉·渣甸的傀儡。[113] 也没有证据表明，渣甸将律劳卑视为可以为了成就事业而利用牺牲的人。相反，在渣甸的信中能感受到他对于苏格兰同胞的关心和对律劳卑去世的无限失落。渣甸告诉威丁："我们大多数人对他的去世感到非常难过。"[114] "野蛮人的眼睛"在澳门入土不久，"铁头老鼠"回到广州，并决定完成他的苏格兰同胞未完成的使命。

19世纪30年代初，英国东印度公司垄断结束后，渣甸和马地臣通过沿海贸易和对茶叶贸易的积极参与，率先为在华的英国商业创造了一种新形式。除此之外，他们已经成为中英两国政府之间新关系的拥趸。"律劳卑事件"是一次失败，但他们改变现状的决心预示着麻烦将接踵而来。

注　释

1. Collis, *Foreign Mud*, 68.
2. Reid, "The Steel Frame", 21.
3. William Jardine（Canton）to John MacVicar（London）, 16 June 1833, William Jardine – Private Letter Book, *ms jm*, c4/3.

4. William Jardine（Canton）to *Hollingworth Magniac*（*Colworth*, England）, 23 February 1830, 2 February 1831, 3 March 1831, 4 May 1831, and July 21, 1831, William Jardine – Private Letter Book, ms jm, c4/1; William Jardine（Canton）to Hollingworth Magniac, 15 November 1833, ibid., c4/3.

5. William Jardine（Canton）to Thomas Weeding（London）, 1 March 1832,William Jardine – Private Letter Book, ms jm, c4/2.

6. William Jardine（Canton）to T.D. Edwards（Sydney）, 16 January 1833,William Jardine – Private Letter Book, ms jm, c4/2.

7. William Jardine（Canton）to Hollingworth Magniac（Colworth）, 16 November 1830, William Jardine – Private Letter Book, *ms jm*, c4/1.

8. William Jardine（Canton）to Hollingworth Magniac（Colworth）, 9 April, 14 April, and 16 November 1830, William Jardine – Private Letter Book, *ms jm*, c4/1; James Matheson（Canton）to Sir Andrew Lyningstedt（Macao）, 12 May 1831, and to Mr Pearson（no address）, 15 March 1832, James Matheson – Private Letter Book, ms jm, c5/1.

9. William Jardine（Canton）to T.D. Edwards（Sydney）, 16 January 1833, William Jardine – Private Letter Book, ms jm, c4/2; James Matheson（Canton）to B. Barretto（Macao）, 27 January 1834, James Matheson – Private Letter Book, ms jm, c5/1; James Matheson（Canton）to Claudio Adriano DaCosta（Lisbon）, 18 March 1832, ibid.

10. William Jardine（Canton）to Jamsetjee Jejeebhoy（Bombay）, 29 December 1832 and 27 January 1833, William Jardine – Private Letter Book, ms jm, c4/2.

11. William Jardine（Canton）to Thomas Weeding（London）, 20 October 1837, William Jardine – Private Letter Book, ms jm, c4/6.

12. William Jardine（Canton）to F. Halliburton（London）, 26 March 1830, William Jardine – Private Letter Book, ms jm, c4/1.

13. Collis, *Foreign Mud*, 67.

14. 由于中文水平薄弱，1831年在广州的英国商人聘用罗伯特·莫里斯博士的儿子约翰·莫里斯为中文翻译，年薪1200英镑。马尼亚克公司和丹特公司同意承担三分之二的翻译费用，剩下的来自其他商人和黄埔的商船。James Matheson（Canton）to Jamsetjee Jejeebhoy（Bombay）, 31 January 1831, James Matheson – Private Letter Book, ms jm, c5/1.

15. Gutzlaff, *Journal of Three Voyages along the Coast of China*, chapter 1; Reid, "Karl Gutzlaff", 135; Collis, *Foreign Mud*, 69–70; Blake, *Jardine Matheson*, 46.

16. Gutzlaff, *Journal of Three Voyages along the Coast of China*, 181; Fay, *The Opium War*, 57–58.

17. Excerpts from the letter appear in Collis, Foreign Mud, 70, and Blake, Jardine Matheson, 46–47, both of whom cite the unpublished Yorke manuscript, "The Princely House", as their source.

18. Gutzlaff, *Journal of Three Voyages along the Coast of China*, 425.

19. Ibid., 427.

20. Reid, "Karl Gutzlaff", 135.

21. James Matheson（Canton）to Hugh Matheson（Calcutta）, 8 December 1831, James Matheson – Private Letter Book, ms jm, c5/1. 那年早些时候，詹姆斯给休了一张1.5万卢比的账单，并指示把它投资于鸦片。James Matheson to Hugh Matheson, 26 August 1831, ibid.

22. William Jardine（Canton）to I.R. Latimer（Canton）, 10 September 1831, William Jardine – Private Letter Book, ms jm, c4/1.

23. William Jardine（Canton）to J. Colville（Calcutta）, 18 March 1832, William Jardine – Private Letter Book, ms jm, c4/2.

24. William Jardine（Canton）to Jamsetjee Jejeebhoy（Bombay）, 10 March 1831, William Jardine – Private Letter Book, ms jm, c4/1.

25. William Jardine（Canton）to Thomas Weeding（London）, 11 January 1831, William Jardine – Private Letter Book, ms jm, c4/1.

26. Trocki, Opium, Empire and the Global Political Economy, 107, and appendix 2, 179–180.

27. James Matheson（Canton）to H.P. Hadow（Bombay）, 10 March 1831, James Matheson – Private Letter Book, ms jm, c5/1.

28. William Jardine（Canton）to Jamsetjee Jejeebhoy（Bombay）, 9 August and 19 December 1832, William Jardine – Private Letter Book, ms jm, c4/2.

29. William Jardine（Canton）to Jamsetjee Jejeebhoy（Bombay）, 5 August 1832, and to M. DeVitre（Bombay）, 7 August 1832, William Jardine – Private Letter Book, ms jm, c4/1.

30. Wiliam Jardine（Canton）to Jamsetjee Jejeebhoy（Bombay）, 27 November 1831, William Jardine – Private Letter Book, ms jm, c4/1.

31. William Jardine（Canton）to M. DeVitre（Bombay）, 26 November 1832, William Jardine – Private Letter Book, ms jm, c4/2. 白皮土鸦片的价格实际上从7月的每箱465美元飙升到了深秋时候的每箱850美元。

32. James Matheson（Canton）to Charles Thomas（Singapore）, 1 November 1833, James Matheson – Private Letter Book, ms jm, c5/1.

33. William Jardine（Canton）to M. DeVitre（Bombay）, 9 March 1831, William Jardine – Private Letter Book, ms jm, c4/1.

34. William Jardine（Canton）to Jamsetjee Jejeebhoy（Bombay）, 10 March 1831, William Jardine – Private Letter Book, ms jm, c4/1; James Matheson（Canton）to Hormizjee Dorabjee, 10 March 1831, James Matheson – Private Letter Book, ms jm, c5/1.

35. William Jardine（Canton）to M. DeVitre（Bombay）, 10 August 1832, William Jardine – Private Letter Book, ms jm, c4/2.

36. William Jardine（Canton）to Captain Serle, 31 March 1830, Wiiliam Jardine – Private Letter Book, ms jm, c4/1 and c4/2.

37. William Jardine（Canton）to John MacVicar（Manchester）, 22 October and 14 November 1832, William Jardine – Private Letter Book, ms jm", c4/2.

38. James Matheson（Canton）to Hugh Matheson（Calcutta）15 December 1832, James Matheson – Private Letter Book, ms jm, c5/1.

39. Ibid.

40. William Jardine（Canton）to W.H. Hamilton（Hobart Town, Australia）, 1 April 1831, and to Charles Thomas（Singapore）, 16 December 1832, William Jardine – Private Letter Book, ms jm, c4/1 and c4/2.

41. William Jardine（Canton）to J.H. Zobel（Manila）, 26 November 1832, William Jardine – Private Letter Book, ms jm, c4/2. 但是信件中没有透露出最后是否成交。

42. William Jardine（Canton）to Charles Marjoribanks（London）, 2 January 1833, William Jardine – Private Letter Book, ms jm, c4/2.

43. William Jardine（Canton）to Thomas Weeding（London）, 5 May 1831 and 7 May 1832, and to J.W. Graham（London）, 24 February 1831 and 6 May 1831, William Jardine – Private Letter Book, ms jm, c4/1 and c4/2.

44. William Jardine（Canton）to Thomas Weeding（London）, 27 February 1831, William Jardine – Private Letter Book, ms jm, c4/1.

45. James Matheson（Canton）to Henry Piddington（Calcutta）, 6 April 1832, James Matheson – Private Letter Book, ms jm, c5/1.

46. William Jardine（Canton）to C. McLeod（Bombay）, 22 December 1832, William Jardine –

Private Letter Book, ms jm, c4/2.

47. William Jardine（Canton）to Thomas Weeding（London）, 11 December 1832, William Jardine – Private Letter Book, ms jm, c4/2.

48. Reid, "Spreading Risks", 181.

49. "马地臣在去往加尔各答的路上。他的缺席以及业务上的压力导致我没有尽早地解决这个问题。"渣甸写给在伦敦东印度公司总部的JF戴维斯。William Jardine（Canton）to J.F. Davis（London）, 3 April 1830, William Jardine – Private Letter Book, ms jm, c4/1.

50. 在1834年3月马地臣写给马尼亚克的信中，这对合作伙伴表达了对他的崇敬，并暗示他需要再次被派去孟买。James Matheson（Macao）to Hollingworth Magniac（Colworth）, 8 March 1834, James Matheson – Private Letter Book, ms jm, c5/1.

51. William Jardine（Canton）to Jamsetjee Jejeebhoy（Bombay）, 21 August 1833, and to M. de Vitre（Bombay）, 21 August 1833, William Jardine – Private Letter Book, ms jm, c/2.

52. William Jardine（Canton）to Jamsetjee Jejeebhoy（Bombay）, 3 May 1834, William Jardine – Private Letter Book, ms jm, c4/3.

53. William Jardine（Canton）to Captain MacKay（brig Fairy off the coast of China）, 3 March, 9 May, and n.d. [mid-May] 1834; to James Matheson（en route to India and at Singapore on return journey）, 1 April and 10 June 1834; and to Hugh Matheson（Calcutta）, 27 May 1834, William Jardine – Private Letter Book, ms jm, c4/3.

54. William Jardine（Canton）to Captain MacKay of the Fairy（at Lintin and along the coast of China）, 3 March, 9 May, n.d. [mid-May], and 11 June 1834, William Jardine – Private Letter Book, ms jm, c4/3.

55. William Jardine（Canton）to Thomas Weeding（London）, 16 November 1833, and to Mr Thomson（location unknown）, 30 February 1834, William Jardine – Private Letter Book, ms jm, c4/3.

56. William Jardine（Canton）to Thomas Weeding（London）, 16 November 1833, William Jardine – Private Letter Book, ms jm, c4/3.

57. William Jardine（Canton）to Thomas Weeding（London）, 18 March 1834, William Jardine – Private Letter Book, ms jm, c4/3.

58. William Jardine（Canton）to James Matheson（en route to India）, 22 March 1834, and to Thomas Weeding（London）, 20 April 1834, William Jardine – Private Letter Book, ms jm, c4/3.

59. Ibid.
60. Van Dyke, *Merchants of Canton and Macao*, 12–13.
61. William Jardine（Canton）to W.F. Copeland（London）, 26 April 1834, William Jardine – Private Letter Book, ms jm, c4/3.
62. William Jardine（Canton）to Henry Templer（London）, 31 January 1834, William Jardine – Private Letter Book, ms jm, c4/3.
63. Collis, *Foreign Mud*, 96.
64. Melancon, "Peaceful Intentions", 38.
65. Ibid., 40, citing letter from Grey to Napier, 10 January 1834, Grey Papers.
66. Fay, *The Opium War*, 68–69; Blake, *Jardine Matheson*, 64.
67. Collis, *Foreign Mud*, 113.
68. Melancon, "Peaceful Intentions", 41.
69. Napier, Barbarian Eye, 112, 153. 她对渣甸有强烈的负面看法。
70. 欧洲的总督头衔相当于清朝的巡抚。
71. Blake, *Jardine Matheson*, 70.
72. William Jardine（Canton）to Thomas Weeding（London）, 23 October 1833, William Jardine – Private Letter Book, ms jm, c4/3.
73. Letter from William Jardine（Canton）to Thomas Weeding（London）, 11 June 1834, William Jardine – Private Letter Book, ms jm, c4/3.
74. Lord Napier（Canton）to Mark Napier（Edinburgh）, 3 August 1834, Napier Papers, National Library of Scotland, Edinburgh. 柯林斯根据未出版的约克手稿在 *Foreign Mud*（114）中断言，律劳卑接受了渣甸的聘用，并安家在其公司提供的房屋中。法伊在 *The Opium War*（68）中写道，他们所居住的房子属于"大力士号"船长亚历山大·格兰特，"大力士号"是怡和洋行的仓库船之一。
75. Collis, *Foreign Mud*, 114; Fay, *The Opium War*, 68–69.
76. Blake, *Jardine Matheson*, 66.
77. Fay, *The Opium War*, 69, citing *Correspondence Relating to China*, 1840, 36（223）: 5, PP.
78. Collis, *Foreign Mud*, 115; Blake, *Jardine Matheson*, 66; Fay, *The Opium War*, 69–70. Melancon, "Peaceful Intentions"（41），"当律劳卑的观点与那些英国商人持有的意见不谋而合，他便独立出来站到他们的队伍里反抗公司的指令。"麦伦坎挑战了格林伯格（*British Trade and the Opening of China*）、柯林斯（*Foreign Mud*）, 张馨保（*Commissioner*

Lin and the Opium War）的解释，并认为自由贸易者对于律劳卑思想的形成至关重要。然而，他的论点并没有考虑到渣甸对律劳卑持续数月的影响。如果渣甸对律劳卑的观点持抵制态度，那么总监也不会与他保持密切的联系，否则他对待清廷总督和行商的态度会更委婉和温和。

79. *Chinese Repository*, August 1834，3: 189。

80. 同上，1834 年 9 月，3: 235。

81. 同上，3: 236。

82. Lord Napier（Canton）to Mark Napier（Edinburgh），3 August 1834, Napier Papers; Fay, *The Opium War*, 70 – 71; Collis, *Foreign Mud*, 116 – 117; Blake, *Jardine Matheson*, 66 – 67.

83. Blake, *Jardine Matheson*, 67.

84. Hunter, *The "Fan Kwae" at Canton*, 64.

85. Fay, *The Opium War*, 71.

86. Lord Napier（Canton）to Mark Napier（Edinburgh），3 August 1834, Napier Papers.

87. William Jardine（Canton）to John MacVicar（Manchester），20 August 1834, and to Thomas Weeding（London），21 August 1834, William Jardine – Private Letter Book, ms jm, c4/3.

88. Fay, *The Opium War*, 72.

89. Quoted in Collis, *Foreign Mud*, 130.

90. Ibid., 145.

91. Fay, *The Opium War*, 74 – 75.

92. Lord Napier（Canton）to Mark Napier（Edinburgh），17 August 1834, Napier Papers.

93. William Jardine（Canton）to Jamsetjee Jejeebhoy（Bombay），6 September 1834, William Jardine – Private Letter Book, ms jm, c4/3.

94. Lord Napier（Canton）to Mark Napier（Edinburgh），17 August 1834, Napier Papers.

95. 在清政府的政策中，经过虎门的外国船只只能是装载贸易货物的商船。Van Dyke, *The Canton Trade*, 166.

96. Williams, "Recollections of China prior to 1840", 5.

97. Fay, *The Opium War*, 75 – 77; Collis, *Foreign Mud*, 150 – 152.

98. James Matheson（Canton）to John Purvis（Singapore）and to H.P. Hadow（Bombay），25 September 1834, James Matheson – Private Letter Book, ms jm, c5/2.

99. Fay, *The Opium War*, 78.

100. Nye, "The Morning of My Life in China", 40.

101. Canton Register, 23 September 1834, 150.

102. Fay, *The Opium War*, 78; Collis, *Foreign Mud*, 160.

103. Canton Register, 23 September 1834, 153. 在同一问题上，编辑要求英国对广州港进行封锁。

104. Ibid., 7 October 1834, 158. 编辑评论说："更残忍的是对待发烧的人不闻不问，难以想象。"

105. William Jardine（Canton）to H. Hadow（Bombay），9 October 1834, William Jardine – Private Letter Book, ms jm, c4/3.

106. Fay, *The Opium War*, 79；*Chinese Repository*, October 1834，3: 283。

107. Canton Register, 14 October 1834, 1；科莱奇医生的笔记中对这次痛苦的旅程也有记载。*Chinese Repository*, October 1834，3: 281；Collis, *Foreign Mud*, 163。律劳卑的葬礼于 10 月 16 日星期日在广州举行，由《中国丛报》的伊利亚·布里奇曼编辑报道。

108. Wakeman, "The Canton Trade and the Opium War"，175.

109. Melancon, "Peaceful Intentions"，46.

110. Nye, "The Morning of My Life in China"，15.

111. William Jardine（Canton）to J.H. Gledstanes（London），27 September 1835, William Jardine – Private Letter Book, ms jm, c4/4. 渣甸坚决否认律劳卑曾经接待过行商。

112. William Jardine（Canton）to Thomas Weeding（London），11 June 1834, Willliam Jardine – Private Letter Book, ms jm, c4/3.

113. Napier, Barbarian Eye, 205.

114. William Jardine（Canton）to Thomas Weeding（London），23 October 1834, William Jardine – Private Letter Book, ms jm, c4/3.

第七章

异地合伙人

"律劳卑事件"及其余波说明威廉·渣甸和詹姆斯·马地臣在广州、伦敦和英格兰中部的商业圈具有重要影响。渣甸就像一个圆滑的幕后操纵者，遵循广州自由贸易的意志，操纵着律劳卑按此路线完成使命。他没有公布自己的立场，却在幕后操纵着一切。

两人之中，詹姆斯·马地臣更愿意公开表达自己的想法，不光是在广州的英文刊物中，1835—1836年在英国期间，他也大胆发表言论。他还担心，印度商人是否知道他对广州各派系之间分歧的看法。他在加尔各答写信给罗伯特·莱尔称，他不希望反对派（颠地、丹尼尔等人）掌控公众的想法。所以他让莱尔找一家报纸，把他自己写给新总监的信节选一段，不署名发表。[1]

当律劳卑的夫人和女儿在澳门收拾行囊，准备踏上漫长而哀伤的返乡之路时，澳门和广州的英国商人正在筹措一笔资金为已故的同胞立一座纪念碑。资金以及建立纪念碑的任务被委托给马地臣，因为他正好要在1835年春天回英国接受治疗。他在英国期间发表了一篇论述中国贸易的经济学长文，表达了曾通过商会（成立于1834年）传达的广州英国社区的主流意见。为了"让英国商界更有序高效地运作",[2]商会推选马地臣为第一任主席,并为消除现有广州体系和英国东印度公司在广州尚存的财务委员会而努力。[3]

"律劳卑事件"之后,广州商业并没有恢复正常。棉花和鸦片市场都很低迷,皇帝颁布了一道严厉的法令,以至于鸦片商都不敢进入欧洲夷馆区。这不是清政府第一次阻止毒品贸易,但以前都没有奏效过。这一次,总督向户部传达消息,由户部下达指令给行商:严办协助毒品交易的向导和买办。[4]直到圣诞节,渣甸指出最近大规模查封鸦片的活动吓得中国毒贩不敢在白天露面。[5]渣甸坦言:"对于中国贸易,我从不曾像这个交易季这样焦虑,也不曾对业务如此不满意。"[6]在贸易中断两个月后,他和他的合伙人帮助商会通过了一项决议,即要求英国内阁对清政府采取更强硬的政策。但外国商人的反应更为直接,他们决心离开伶仃岛,因为那里的政府巡逻队会干扰鸦片交易。到了1837年,鸦片商开始将船只移往香港,这里似乎提供了一个安全的港湾。[7]

在《怡和洋行》一书中,罗伯特·布雷克提出了一些疑问:"广州的外国商人到底想怎么样?他们已经从鸦片走私中赚取了巨大的利润。与他们赖以兴盛的政权发生争执,是否能带来好处?奇怪的是,答案是肯定的。"[8]如果他们能够实现贸易体制正式改变,就能为英国商品或英国转运亚洲商品(大米或棉花等)打开一个更大的中国市场,那么严重依赖鸦片作为抵消茶叶成本的一种方式就可以克服。他们意识到,自己基本没有可能说服清政府改变当时的贸易模式。因此,尽管律劳卑的继任者会十分被动,商会还是决定向伦敦施压以制定新政策。

就在律劳卑去世后两个月,商会内比较强势的派系起草了一份请愿书递交给皇室,他们坚持认为对"律劳卑事件"保持沉默是最不安全的策略。请愿人敦促任命一位全权代表,有权代表英国商人就贸易中断产生的损失要求赔偿；要求中国北方通商口岸对外开放；并终止所有对外贸易必须通过行商的规定。他们建议，新任总监要有皇家海军的支持，如果清廷藐视他的使命，新总监就可以拦截中国人的财政收入，阻断中国内外商业，占领中国所有武装船只。[9]

88个签名包括英国贸易圈（共45人）中的35人和所有贸易重启后返回广州的英国东印度公司商船指挥官。签名中排在首位的是渣甸和马地臣。紧接着是安德鲁·约翰斯通、安德鲁·渣甸、亚历山大·马地臣、罗伯特·托姆、亨利·赖特和公司里的詹姆斯·史密斯。[10]只有颠地公司和怀特曼公司拒绝让他们的成员在请愿书上签名。无论这份名单在签署人看来有多么震撼，但新任贸易总监约翰·戴维斯还是选择阻挠，他敦促外交大臣不要理会这份请愿书，并称之为"粗糙、恶劣"的文件。[11]

渣甸尤其对英国东印度公司财务委员会继续留在广州感到恼火。该机构的成员有优先清算票据和向英国商界成员提供信贷的特权。渣甸坚持称该委员会的高级成员利用职权之便动用资金来装载丹尼尔商行名下的两艘商船，丹尼尔是财务委员会的高级成员。我们可以看到，渣甸非常憎恶竞争对手利用特权竞争的行为。[12]他在给皇室的信中抱怨他所见到的这种糟糕制度的不良后果，而且他确信伦敦和曼彻斯特的商业圈都很清楚广州的金融把戏。

对于渣甸和马地臣来说，1834—1835年的秋冬由于各种原因而变得非常难熬。目前只有两个出路，一个是回家待一段时间甚至是永远，另一个则是留下，在不稳定的情况下继续运营。他们的主要商品鸦片受到清政府和竞争对手双重打压，鸦片市场也变化无常。而且几个行商的财政状况也不容乐观，他们依赖的商业关系也岌岌可危。

随着事态的发展，渣甸的回国计划因照顾马地臣的医疗需求而搁置。所以渣甸有一年半的时间，在马地臣的侄子亚历山大和新来的茶叶品鉴师史密斯先生的协助下,独自运营整个公司。詹姆斯·史密斯刚刚从英国到广州便立刻投入到为印度和英国市场挑选茶叶的工作中。渣甸十分看重史密斯的鉴赏力,因为他预测如果英国政府采取强硬政策,可能会导致贸易的再一次中断,那么就有必要把有价值的茶叶货物送回英国。[13]

渣甸在信中透露,对这个交易季没能回家他感到非常沮丧:"我已经完全下定决心,在这一季登上前往英格兰的船……但是马地臣先生在过去一段时间一直受到眼病的困扰,所以我们决定让他回家。"[14] 马地臣的眼病严重到无法工作。他向罗伯特·莱尔坦言,自己在一开始忽视了病症,导致现在不得不让人代笔写信,因为"医生禁止我用笔写东西"。[15]

正如渣甸在1835年的一封信中透露的,他的身体状况也不是很好。他意识到迟迟不解决健康问题会有积重难返的风险,但他却把继续留在广州当作命该如此。他告诉一位苏格兰的好友,马地臣离开后,"我会坚持留在中国直到他回来,除非我也被病魔赶走"。[16] 由于同伴回家而导致自己回家计划被迫取消,对此渣甸并没有表现出任何不满。

他的老伙伴霍林沃思·马尼亚克曾邀请他加入伦敦的一家新公司,而他必须拒绝,这让他有些失望。马尼亚克在1834年与约翰·阿贝尔·史密斯、奥斯瓦尔德·史密斯在伦敦成立了马尼亚克-密斯公司。马尼亚克曾提出希望渣甸日后能够成为该公司一员,而渣甸也被这位前高级合伙人的诚挚邀请所打动。他承认这一提议对他非常有吸引力,但是也存有个人担忧:"我无法预见我回到英国后会是怎样,但我当然愿意加入这样一家前途无量的公司,如果我活着且健康地回到英国,我愿意为公司贡献自己的力量。"[17]

在马地臣回英国前,他和渣甸已经决定把一些业务交给这家伦敦的新公司,渣甸也委托他的合伙人安排这些业务。几周后,他授权安德鲁·约翰斯通将怡和洋行的账户与马尼亚克-史密斯公司联合起来。[18] 渣甸和马地臣估计，经过资源整合，这家新公司的财力要比托马斯·威丁或蒂莫西·威金斯的实力还要强大，此二人负责处理怡和洋行在伦敦的大部分业务。

威丁和渣甸常年的好友关系和商业往来使得渣甸希望公司在伦敦的金融关系多元化这个愿景变得很棘手。1834年4月，也就是马尼亚克-史密斯公司成立之前，威丁对他与这对苏格兰合伙人的商业关系做了一次巧妙的评估。在回复中，渣甸再一次授权詹姆斯·马地臣代表他们重新处理与威丁的合作关系。"我和马地臣先生有个习惯就是，凡是与我们成败、切身利益相关的事宜，不分公私，我们都会开诚布公地交流，我把你的信摆在他面前，现在需要你和他来讨论所涉及的问题。"渣甸暗示道。如果威丁只是负责处理部分怡和洋行的财务事宜，要比独家全权代理轻松很多。[19]这段小插曲也揭露出了渣甸的性格特点，即在商业中理性战胜感性。当然，在情况需要时，他也会像一个外交官一样谨慎选择措辞。然而，在这件事情上，不是简单的外交辞令能够说清楚的，因为他注意到应该尊重这位老朋友兼老同事的感情，不能简单粗暴地对待。而且，他并没有打算将威丁从所有业务中剔除。

詹姆斯·马地臣在1835年3月乘坐"奥威尔号"从澳门前往英国。律劳卑的夫人和女儿已经于前一年12月离开澳门，但律劳卑的遗体是随着马地臣乘坐的这艘船回到英国的。[20]当马地臣到达英国时，辉格党已经恢复了在英国内阁的领导权，但无论是辉格党还是前任保守党，都不倾向于对中国采取军事行动。

离开中国四个月后，马地臣在7月8日抵达朴次茅斯，然后他乘坐马车匆忙赶往伦敦。他先去了威丁的公司，然后去拜访了马尼亚克、威金斯的公司，以及劳埃德的银行，最后才入住到伯灵顿酒店。尽管辉格党在1835年4月恢复了领导权，但马地臣很快了解到，辉格党的政策和保守派一样谨慎，他们对广州商人的请愿书毫无兴趣。他便已明白，墨尔本勋爵无意为广州的商业提供任何支持。在到达英国两天后,马地臣在写给渣甸的私人信件中抱怨道:"渣甸啊,实际上,人们在这个伟大的国家生活得非常舒适,对于所有事情都很满意,所以只要国内事务和市场一切正常,他们是不会在意国外的事情的。因此除非贸易中断或者触及商户和船东的利益的事件发生,否则我们不要指望在这里得到同情。你在中国把事情安排得越好,人们就越不会在意你做出了多大的牺牲或者以何种方式获得茶叶,你得到的同情也越少。帕默斯顿勋爵也就什么也不会做。"[21]

马地臣抵达伦敦不到一周,便加入了一个茶商的代表团,他们正在恳请墨尔本勋爵免除茶叶的关税。在给渣甸的信里,他匆匆加了一份附件,描述了等待会见首相的挫败感。"请告诉因义士,等待会见首相就如同在广州城门口的情景一样,我们在街上,他家门口等待,直到他抽出空来。"[22] 马地臣一直坚持他的政治游说,并设法与帕默斯顿会面,却被告知这位外交大臣目前并不愿意对中国事务采取任何行动。[23] 马地臣从政府那里得到的明确和隐藏的信息意味着,他在国内的各种任务将引起英国制造业的关注,因为他们对辉格党有重大影响力。关于他眼病的治疗没有任何记录。他离开广州有一年半的时间,在此期间,他针对中国贸易未来的发展写了一篇长文,当然是在他眼病痊愈后完成的。为了改善健康状况,他去了具有迷人摄政风格的利明顿水疗中心。该水疗中心位于科茨沃尔德,女王于1838年把那里命名为皇家利明顿水疗中心。当地发现的富含矿物质的泉水可以用来冷热水浴,有助于治疗痛风、风湿病、关节僵硬以及各种麻痹性疾病。饮用矿泉水有轻微通便作用。马地臣在那里待了多久尚不清楚,但他告诉安德鲁·约翰斯通他已经感觉好多了。他把自己的康复归功于一位叫亨利·杰弗逊的医生,此人在温泉疗法领域极具声望。"对于我和其他病人来说,他都是最好的!我强烈推荐他!"[24]

他还花了一些时间去看望在苏格兰的家人。他在伦敦待了一个月后,便乘轮船去了爱丁堡，在那里待了一个星期，然后从因弗内斯一路北上，去莱尔格看望母亲和其他家人。[25]1836年的最初几周，甚至更早，他便回到了伦敦，住在汉诺威广场，准备著写《英国对华贸易当前的处境和展望》。该著作达80页，主张对英国和中国的商业关系进行重大改革。显然，他有丰富的图书馆资源以及英国东印度公司的记录材料，因为他在文中引用了很多英国东印度公司的报告，英国法律条款、议会报告以及一些作者有关中国人和中国贸易的作品。[26]该书由伦敦史密斯－埃德出版社于1836年出版，书中附有中国贸易简史，首相墨尔本勋爵以及来自曼彻斯特、格拉斯哥、利物浦和广州的商人的赠言。这部作品是一种巧妙的宣传手段，表明马地臣花了大量时间咨询了在中部地区、利物浦和格拉斯哥制造业有重要影响力的商人们。这些文件、声明相互交织，给辉格党带来了巨大压力，迫使他们采取新的政策。

文章一开始就对中国人民做出了不利的描述，然后详细阐述广州体系的弊端："非常高兴上帝把极其低能、贪婪、自负和固执的特性赋予中国人，他们拥有世界上大部分理想的地方，人口总数接近世界人口的三分之一。他们的政策就是作茧自缚，以一种神秘不可逾越的力量垄断他们所有的资源和优势。因此，他们会表现出一种大规模的排他性。"[27]值得注意的是，他使用"低能"一词是不准确的，实际意思更接近于"愚蠢"，因为在之后的作品中，他也把同样的词用在评价自己的同胞身上。

他很快从这种带有偏见的描述，转为一种更有针对性的声明，即中国人无法容忍对外贸易，因为清政府的总体政策是将中国与"野蛮世界"彻底隔绝开。因此，外国人仅限于在广州进行贸易，而且经常受到"最不光彩的监视和限制"。[28]他在几页之内阐述了一个重要主题，即断言：由于当地政府的政策，英国商人在中国得不到应有的尊重，经常受到侮辱，而且为了保持贸易的正常运行经常被勒索。他具体指出了律劳卑受到的蔑视和不尊重，而且他被所经历的侮辱和伤害"迅速摧毁"，同时整个交易被"毁灭性"地暂停了一个月。他抱怨道："所有的一切现在似乎完全被遗忘了。"他在正文和附录中反复重复这句话。[29]

马地臣的论述架构主要分为两条线：一是，英国东印度公司的垄断被废除后，为英国商人们在中国创造了一个机会，使他们能够摆脱对清政府卑贱屈从的现状；二是，由于没有与清政府签订任何商业条约，所以英国商人被迫与行商单独打交道，这样不仅造成商业上的不稳定，更对他们的人身安全构成威胁。

马地臣描述了在广州令人不快的局势后，提出了一个新的论点，即他认为是中国邀请英国商业进入中国，并默许了其存在。因此，中国应该受正义原则和国际法律的约束，允许贸易在相互尊重的条件下继续进行。[30] "当我们的船只载满贵重的货物，经过6个月的航行来到这里，却被突然禁止进入广州，难道这种情况可以被谅解吗？当我们的船装满茶叶，清缴完各种苛捐杂税准备返程时，难道他们可以以各种荒唐、邪恶的理由禁止它离开？"[31] 此外，这种贸易互惠互利，清政府为了本国人民的利益，有义务维持既定的贸易。他坚持认为"如果取消我们的贸易，中国会立马陷入混乱"，因为很多人依赖这种贸易生存。[32]

英国政府应采取何种政策来维护英国的荣誉？这篇文章换了一个角度来谈这个问题，首先，它建立了一种需求，并一直默默坚持，即政府需要建立一种新的制度，否则，英国在全世界面前会显得很愚蠢。[33] 马地臣反复强调"律劳卑事件"的细节，是为了指责外交部忽视此事，没有公开这件丑闻。[34] 尽管指责内阁的愚蠢是有风险的，但马地臣已经为政府准备了一个不会造成严重麻烦的方案。"事实上，即使中国皇帝知道我们有意进行激烈抵抗，他也不打算或有能力采取敌对措施破坏我们的贸易或将我们驱逐出境。"[35]

那么马地臣的建议到底是什么呢？他建议放弃在广州重新进行谈判的想法，因为"行商制度的建立是压榨勒索外国商人最巧妙和成功的方式"。因此，他建议任命一位全权代表与清廷直接沟通，以达到如下要求：中国人不再使用傲慢无礼的语言谈论英国国王及其臣民；他们必须对律劳卑所受的致命侮辱做出赔偿，并为贸易中断期间的损失做出补偿；清朝法律也应该为在广州的英国人提供保护；禁止敲诈勒索和强占；为实现中英两国商业互惠互利而达成正式协议。[36] 马地臣宣称："这一次，我们必须立即下定决心，要么永远放弃我们与中国之间的商业往来，要么采取有效措施确保其在安全、有利、平等、长久的基础上继续下去。"

这篇文章很好地展示了詹姆斯·马地臣的态度，及其才华和想法。我在此详细地论述它是因为在其他作品中没有关于马地臣本人及其公司类似的阐述。同时这篇文章也表明马地臣与他的合伙人一样，是一位强有力的商业领导者，在广州商人中有着卓越的地位。

他将这篇文章及其附录构建成一个精心策划的论据，其策略是利用英国人对英国君主、英国国旗、英国臣民（无论其居住在哪里）和财产的尊重和荣誉感。马地臣从法律和道德层面表明清政府默许广州的对外贸易，但是他刻意回避了走私鸦片的问题，对此清政府有权依法禁止和打压这种行为。然而，在某种意义上说，由于英中贸易关系与商人秘密走私鸦片是两个问题，因此马地臣将这两个问题区分开来。事实上，他所倡导的目标如果能够达成，可以让英国商人专注于其他商品，摆脱对鸦片的严重依赖，尤其是在沿海贸易竞争如此激烈的情况下。然而，如果有人在新的贸易关系中在鸦片问题上挑战他，他的说法就会不攻自破，因为这个问题在他的道德论证中是一个明显的漏洞。

为了巧妙地反驳这些批判，其附录中列出的曼彻斯特、利物浦和格拉斯哥的商人团体名单中，没有一个人参与过非法鸦片贸易，但他们都极力敦促墨尔本政府鼓起勇气保卫在华英国商人的权益。曼彻斯特商会的董事们预测中国贸易将会有很大的发展空间,并坦言现有的贸易已经达到10万吨的货运量。[37]就好像事先商量过一样,利物浦的请愿者们和格拉斯哥东印度公司协会同时谴责广州体系的两大罪状:当地官员腐败,滥用职权,随意征税;行商限制贸易,"他们大多处于尴尬的境地。"[38]这场有关行商的控诉,似乎是有人一手策划的,而这个人最有可能是詹姆斯·马地臣。

从长远来看,格拉斯哥的苏格兰商会提出了最大胆的建议。他们呼吁签订"友好的商业条款",消除现存的劣势,恢复在厦门和东海岸港口的贸易特权。然而,他们不满意将这些目标委托给全权代表负责,并提议获取领土:"如果英国政府能够获得中国附近一个或多个岛屿作为商业中心,在那里不受清政府的压榨、控制和干扰,实现自由贸易,对于英国在该地区的贸易将是最好的。"[39]1839年鸦片危机期间,渣甸将同样的建议着重提供给帕默斯顿。到底是马地臣把这个建议转达给渣甸,还是渣甸自己想出了同样的建议,目前仍不清楚。但是,很明显,马地臣把他的论据和英国及格拉斯哥制造商们收集的数据整合,呼吁英国获取领土来作为英国商业利益在中国的避风港。这场宣传活动虽不是他这次回英国的主要目的,却成为他人生四十年来最重要的一场活动。

马地臣问渣甸,希望他什么时候回到中国。渣甸耐心地回答,他希望他的搭档自己来做出最好的判断。"我有很多事情去做,而且经常筋疲力尽,但如果我们能保持健康,我想我可以再管理10~12个月。"[40]

回到英国后,马地臣发现自己需要进行一些商业外交,因为怡和洋行在英国重要的客人之一约翰·麦克维卡由于没能及时收到商业情报而心烦意乱,并且怡和洋行将资金以票据汇款给他而没有采购丝绸,他也因此非常生气。马地臣不得不向麦克维卡解释说,他愿意进购丝绸的价格太低,公司需要等等看丝绸价格是否会下降。在此期间,马地臣不得不巧妙斡旋以维持渣甸和麦克维卡的关系。[41]

当马地臣给渣甸发消息说，他与麦克维卡已经和解了，渣甸回复说事情能够解决，他非常高兴。但是两天后，渣甸又向麦克维卡开炮说："我不愿再进行无谓的争论，我无法克制我自己不去评论你1834年5月10日来信中所言。你一定觉得我们非常无情，极度缺乏诚信，但是我们被诬告有罪，被指控违反了共同诚信原则时，难道我们不应该表现出愤怒吗？已经说了这么多了，我永远都不想再讨论这个话题了。"[42]

尽管渣甸天生说话刻薄，但这次的爆发似乎是在马地臣不在期间，工作堆积如山时的一种狂躁表现。对于认识多年的人，甚至是休·马地臣和安德鲁·约翰斯通，他偶尔也会表现出刻薄的一面。他们在年终最后一周的信里没有提到圣诞节（这对于苏格兰新教来说是可以理解的），但也没有提到苏格兰除夕（来自伯恩斯的人会在每年的倒数第二天庆祝）。近期繁忙的工作是罪魁祸首。12月31日凌晨2点他仍然在写信，但没有打算加一句新年的问候（也许是因为这封信直到春天才到达英国）。

作为高级合伙人，管理公司的鸦片贸易压力最大，但现在私商也可以从事茶叶生意，就像丝绸、棉花、大米和其他商品一样需要密切关注。除了愈发复杂的商品和财务管理，马地臣不在的一年半时间中，渣甸还要操心怡和洋行船队的事情。

与以往一样，鸦片是最大的隐忧，反复无常的价格可以让人赚得盆满钵满，也可能让人一无所有。因此，渣甸需要时刻与印度的投机者、代理商、沿海船只的船长保持联系，还需要不断评估市场上的竞争力，揣摩买家（需要冒险把鸦片走私到岸上）的心理。他希望船长们不仅能与他经常联系，彼此之间也要经常沟通，以便清楚地了解鸦片的销量、价格，以及从仓储船转运到销售船的鸦片数量。他允许船长们拥有广泛的自由裁量权，但同时也希望他们有良好的判断力，并给他们提供详细的建议。他告诉"仙女号"的船长麦凯:"在与'上校号'交接的时候,你可以视情况而定,但我们更希望你带回 6 万~8 万美金,而非为了供货而留在沿海。"如果竞争加剧,被迫需要降低鸦片价格,尽管利润会减少,但"仙女号"也会这么做。[43]

如果说有什么不同的话,那就是 1835 年渣甸把更多的注意力放在了竞争对手的鸦片销售船(例如颠地的"水母号")而非清政府上。3月,显然,沿海鸦片销售竞争依然激烈,渣甸告诉"上校号"的船长约翰·里斯:"如果你能让清廷官员[44]攻击除我们以外的其他人,这就再好不过了。"他坦言:"我主要担心,虽然大量竞争者可能会降低政府对经销商和船夫的不满,但是激烈的竞争会将价格压得非常低。"

他在提到贿赂官员去追捕其他鸦片船只时一点儿也没有讽刺的意思,因为他对里斯说,如果无法成功贿赂官员,那么另一个方案就是以低价抛售,迫使竞争者退出。计划就是"把你的一艘船停靠在其他公司销售船的驻地里或者附近,然后以比伶仃岛售价高 40、30、20 美金(每箱)的价格,由高到低销售,这样你就有可能让他们知难而退,也可以从中获得最新的商业情报"。[45]

沿海鸦片销售的主要竞争者有颠地公司,还有以罗素公司为首的一些美国公司,以希尔治皮·鲁斯托姆治为代表的帕西商人和一些英国商人,例如因义士。[46]如彼得·沃德·费伊所说,如果怡和洋行不能尽快销售委托给他们的鸦片,那么他们的印度客人就会把业务转移给别的代理或个人。因为从鸦片耕种到销售完成,资金需要两年才能回流。印度的客人积压了太多钱在这条渠道上,所以对于广州和沿海的销售速度不能掉以轻心。[47]

19 世纪 30 年代初,中国的鸦片市场非常不景气。1832—1833 年,怡和洋行开始开展沿海销售业务,[48]鸦片销量激增,但到了 1833—1834 年,销售额减少了 100 多万美金(销量比上一季减少了近 7000 箱)。[49]三种印度鸦片的销售价格反复无常，这就意味着那些在1832—1833年那个冬天大量投机鸦片市场的投机者很难在1833年夏天获得利润。[50] 因此，到了1834—1835年冬天，渣甸决定大力推销，并告诉里斯船长："如果你觉得需要两艘船在沿海销售，两艘船用于往返销售船和伶仃岛之间补给，请告诉我。"[51]

鸦片交易涉及方方面面：中国政治、印度采购商、船只运输和销售、广州和沿岸地区的销售安排、仓库船的存货、向远近客户汇款等，这些消耗了渣甸大量的时间。从1836年春天的书信中可见，他的压力显而易见，他的健康状况每况愈下，离开中国的决心也愈发强烈。

到了19世纪30年代中期，渣甸不仅为海外客人提供代理服务，还对鸦片进行了比前几年更为大胆的投机。他不认为自己是一个赌博投机者，因为他依赖于可靠的情报和迅速的交易。他知道如何驾驭波涛汹涌如大海般的市场，而不会被鸦片的浪潮淹没。

公司的采购量有时相当大，因为一旦决心要抓住机会，他就会果断采取行动。为了能在中国市场上获得先机，他甚至准备用不属于怡和洋行的船只运送鸦片。[52] 然而，正如他在1835年初告诉克利夫顿船长的那样，他的商业本能要求与其他船东互惠互利：他说，如果克利夫顿在他离开前用其他快船运送100～150箱鸦片，他可以从其他船上调配同等数量的货物交给"红海盗号"运送。[53]

怡和洋行越是在鸦片市场上冒险，渣甸对运送鸦片船只的效率就越感到焦虑。1835年3月中旬，他授权克利夫顿船长在加尔各答达成一个协议，并告诉对方在咨询过约翰斯通后，只要是对"红海盗号"有益的事情，他都可以全权安排。[54] 约翰斯通被授权向马尼亚克–史密斯公司汇款8000英镑用于鸦片投资。渣甸告诉外甥："你完全了解我们对鸦片的想法，我们完全相信你会在合理范围内谨慎采购鸦片。"[55] 没过多久，渣甸就断定他错信了人，便向休·马地臣咆哮道："'红海盗号'在你负责的港口发生严重延误让我非常生气，我之前竟然那么相信你。""我们很失望，非常失望。"他怒气冲冲地说。公司的 G.T. 戈登正在"海上女巫号"上，他到达加尔各答后会详细描述渣甸的失望，似乎会让失望之情更生动。[56] 3 周以后，渣甸的抱怨仍然回荡在中国沿海，他向"上校号"的里斯船长发泄道："你可以想象，'红海盗号'还没有出现，会让我有多生气。"[57]

这件事让他如此执着，以至于 6 周后，他写给休·马地臣的第一封信仍在抱怨："我很长时间没有给你写信，因为写也会是一封令人不太愉悦的信，所以我保持沉默直到我的愤怒烟消云散。我实在是无法理解，尤其是在收到我的指示，用我们所有的资金投资后，你和约翰斯通先生怎么能让'红海盗号'就那样停在加尔各答，任人嘲笑。"[58] 他把这件事情告诉了还在伦敦的马地臣，说外甥们过于严格地遵守价格限制，把加尔各答的事情搞砸了。"他们收到指示以市面价格采购后，把'猎鹰号'派回中国，但上面竟然没有一箱鸦片是属于我们的。"[59] 可以想象，那年 9 月，安德鲁·约翰斯通回到广州时他的叔舅会怎样"热情"接待他。

渣甸除了管理公司的航运战略，还不得不应付各种不可预知的麻烦，如船只搁浅、船长生病、气候灾害、政府限制等。头痛也变得剧烈而频繁。1835 年 1 月末，"精灵号"装载 1115 箱鸦片从加尔各答出发，在距离新加坡约 96 千米处搁浅。第二天，英国东印度公司商船"克莱夫号"到达现场，抢救出 680 箱鸦片，其余大部分被毁。渣甸是这批货物的委托人之一，他对这次事故感到非常悲痛（其中原因之一是，这批货物投保了 14 拉克，渣甸很可能是承保人之一）。[60] 此外，他认为"精灵号"船长华莱士对这场灾难负有主要责任。他拒绝起诉船长，但他希望收货人联合起来为他们的损失寻求法律赔偿。

就在"精灵号"发生不幸的同时，渣甸的另一艘鸦片船"奥斯汀号"

也搁浅了，它曾设法恢复航行，但最后不得不在广州下游停下来。[61] 仅仅几周之后，"芬德利号"在沿海销售鸦片的时候被台风困住，为了求生不得不砍断桅杆。因此，这艘船因需要修复而无法航行。同时，渣甸手下的一位船长因身体原因而辞职，另一位船长因胆汁热而暂时返回伶仃岛休养。在马地臣不在的期间，渣甸不得不投入大量时间来解决这些运输问题，同时还要兼顾海上贸易的买卖业务。

到1835年春，他忙于从事海上船只交易，他要确保从大卫·欧文斯特船长那里以8000英镑购买退役军舰"猎鹰号"，再把"海斯夫人号"以17500英镑的价格卖给船长。几年内，"猎鹰号"将会成为怡和洋行沿海舰队的"旗舰"，该舰队拥有大约12艘船。到了1836年4月，怡和洋行舰队船只和人员已经足够庞大，以至于需要购置一艘医疗船驻扎在黄埔。[62]

"猎鹰号"早期装配有2个24匹马力的发动机，不过怡和洋行在1835年买下它后，将发动机拆除，重新组装成供鸦片贸易使用的快艇。[63] 这一改装并不意味着他们准备放弃蒸汽动力。1830年，马地臣的"福布斯号"试验并不理想，但这并没有让渣甸却步，他在1835年选择使用纵帆船"怡和号"，给蒸汽船航行第二次机会。"怡和号"在亚伯丁建造，拥有26匹马力的发动机和桨轮，并于1835年9月抵达伶仃岛。渣甸为这艘船感到骄傲，并希望用它更好地与在河口的其他船只沟通，同时想向清政府和海军将军展示"怡和号"的实力。尽管"怡和号"用途广泛，海军副将还是下令将其驱逐出珠江，法令上说"这艘蒸汽船应该扬帆离开"。渣甸不得不向清政府屈服，并把船送去新加坡，希望能在那里卖掉。然而，引擎室起火事故发生后，其发动机被拆除。后来该船更名为"朗锐克号"，作为一艘普通小型运输船返回伶仃岛。至此，渣甸和马地臣暂时放弃了在中国水域使用蒸汽船的现代化想法。[64]

威廉·渣甸谨慎巧妙地扩充公司鸦片船队。实际上怡和洋行所经营的茶叶、丝绸、原棉、大米和英国制造品的贸易，结合渣甸的航运和保险业务，其价值可能已经超过了鸦片贸易的价值。[65]然而，整个19世纪30年代，鸦片的地位仍无可取代。不过，渣甸和马地臣对于广州、伶仃岛和沿海地区鸦片交易的波动都异常敏感。

事实上，当马地臣从英国回来时，整个广州体系都是不稳定的。行商的财务状况十分脆弱，以英国东印度公司遗留的传统方式经商已经不再安全了。到了19世纪30年代后半期，渣甸和马地臣不得不提高商业灵活度，以在如此多变的环境下生存下来。

英国政府监管在华英国商人贸易的新方式并不成功，因为贸易总监往往无所适从。他们的"沉默政策"使渣甸、马地臣还有其他商人感到恼火，转而想要从墨尔本勋爵那里寻求一种"激进政策"。[66]但伦敦方面无意采取这种"激进政策"，贸易总监也没有利用自己的权威采取主动措施。

贸易总监约翰·弗朗西斯·戴维斯的办公室设在澳门，但他几乎无事可做。广州合法的茶叶贸易和伶仃岛非法的鸦片贸易，一切又回到了正常的轨道，而戴维斯的工作只是签署工资单、船舶清单等文件，不要求从清政府获得什么信息。[67]不闻不问地"监督"了几个月后，戴维斯于1835年初悄然退休，回到了英国。

墨尔本指示戴维斯的继任者乔治·罗宾逊爵士尝试直接与清廷总督沟通，却没有赋予他任何实质性权力。因此，罗宾逊上任两年，就跟前任总监一样，只是悄悄观察英国船只来来往往。1835年11月，他把办公室搬到了"路易莎号"上，停靠在伶仃岛附近众多的鸦片船之中。如果他例行工作签署文件时抬起头来，就会看到快船上的人正把一箱箱的鸦片卸载到仓储船上，随后这些鸦片会被装载到渣甸的沿海销售船上，或者那些在广州预付的中国买家的船上。[68]渣甸告诉他的合伙人，总监先是住在澳门什么也不做，直到为了签署港口批准书方便而搬到"路易莎号"上，"才博得大家的满意"。但他发现，这位贸易总监是如此无用，他更希望这个职位立马消失："如果把他们剔除，就可以节约大量成本，也能更快把事情做好。"[69]

罗宾逊站在官方立场对于眼皮底下的鸦片贸易不动声色，但他本人十分厌恶周围的走私犯，所以他在1836年2月写信给帕默斯顿说自己完全有能力采取行动打击这种活动。然而，他不仅没有得到采取措施的指示，反而白厅通过削减其一半的工资，取消第三副总监职位，从而降低了他第一总监的重要性。1836年12月，罗宾逊选择从中国退休，结束了他在中国的职业生涯，并将手中微薄的权力留给了皇家海军上校查尔斯·埃里奥特（义律），此人曾任律劳卑的副官。[70]

义律与英国国内很多有影响力的人物都有着密切的联系。尽管他一开始就果断离开"路易莎号"，并打算居住在广州的商馆，但由于没有明确的英国对华政策，他仍处于劣势。他写信给外交大臣帕默斯顿，但从信件出发到他收到帕默斯顿的回信已经8个月过去了，这就意味着，他一开始孤立无援，后来又因为他的倡议受到上级的责骂。

过了一阵子，两广总督邓廷桢愿意接收义律的密函（不经过中间人阅读），但他给义律的回信还是通过行商转达，行商们给义律阅读和解释信件内容。一边是很少给出指导意见的英国国内，一边是不会与他直接沟通的清政府，义律夹在中间处于两难境地。柯林斯的结论是，义律明白，伦敦希望他能够促进茶叶贸易合法化，但对于鸦片走私，又希望他睁一只眼闭一只眼。最后，他的摇摆不定让任何人都不满意。[71]

最终义律取下旗帜，从广州夷馆区撤离。他留下一名职员看管事务，并将自己的总部搬到澳门。[72]一些大胆的英国商人，面对总督对走私的打击，又禁不住广州吸毒者金钱的诱惑，所以决定铤而走险，用挂有英国旗帜、全副武装的快船运送毒品去广州时，义律已经不在广州居住了。他写信给帕默斯顿，提醒对方："鸦片贸易存在太多变数和危险"，会扰乱英国与中国的所有商业贸易。[73] 这位总监从帕默斯顿那里了解到，他既保护不了，也管教不了像渣甸、因义士、颠地这种贩卖鸦片的英国商人。他感叹道："大宗贸易必须依赖一种违禁品买卖来维持稳定，而这种商品是一种恶性商品，价格高昂，且常有波动。"[74]

投机者的数量大幅增加，怡和洋行曾是沿海销售模式的先驱，而如今那些梦想发鸦片财的效仿者数量多得惊人，让渣甸十分恼火。[75] 他曾准确预测到，官方对广州鸦片贸易的打压会让新的投机者认为，远方的市场鸦片稀缺，在那里鸦片贸易会蓬勃发展。早在1835年春，渣甸就授权里斯船长探索更北的销售地点，其中包括一个叫作"牛鼻山"的地方，从这里可以拦截携带现金准备去南边采购的走私船。渣甸每天不仅要训练他的船长们如何向走私者销售鸦片，还要向他们传授如何应对竞争，以及如何为白皮土鸦片（这种鸦片在走私者中还不是很受欢迎）开拓市场。[76] 他还在寻找其他可能在沿海销售的商品。事实上，1835年仲夏，他就曾建议弗朗西斯·扬西船长在"奥斯汀号"上装载大米和其他商品，把白皮土鸦片最后装船。他告诉扬西，"我们如此希望白皮土鸦片能有一个稳定的市场，每箱售价高于伶仃岛50～100美金。如果你能带领'奥斯汀号'占领更北边的市场，就可能有更高的售价。"[77]

如果暂时抛开对毒品交易的道德判断，渣甸在此贸易中的表现令人印象深刻：与英国和印度代理交涉，通过行商与茶商谈判，把茶叶运送到英国，处理丝绸、大米、原棉以及英国制造品等商品，租船并给这些船舶和货物办理保险，向印度和英国汇款，同时在伶仃岛和沿岸地区指导公司的鸦片贩运。

到了19世纪30年代中期，怡和洋行有7艘船在沿海运营。1835年8月，他对"仙女号"船长麦凯做出的指示，足以说明他对沿海船只及其鸦片货物的密切关注："'大力士号'船长帕里带来了100箱白皮土鸦片，以满足'仙女号'和'奥斯汀号'的需求，直到'上校号'的里斯船长返回。您可以留 40 箱，这些鸦片可以在厦门附近以每箱 665 美金的价格出售，而在宁波附近可以高达 700～750 美金的价格出售。'奥斯汀号'离开后，你必须占领那片市场，直到里斯船长回来或者你的'公班土'售罄，你带着资金去找位于伶仃岛的'大力士号'。"[78] 当沿海贸易派送在广州达成协议后，渣甸就会给出明确的派送指令。他希望保证每次派送运费得到支付，以免中国卖家在预付少量钱后就带着整船货物消失了。为了避免出现这种情况，渣甸会保留部分货物，直到货款全额付清。[79]

他报告称，1835 年 9 月广州的鸦片市场令人震惊，价格的上涨超过了所有人的预期，连最乐观的投机者也不例外。[80] 就在马地臣返回中国的前一年，渣甸写信告诉他，这一季公司在鸦片交易中完全占有优势，但由于广州的售价太高，预计下一季加尔各答的进价不会太低。在做下一季计划时，他告诉合伙人："我们过于投入在沿海贸易，太相信现场采购了。我们必须在印度两岸都有供货渠道。"因此，他把"芬德利号"派去孟买采购白皮土鸦片，把"红海盗号"派往加尔各答采购"公班土"和"剌班土"。[81]

马地臣在 1836 年秋天返回前，清朝高级官员中就展开了一场旷日持久的争论。这些争论以奏折的形式递交给皇帝在朝堂上讨论相关的政策。将来对待鸦片贸易究竟是将其合法化，还是设法监管，抑或是完全打压，都是 1836 年间清政府面临的紧要问题。[82] 皇帝得到了一份全面的报告，里面详细描述了鸦片走私的程度以及对国家的影响。[83]

在部分高级官员看来，对鸦片的依赖正在以更快的速度腐蚀统治阶层，比腐蚀普通民众的速度还要快。他们的建议是完全禁止鸦片贸易。而另一方则主张贸易合法化，并继续以国家垄断形式进行贸易。后者坚持认为，完全禁止吸食鸦片几乎是不可能的，他们提出了一个有说服力的论点，即监管鸦片贸易可以减少白银外流,并为国库带来收益,但放任走私就会一无所有。他们建议允许鸦片作为药品进入广州港,但必须以以物易物的形式交易,不得金钱交易。但外国商人向总督说明,这样的计划行不通。[84]

众所周知,清朝官员对非法贸易的纵容让这场辩论更为复杂。1839年以前,一些清朝官员总是容忍鸦片贸易。[85] 为了促进茶叶贸易,户部发现与其打压鸦片走私者,不如睁一只眼闭一只眼。[86] 多年来,许多清廷官僚把禁烟法规看作是压榨毒贩的机会。[87] 清朝一个很大的弱点就在于官僚贪腐,很多当地官员,都从非法贸易中获利颇丰。[88] 如范·戴克所言:"广州体系自身已弊病缠身。"[89]

贸易总监义律总结道,鸦片贸易合法化需要把贸易中心从伶仃岛转到黄埔,靠近广州。但渣甸不赞成鸦片贸易合法化,因为他认为怡和洋行无法从广州政府监管的鸦片贸易中获得任何好处。鉴于公司鸦片船队的规模和速度,怡和洋行相对于沿海其他鸦片商更具有竞争优势,能提供更好的服务。一旦行商得知在京师的这场辩论的进展,外国商人也会从行商们的谈话中得到信息。渣甸很清楚正在进行的这场辩论。但这场辩论导致市场很不稳定,让他非常恼火。经过深思熟虑后,朝廷得出结论:控制毒品走私是不可能的,而合法化会造成更多的问题。[90]

范·戴克指出,鸦片贸易在亚洲其他港口是合法项目,所以外国商人和清廷官员在中国推销鸦片并不困难。[91] 渣甸对京师所讨论的道德层面的事宜并不关心,他只在意商业利益。他明白禁止贸易会破坏购买鸦片的资金链,而贸易合法化会催生新的投机机会,导致印度鸦片价格上涨。[92] 无论辩论朝着何种方向发展,他相信任何来自朝廷的禁令都是徒劳的,就像以前一样。迟早会发出禁令的。但是,精明如他,他发现当地走私者惧怕鸦片贸易中断这一弱点。他告诉里斯船长,这种恐惧"可能对我们沿海贸易有利"。[93]

1836年9月，皇帝收到参奏，下令邓廷桢去调查在其管辖的广州国外鸦片销售的情况。为了掩饰自己的罪行，两广总督多次警告行商，并准备驱逐9名外国商人，以显示他对鸦片贩子的严厉惩治。名单最上面就是"渣甸，别名铁头老鼠"。[94] 行商奉命对这9人展开调查，起初渣甸写给伍秉鉴的信中，含糊其辞，以各种模棱两可的理由为自己辩护。他承认在10月28日收到总督的指令，并做出如下描述：

> 我是英国人，已经在广州"小溪馆"居住十几年了，从事代理业务。在此期间，我们一直销售原棉、檀香和其他印度商品；还有羊毛、棉纺织品、金属等欧洲产品，为此我们每年支付大量关税。几年来，我们每年进口超过10万担大米，并出口大量茶叶和丝绸。现在我们在黄埔拥有19艘船，没有任何一艘船藏有鸦片，我们从来没听过行商中有人进行这种交易，更没有办法给出确切的进口量。[95]

总督指定的9名外国商人包括5个英国人：渣甸、颠地、因义士、特纳和怀特曼；3个帕西人：骂骨治、打打罢、化治林；1个美国人：戈登。渣甸深信这些只不过是虚张声势："外国人不会有危险的，尽管有些大臣建议皇帝在必要时斩首一些人。"然而一周后，邓廷桢要求名单上的几个人在两周内打包行李离开广州。行商汇报说，其中一个帕西人骂骨治不见了。其他8人声称他们正在等待即将到达的商船，船上有货物需要他们处理，并承诺会在1837年上半年离开。总督对他们的不服从很是恼火，于是在12月13日又颁布了一道新的法令。很明显，渣甸是主要攻击目标，因为他的名字在上述9人中最先被提到。该法令甚至引用了渣甸的回复："我手上有很多船在黄埔停靠，我需要采购丝绸、茶叶和其他货物，装船运走。跟去年相比，今年的茶叶到得比较晚。我真诚地恳求能让我留下来，完成我的事情并把我的船安排走，我会在明年4月去澳门。"[96]

渣甸称他有20多艘船需要卸货、装货，还要销售及采购货物。他坚持认为，指望行商为他们销售货物和采买茶叶是不合逻辑的，因为他们之间的商业利益是相互冲突的。颠地答应在4月前离开，而渣甸是5月前离开，但是1836年12月的法令要求他们在3月前都要离开。[97]

随后几个月，9名商人中有些人短期离开广州后又回来了。渣甸要他的外甥安德鲁代替他去澳门，以此应付法令。不出所料，那些违抗总督指令的人都安然无恙。广州著名的英语杂志《中国丛报》的编辑裨治文对这出戏剧性事件给出了如下总结："远远望去，这场风暴十分可怕，但仔细观察后发现，只不过是温和夏夜里的一场'火箭阵雨'。"[98]

事实上，这两个苏格兰合伙人对此已经习以为常了，朝廷的法令多半属于虚招，许多不便之处可以用钱来解决，这些都是正常的商业开支。经常有少量的鸦片被截获，1835年3月，一艘携带鸦片的葡萄牙商船被扣，渣甸对杰吉伯伊说："我猜想在1~2周内船主就会和朝廷官员达成协议。"[99]1835年年底，渣甸曾偶然对他的一位船长说，贸易中唯一新的发展就是禁止外国商船在沿海活动的禁令。[100]但似乎没有需要警惕的必要。

不过有些时候，渣甸不得不静待形势变化。1836年3月初，他不得不告诉杰吉伯伊毒品销售毫无进展。走私船只都藏起来了，"直到确定新总督是否打算对毒品贩子采取任何措施"。[101]那时，甚至连政府官员都不知道朝廷政策的走向。然而，他小心翼翼地避免惹恼清政府。他曾为沿海船只提供武器装备，但不希望他们向政府船只开火。然而，当威廉·麦肯齐船长这样做的时候，渣甸告诉他："你似乎没有受到任何伤害，没有任何法令因此发布或有谁对此发表过抗议，但是否会波及政策走向就有待商榷……你应该在所有场合避免起冲突，避免让你的船过于引人注目。"[102]

詹姆斯·马地臣回到中国时，正赶上裨治文所描述的"火箭阵雨"。

刚巧，他最后是随着"威廉·渣甸号"于 11 月 14 日抵达的。尽管从巴达维亚到广州 36 天的旅程十分乏味，但渣甸说他的合伙人"健康状况不错，不是很胖"。马地臣刚到不久就投入公司运作中。[103]

他一定立刻就意识到，他的长期不在对他的搭档造成的伤害。渣甸在一年前给他的信中说："如果我们能保持健康，我想我可以再管理 10~12 个月。"[104] 他做到了，但是已经筋疲力尽，要不是广州的局势不稳定，特别是行商的财政状况堪忧，他早就订票返乡了。在马地臣离开的那段时间里，他几乎没有休假，独自管理公司已经让他身体透支了。更甚的是，马地臣离开期间，渣甸又不得不向他所钟爱的外甥道别。根据渣甸回忆，安德鲁·约翰斯通在 1836 年初离开公司，回到了位于苏格兰西南部邓弗里斯附近的"哈勒斯庄园"居住。[105] 而另一个外甥，安德鲁·渣甸在 1836 年春天因病乘坐"卡姆登号"返回英国，不过他后来于 1839 年又回到了中国成为合伙人之一。[106]

这位 52 岁的高级合伙人曾打算在安德鲁·约翰斯通之后尽快回苏格兰。他在写给苏格兰客人的信中说："马地臣先生回来后，我也将尽快离开中国。"[107] 1836 年初，他健康状况不佳，也让他更加坚定了回家的决心。他想在不久的将来退休回到英国的愿望已经根深蒂固了，他在几封信中都提到了。他写信给老朋友詹姆斯·渣甸："我已经决定，我的合伙人从英国回来后，我即可返回祖国。我期待不久之后就能在苏格兰与你见面。"[108]

然而，马地臣回来没多久，渣甸就写信给伍秉鉴说，他本来打算在这个交易季结束后就离开广州，但由于红茶商的种种行径耽误了茶叶销售，所以他需要等到中国阴历 3 月末（仲春）才能离开，"我很高兴我能够离开"。[109] 但是他在 1837 年又从澳门回到广州，直到 1839 年 1 月才启程回英国。

1835 年 11 月他写信给马地臣时，健康问题一直困扰着他："我得了重感冒，过了午夜就得去休息，这样或许能够出点儿汗。"[110] 1836 年 1 月，病症复发，当时他完全病倒了，据他描述，从1月25日开始"严重的感冒和发烧"。他不得不在自己的房间休养两周，2月10日才回到办公室工作。这就是典型"铁头老鼠"的作风，从他能走到餐桌吃饭，不到一周就去工作了。

年初时他收到了一个便携式淋浴器，对此他非常高兴。他告诉寄件人，即他的伦敦好友乔治·莫法特，他一直不能使用这件神器，因为他得了非常严重的感冒并发烧，医生不允许他洗澡。到了2月底，他写信说"我快康复了"。[111] 然而到了5月，他对托马斯·威丁坦言，由于身体状况不佳，"我十分虚弱，直到最近我还不能像以前一样发挥我的才能"。他希望得到威丁的理解，"由于健康问题导致业务上的倦怠"。作为工作狂的渣甸，承认这些业务的疏忽是很不正常的，但是考虑到他当时的身体状况，也是可以理解的。[112]

5月底，更不好的事情发生了。他在信中提到更严重的"肠胃问题"，导致他"无法写联络信"。他坦诚这一年里，他遭受了严重的肠胃疾病的困扰，但到了12月，症状明显消退，他描述为马地臣不在期间，过度操劳导致了"偶尔的不适"。[113] 但是这种"不适"不是导致他容易感冒发烧的元凶，而在他回到英国不久便被证实，肠胃"不适"是致命疾病的初兆。[114]

回到中国一年后，马地臣认为他的合作伙伴状态很好。并向安德鲁·约翰斯通保证他的舅舅是健康的："渣甸先生身体很好，除了阅读写字时需要佩戴眼镜，我看不出他有什么毛病。就像我经常对他说的那样，他似乎是铁打的。"[115] 从这些评论中可以得知：渣甸没有过多谈论自己身体上的不适，而马地臣毕竟比他小12岁，还没有到那种身体病痛成了家常便饭的年纪。

尽管在广州的英美居民中有不少医生和船上的外科医生，但是没有记录表明，渣甸生病时，是谁参与治疗的。英国东印度公司关闭在广州的夷馆时，该公司的高级外科医生托马斯·克莱奇在澳门开了一家小诊所。所以很可能是他或医疗传教士彼得·派克（Peter Parker，1834年到达中国）在渣甸生病期间负责照顾。渣甸在离开英国东印度公司后并没有完全放弃自己在医学方面的兴趣，据说他写了一本关于手术器械的小册子。1835年，派克在广州夷馆区开了一家眼科医院，渣甸协助他进行了第一次大型手术，为一个女孩祛除了一个面部肿瘤。[116]

直到1836年，在中国居住的英国人、美国人和海员才得到长久性的医疗服务。[117]而大量当地的中国居民常年忍受疾病，但这些疾病本可以在伦敦或爱丁堡通过常规手术祛除。彼得·派克在广州新豆栏街开设的小诊所吸引了很多病人，因此他需要更多的医生以及费用支持。起初，他依赖于朋友的慈善资助，但后来，渣甸、马地臣、查尔斯·金和其他几位外国居民组建了医学传教士协会，帮助他支付账单和招募更多的医生。[118]奈吉登在关于广州的回忆录里提到渣甸在医学协会投入了极大精力，并协助派克医生进行手术。奈吉登回忆道，渣甸曾向派克医生的一位中国病人支付了50美元，劝他同意截肢，因为这位病人担心外国医生只是为了钱让他做手术。[119]医学协会在澳门建立了一家诊所，并安排另一位传教士医生进行服务。此后，医学传教士协会得以在广州和澳门提供全年的医疗服务。[120]

渣甸和马地臣一边投身于公共医疗慈善事业，一边不断进口鸦片间接引发各种疾病，两者相比较，真是莫大的讽刺。他们成功的鸦片营销，让很多中国人鸦片上瘾。渣甸还曾经为广州莫里森教育协会筹措资金。19世纪30年代末，一个名叫塞缪尔·布朗的年轻美国人刚从耶鲁大学毕业，来到中国，创办了渣甸和其他人所设想的学校。[121]

渣甸和马地臣对于恢复彼此在广州的合作都没有表现出特别的兴奋，这是他们关系中独有的矜持。马地臣的回归，使渣甸非常高兴，他可以帮忙管理公司运营。但是除此之外，没有什么特别的庆祝活动，渣甸也没有表现出松了一口气的样子。也许这足以说明他们的友谊和他们办公室的氛围。两个人都能以良好的健康状况面对茶季的严酷和驱逐危机的担忧。马地臣也没有提起由于眼病原因回英国的事情，所以人们猜测眼病应该被治愈了或至少得到了缓解。渣甸的病在1836年上半年也痊愈了，不过他看起来依然很疲倦。

马地臣在英国这一年半的时间里，他们的角色已经发生了很大的变化，现在他们的合作不能单纯恢复到他离开以前的样子，因为所处的环境已经不同了。行商是一个不太可靠的金融中介机构。而未来汇款体系的变化也不可预知。京师的这场辩论可能会影响到怡和洋行以及其他公司的鸦片业务。

然而，邓廷桢并没有试图驱逐外国商人，所以渣甸和马地臣得出结论，这个事情又是皇帝的空口言而已。因此，他们没有考虑放弃鸦片业务，并对其广泛贸易的持续利润持乐观态度。

注 释

1. James Matheson（Canton）to Robert Lyall（Calcutta），4 December 1834, James Matheson Private Letter Book, ms jm, c5/2.
2. The quote, drawn from J. Phipps, *A Practical Treatise on China and the Eastern Trade*（1836），appears in Greenberg, *British Trade and the Opening of China*, 193.
3. 1836年，商会成员扩大到非英籍商人，尤其是美国商人和帕西商人。虽然商会没有实质性强制权，但它确实为解决商业争端建立了第一个正式的机制，即通过任命仲裁解

第七章　异地合伙人　217

决争端。归根结底是通过道德劝说，以舆论的力量来惩治违法者。Downes, *The Golden Ghetto*, 103 - 104.

4. Van Dyke, *The Canton Trade*, 139, 170.
5. William Jardine (Canton) to Jamsetjee Jejeebhoy (Bombay) , 8 November and 23 December 1834, William Jardine – Private Letter Book, ms jm, c4/3.
6. William Jardine (Canton) to M. de Vitre (London) , 28 February 1834, William Jardine – Private Letter Book, ms jm, c4/4.
7. Van Dyke, *The Canton Trade*, 139 - 140.
8. Blake, *Jardine Matheson*, 75.
9. "Memorial to the King's Most Excellent Majesty in Council (Petition of the Undermentioned British Subjects at Canton)" ,1834, as published with James Matheson's *Present Position and Future Prospects of the British Trade with China*; also published in the *Canton Repository*, December 1834, 3: 354 - 360.
10. 1835 年 3 月 3 日 *Register* 上刊登了一则通知，怀特、约翰斯通和亚历山大·马地臣已经成为怡和洋行的合伙人。
11. Fay, *The Opium War*, 79, cited in *Correspondence relating to China*, 1840, 36 (223) : 115, PP.
12. 所提及的两艘船分别是"伯克郡号"和"海斯号"，它们运载的茶叶会比怡和洋行和其他公司的茶叶更早到达英国。William Jardine (Canton) to Thomas Weeding (London) , 12 December 1834; to Henry Templer (London) , 29 December 1834; and to John MacVicar (Manchester) , 15 January 1835, William Jardine – Private Letter Book, ms jm, c4/3 and c4/4.
13. William Jardine (Canton) to Henry Templer (London) , 29 December 1834 and 15 January 1835, William Jardine – Private Letter Book, ms jm, c4/4.
14. William Jardine (Canton) to Hollingworth Magniac (London) , 26 February 1835, William Jardine – Private Letter Book, ms jm, c4/4.
15. James Matheson (Canton) to Robert Lyall (Calcutta) , 4 December 1834, James Matheson – Private Letter Book, ms jm, c5/2. 目前，他的代写人是他的侄子亚历山大·马地臣。
16. William Jardine (Canton) to James Stewart (Gillembie, near Lockerby,Scotland) , 1 March 1835, William Jardine – Private Letter Book, ms jm,c4/4.
17. William Jardine (Canton) to Hollingworth Magniac (London) , 26 February 1835, William Jardine – Private Letter Book, ms jm, c4/4.

18. William Jardine（Canton）to Andrew Johnstone（Macao）, 13 March 1835, William Jardine – Private Letter Book, ms jm, c4/4.
19. William Jardine（Canton）to Thomas Weeding（London）, 27 February 1835, William Jardine – Private Letter Book, ms jm, c4/4.
20. William Jardine（Canton）to Lady Napier, 28 February 1835, William Jardine – Private Letter Book, ms jm, c4/4.
21. James Matheson（London）to William Jardine（Canton）, 8 July 1835, London Private, ms jm, b1/10.
22. James Matheson（London）to William Jardine（Canton）, 11 July 1835, London Private, ms jm, b1/10.
23. James Matheson（London）to William Jardine（Canton）, 1 August 1835,London Private, ms jm, b1/10.
24. James Matheson（Canton）to Andrew Johnstone（Halleaths）, 9 December 1837, James Matheson – Private Letter Book, ms jm, c5/2. 马地臣既是杰弗逊的朋友，也是他的病人。杰弗逊的其他病人还包括维多利亚公主、国王乔治四世、威廉·格莱斯顿、约翰·拉斯金和弗罗伦斯·南丁格尔。
25. James Matheson（Inverness）to William Jardine（Canton）, 24 August 1835, Great Britain – Private, ms jm, b1/8. 行程中，他去拜访了律劳卑夫人，他称其为"高贵的女士"。他说，她感到很失望，政府对于她丈夫发生的事情无动于衷。
26. Particularly useful to him were Peter Auber's *China: An Outline of Its Government, Laws and Policy, and of the British and Foreign Embassies to, and Intercourse with, That Empire* (1834), and James Holman's A Voyage round the World, volume 4 (1835). 马地臣在其文章的序言中承认，他偶尔会采用他尊敬的好友霍尔曼先生的语气。
27. Matheson, *Present Position and Future Prospects of the British Trade with China*,1.
28. Ibid., 3.
29. Ibid., 5–6.
30. Ibid., 33–34. 文中的一部分，马地臣借用了18世纪瑞士哲学家和法学家埃美利治·德·凡泰尔（Emerich de Vattel）的自然法则。其著作 *Droit de gens*（1758; 被翻译为 *The Law of Nations*, 1760）提出，自然法作为国际法的渊源，其地位应该优于政府立法。他引用凡泰尔著作中自然法则的基本原则，即"各国有义务履行其明示或暗示的义务"。

第七章　　　　　　　　　　　　　　　　　　　　　　　　　异地合伙人　　219

31. Ibid., 40. 他引用了奥柏的话："整个舰队在行进过程中被扣留。"
32. Ibid., 44.
33. Ibid., 51.
34. Ibid., 55.
35. Ibid., 61. 马地臣认为皇帝需要优待律劳卑，因为是皇帝批准了广州当局的行动，甚至因他们驱逐了"野蛮人的眼睛"而奖赏他们（54,67）。
36. Ibid. 他提醒广州商人注意请愿书（他在上面是第二个签名的），特别提到他们的建议，即让全权代表乘坐皇家海军军舰带领充足的海军力量在离京师不远的中国东海岸占领一个位置，向清政府展示军事实力。
37. Memorial of the president, vice-president, and directors of the Chamber of Commerce and Manufactures at Manchester, February 1836, as published with Matheson's *Present Position and Future Prospects of the British Trade with China*.
38. Memorial of the Liverpool East India Association, February 1836, as published with ibid.; and Memorial of the Glasgow East India Association, June 1835, also published with ibid.
39. Ibid.
40. William Jardine（Canton）to James Matheson（in Britain），3 November 1835, William Jardine – Private Letter Book, ms jm, c4/4.
41. James Matheson to George Armstrong（Liverpool）and J. Garnett（Clithero），21 January 1836, James Matheson – Private Letter Book, ms jm, c5/2.
42. William Jardine（Canton）to James Matheson（c/o Thomas Weeding, London），24 and 28 December 1835; Jardine to John MacVicar（Manchester），30 December 1835, William Jardine – Private Letter Book, ms jm, c4/4.
43. William Jardine（Canton）to Captain McKay（brig *Fairy* at Lintin Island），30 November 1834, William Jardine – Private Letter Book, ms jm, c4/3.
44. 清朝的官员等级可以通过顶戴花翎的不同颜色来区分。
45. William Jardine（Canton）to Captain John Rees（barque Colonel Young on the coast of China），9 March 1835, William Jardine – Private Letter Book, ms jm, c4/4.
46. Fay, "The Opening of China", 65. 英国东印度公司垄断结束前，美国商人主要从事土耳其鸦片贸易，19世纪30年代后期，他们逐渐转向印度鸦片。在销量上，罗素公司仅落后于怡和洋行和颠地公司两大英国公司，但该公司在1839年宣布停止鸦片贸易。Downes, *The Golden Ghetto*, 127 – 128.

47. Downes, *The Golden Ghetto*, 127 - 128. 白皮土鸦片主要来自印度王公领地，而非英国东印度公司领地。"公班土"和"刺班土"是从加尔各答运出，而白皮土鸦片最初为了逃避英国东印度公司的监管，从印度西部偏远沿海地区运出。英国东印度公司垄断结束后，白皮土鸦片从孟买运出。

48. James Matheson（Canton）to M. Uriarte（Calcutta），17 December 1832, James Matheson - Private Letter Book, ms jm, c5/1.

49. William Jardine（Canton）to P. Niell（Lucknow），15 July 1834, William Jardine - Private Letter Book, ms jm, c4/3. 渣甸报告说，1832 年至 1833 年鸦片销售季是非同寻常的，28 003 箱鸦片带来了 15 352 429 美金的收入，是单个销售季收入最高的。

50. William Jardine（Canton）to M. DeVitre（Bombay），7 April 1833 and 22 May 1833, and to Thomas Weeding（London），12 July 1833, William Jardine - Private Letter Book, ms jm, c4/2 and c4/3.

51. William Jardine to Captain John Rees（barque *Colonel Young* on the coast of China），16 February 1835, William Jardine - Private Letter Book, ms jm, c4/4.

52. William Jardine（Canton）to H.K. George（Singapore），22 July 1835, William Jardine - Private Letter Book, ms jm, c4/4.

53. William Jardine（Canton）to Captain Clifton（aboard *Red Rover* at Macao Roads），13 March 1835, William Jardine - Private Letter Book, ms jm, c4/4.

54. Ibid. 克利夫顿是"红海盗号"的建造者和实际拥有者。

55. William Jardine（Canton）to Andrew Johnstone（Macao），13 March 1835,William Jardine - Private Letter Book, ms jm, c4/4.

56. William Jardine（Canton）to Hugh Matheson（Calcutta），22 July 1835,William Jardine - Private Letter Book, ms jm, c4/4.

57. William Jardine（Canton）to Captain Rees（aboard *Colonel Young*），14 August 1835, William Jardine - Private Letter Book, ms jm, c4/4.

58. William Jardine（Canton）to Hugh Matheson（Calcutta），5 September 1835, William Jardine - Private Letter Book, ms jm, c4/4.

59. William Jardine（Canton）to James Matheson（London），13 September 1835, William Jardine - Private Letter Book, ms jm, c4/4.

60. Lubbock, *The Opium Clippers*, 116 - 118。1 拉克等于 10 万卢比。"精灵号"抛去货物可以重新浮起，证明其经久耐用，可用于常年从事鸦片贸易。

61. William Jardine (Canton) to James Matheson (c/o Thomas Weeding, London), 23 April 1835, and to Robert Lyall (Calcutta), 4 May 1835, William Jardine – Private Letter Book, ms jm, c4/4; Reid, "The Shipping Interest" ,77.

62. William Jardine (Canton) to Captain Ovenstone (aboard barque Falcon), 23 April 1835; Jardine (Canton) to Captain Ovenstone, 7 September 1835; Jardine to James Matheson (London), 13 September 1835, William Jardine – Private Letter Book, ms jm, c4/4. Also, Jardine (Canton) to John Shillaber (Manila), 2 April 1836, William Jardine – Private Letter Book, ms jm, c4/5; and Fay, "The Opening of China" ,77.

63. Lubbock, *The China Clippers*, 9‐10. 卢伯克说,"猎鹰号"是他所知道的唯一一艘三桅鸦片船。船身长约33.44米,在怡和洋行服务前,曾装配22门炮在海军舰队服役。

64. Ibid., 137–138.

65. Fay, "The Opening of China", 69‐70.

66. Greenberg, *British Trade and the Opening of China*, 192.

67. Collis, *Foreign Mud*, 181.

68. Ibid, 82.

69. William Jardine (Canton) to James Matheson (c/o Thomas Weeding, London), 24 December 1835, William Jardine – Private Letter Book, ms jm, c4/4. 罗宾逊的工资一直是6000英镑。

70. Fay, *The Opium War*, 80; Collis, *Foreign Mud*, 182‐183.1836年6月,帕默斯顿决定结束乔治·罗宾逊贸易总监一职,由义律继任。Blake, *Jardine Matheson*, 79.

71. Collis, *Foreign Mud*, 195.

72. Fay, *The Opium War*, 82.

73. Greenberg, *British Trade and the Opening of China*, 200, citing "Correspondence In" (loose letters), Jardine, Matheson Archive, 18 Novermber 1837.

74. Fay, cited in *Correspondence Relating to China*, 1840, 36 (223): 190, pp.

75. William Jardine (Canton) to Captain MacKay (aboard *Fairy*), 1 June 1836, William Jardine – Private Letter Book, ms jm, c4/5.

76. William Jardine (Canton) to Captain Rees (aboard *Colonel Young*), 12 April 1835, and Captain Jauncey (aboard *Austin*), 21 July 1835 and 29 August 1835, William Jardine – Private Letter Book, ms jm, c4/4.

77. William Jardine (Canton) to Captain Jauncey (aboard *Austin*), 21 July 1835, William Jardine – Private Letter Book, ms jm, c4/4.

78. Summary of letter from William Jardine (Canton) to Captain McKay (aboard *Fairy*) , 29 August, 1835, William Jardine – Private Letter Book, ms jm, c4/4.

79. William Jardine (Canton) to Captain Ovenstone (aboard *Lady Hayes*) , 20 March 1836, William Jardine – Private Letter Book, ms jm, c4/5.

80. William Jardine (Canton) to H.P. Hadow (Calcutta) , 5 September 1835,William Jardine – Private Letter Book, ms jm, c4/4 .

81. William Jardine (Canton) to James Matheson (c/o Thomas Weeding,London) , 3 November 1835, William Jardine – Private Letter Book, ms jm, c4/4.

82. 清政府可能将鸦片贸易合法化的传言一出，鸦片价格急剧上涨，但当这个传言被证实是子虚乌有时，价格又迅速跌落。Trocki, *Opium, Empire and the Global Political Economy*, 99.

83. Van Dyke, *The Canton Trade*, 138. 中国因白银外流而损失惨重。

84. William Jardine (Canton) to Jamsetjee Jejeebhoy (Bombay) , 7 July 1836; to H.K. George (Singapore) , 22 July, 1836; and to Captain Rees (aboard *Austin*) , 26 July 1836, William Jardine – Private Letter Book, ms jm, c4/5; Blake, Jardine Matheson, 80 – 81.

85. Van Dyke, *Merchants of Canton and Macao*, 10.

86. Van Dyke, *The Canton Trade*, 162.

87. Trocki, Opium, *Empire and the Global Political Economy*, 97.

88. Collis, *Foreign Mud*, 185.

89. Van Dyke, *The Canton Trade*, 162.

90. Ibid. , 138.

91. Ibid. , 172.

92. William Jardine (Canton) to T.W. Henderson (Bombay) , 5 November 1836, William Jardine – Private Letter Book, ms jm, c4/5; Greenberg, *British Trade and the Opening of China*, 198; Fay, *The Opium War*, 118. 1860 年第二次鸦片战争后，签订《天津条约》，鸦片贸易正式合法化。正如渣甸和亚历山大·马地臣所担心的那样，这一结果削弱了怡和洋行等公司在鸦片贸易中的优势。Trocki, *Opium, Empire and the Global Political Economy*, 110.

93. William Jardine (Canton) to Captain Rees (aboard *Austin*) , 3 November 1836, William Jardine – Private Letter Book, ms jm, c4/5.

94. Edict from the governor, 28 October 1830, published in the *Canton Register*, 1 November 1836, 180; Melancon, *Britain's China Policy and the Opium Crisis*, 70.

95. William Jardine（Canton）to Howqua, senior Hong merchant, and the other members of the Cohong, 4 November 1836, William Jardine – Private Letter Book, ms jm, c4/5.

96. Edict from the governor, December 13, 1836, published in the *Canton Register*, 20 December 1836, 120.

97. Chang, *Commissioner Lin and the Opium War*, 98; William Jardine（Canton）to Howqua and the other Cohong members, 26 November 1836, William Jardine – Private Letter Book, ms jm, c4/5.

98. *Chinese Repository*, November 1836, 5: 336。

99. William Jardine（Canton）to Jamsetjee Jejeebhoy（Bombay）, 17 March 1835, William Jardine – Private Letter Book, ms jm, c4/4.

100. William Jardine（Canton）to Captain Jauncey（aboard *Austin*）, 9 November 1835, William Jardine – Private Letter Book, ms jm, c4/4.

101. William Jardine（Canton）to Jamsetjee Jejeebhoy（Bombay）, 7 March 1836, William Jardine – Private Letter Book, ms jm, c4/5.

102. William Jardine（Canton）to Captain Jauncey（aboard *Austin*）, 15 July 1835, and to Captain Mackenzie（aboard *Governor Findlay*）, 5 June 1836,William Jardine – Private Letter Book, ms jm, c4/4 and c4/5. 麦肯齐因在金星门随意向美国战舰开火而受到渣甸的责难。"如果你不对他开火，那个船长可能会更感激你。请把你的弹药用在刀刃上。"

103. William Jardine（Canton）to T.W. Henderson（Bombay）, 17 November 1836, William Jardine – Private Letter Book, ms jm, c4/5; James Matheson（Canton）to E. Bonstead（Singapore）, 22 December 1836,and to Captain Larkins, 21 November 1836, James Matheson – Private Letter Book, ms jm, c5/2.

104. William Jardine（Canton）to James Matheson（c/o Thomas Weeding, London）, 3 November 1835, William Jardine – Private Letter Book, ms jm, c4/4.

105. William Jardine（Canton）to Andrew Thomson（Bonside, Linlithgow,Scotland）, 29 February, 1836, William Jardine – Private Letter Book, ms jm, c4/5.

106. William Jardine（Canton）to Thomas Weeding（London）, 11 October 1836, William Jardine – Private Letter Book, ms jm, c4/5.

107. William Jardine（Canton）to Andrew Thomson（Bonside, Linlithgow,Scotland）, 29 February, 1836, William Jardine – Private Letter Book,ms jm, c4/5.

108. William Jardine（Canton）to J.H. Gledstanes（London）, 16 April 1836,and to James Jardine

（Edinburgh）, 9 May 1836, William Jardine – Private Letter Book, ms jm, c4/5.

109. William Jardine（Canton）to Howqua et al., 9 and 18 December 1836, William Jardine – Private Letter Book, ms jm, c4/5.

110. William Jardine（Canton）to James Matheson（c/o Thomas Weeding, London）, 24 November 1835, William Jardine – Private Letter Book, ms jm, c4/4.

111. William Jardine（Canton）to H.P. Hadow（Bombay）, 2 February 1836; to D.L. Burn（Bombay）, 10 February 1836; to J.H. Gledstanes（London）, 16 February 1836; to Jamsetjee Jejeebhoy（Bombay）, 27 February 1836; and to George Moffat（London）, 16 April 1836, William Jardine – Private Letter Book, ms jm, c4/5.

112. William Jardine to Thomas Weeding（London）, 15 May 1836, William Jardine – Private Letter Book, ms jm, c4/5.

113. William Jardine to John Shillaber（Manila）, 27 May 1836; to R.W.Henderson（Bombay）, 28 May 1836; and to John Thacker（London）, 3 December 1836, William Jardine – Private Letter Book, ms jm, c4/5.

114. Alan Reid, 艾伦·里德在与作者谈话时表示，渣甸的胃病始于 1835 年。渣甸在 1835 年 8 月下旬写的信中提到了这件事。William Jardine – Private Letter Book, ms jm, c4/4.

115. James Matheson（Canton）to Andrew Johnstone（Halleaths, Scotland）, 9 December 1837, James Matheson – Private Letter Book, ms jm, c5/2.

116. Gulick, *Peter Parker and the Opening of China*, 151–152.

117. Downes, *The Golden Ghetto*, 25, 98. 那些西方公司的合伙人的家属在澳门定居后，由公司出资聘请私人医生，让他们能得到最好的医疗服务。

118. Gulick, *Peter Parker and the Opening of China*, 72. 渣甸主持了第一次会议，负责起草协会章程和细则。他也被选为协会副主席之一。

119. Nye, *The Morning of My Life in China*, 54–55.

120. Fay, *The Opium War*, 92–94.

121. Ibid., 96, 136.

第八章

在中国的最后一决

虽然邓廷桢总督没有强制执行对威廉·渣甸等商人的驱逐令,但他发出信号暗示朝廷的政策即将改变。朝廷不仅要对走私者进行严厉打击和惩罚,还伴随着一系列措施。邓廷桢捣毁了广州流域的走私圈,并摧毁了走私者用于躲避执法的快船。他上报了截获和焚烧的鸦片数量,以及对参与其中的走私者和捐客的量刑和审判结果。然而,渣甸和马地臣以及其他外国商人更倾向于认为,邓廷桢及其官吏只是为了一己私欲将没收的鸦片再次贩卖。[1]

1837年年初,邓下令在澳门附近建造一个炮塔用来俯瞰金星门。鸦片船仍在运营,官僚们从每一箱走私的鸦片中抽取15%的非法"关税"。[2]范·戴克称,随着广州贸易越来越依赖于鸦片收入为茶叶贸易的增长提供资金来源,户部可能觉得,容忍走私活动要比彻底扼杀好。[3]鸦片的主要进口方现在陷入了一场奇怪的三方竞争中,他们彼此相互对抗,同时又与政府对抗。游戏规则是不明确的,因为政府政策一天一变。

1836年年初,鸦片市场尤为萧条,渣甸在报告中说,这一季"是我在中国见过的最令人不满意的"。[4]激烈的竞争从伶仃岛转移到了沿海。"众所周知，现在在广州湾从事贸易的各方既没有公共精神，也没有能力重新建立已被摧毁的站点。尽管我预测早晚会出现这种情况，但没有料到它会如此突然地出现，而且比伶仃岛的贸易还要糟糕。"[5]尽管怡和洋行的船只都配备武器装备（用于对抗海盗和政府战船，而非对抗竞争对手），[6]但渣甸并不打算使用武力。当然，他并不厌恶野蛮的商业竞争。

他主要的竞争者包括顺章洋行的"志愿者号"和颠地洋行的"阿美士德号"。怡和洋行的"上校号"指挥官约翰·里斯船长获准与这两艘船达成价格协议，以避免恶性竞争。但是如果关系恶化，渣甸已经准备好让里斯与颠地的商船野蛮对抗。"阿美士德号"船长托马斯·里斯是约翰·里斯的兄弟，他设计了一个方案来确保沿海销售。他以与竞争者商定好的价格在船上出售鸦片；但是一旦鸦片上岸，颠地的中国合作者就会从走私者那里抽取每箱10美金的回扣。[7]渣甸对其竞争对手的行为感到厌恶并表示不屑："只有那种身居高位、肩负信任和责任的人，才会为了蝇头小利考虑多卖几箱而使用这种卑劣的手段。"

为了采取补救措施，渣甸的沿海船队开始和颠地的船队展开正面竞争。他建议"上校号"的里斯船长："你现在手中的船要比你的竞争对手多，何不把一艘船驻扎在'阿美士德号'附近，尽可能降低价格销售直到把他们逼走，同时保持远处海湾销售价格上涨？即使牺牲我们的价格，也必须让他们戒除这种恶习。"[8]里斯采取了一种更温和的方式，即与他的兄弟达成协议，确保每箱鸦片的价格。渣甸认可这种协议，但怀疑其长久性。此外，他不会同意任何关于均衡销售比例的协议。[9]

整个1836年的春季，渣甸在他的书信中反复重复一个主题，就像一个咒语一样：我们要开拓一个新的市场。他建议里斯派一艘船去开发更北方的舟山群岛，那里的鸦片价格很高，而且贿赂那里的官员可能会让船在那里逗留长达6个月。这将使怡和洋行的业务范围远远超越其他竞争对手。[10]

怡和洋行一直把"仙女号"当作运输船使用，从伶仃岛的仓储船装载鸦片送到沿海的"上校号"上。然而，就在马地臣回到广州时，关于"仙女号"下落不明的说法达到了高潮。9月初，渣甸就从澳门收到关于"仙女号"装载白银和黄金返回伶仃岛时失踪的消息。[11] 到了月底，各种消息众说纷纭，让他处于"极度焦虑"状态，有的说这艘船遭到了袭击，可能是海盗杀害了船员，也可能是当地人造成的。渣甸只能盲目地筛选这些道听途说的消息，他的焦虑也日益增长，他开始担心其他船只和船长们的安全，他向"芬德利号"麦肯锡船长提出，如果他们需要，他可以提供更多人和武器。[12]

直到11月的第3个星期，渣甸仍然希望"仙女号"会出现，然而从"怡和号"和"哈里特号"传到广州的消息令人沮丧，马地臣到达广州时得知，"仙女号"的麦凯船长，也就是他的表弟，可能已经死了。[13]

事实上，麦凯船长确实去世了，受船员叛乱所害。8月21日，6名来自马尼拉的船员因受到大副的苛刻待遇而叛乱。他们在夜深人静的时候在甲板上杀死了大副，然后闯进船舱杀害了船长、二副和炮手，并把他们扔到了海里。其余的印度水手、葡萄牙水手和中国水手被他们用小船送走，这些水手经过8个小时到达中国海岸。小船在海岸附近翻船了，有些人溺水而亡。[14] 叛乱者驾驶"仙女号"驶向马尼拉西北部的苏比克湾，在那里，他们把船在卢科尼亚岛上凿沉。到了1837年1月，渣甸和马地臣得知叛乱者的身份，同年4月，马地臣告诉一个朋友，叛乱者在马尼拉被逮捕和处决。[15]

渣甸收到一份关于被盗金条的重量和外观的完整报告，估价在7万美元。虽然公司已为船只和货物投保，但对于马地臣来说，失去亲人才是真正的痛苦："我可怜的表亲，'仙女号'的麦凯船长的命运实在太悲惨了。我的叔叔阿姨因这件悲痛的事情得到1.5万英镑的补偿。"[16] 沿海贸易会带来很多风险，但这件事是这两位合伙人从未预料到的。

截至1836年，中国鸦片的年销售量约为1820吨。[17] 对于怡和洋行而言，除了这部分市场份额，如果他们派船去上海、宁波和其他北部港口，就有望从长江入海口的港口采购丝绸。[18] 马地臣回到广州时发现，公司已经做好准备，不仅要挑战捍卫伦理道德的中国人，还要进入市场发展的新阶段，威廉·渣甸即将成为中国沿海最大胆的西方商人。

为广州的东西方商贸公司融资过程中，有两个最令他们头痛的问题：一是英国东印度公司的残余以财务委员会的形式，为私人商户提供资金；二是行商财务状况堪忧。

广州管委会实际上已经成了一个金融机构，但这一行为已经违反了议会条款，即终止英国东印度公司的商业许可。该机构继续运营让渣甸大为恼火，直到1839年大批英国商人离开，它才停止运营。财务委员会提供的资金不仅滋生了新的竞争对手，还促使中国商人提高价格，尤其是茶叶的价格，因为他们知道财务委员会的资金为英国买家提供保障。而相应的船货抵押协议[19]使得英国东印度公司至少在短期内仍然是从中国进口到英国的大部分私人贸易货物的监管机构。正如张荣洋解释称，私商成功地打破了英国东印度公司对英国进口货物的主导地位，但又几乎立即把大部分商业活动的实际控制权交还给了英国东印度公司。[20] 虽然财务委员会在广州的外汇业务确实满足了在中国的许多私商的需求，但在很多英美金融机构中，有更多获得信贷、商业汇款的渠道，其中最值得注意的是，威尔逊公司、威金父子公司、威德尔斯公司和巴林兄弟公司。

19世纪30年代初的金融危机几乎席卷了在加尔各答的所有英国金融机构，费尔利公司于1833年11月停止付款，导致怡和洋行损失2.2万英镑，但相比于加尔各答的损失就微不足道了。但费尔利公司的破产使得渣甸的票据无法兑现。在荷林华斯·马尼亚克的帮助下，渣甸的汇票立即得到了蒂莫金·威金父子银行的担保，该公司金融稳定，备受赞誉。[21]

1835年，詹姆斯·马地臣在与伦敦新公司马尼亚克-史密斯公司谈判时明确表示，怡和洋行并没有打算让马尼亚克-史密斯行成为其在伦敦的独家代理，而是打算继续与伦敦其他公司合作。然而，与马尼亚克-史密斯公司建立的良好关系在短时间内付出了巨大的代价，因为就在马地臣回到广州不久，很多大型英美金融公司就陷入了致命的困境。[22]

1837年的金融危机使得怡和洋行无暇顾及沿海地区的毒品销售。从某种意义上说，这两个问题不能分开，因为公司的财务与现金流密不可分，而现金主要来自于鸦片贸易。这场源于美国，后波及英国及欧洲大陆，被称为"1837年经济恐慌"的金融危机让两个合伙人措手不及。

时任美国总统安德鲁·杰克逊否决了国会延长美国第二银行营业授权的提案后，美国人一改之前用真金白银支付中国进口货物的付款方式，改用英国买家购买美国棉花时提供的汇票进行支付。由于美国进口商不再向中国输出白银，美国国内的墨西哥白银数量激增，导致通货膨胀。而1837年美国政府的财政政策导致金融环境从通货膨胀转向通货紧缩。企业因不明智的投资而失利；商业停滞；金融危机在国际上蔓延。

对于怡和洋行来说，金融海啸恰逢兴泰行的破产，该行商欠他们200万美元的债务。1837年8月，渣甸在写给马尼拉代理约翰·希拉贝尔（John Shillaber）的信中承认，可能会出现巨大亏损。他说，当时形势如此艰难，以至于在英美商业重新振作之前，许多公司都破产了："我们的朋友在茶叶和丝绸投资上太不谨慎，一定赔了很多钱；很庆幸，我们这一季在这两样商品上投资很少，但我们也无法逃脱损失。在这一点上，我们不像你的邻居那样，不愿意看到我们的朋友甚至是敌人（我们似乎有一些敌人）与我们一起受苦。"[23] 他所说的希拉贝尔的邻居是指那些对兴泰行破产导致怡和洋行损失一事感到窃喜的人。

1837年年底，马地臣预测虽然公司不能全身而退，但是损失也会比较轻。他预测，即使美国汇票系统崩盘，怡和洋行这一年的安全收益也能弥补损失。[24] 但当危机真的发生时，渣甸和马地臣受到的打击都比两人预想的大。尽管如此，他们还是在金融危机中幸免于难，部分原因是他们谨慎投资，避免投机那些会被目的地拒收的货物，还有渣甸和马地臣在选择伦敦代理商时的谨慎判断。

渣甸拒绝依赖威金公司的做法是明智的，因为威金公司就是那些因1837年美国汇票系统崩溃而倒闭的公司之一。怡和洋行因马尼亚克－史密斯公司提供的保护才渡过危机。在这种情况下，使用由威金公司、威尔逊公司和威尔德斯公司背书的汇票会让公司蒙受10万英镑的损失，是1833年加尔各答危机中损失总额的5倍；但是，马尼亚克－史密斯公司也承兑怡和洋行的汇票，所以马地臣认为，他们的损失不会太大。[25]

马地臣向史密斯保证，怡和洋行会尽早采用最切实可行和安全的手段来归还马尼亚克－史密斯公司为其垫付的资金。[26] 同样的话，渣甸以更哲学的方式跟荷林华斯·马尼亚克说过："这样的时代，我们必须与他人一起受苦；但我们没有理由去理解任何会给我们带来极大不便的事情。因为我们有充分的理由相信，所有我们开出的或背书的票据，虽然现在不能按时付款，但最终都会被偿付。"[27] 吉迪恩·奈（Gideon Nye）始终记得渣甸即使在最黑暗的危急时刻仍能保持冷静。[28]

渣甸、马地臣以及颠地都有大量资金被套在这几家英美金融机构的汇票中，因此他们无法在不造成恐慌、不损害公司声誉的情况下，把业务从威金公司、威尔逊公司、威尔德斯公司和其他几家公司中抽离出来。某种程度而言，这不仅仅关系到怡和洋行的声誉，也关系到颠地行的声誉，所以他们宁愿自己承担部分损失，也不愿放弃与这几家英美金融公司的合作，引得公众哗然。[29]

此事发生后，直到 1837 年 8 月，广州的代理公司才听说美国金融危机的消息，而且他们花费了更长时间才了解到，早在 6 月的第一周，几家主要的英美银行机构已经停止了付款。听到消息后，渣甸立即向杰吉伯伊保证，怡和洋行不会出现任何问题。他表示，公司在这一季运气很好，茶叶、丝绸的损失低于 5000 英镑。[30] 到了 1837 年 10 月，广州的整个商业气象一片凄凉：没有开往英美的船只，没有人采购茶叶或丝绸，金融市场一片惨淡。渣甸悲叹道，广州市场从来没有如此落寞过。[31] 9 月初，渣甸赴澳门短暂访问前夕，曾写信给一个孟买的客人："目前，就外汇业务而言，我们处于进退两难的境地。我们所能做的就是积累资本，蓄势待发。"不仅很难确定广州与英国的汇率，更难确定的是谁家的汇票是安全的。[32]

到了年底，马地臣依然在为汇票问题给马尼亚克－史密斯行造成的负担而道歉。[33] 在马地臣与史密斯的书信往来中还有一个令人痛心的发现：他们与托马斯·威丁的关系已经不复从前。在金融危机期间，威丁拒绝为怡和洋行的汇票垫付资金或背书。马地臣告诉史密斯："关于威丁先生的行为，我不做任何评价，但这让我们更加感激您提供的援助，当然，这种行为会妨碍我们进一步与他的公司合作。"[34]

对于渣甸来说，与威丁的纷争是格外痛苦的，因为在 1817—1818 年间，渣甸曾在威丁位于伦敦南海府的办公室里学习进出口和国际金融知识。20 年后的今天，他等了好几个月才向曾经的商业导师表达不满。1837 年春天，危机发生前，渣甸曾向威丁保证，怡和洋行的票据是可靠的："请放心为我们预付款，我们资金充裕，而且该商品也是稀缺商品。"在夏末的一封信中也有同样的保证。[35] 然而在 1837 年的危机中，威丁 10 年来第二次拒绝为带有渣甸和马地臣签名的汇票付款。渣甸终于对这位前伦敦银行家发火了，威丁连续发给渣甸 6 封信，他都不予回复。渣甸称没有回复有两个原因：一是，他自己返回英国的时间不确定；二是"你拒付怡和洋行的汇票让我感到不满，甚至是厌恶，这种感觉只有时间才能平复"。[36]

显然，怡和洋行的抄写员在誊写这封信时没有喝醉了或过度劳累，我们可以从威廉·渣甸语句混乱、充满厌恶之情的信中看出他对老友的愤怒："我一想到我们现在的处境，再想到，如果当初如你所愿，让你成为我们在英国的独家代理，我们将会面临怎样的境遇，我就无比感激马尼亚克-史密斯公司。你和其他公司拒付我们的汇票时，他们如此信任保护我们，为我们的汇票背书。我从未见过约翰·亚伯·史密斯这样的绅士。我有很多理由想要忘记你和他的对比，但是如果我忘记了感恩，我会鄙视我自己。我已经厌倦了这个不愉快的话题。"

阅读完这段充满怨恨的言论，威丁一定会很惊讶，因为渣甸在接下来的一段中表达了对威丁的新婚祝福，他祝愿威丁和他的妻子幸福快乐，并希望他回到英国时能有幸见到威丁的妻子。然而，信中还是清楚地表明，威丁已经不再是渣甸多年来信赖的朋友和知己了：他们的书信往来也戛然而止。

从某种程度上而言，威丁的沉默是可以理解的，因为似乎怡和洋行一直被失败的阴霾笼罩着：先是早些年加尔各答危机，紧接着是 1837 年金融危机很多英美公司倒闭，兴泰商行也随之倒闭。在一个伦敦金融家看来，渣甸的运气迟早会耗尽，怡和洋行也难逃厄运。

事实上，广州的纺织品市场也非常不稳定。渣甸从印度进口了大量原棉，还被迫投机了英国羊毛和棉纺织品，这是一项极具风险性的投机。对于渣甸来说，与曼彻斯特的联系是一个艰难的过程，因为约翰·麦克维卡脾气暴躁，他对中国市场寄予厚望，希望中国市场能成为英国纺织品的倾销地。渣甸最欣赏的行商兴泰行曾被说服销售英国纺织品，虽然明知此类商品的市场不容乐观。然而，19 世纪 30 年代中期，麦克维卡还是向中国市场投入了大概 40 万英镑的货物和资金，交由渣甸管理。[37]

麦克维卡在兰开夏郡纺织商中的突出地位和他为海外商人的利益进行政治游说的角色让他在英国中部和伦敦有很高的威望。麦克维卡急于利用广州允许私商自由贸易的新形势向渣甸施压，要求其为自己推销纺织品。渣甸曾经警告过他，鉴于美国棉纺织品出口商的竞争，要理智发货。他曾在1836年初通知麦克维卡，广州的外国商人正在以极高的价格收购丝绸，远远超出麦克维卡的指示，即以中低价格采购。[38] 然而，当渣甸遵从他的指示行事时，麦克维卡向其他商人抱怨怡和洋行汇款的方式。麦克维卡想要丝绸，但他指定的购买价格太低，所以渣甸他们只能给他汇票而非丝绸，这让这位急躁的客人大为不满。金融危机期间，怡和洋行上下都谨慎维护公司声誉时，渣甸和马地臣发现麦克维卡的粗暴无礼令人无法忍受。

渣甸称，纺织品贸易是一种"强迫交易"，麦克维卡急于将他的纺织品收益再投资到运往英国的茶叶和丝绸货物中，渣甸和马地臣已经不堪其扰。到1836年底，渣甸已受够了麦克维卡的坏脾气，他把其账目交给马尼亚克-史密斯公司，要求清算账目，结束商业关系。[39] 渣甸写给麦克维卡的信中说："根据您的各种抱怨，我们最后的派送在进行中，并会在这个月之前完成。"[40]

麦克维卡有自己的行事风格。他不仅与怡和洋行的员工罗伯特·汤姆在业务上进行沟通，而且与汤姆就合伙人的性格和管理风格进行了密谈。除此之外，他还指控渣甸在采购丝绸的问题上欺骗了一个叫马歇尔的船长。[41] 1837年的几个月里，渣甸和马地臣告诉了很多在英国和印度的人，他们可以不理会这段破裂的关系继续前行。[42] 虽然马地臣跟一位英国客人说过："我们很高兴终于摆脱了满腹牢骚的麦克维卡。"但他没有真正参与与麦克维卡公司结束关系的事宜。[43] 到了年底，麦克维卡公司自己运营广州业务，并在广州为孟买商业保险协会建立了办事处。[44]

对于同时经营茶叶和纺织品的行商来说，他们共同面临一个问题，就是所谓的"红茶商人"的阴谋。由于红茶是出口英国的主要商品，所以这些人强迫行商以高价收购红茶。1836年，这些茶商在违反合同的情况下，拒绝将茶叶运送到广州，除非行商能够现金预付，并为茶叶运输提供担保。[45] 等待装运茶叶的商人们都很失望，但他们对于茶商违反合同的行为无计可施。在广州的每个人都明白，茶商们拦截了茶叶，并知道如果将他们手中的茶叶交给英国东印度公司财务委员会，即可以得到茶叶总价值2/3的现金或英国东印度公司汇票。[46]

行商作为垄断外商交易的中间人却无力抵抗茶商的欺凌。显然，行商没有能力形成统一战线保护自己的利益。因此，渣甸准备让伍秉鉴向清政府申请强制执行茶商合同，行商对朝廷有一种莫名的依赖，对此渣甸习惯性表示不屑。茶商从行商那里得到了巨大的好处，行商的资金都被卷入这场商业欺诈游戏中。而且广州的外国商人跟行商一样缺乏团结意识，有人愿意支付高昂的价格，只要茶叶能运到广州，这使渣甸十分气愤。[47] 1836年夏天，怡和洋行通过伍秉鉴、卢茂官、兴泰和其他行商签订了一大批优质茶叶合同。但是，渣甸坦言，茶叶供货商在前两个自由贸易交易季尝到了甜头。[48] 1836年春天，当茶商生产了满满三船茶叶后，成功绕过行商，把几乎所有货物都交给了英国东印度公司，再由财务委员会付款给茶商。显然，在广州的英国商人为了私利相互挑战对方的底线，最终让茶商成为受益者。

怡和洋行，还有其他欧洲商人和狡猾的茶商直接谈判，会降低行商的信誉。渣甸承认，行商和茶商之间的斗争决定了行商存在的必要性。[49] 马地臣知道，除了两个特例，其他行商都处于不稳定的状况，但他曾预测兴泰行应该是不会有问题的。[50] 但他错了，1836年年末，兴泰商行倒闭了，而此时，11家行商中已经有8家负债累累。英国纺织品投机加剧了行商的痛苦。为了获得现款，他们一直在广州城内以5%~7%的折扣把英国产品卖给中国人，因此也导致巨额负债。[51] 早在 1835 年，渣甸就告诉一位孟买的客人，广州的行商急缺现款："整个交易季我们从行商那里收到了不足 15 万美元的现金。"[52]

1836 年，兴泰倒闭，欠怡和洋行 160 万美金。渣甸把破产归咎于过度交易、对市场信息的误判，以及把商行资金用于家庭开销。他对此非常生气："我坚信是欺诈导致的失败，交易中没有损失资金。"他表示，公司已经准备好安然渡过危机，确实损失很大，但在此期间并没有出现付款困难的问题。[53]

渣甸担心，如果他和其他债主对负债的行商施加太大的压力，他们都会破产的；而且他预测，如果发生这种情况，户部又会再扶植更多的行商，然后没几年他们又会破产。他告诉杰吉伯伊："太令人沮丧了，除了现金贸易或以货易货（且同时交易），我找不到别的方法补救这种恶性循环。"然而他明白，这种方法会导致短时间内价格大幅下降。[54] 公所基金（Consoo Fund，即所谓行用）在一定程度上可以缓解这种财政问题，该基金是皇帝下旨所建，用于帮助债台高筑的行商偿还外国商人的债务。

威廉·渣甸在计划离开中国时，仍十分关心贸易的稳定性，而非行商的债务问题。[55] 他告诉朋友马尼亚克，茶商引起的纷争同时暴露了行商的弱点，他要等到行商财政问题得以解决，广州贸易有一个安全稳固的环境时才能离开。"我不会因为债务问题而耽误我们的贸易，但我清楚地知道，想要达成我们的目标需要长时间的奋战，披荆斩棘。马地臣先生还要照料公司日常运作，我不愿意在此时还留给他这样一个烂摊子。"[56] 因此 1837 年春天，渣甸不打算离开，他准备在"中国齐普赛街"（戏称）多待几个交易季。马地臣非常欣赏搭档的决定："他说过这个交易季要回家，但除非他真的动身启程，否则我是不会相信的。"[57] 随着事情的发展，到他真的踏上回家的旅程时已经过去整整两年。[58]

尽管鸦片贸易是怡和洋行利润最丰厚，但也是波动最大的业务，但渣甸并不是因为鸦片才留在中国。公司的财务安全才是让两人最费心维护的，而且马地臣一人既要管理公司多种产品贸易和多样化的服务，又要保护公司资产不受行商债务问题所累，实在是负担过重。

毫无疑问，自由贸易的开启让威廉·渣甸和詹姆斯·马地臣的发展步履维艰。英国东印度公司对中国贸易的垄断结束后，两人对那些投机者的鲁莽行为感到愤怒。马地臣写给一个费城人的信中说道："与自由贸易无休止的麻烦相比，我们差点儿就希望恢复英国东印度公司的垄断。"[59]渣甸继续指责英国东印度公司的幽灵——财务委员会——提供了太多的信贷，助长了疯狂的投机活动。[60]两人发现他们被夹在中间，陷入了糟糕的境地：一边是英国东印度公司的残留势力，另一边是疯狂融入的新兴公司，其数量已经远超中国贸易能够承受的范围。这不是渣甸和马地臣曾预想的中国贸易的新纪元。而在自由贸易中，他们还要继续背负行商制度沉重的枷锁。

所幸两人合作无间，能以强大的实力处理大规模多种货物，这是那些新晋投机者不能匹敌的。这也让他们有能力抵御投机单一商品带来的风险。在农作物上怡和洋行获利颇丰，其中大米尤为突出。降水不足，大米收成不好的交易季里，中国大米市场会异常活跃。渣甸会安排从马尼拉运来大米或者"稻谷"（带壳的大米）。此时他要依靠约翰·希拉贝尔，尽管不算是个高效的职业经理人，但希拉贝尔深受渣甸和马地臣的喜欢。他作为合伙人经营的公司叫奥塔杜伊公司。渣甸和马地臣有时急需运往广州的菲律宾大米，为此他们除了预付款，甚至还提供大米包装袋。

渣甸与希拉贝尔的书信为他开启了接触中国商业的窗口："总的来说，中国人是非常乐观且乐于投机的，所以他们有意无意地减少了许多正常商业活动，转而进行赌博性的投机，就像大米投机一样。连续几天的阴雨天，或连续1~2周的干旱天气都会让米商产生投机的念头。他们太乐观了，而且深受投机的荼毒，无法成为谨慎的商人。"⁶¹ 此时，行商正在破产的边缘，在信贷危机中挣扎，所以渣甸不愿意现在退休回苏格兰。

有些货物虽然不经过怡和洋行直接处理，但怡和洋行却会为这些货物的贷款做担保，例如大米。广州的英国商人 A. J. 基廷在 1835 年无力偿还怡和洋行的债务，渣甸指责他拖欠付款，因为他的大米本可以卖给怡和洋行以偿债务。渣甸威胁要采取法律行动，并要求他的代理把大米卖掉，随后渣甸愤怒地说："我对于你的行为以及忽视我的信件不予评论。"两周后，当渣甸和其他公司销售大米时，基廷却在与一个中间商讨价还价，试图以最好的价格销售大米。渣甸不关心到底谁卖了大米（并因此获得了佣金），他只是希望公司得到付款："我们和其他公司已经帮你销售了几千担大米，但你却迟迟不动，我们只不过想收回拖欠了几个月的款项。现在你反而抱怨我们没有感受到你的谢意，没有领你的情。基廷，我们真的是好心被当成驴肝肺。"⁶² 他本可以取消基廷的赎回权，但他最终没有这么做。

有一次，一名叫沙波尔吉·马佩万吉的印度商人起诉怡和洋行，称公司账目不准确。渣甸对事情的处理跟应对基廷事件如出一辙。怡和洋行也起诉他拖欠款项，要求他赔付欠款，印度法院做出了有利于怡和洋行的判决。不过，得到有利判决后，渣甸却不想推进下去了。他写信给杰吉伯伊，问对方是否知道有什么理由可以宽大处理："不管他的行为有多恶劣，我们都不愿他受到严惩。"⁶³

在渣甸漫长的职业生涯中，很少见到他私下里的一面。但这些故事向我们展示了这个人的多面性，不同于那个与英国东印度公司抗争，与鸦片商竞争，大声抱怨英国政府，与行商讨价还价，为亚欧客人提供多种服务，处理复杂商品的粗鲁的企业家的一面。

当大米被加入进出口货物清单（清单还包括茶叶、丝绸、原棉、纺织品和鸦片）后，再加上金融服务、运输服务、保险服务，怡和洋行显然已经成为一家为英国、印度、东南亚其他国家、中国南方的客人处理多种复杂业务的代理公司。1837 年，詹姆斯·马地臣在给一家智利的代理商的信中更为直接地描述公司情况，比 1836 年渣甸间接向总督描述时更为坦率。马地臣告诉罗伯特·杨："我们主要以抽取佣金的方式，在有限范围内销售鸦片、印度原棉、英国纺织品，并运输茶叶和丝绸回英国。我们很少自己投资货物，而且除非作为代理，否则我们从不接触丝绸制品。"[64] 而且，出于政治和经济的双重原因，鸦片仍然是他们公司 1837—1839 年间波动最大的业务。从 1836 年马地臣返回中国，到 1839 年钦差大臣林则徐收缴怡和洋行的鸦片，在此期间，鸦片始终是他们书信往来中的重点话题。

1837 年的恐慌不仅危及怡和洋行的资产，公司精心维系的商业关系也变得紧张，甚至不复存在。在危机爆发前，詹姆斯·杰吉伯伊就曾抱怨怡和洋行的疏忽和效率低下，但当 1837 年英美商业危机的消息传到印度，怡和洋行与其最重要的孟买客人之间的关系愈发紧张。据香港大学教授张荣洋估计，杰吉伯伊与怡和洋行的业务往来每年高达 100 万美金。

通常情况下，怡和洋行收到从孟买来的杰吉伯伊的货物后，会立即通知伦敦的代理公司福布斯公司，提出货物价值三分之一的资金用于投资运往伦敦的货物。剩下三分之二的资金，怡和洋行会以汇票或货物的形式委托给福布斯公司，然后由该公司将收益转到杰吉伯伊的账户。实际上，福布斯公司需要预付渣甸三分之一的资金用于投资运往伦敦的中国商品。[65]

1837 年金融困境中，福布斯公司曾广而告之怡和洋行无法兑现汇票，也未能支付货款。这意味着，让福布斯公司垫付货款的安排对怡和洋行有利，而对福布斯不利。杰吉伯伊在印度是财富的象征，对此他感到既愤怒又尴尬，他向渣甸表达福布斯公司的不满，要求他们结清款项。渣甸回复杰吉伯伊时坚称，他在 1837 年没有向伦敦发汇票，但他很快发了一批茶叶给福布斯公司。此后不久,渣甸和福布斯公司的合作就终止了。但这件事对怡和洋行的声誉还是有一定影响的,渣甸和马地臣都尽力向各方解释其运作模式。[66]

张荣洋在怡和洋行研究报告中称,1837—1838年间,还有很多其他公司投诉怡和洋行,两个合伙人对此极力辩解。他们把一些棘手的案件交由马尼亚克-史密斯公司仲裁。[67]根据张荣洋估计,1837—1838年间,怡和洋行损失的客户量比以往任何时期都多。有些合作关系断绝是因为怡和洋行不愿在这种痛苦的关系中纠缠。渣甸和马地臣在与其他公司打交道时一般采取和解政策,并及时向那些继续信任他们的公司表示感谢。[68]

茶叶和丝绸的惨淡销售,以及清政府对鸦片销售的压力使怡和洋行的英国客户感到恼火。最关键的是,美国汇票的问题以及随之而来的向伦敦汇款的困难使得这些代理商更加焦虑不安。1836年年底,亨利·坦普勒(Henry Templer)写信给渣甸抱怨他的货物利润太少,特别是茶叶。渣甸机智地回复说,感谢他在信中弥漫的"友善",并对于收益欠佳表示遗憾。在冷静慎重地考虑了所有的交易情况后,渣甸提出在公平体面的前提下会见坦普勒。坦普勒曾暗示,他委托渣甸管理如此多的资金,应该享受更高的地位,应该享有比曼彻斯特和利物浦的其他棉花、鸦片商人更好的待遇。

坦普勒的信中透露了以怡和洋行为代表的广州商人间的竞争和妒忌,但渣甸坦率的回应给了我们一个新的角度。他解释说,鸦片是在中国销售的唯一可以获得现金的商品,怡和洋行从未用以货易货的方式买卖过鸦片。"我们想要确定商品真正的市场价值,所以不考虑以货易货的交易方式。但是在这个系统中,我们首先不能公正地对待我们的朋友。"[69]

1837年9月,渣甸以表示和解的语气对杰吉伯伊说:"正如你所知,我知道我们既有朋友也有敌人。我们以前者为荣,并宽恕后者,也不知道曾做过什么事激起任何人的敌意。"他强调他们之间要继续保持良好的关系，并表达自己的感激之情,"非常感激你多年来对我个人的友谊"。[70] 由于没有高品质的货物,也无法使用汇票,他于1838年初将金条运给杰吉伯伊,用来安抚重要客户和朋友。

因为天生不是油腔滑调之人,渣甸对杰吉伯伊的话应该是出自真心的。当然,作为一个精明的商人,他意识到,比起与麦克维卡的关系,怡和洋行更要维护好与杰吉伯伊的关系。与对麦克维卡表现出的遗憾态度不同,这对合伙人对于其新加坡代理人查尔斯·托马斯在1837年的金融恐慌中遭受的损失表现出极大的同情。在查尔斯不在期间,合伙人乔治先生因管理不善使公司濒临倒闭。1837年1月,詹姆斯·马地臣曾警告过托马斯,他们管理不善导致拖欠怡和洋行的债务增加。但是马地臣保证说,时机合适时他会努力提高托马斯的利润。但是这家新加坡公司在1837年崩盘,而且由于怡和洋行拒绝兑现其汇票导致该公司迅速倒闭。"不过,我们确信我们再也收不回钱了。"其实在那之前,托马斯就欠怡和洋行一大笔钱,"我们早就不抱任何希望了。"[71] 尽管托马斯负债累累,但在他与怡和洋行的交往中向来表现得很正直。因此,马地臣说:"他年事已高却遭遇重创,我们深表同情。"[72] 而此时,由于行商破产和国际金融危机,怡和洋行也损失了10万英镑。

虽然高龄,托马斯还是在1838年前往伦敦申请破产以清偿债务。马地臣和他的合伙人答应托马斯,如果他可以在新加坡恢复业务,他们将尽一切可能为他提供业务,他们甚至鼓励其在伦敦和新加坡的老友去雇用这位老者。托马斯说,马尼亚克-史密斯公司正在考虑雇用他,马地臣告诉他们说,他自己和渣甸都非常开心他们能为托马斯提供这条出路。他们还呼吁新加坡的约翰·珀维斯雇用托马斯,并表示他们将把新加坡的代理业务交给托马斯,从而给珀维斯的公司带来好处。

1838年,国际金融形势转好,但怡和洋行仍不愿为美国汇票背书,所以在短时期内被迫依靠从沿海鸦片船只借调来的金条。1838年2月,马地臣相信公司已经渡过难关:我很高兴地说,从目前的情况来看,我们所遭受的损失相对较小。[73]一个月后,怡和洋行获悉,其美国汇票的大部分款项可以被追回。但事实上,当最后一笔账目被结清,已经是20年后了,威廉·渣甸已经去世多年。[74]

如果以信件作为标准来衡量渣甸在中国最后两年的关注焦点,可以看出,他将更多注意力放在鸦片贸易,而非其他业务上。考虑到政府取缔鸦片贸易的决心,英美公司在沿海贸易中的激烈竞争和很多中英商人对鸦片贸易的道德批判,他对鸦片贸易的过多关注也是可以理解的。

1836年秋天,裨治文在《中国丛报》上刊登了一篇文章,作者是一位匿名人士,他对鸦片贸易持强烈批评态度。裨治文在一篇关于节制饮酒的文章后,紧接着发表了这篇,意图让人在酒精和鸦片比较的框架内进行讨论。文章结尾写道:"英国政府通过这一来源增加财政收入能持续多久?"并继续问,英国商人以如果他们不这么做,别人也会这么做为理由为自己的罪恶收入辩解,这一辩解还能持续多久?[75]

裨治文是一位美国传教士,他的月刊由美国公司阿利发洋行资助出版。他认为新闻媒体有责任大胆地谈论鸦片贸易,但他给读者一个机会反驳匿名文中的观点,因为"这个问题值得彻底研究一下"。因此,他刊登了一位匿名读者的回信。回信中遍布渣甸和马地臣的痕迹,上面有近10年来他们各种各样的论据,这封信具体是由两人中谁所写不得而知,不过肯定是出自他们之手。这个作者发表反驳信的时候正好是对9名外籍商人发布驱逐令的时候。所以他很快就不再抱怨,而是提出自己的观点:"除了对于那些滥用它的人,鸦片其实是一种有效的镇静剂,一种无害的奢侈品,一种珍贵的药品。"他提出,据统计,在中国每326人中就有1人吸食鸦片，但其中大多数并不是滥用鸦片的人，只是"有教养的家庭为远方而来的拜访者提供一管鸦片"，就像英国人为访客提供葡萄酒一样。他为卖家辩护说，任何能激起人们热情的商品都应该由体面的人销售，他们回馈给印度收入，以免这些财富落入"亡命徒、海盗和掠夺者之手"。[76]

神治文在下期刊登了两篇有力反驳的文章，他留给其他读者空间来发表自己的结论。"另一位读者"从文章的一开始就抨击"毒贩"；"V.P.M"（读者名字）则指责那些贩卖鸦片的基督教绅士阻碍了福音在中国的传播。[77]

1836年接近尾声时，在广州备受推崇的英文杂志上的道德辩论还在继续，即将到任的贸易总监对于鸦片贸易无动于衷，再加上对于知名鸦片商的驱逐令，渣甸和马地臣感受到来自四面八方的压力。他们认为，反对鸦片是不合理的，因为鸦片在亚洲其他主要港口以及在英国国内都被视为合法商品。因此，范·戴克说，对于卖鸦片的外国人和买鸦片的中国人来说，让鸦片贸易合法化都不是难事儿。[78]

1836年年底，清政府决定打击鸦片贸易，以防止白银外流，取缔非法贸易。[79] 清廷下达这些决议后，新任贸易总监也正式就职。1836年12月14日，查理·义律上任。[80] 帕默斯顿勋爵没有让他鼓励英国商人进行鸦片贸易。然而，如果看到英国最有利可图的贸易项目被终止，他也很难促进英国商业的繁荣。

义律运气不佳，走马上任时正赶上两广总督下令驱逐渣甸和其他8位外籍商人。总监认为，鸦片贸易合理化会把鸦片交易吸引到黄埔，但目前这一点对于渣甸没有什么吸引力。[81] 义律认为，合法化是英国人所期望的最好的短期内解决方案，但他猜测这也会在未来引起冲突，因为合法化会导致腐败的地方官员和走私者很快失去收入来源。[82] 1837年上半年，鸦片合法化的期许都消失了，马地臣评价说"被遗忘了"。[83] 不过，他和渣甸都预测政府的打压行动会失败，最终导致合法化。[84] 渣甸预测，在未来的某一天，鸦片进口将被合法化，列为药品并征收关税。[85]

在停止讨论鸦片贸易合法化的同时，鸦片销售量也急剧下降，马地臣不得不向印度的客人发出警告，警惕在这个供应过剩且非法的市场上进行冒险投机。[86] 然而，空前数量的鸦片仍在 1837 年接踵而来。供过于求加上清政府对于鸦片贸易的打压意味着，1836—1837 年交易季后，仍有超过 5000 箱鸦片没有售出。而 1837—1838 年交易季后，仍有超过 1 万箱没有售出。[87] 而且，清政府在金星门建立炮台以监视并驱逐那里的接收船后，鸦片仓储也成了问题。最后，怡和洋行决定把他们的仓储船转移到鲤鱼门和九龙湾的安全水域。[88]

1836 年年底，渣甸和马地臣指示其在孟买的买手 T. W. 亨德森在价格合理范围内，把所有资金投资在鸦片上。由于 1837 年 1 月以来，中国鸦片贩子都消失了，渣甸和马地臣无疑进行了反思和预测。怡和洋行派了一艘装载 200 箱鸦片的商船到中国沿海，希望能把大部分委托给他们的鸦片售出。渣甸说"我们自己必须抓住机会"，这意味着他和他的拍档决定优先销售客人的鸦片，而非设法挽救自己的投机危机。[89] 他知道，那些被他称为"中国总经销商"的毒贩曾尝试贿赂政府的监察船，但收效甚微。1837 年，一系列海上灾难使怡和洋行雪上加霜，公司因此失去了"仙女号""旗手号""复活号"等船只。这些损失让包括怡和洋行在内的保险公司付出沉重代价。他们对孟买的客人说，"对于中国和印度的保险公司来说，今年都是严峻的一年"。[90]

怡和洋行的沿海船只采用不同策略来促进销售。渣甸对"芬德利号"的贾恩西船长说"我们相信你们仍充满激情"；他指示"大力士号"的德华·帕里船长要热情对待那些前来销售船只买货的走私犯。"在船上友善地接待这些中国人，为他们提供食宿。"面对严峻的市场形势，这位不愿在办公室里多放一把椅子的人，也要采取一些公关手段来培养客户。[91]

尽管朝廷决心取缔毒贩，仍有很多文武大臣想从走私鸦片的非法税收中分得一杯羹。1837年春季，每一箱到达珠江的鸦片都会被征收75美金的"关税"（其中20美金是给走私船的船主，而55美金是给政府官员）。走私者就此费用与政府官员发生争执，继而拒绝以每箱550～600美金加上75美金（给走私船船主和政府官员）的价格采购鸦片。渣甸不得不承认，公司想要在岛屿和沿海海湾运送和销售鸦片的计划没有实现，他告诉杰吉伯伊："我们必须找其他方式，避免每箱75美金的'税'。"渣甸的商业头脑受到了清政府和地方官员的双重考验。[92] 创新是必不可少的，最终渣甸找到一种能逃避"重税"的方法，即把鸦片送到南澳，只付25～30美金便可运送鸦片，而无须支付走私船主和政府官员要求的75美金。[93]

查尔斯·莱尔是渣甸侄女的丈夫，也是马地臣侄子的合伙人，在加尔各答做代理商，因购买过量高价鸦片而遇到困境。马地臣抱怨说，莱尔"使我们蒙受巨大的损失"，并对这位年轻人进行了严厉的训斥："我出于善意把我该教的都告诉你们，希望你们在以后能取得成功。"[94] 由于国际金融恐慌，鸦片价格低迷，广州和沿海地区销售受限，保险危机，以及茶叶、棉花和丝绸市场前景黯淡，马地臣希望从亲友那里得到支持。

到了1837年年中，许多走私船被船主销毁了，以避免刑事起诉，这意味着广州附近的鸦片走私活动陷于停滞状态。但白皮土鸦片却没有因为缺货而涨价，反而价格下跌，但就算降到这个价格，鸦片贩子依然不敢购买。不过，包括怡和洋行在内的主要鸦片进口商都认为不应该放弃鸦片贸易，因为鸦片是唯一可以获得现款的商品，以此来采购出口的茶叶。[95]

渣甸当然担心沿海的销售船只会与清政府的监管船发生暴力冲突。6月发生一个意外，总督的监管船与一艘装载了100箱鸦片的走私船相遇，发生了小范围的冲突，导致走私船被毁，大部分货物损毁，船员和乘客遇难。有报道称，颠地的一艘船本想恐吓监管船，却无意中击沉了一艘监管船，对此渣甸忧心忡忡，因为事情的发生地就在怡和洋行的"芬德利号"附近。

在这动荡的市场中，他需要充分发挥商业才能，多角度解决问题。策略之一，是向南澳海峡的清廷海军行贿，以此让怡和洋行的一艘船在该地享有永久驻扎的特权，而且清廷海军船队要阻止任何其他船只在该地区运送鸦片。他的逻辑是，一艘船可以悄无声息地瞒天过海，但很多船就会引起注意和怀疑。虽然渣甸对待客人和走私者都非常谨慎，但只要能在销售中获得优势，他给贪腐官僚好处时毫不吝啬。[96]

意识到卖家的困境，潜在的中国鸦片买家提出以极低的价格收购白皮土鸦片。渣甸不愿以低价出售，坚持寻求更好的交易条件。[97]尽管如此，他仍急于收到来自加尔各答的"公班土"，而货物的延迟让他十分暴躁。他向查尔斯·莱尔和里斯船长大声斥责莱尔在加尔各答对采购的新货的处理方式。"我们在印度那边的朋友已经要抓狂了，在我们需要为沿海采购鸦片的时候，鸦片却滞留了。"[98]

他更希望通过预售安排来销售货物，而不是让公司的船在沿海巡航，随机销售。买卖双方在"小溪馆"里进行交易，然后商船在广州湾装载货物后运送到沿海的指定交货地。船长奉命在主桅杆上悬挂红旗，向接收船发出信号，以便走私者能认出怡和洋行的商船。[99]双方取得联系后，将两方订单副本进行比较，即可交付鸦片，收取白银了。[100]

1837年的秋天，商业形式非常紧张，当"红海盗号"从加尔各答带着报纸到达广州，带来一位18岁的年轻女子在6月继承了英国王位的消息时，大家并没有为此庆祝的迹象。[101]1838年，维多利亚加冕时，其实有足够的时间进行庆祝，但现在这对合伙人的全部精力都放在金融危机和停滞的鸦片贸易上。总督要求义律要么将所有鸦片船开走，要么完全停止贸易，但渣甸对此表示拒绝。"我们不打算将船只开走，所以贸易只能碰运气了，暂停两个月贸易并非坏事，但我不希望会有这样的措施出现。"[102] 即使在金融危机最严重的时候，渣甸和他的合伙人也相信他们的公司能够在混乱的鸦片竞争中经受得住考验，因为很多竞争者会因为这两个月的贸易暂停而破产。

义律采用不同的策略来保护英国贸易。策略之一是，他向总督邓廷桢申请居住在广州夷馆区，并最终得到许可。他通过行商转交给邓廷桢一封请愿书。这肯定不是帕默斯顿勋爵希望他的总监做的，就如我们所知，广州和伦敦之间的书信往来大约需要七个月或八个月。[103]

1837年夏末，清政府颁布法令，要求义律将鸦片船从中国沿海开走，否则会导致整个广州贸易停止。义律对此未作任何回应，使得清政府称他"不适合"担任贸易总监。义律回答说，他的政府只授权他处理合法贸易的事宜。[104] 鉴于英国船只正在从事鸦片贸易，所以这个回答令人不安。因为他很可能会遇到这样的情况，即清政府的监管船可能会截获1~2艘英国走私船。如果过程中发生冲突，导致中国人丧生，清政府要求交出肇事的英国海员，那么义律将处于很艰难的境地。[105]

义律的另一项策略是寻求东印度海军中队的保护。2月初，他向海军少将托马斯·布雷登·卡佩尔爵士发出请求，七个月后，帕默斯顿勋爵批准英国军舰访问中国。[106] 外交大臣称这艘军舰是为了保护英国财产免受海盗侵犯，并防止在英国船只上服役的水手出现暴行。[107] 有一次，他与义律谈论起鸦片时，明确指出，英国政府拒绝为任何一家从事非法鸦片销售的英国公司做辩护。"关于走私鸦片……女皇陛下及政府不能出面，让英国国民可以违反所在贸易国的法律。因此，任何损失都要由当事人自己承担。"[108]

早在这份声明在白厅发表前，义律就已经降旗离开广州了。他收到了帕默斯顿的指示，要求他避免在请愿书中谄媚，并禁止他通过行商与总督沟通。这位贸易总监曾尝试其他方式与总督联系，但总督对此很反感。因此，12月初，义律便把办公总部搬到了澳门，在那里，他可以跟妻子和刚出生的儿子生活在一起。[109]

渣甸和马地臣意识到，他们只能依靠自己。随着中国鸦片船被迫放弃向岸上走私鸦片，英国和美国商人冒险用自己的船走私鸦片。长期建立起来的渠道被逐渐打破，渣甸意识到，临时制度和不断变化的不确定因素使鸦片贸易对于遥远的投资者和当地的销售者来说都很危险。

白皮土的售价已经低至每箱380美元，由于1837年最后几天"怡和号"需要运送的货物可以带来可观的收入，渣甸拒绝了船长修船的请求。他急于让船远赴泉州湾和上海进行交易活动，以便与远方的买家取得联系。而且，他愿意让船长降低鸦片售价，倾销货物，通过扩大销量获得利润。[110]

当中国买家预付款购买鸦片时，渣甸希望船长能够迅速送货，这样客人们就不会抱怨怡和洋行令人失望了。他让"红海盗号"运送了上百箱鸦片到沿海不同的收货地，"怡和号""奥斯汀号""大力士号""哈里特号""欧米茄号""芬德利号"和"上校号"也都参与到仓储、销售和运送鸦片的过程中。1838年上半年，来自英国的"希腊号""欧米茄号"和"珊瑚号"三艘船也加入到怡和洋行的船队中，以确保有足够的船只维持伶仃岛和沿海销售的联系。渣甸确实在努力地经营现有的市场和航运资源，已经到了让人精疲力竭的程度。当然，他们也同时经营其他货物。例如，里斯船长收到指示与"舟山组"建立联系以鸦片换取生丝，并将生丝直接装载到蒲罗附近怡和洋行的船上。[111]

买卖双方对共同承担风险的条款达成协议。[112] 若买方长期拖延交易，会产生额外费用。例如，7月一个叫沃金的买家订购了200箱鸦片，渣甸指示帕里船长，如果"大力士号"离开香港后，货物仍在船上仓储超过一个月，需要收取每箱20美金的附加费用。

1837—1838年冬天，总督离开广州进行军事视察，痛苦难熬的时期似乎要过去了。此时黄埔附近的鸦片贸易十分活跃，清廷官员趁总督不在广州的机会，利用监管船运送鸦片，为那些以前依赖走私船获取鸦片的客人走私了几千美金的鸦片货物。渣甸称此时的黄埔贸易令人作呕，因为骗子用劣质锡条和假的铜圆进行支付，导致巨额损失。而且，即使总督回来后，黄埔的鸦片贸易依然很活跃，沿海销售量有增无减。到了春天，怡和洋行的鸦片船队已经熬过了低潮期。[113]

渣甸回到英国后欢欣鼓舞地告诉他的朋友亚历山大·格兰特船长，沿海贸易繁荣的愿景实现了。不仅是价格上涨，竞争也减少了。每种鸦片的市场销量都很好，而且怡和洋行几乎垄断了丝绸采购的市场，其位于河口的仓储船上也拥有最新的白皮土鸦片。[114] 直到1838年6月，都是繁荣期，渣甸的心情也非常好。他对一位在锡兰的朋友说，走私很猖獗，清朝官员颁布禁令，假装反对走私贸易，但实际上却视禁令为无物。显然，改革派输掉了这场斗争，怡和洋行又恢复了往日的繁荣。[115]

义律显然对此事没有任何影响，渣甸形容他与清政府处于一种互不来往的状态。但他长期以来提出的希望英国海军来访中国的请求即将实现。强大的"威尔斯利号"带领一艘小型护卫舰和一艘帆船在帕默斯顿的授权下，于1836年7月途经澳门到达伶仃岛附近的中国水域进行访问。"威尔斯利号"上的指挥官是皇家海军东印度站的指挥官。他通知义律说，他希望中国人明白，他的访问没有任何敌意，但他们的通信未被开封就被退回了。[116] 因海军上将弗雷德里克·刘易斯·梅特兰意欲开到上游的夷馆区，总督扣留了海军的一艘船，他和义律都感觉受到了侮辱，梅特兰最后把船开到了虎门。渣甸他们认为巍然耸立的"威尔斯利号"足以震慑中国海军，梅特兰留在附近直到10月。[117]

梅特兰的访问给渣甸和马地臣以信心，让他们确信国家没有放弃他们，而这对苏格兰合伙人对于鸦片市场重新焕发活力而兴奋。马地臣指责居住在利物浦的侄子休没有抓住贸易复苏的机会赌一把。"让我来告诉你，所有投机活动最好的时机就是恐慌间隙或者结束时，因为此时大多数人已经心灰意冷，无力与你竞争。"他建议说："你授权他们以我们认定的安全价格进行采购就不会有什么问题。"[118] 但至少从短期看，这不是个好建议。因为这种繁荣并没有延续到夏天，1838 年 8 月，买家陷入恐慌，销售额严重下降。而且早在夏初时，清政府就开始重新审议鸦片问题。讨论的内容大部分涉及鸦片对于使用者的危害性和购买走私鸦片导致白银外流的问题。[119]

起初，严厉的禁令并没有让鸦片市场降温，8 月的第 3 周，白皮土鸦片的售价已经高达 700 美金每箱。但几个交易商被捕导致其他买家为了急于清理鸦片库存而低价售卖，每箱鸦片损失多达 100 美金。有些人放弃了订金，有些人下单后连订金都没付就弃单了。尽管如此，渣甸依然能保持冷静。他以前就经历过这种情况，他相信 10 天内恐慌就会过去，价格再次上涨时，公司就可以开始处理库存了。[120]

1838 年 10 月，由于没有买家，价格持续下跌，渣甸开始担忧，他在夏季对于市场过于乐观的预测可能会导致大量白皮土鸦片在 1839 年 2 月抵达广州。面对市场供过于求以及清政府禁烟法令，渣甸陷入商业危机。[121] 他急忙向杰吉伯伊保证，怡和洋行正在寻求正确方法以保证这位孟买大亨的鸦片保持在每箱 600 美金的价格。虽然马地臣对毒品贸易的长期前景仍然信心满满，但公司短期的库存问题却极大地困扰着渣甸，因此怡和洋行准备了 6 艘船派往南澳和泉州湾，以求努力销售手头的库存。渣甸告诉贾恩西船长："采取一切方法清理库存。"[122]

对于渣甸而言，在这样一个冬天离开中国是很难的，因为他多年来苦心经营的贸易王国正在迅速瓦解。就在几个月前，生意很兴旺，他还满怀信心地考虑离开广州。然而现如今，1838 年的秋天，即使是马地臣这样乐观的人也不得不承认，鸦片市场"处于完全停滞状态"。他哀叹道，市场上一片惨淡，"无论如何也卖不出一箱鸦片"。尽管有很多人想买鸦片，例如当地的经销商想要借此赚取利润，抑或者瘾君子受毒瘾驱使。然而他们都害怕因买卖或者吸食鸦片而遭到严厉惩罚。[123]

但渣甸还是在计划从广州退休的事情。他在11月初去了澳门，在那里待了两周，很有可能是去清算他在葡萄牙领地的业务。马地臣和地产代理确认，渣甸的租金会一如既往地支付，但很明显，一个重大的改变即将发生。[124] 马地臣提前预想到了，即合伙人不在的情况下，公司如何进行管理。

到了12月，渣甸通知他的客人和船长们，广州监狱人满为患，有2000多人因吸食、贩卖和运送鸦片而被捕。两广总督曾因对鸦片贸易过于宽松而受到朝廷的严厉斥责，因此现在对于贩卖鸦片的人采取严厉措施。渣甸明白，那些死在狱中的人有些是因为突然戒断鸦片导致死亡的。"在某些情况下，那些因吸食鸦片被发现而被逮捕关押的人是无法获得鸦片的，所以死亡也随之而来。"渣甸对杰吉伯伊说的这句话意味着，他其实知道戒断鸦片对吸食者的致命杀伤力。这种论断在美国和英国商人中是不常见的。[125]

参与鸦片贩卖的行商受到调查。渣甸严肃地说："我们从来没有见过如此严格的总督。"人们见不到一支大烟枪，也看不到贩卖鸦片的小贩，茶叶贸易也被忽略了，没有运输和派送，因为所有商人都专注于政府镇压鸦片贸易的行动。[126] 渣甸无力地对一位孟买客人说："风暴可能会过去，我们经历过同样的风暴，但这一次似乎比以往对我们更不利。"[127]

到了圣诞节，也就是距离渣甸离开还有1个月，事情变得更糟了。伍秉鉴预测，下个交易季的鸦片销售量将不会超过1838年交易季的1/5。对此，渣甸表示同意并严重地警告杰吉伯伊：无论如何，他都不能再采购鸦片。渣甸在中国的岁月里从来没有感觉到如此有必要发出一个严厉的警告。[128]

他对义律很生气，因为对方给广州的英国商人制造了很多麻烦。事情源于因义士，这位长期特立独行的英国商人曾试图把鸦片卸载在小溪馆，就在怡和洋行旁边。12月3日，两名苦力在卸载鸦片时被捕，他们供认是在为因义士工作，并交代了他们获取12箱鸦片的那艘船的名字，这艘船位于黄埔。广州当局错把这艘船认为是"托马斯·珀金斯号"（属于美国人塔尔伯特）。他们要求"托马斯·珀金斯号"（实际上只装载了大米）迅速离开黄埔，并要求因义士和塔尔伯特在3天内离开广州。行商威胁说，如果因义士不遵守驱逐令，为求自保，他们会烧毁小溪馆。随后，行商成员呼吁商会停止向广州走私鸦片，并监督英国商人的行为。若他们不遵守条款，就会停止贸易。

对此，商会主席休·琳赛解释说，他无法约束因义士，因为对方不是商会成员，而且商户无权管束从黄埔到广州的商船，因为商会只是一个普通机构，没有法律权限。[129]因此，总督下令立即暂停在广州所有的对外贸易。[130]

事情持续这样，没有办法解决，一直到12月12日早上发生了一件更疯狂的事情。在瑞典馆门前，一名清朝军官和一些苦力正在准备绞刑架，准备绞死一名叫"何老钦"的鸦片贩子。一些英美居民在绞刑场边大声抗议，而另一边，商馆附近，一些广州人聚集在一起与外国人推搡导致了一场纷争，这让渣甸十分沮丧。很快，广州人就把外国人赶了出去，马地臣躲在美国领事彼得·斯诺家里避难。[131]《广州纪录报》的编辑把这件事归咎于"那些用棍棒追打中国人的鲁莽行为"。如果外国居民在执行死刑的时候退回夷馆中，就不会有任何骚乱。[132]

最后，清军官兵前来把人群驱散了，事情平息下来，没有造成严重的流血事件，尽管有些人掉入河中淹死了。消息传到义律那里，他急忙从黄埔赶到上游的夷馆区，并指出他必须出面阻止英国走私者在广州沿海走私鸦片。显然，义律把在夷馆区的暴力事件与河上停留的英国商船联系在一起，并认定，如果那些参与鸦片走私的商船没有在3天内离开，他就会与清政府联系，承认英国政府允许合理范围内对走私者的惩罚。约翰·斯莱德认为："看来，义律要自封为中国防御长了。"[133] 在向帕默斯顿解释他的行为时，义律说："我的先生，于我而言一切都很清晰了，外国人在内河走私鸦片对于其他贸易的危害越来越大，其增长对于鸦片贸易本身的危害更大。"[134]

义律意识到，像怡和洋行这种大的公司对这件事是无能为力的：渣甸已经明确表示，他不打算监督其他英国商人的行为。也无法指望商会来进行监督。所以义律决定自己采取行动，他召集了英国商人，并指示他们把船开走。然后，他通过请愿书通知邓总督，他不会帮助在虎门被查获的携带鸦片的英国商船。商人被警告说："如果清政府需要扣押和没收鸦片，英国政府不会出面干预。"而且任何参与鸦片走私的英国人，如果导致中国人死亡，都会受到死刑惩罚。[135]

尽管渣甸坚称总督的行为"像个疯子一样"，但他认为事情之所以如此失控，大部分原因在于义律。渣甸指责这位贸易总监，以牺牲同胞贸易为代价换取外交利益。[136] 在他眼里，义律的行为非常愚蠢。12月22日，他写道："我的观点是，如果他当时保持沉默，现在贸易已经恢复了。"和往常一样，渣甸很快就意识到了这种情况的影响："义律和他的朋友（如果他有的话）认为，内河和外河贸易是近期打击鸦片吸食者的原因。但这是不正确的。"最近，邓廷桢对走私者和瘾君子进行严厉惩罚是想表现给皇帝看，因为皇帝认为他百无一用。"邓总督很清楚内河贸易的严重程度，他在发布禁令的同时，又鼓励其在虎门的官员发放通行证给走私船只。"

渣甸评论说，问题的根本不在内河贸易，而是整个大清帝国的禁烟运动，义律对这个问题错误地理解，导致他对中国人一再让步。[137]

1834 年的"律劳卑事件"对 1838 年暴乱及义律的反应都有重大影响。弗里德里克·韦克曼称，"律劳卑事件"让清朝官员相信，封锁夷馆很容易让外国商人屈服。此外，律劳卑的继任者也意识到，如果事情发展到紧要关头，但不准备发动战争的话，就不要挑战广州体系。义律曾要求展现英国海军的实力，但他没想到，以粗暴对待走私者和鸦片买家作为宣战的理由。[138]

渣甸认为，从事鸦片贸易的英国商人必须通过公然对抗朝廷法令和地方来保护自己。如果他想等到行商在财政方面变得更可靠，毒品贸易合法化，那么他可能不得不在广州度过余生。但他不打算这么做，尽管 12 月麻烦不断，他仍然坚持要在次年 1 月回到英国。他收到了不止一份来自伦敦的邀请，请他成为合伙人，这也为他在离开中国以后的生活提供了各种各样的选择。早在他离开之日临近前，约翰·格雷斯坦曾写信给渣甸，邀请他入伙。渣甸的回答很模糊，但态度诚恳："我希望有机会跟你品尝年代久远但质地纯良的波尔多红酒，再谈这件事。"[139]

渣甸在离开前十个月就已经制定好了行程，他先到孟买，然后经红海到达欧洲，最后到苏格兰。而且他已经开始通知相关人士他的行程。他的计划是先陪一对名叫克劳福德的夫妇到孟买。所以，他的离开并不是什么秘密，当广州的英国居民们知道他乘坐的船名时，便开始筹备他的告别宴。[140] 奇怪的是，由于"萨拉号"船主因这艘船的纷争而被捕，渣甸在当时也受到牵连。但渣甸并没有慌张，他委托 T. W. 亨德森来协商一个解决方案，并承诺无论亨德森提出何种解决方案都会接受。[141]

我们不知道他是在几周内有条不紊地打包行李，还是在最后一刻疯狂地收拾东西。但是我们知道，他已经到了黄埔码头才把注意力从贸易中收回来。渣甸很少斥责值得信赖的船长，但他在离开前两周还有充足的精力责备贾恩西船长。贾恩西船长显然很信任沿海的中国鸦片贩子，但是却被骗得一无所有。怡和洋行因此损失惨重，渣甸将责任归结于贾恩西的违规行为。渣甸坚持说，如果没有全额付款，沿海地区的那些人就不应该得到鸦片。"把它作为规则去执行，不要同情心泛滥，保护你的账户，听从指令。不要相信那些陪你去沿海的人，1美元都不要相信，不然，这1美元就是你的雇主的损失。船上的那些人都是一些毫无原则的人，不值得信赖。"这显然是渣甸在中国近20年来最后一次大爆发。[142]

他的脾气总是刚中带柔，这一点从他发脾气当天的另一封信中就可以看出。钱币鉴定师负责在船上鉴定货币真伪。"哈里特号"上的钱币鉴定师犯了一个错误，导致公司的损失，但渣甸只是轻微地说了几句。如果那个人不是有意欺骗，就让他领走他的工资吧，渣甸说："我们不愿扣工资。"[143]当渣甸为离开广州做最后的安排时，鸦片市场已经一片死寂。他和马地臣已经放弃了所有合法化的期望，他们所能希望的最好的结果就是反对鸦片禁令。他谈到市场时沮丧地说："其他省份发生暴乱是唯一让我们喘一口气的机会。"[144]他知道这不太可能，也认为清政府即将出台的更严厉的措施执行起来也不太可能。但是朝廷有自己的想法。

1838年的最后一天，皇帝任命了一位钦差大臣专门来广州取缔鸦片贸易。林则徐在1838年重新讨论鸦片政策的过程中给皇帝留下了深刻的印象。博学、诚实、有说服力的他赢得了皇帝的器重，让他在1838年秋天获得了19名门生。他采取的立场是，严厉打击鸦片贸易在中国的运输渠道，强制吸食鸦片者戒断鸦片，并对顽固不戒者进行惩罚。林则徐称，这种做法加上严惩鸦片供应商，便可以解决鸦片问题。[145]

1839年1月8日，林则徐带了一小队随行人员离开京师，并于60天后，也就是3月10日到达广州。他被任命为钦差大臣，享有极高的权力，

第八章　在中国的最后一决　255

甚至超过了总督。邓总督于1月23日史无前例地向全体外国社区发表了一份声明，提醒他们将会有一名钦差大臣到来。通告被大量印刷，所有的夷馆都有副本。[146] 但是，在渣甸离开前，广州的外国社区都还不知道林则徐的权力之大，取缔鸦片的决心有多坚定。如果他们知道的话，可能会破坏渣甸的告别晚会。

注　释

1. Greenberg, *British Trade and the Opening of China*, 201; Fay, *The Opium War*, 119. 在下议院广州管委会的听证会上，渣甸作证说，总督有四艘悬挂其旗帜的船只，用来运输鸦片。Great Britain, Parliament, House of Commons, Report of the Select Committee on the China Trade, 1840, 95. 1838年12月，斯莱德在《广州纪录报》上提出了与读者相同的观点。"我们认为，总督，或者说当地政府在走私问题上应该负有主要责任，在过去18个月中，他们一直以公开、毫不掩饰的方式参与走私活动。" *Canton Register*, 13 December 1838, 101.
2. Fay, *The Opium War*, 119.
3. Van Dyke, *The Canton Trade*, 162.
4. William Jardine（Canton）to Jamsetjee Jejeebhoy（Bombay）, 10 January 1836, and to J.H. Gledstanes（London）, 16 February 1836, William Jardine – Private Letter Book, ms jm, c4/4.
5. William Jardine（Canton）to Capatin MacKay（aboard *Fairy*）, 1 June 1836, William Jardine – Private Letter Book, ms jm, c4/5.
6. 1837年7月，颠地的"阿美士德号"击沉了一艘清军战舰。当时这艘船就在"阿美士德号"附近，准备阻止走私者运鸦片。Cheong, *Mandarins and Merchants*, 35.
7. Fairbank, *Trade and Diplomacy on the China Coast*, 71.
8. William Jardine（Canton）to Captain Rees（aboard *Colonel Young*）, 1 and 12 April 1836, William Jardine – Private Letter Book, ms jm, c4/5.

9. William Jardine（Canton）to Captain Jauncey（aboard *Austin*），5 June 1836, and to Captain J. Rees（*Colonel Young*），30 June 1836, William Jardine – Private Letter Book, ms jm, c4/5.

10. William Jardine（Canton）to Captain J. Rees（aboard *Colonel Young*），12 April and 4 June 1836, and to Captain MacKay（aboard *Fairy*），1 June 1836, William Jardine – Private Letter Book, ms jm, c4/5.

11. William Jardine（Canton）to Captain J. Rees（aboard *Colonel Young*），5 September 1836, William Jardine – Private Letter Book, ms jm, c4/5.

12. William Jardine（Canton）to Captain John Rees（aboard *Colonel Young*），24 September 1836; to Captain Jauncey（aboard *Austin*），24 September 1836; and to Captain MacKenzie（aboard *Governor Findlay*），25 September 1836, William Jardine – Private Letter Book, ms jm, c4/5.

13. William Jardine（Canton）to Captain Rees（aboard *Austin*），20 November 1836, William Jardine – Private Letter Book, ms jm, c4/5.

14. Lubbock, *The Opium Clippers*, 102.

15. Ibid., 103; William Jardine（Canton）to Captain Rees（aboard *Austin*），27 January and 17 February 1836, and to John Shillaber（Manila），27 February 1836, William Jardine – Private Letter Book, ms jm, c4/5; James Matheson（Canton）to Colonel McInnes（Inverness），30 April 1838, James Matheson – Private Letter Book, ms jm, c5/3.

16. William Jardine（Canton）to John Shillaber（Manila），31 January 1837, William Jardine – Private Letter Book, ms jm, c4/5; James Matheson（Canton）to Colonel McInnes（Inverness），30 April 1837, and to J.A. Stewart Mackenzie（Ceylon），11 April 1837, James Matheson – Private Letter Book, ms jm, c5/3.

17. Wakeman, "The Canton Trade and the Opium War", 178.

18. Cheong, *Mandarins and Merchants*, 133.

19. 船货抵押协议是指以货物为抵押品向船主提供贷款。

20. Cheong, *Mandarins and Merchants*, 238–239.

21. Ibid., 240–241; Greenberg, *British Trade and the Opening of China*, 167–168, citing Jardine correspondence, 9 February 1835.

22. Cheong, *Mandarins and Merchants*, 244.

23. William Jardine（Canton）to John Shillaber（Manila），11 August 1837, William Jardine – Private Letter Book, ms jm, c4/6.

24. James Matheson（Canton）to William Lyall（London）, 9 December 1837, James Matheson – Private Letter Book, ms jm, c5/2.
25. James Matheson（Canton）to Captain Alexander Grant（London）, 20 October 1837, James Matheson – Private Letter Book, ms jm, c5/2.
26. James Matheson（Canton）to John Abel Smith（London）, 9 September 1837, James Matheson – Private Letter Book, ms jm, c5/2.
27. William Jardine（Canton）to Hollingworth Magniac（London）, 26 August 1837, William Jardine – Private Letter Book, ms jm, c4/6.
28. Nye, "The Morning of My Life in China", 27.
29. Cheong, *Mandarins and Merchants*, 245.
30. William Jardine（Canton）to Jamsetjee Jejeebhoy（Bombay）, 20 August 1837, William Jardine – Private Letter Book, ms jm, c4/6.
31. Ibid.
32. Ibid.
33. James Matheson（Canton）to William Lyall（London）, 9 December 1837, James Matheson – Private Letter Book, ms jm, c5/2. 并非所有的消息都是坏消息。马地臣报告说，孟加拉政府已授予合作伙伴一笔"巨额奖金"，以弥补他们因莱尔·马地臣公司的鸦片采购而造成的损失。
34. James Matheson（Canton）to John Abel Smith（London）, 11 December 1837, James Matheson – Private Letter Book, ms jm, c5/2.
35. William Jardine（Canton）to Thomas Weeding（London）, 31 May 1837 and 26 August 1837, William Jardine – Private Letter Book, ms jm, c4/6.
36. William Jardine（Canton）to Thomas Weeding（London）, 3 December 1838, William Jardine – Private Letter Book, ms jm, c4/7. 这是在信中出现的一段非常准确的引用。
37. Cheong, *Mandarins and Merchants*, 159–160. 清政府禁止在任何一艘船上装运超过100匹的丝绸。因此怡和洋行有时在伶仃岛的鸦片船上贮藏丝绸，伺机运送回英国。James Matheson（Canton）to Robert Garnett（Manchester）, 22 November 1836, James Matheson – Private Letter Book, ms jm, c5/2.
38. William Jardine（Canton）to John MacVicar（Manchester）, 11 January 1836, William Jardine – Private Letter Book, ms jm, c4/4.
39. Cheong, *Mandarins and Merchants*, 163.

40. James Matheson（Canton）to John MacVicar（Manchester）, 24 December 1836, James Matheson – Private Letter Book, ms jm, c5/2.

41. William Jardine（Canton）to John MacVicar（Manchester）, 19 January 1837, William Jardine – Private Letter Book, ms jm, c5/3.Cheong 的 *Mandarins and Merchants* 第 166 页称汤姆进行了"奇怪的商业活动"。奇怪的是,在合作关系破裂过程中,麦克维卡还在印刷马地臣的肖像用于分发,这可能是因为马地臣在回国时一直团结英国商人的结果。马地臣在 1838 年 1 月带着不安的心情写信给麦克维卡:"我感到非常抱歉,在这种情况下,你不应该放弃之前的计划,不过,我希望我有权要求你收购这幅画的版权,可以用于偿还我的债务或者公司的债务。"

42. James Matheson（Canton）to Robert Lyall（London）, 15 March 1837; to John Abel Smith（London）, 3 May 1837; and to Charles Lyall（Calcutta）, 18 August 1837, James Matheson – Private Letter Book, ms jm, c5/2 and c5/3; William Jardine（Canton）to Andrew Johnstone（London）, 4 April 1837, William Jardine – Private Letter Book, ms jm, c4/6.

43. James Matheson（Canton）to James Walkinshaw（London）, 1 August 1838, James Matheson – Private Letter Book, ms jm, c5/3.

44. Law, "Macvicar, John", ODNB, http://www.oxforddnb.com.helin.uri.edu:80/view/article/60314（accessed 7 July 2005）. 直到 1848 年,麦克维卡公司一直在广州运营,而且 1841 年首次出售土地时,该公司也在香港购买了大量土地。

45. Greenberg, *British Trade and the Opening of China*, 189 – 190; Cheong, *Mandarins and Merchants*, 161.

46. William Jardine（Canton）to John MacVicar（Manchester）, 11 January 1836 and 26 April 1836, William Jardine – Private Letter Book, ms jm, c4/5.

47. William Jardine（Canton）to Henry Templer（London）, 14 May 1836, William Jardine – Private Letter Book, ms jm, c4/5.

48. William Jardine（Canton）to J.H. Gledstanes（London）, 5 April 1836, William Jardine – Private Letter Book, ms jm, c4/5.

49. Greenberg, *British Trade and the Opening of China*, 190; William Jardine（Canton）to Henery Templer（London）, 22 November 1836, William Jardine – Private Letter Book, ms jm, c4/5.

50. James Matheson（Canton）to John MacVicar（Manchester）, 12 December 1836, James Matheson – Private Letter Book, ms jm, c5/1.

第八章　　在中国的最后一决　　259

51. Cheong, *Mandarins and Merchants*, 163.
52. William Jardine（Canton）to H.P. Hadow（Bombay），1 April 1835, William Jardine – Private Letter Book, ms jm, c4/4.
53. William Jardine（Canton）to Hollingworth Magniac（London），26 August 1836, William Jardine – Private Letter Book, ms jm, c4/6.
54. William Jardine（Canton）to Jamsetjee Jejeebhoy（Bombay），4 February 1837, William Jardine – Private Letter Book, ms jm, c4/5.
55. William Jardine（Canton）to A. Thomson（Bonside, near Linlithgow, Scotland），12 February 1837, William Jardine – Private Letter Book, ms jm, c4/5.
56. William Jardine（Canton）to Hollingworth Magniac（London），16 January 1837, William Jardine – Private Letter Book, ms jm, c4/5.
57. James Matheson（Canton）to Andrew Johnstone（Halleaths, Scotland），9 December 1837, James Matheson – Private Letter Book, ms jm, c5/2.
58. Ibid.; William Jardine（Canton）to Hollingworth Magniac（London），15 March 1837, William Jardine – Private Letter Book, ms jm, c4/6.
59. James Matheson（Canton）to B.C. Wilcocks（Philadelphia），8 March 1837, James Matheson – Private Letter Book, ms jm, c5/2.
60. Greenberg, *British Trade and the Opening of China*, 191, citing Jardine letter of 3 January 1837.
61. William Jardine（Canton）to John Shillaber（Manila），6 June 1836, William Jardine – Private Letter Book, ms jm, c4/5.
62. William Jardine（Canton）to A.J. Keating（Canton），5 August and 19 August 1835, William Jardine – Private Letter Book, ms jm, c4/4.
63. William Jardine（Canton）to Jamsetjee Jejeebhoy（Bombay），9 May 1837, William Jardine – Private Letter Book, ms jm, c5/2.
64. James Matheson（Canton）to Robert Young（Santiago de Chile），23 October 1837, James Matheson – Private Letter Book, ms jm, c5/2.
65. Cheong, *Mandarins and Merchants*, 252.
66. Ibid., 253.
67. Ibid.
68. Ibid., 268. 张荣洋在研究了怡和洋行在19世纪30年代的信件后总结说，这对合伙人写的几千封信中，只有4封措辞非常强硬，其中3封是在金融恐慌时期所写。

69. William Jardine（Canton）to Henry Templer（London）, 29 May 1837, William Jardine – Private Letter Book, ms jm, c4/6.

70. William Jardine（Canton）to Jamsetjee Jejeebhoy（Bombay）, 3 September 1837, William Jardine – Private Letter Book, ms jm, c4/6.

71. James Matheson（Canton）to C. Thomas（Calcutta）, 30 January 1837, and to John Purvis（Singapore or Calcutta）, 27 November 1837, James Matheson – Private Letter Book, ms jm, c5/3 and c5/2.

72. James Matheson（Canton）to John Abel Smith（London）, 6 January 1838, and to John Purvis（Singapore）, 9 January 1838, James Matheson – Private Letter Book, ms jm, c5/2.

73. James Matheson（Canton）to George Moffat（London）, 28 February 1838, James Matheson – Private Letter Book, ms jm, c5/3.

74. Cheong, *Mandarins and Merchants*, 255.

75. 这篇文章由领班神父迪尔特里从加尔各答发到布里奇曼。*Chinese Repository*, 5: 297 – 305。

76. Letter from "A Reader", in *Chinese Repository*, December 1836, 5: 367 – 370.

77. Two letters to the editor, *Chinese Repository*, January 1837, 5: 407 – 418。

78. Van Dyke, *The Canton Trade*, 172.

79. Kuo, *A Critical Study of the First Anglo-Chinese War*, 58.

80. 布莱克（《怡和洋行》, 80）描述义律聪明但是自负, 固执己见, 不切实际, 浮躁, 缺乏判断力。魏斐德（《广州贸易与鸦片战争》, 177）以更温和的口吻描述这位新总监是"那些幸运的人之一, 他们总能够相信, 即使是最困难的问题也能找到合理的解决方案"。

81. Fay, *The Opium War*, 118.

82. Melancon, *Britain's China Policy and the Opium Crisis*, 70.

83. James Matheson（Canton）to Captain Hine（Singapore）, 10 July 1837, James Matheson – Private Letter Book, ms jm, c5/2. 进一步查阅关于鸦片合法化的辩论及其结论, 请参见张荣洋的《钦差大臣林则徐和鸦片战争》第四章。

84. James Matheson（Canton）to C. Thomas（Calcutta）, 27 July 1837, James Matheson – Private Letter Book, ms jm, c5/3.

85. William Jardine（Canton）to Jamsetjee Jejeebhoy（Bombay）, 20 February 1837, William Jardine – Private Letter Book, ms jm, c4/5.

86. James Matheson（Canton）to D.S. Burn（Bombay），21 January 1837, and to R.H. Crawford（Bombay），19 May 1837, James Matheson – Private Letter Book, ms jm, c5/2.

87. Cheong, *Mandarins and Merchants*, 135.

88. Fay, *The Opium War*, 199; Cheong, *Mandarins and Merchants*, 135.

89. William Jardine（Canton）to T.W. Henderson（Bombay），6 November 1836 and 3 January 1837, William Jardine – Private Letter Book, ms jm, c4/5.

90. William Jardine（Canton）to Cursetjee Ardaseer（Bombay），25 March 1837, William Jardine – Private Letter Book, ms jm, c4/6.

91. William Jardine（Canton）to Captain Jauncey（aboard *Governor Findlay* along the coast），26 April 1837, and to Captain Parry（aboard *Hercules* along the coast），30 May 1837, William Jardine – Private Letter Book, ms jm, c4/6. 当渣甸收到报告称, 贾恩西船长的三副对待中国客人十分苛刻时, 他指示贾恩西"温和地警告这位三副", 这种行为会让"芬德利号"在中国人中声名狼藉, 也会让他们在其他方面不愿意给"芬德利号"优惠。William Jardine to Captain Jauncey, 8 *August* 1837, William Jardine – Private Letter Book, ms jm, c4/6.

92. William Jardine（Canton）to Captain Rees（aboard *Austin* along the coast），26 April 1837, and to Jamsetjee Jejeebhoy（Bombay），10 July 1837, William Jardine – Private Letter Book, ms jm, c4/6.

93. Cheong, Mandarins and Merchants, 139; William Jardine（Canton）to T.W.Henderson（Bombay），13 June 1837, William Jardine – Private Letter Book, ms jm, c4/6. 1个月后, 渣甸表示, 鸦片购买者愿意采用任何运输方式, 以减轻他们的负担。William Jardine（Canton）to T.W. Henderson（Bombay），13 July 1837, William Jardine – Private Letter Book, ms jm, c4/6.

94. James Matheson（Canton）to Charles Lyall（Calcutta），14 June 1837, James Matheson – Private Letter Book, ms jm, c5/3.

95. Fay, *The Opium War*, 120.

96. William Jardine（Canton）to Captain Jauncey（aboard *Governor Findlay along the coast*），18 July 1837, William Jardine – Private Letter Book, ms jm, c4/6.

97. William Jardine（Canton）to Jamsetjee Jejeebhoy（Bombay），9 August 1837, William Jardine – Private Letter Book, ms jm, c4/6.

98. William Jardine（Canton）to Captain Rees（aboard *Austin*），19 August 1837, and to Charles

Lyall（Calcutta）, 2 September and 4 October 1837, William Jardine – Private Letter Book, ms jm, c4/6. 让渣甸不愉快的是，莱尔在采购了高价鸦片后，寄给他的白银才到，这就意味着公司购进了比预期要贵的"公班土"。William Jardine to Charles Lyall, 18 October 1837, William Jardine – Private Letter Book, ms jm, c4/6.

99. William Jardine（Canton）to Captain Strachan（aboard schooner *Jardine*）, 17 August 1837, and to the commanding officers of the *Findlay*, *Colonel Young*, and *Eleanor*, 2 October 1837, William Jardine – Private Letter Book, ms jm, c4/6.

100. Fay, *The Opium War*, 122. 有一次，渣甸向帕里船长发出指示，根据中国买家的要求，在"希腊号"上装载63箱鸦片。他在信件中附有中国红纸。红纸的另一半由中国买家的朋友交给帕里，以便在取货前彼此确认身份。William Jardine（Canton）to Captain Parry（aboard *Hercules*, at Hong Kong）, 12 July 1838, William Jardine – Private Letter Book, ms jm, c4/6.

101. William Jardine（Canton）to Captain Rees（aboard *Austin*）, 13 October 1837, William Jardine – Private Letter Book, ms jm, c4/6.

102. William Jardine（Canton）to Captain James Pearson（Calcutta）, 27 November 1837, and to T.W. Henderson（Bombay）, 6 December 1837, William Jardine – Private Letter Book, ms jm, c4/6.

103. Kuo, *A Critical Study of the First Anglo-Chinese War*, 59 – 62;Fay, *The Opium War*, 81 – 82.

104. Melancon, *Britain's China Policy and the Opium Crisis*, 71.

105. Collis, *Foreign Mud*, 196.

106. Kuo, *A Critical Study of the First Anglo-Chinese War*, 64 – 70.

107. Melancon, *Britain's China Policy and the Opium Crisis*, 72.

108. Ibid., citing Foreign Office correspondence, Palmerston to Elliot, 15 June 1838, fo288/8/18 – 19.

109. Kuo, *A Critical Study of the First Anglo-Chinese War*, 72; Fay, *The Opium War*, 82 – 83.

110. William Jardine to Captain Strachan（aboard schooner *Jardine*, at Lintin）, 2 January 1838, and to Captain Baylis（aboard *Colonel Young*）, 11 February 1838, William Jardine – Private Letter Book, ms jm, c4/6.

111. William Jardine（Canton）to Captain Rees（aboard *Austin*）, 24 January, 13 February, and 5 June 1838, William Jardine – Private Letter Book, ms jm, c4/6.

112. William Jardine (Canton) to Captain Parry (aboard *Hercules*), 20 February 1838, William Jardine – Private Letter Book, ms jm, c4/6; also, William Jardine (Canton) to Captain Parry (aboard *Hercules*, at Hong Kong), 6 July and 23 July 1838, William Jardine – Private Letter Book, ms jm, c4/7.

113. William Jardine to Captain Jauncey (aboard *Governor Findlay* at Chusan), 27 February 1838; to Jamsetjee Jejeebhoy (Bombay), 13 March 1838; and to T.W. Henderson (Bombay), 28 February, 15 March, and 10 April 1838, William Jardine – Private Letter Book, ms jm, c4/7.

114. William Jardine (Canton) to Captain Alexander Grant (c/o Magniac Smith, London), 1 May 1838; to Captain Rees (aboard *Austin*), 3 May and 3 June 1838; to T.W. Henderson (Bombay), 9 June 1838; and to Captain Baylis (aboard *Colonel Young*), 12 June 1838, William Jardine – Private Letter Book, ms jm, c4/7.

115. Letter from William Jardine (Canton) to J.A. Stewart Mackenzie (Ceylon), 12 June 1838, William Jardine – Private Letter Book, ms jm, c4/7.

116. Fay, *The Opium War*, 125–126; William Jardine (Canton) to J.A.Stewart Mackenzie (Ceylon), 12 June 1838, William Jardine – Private Letter Book, ms jm, c4/7.

117. Fay, *The Opium War*, 126; Blake, *Jardine Matheson*, 86; William Jardine (Canton) to Captain Rees (aboard *Austin*), 14 August 1838, William Jardine – Private Letter Book, ms jm, c4/7.

118. James Matheson (Canton) to Hugh Matheson (Liverpool), 22 June 1838, James Matheson – Private Letter Book, ms jm, c5/3. 他将休的保守和安德鲁·约翰斯通的激进做了对比，期望能获得20%~30%的投资回报率。

119. Kuo, *A Critical Study of the First Anglo-Chinese War*, chapter 7.

120. William Jardine (Canton) to Captain Rees (aboard *Austin*), 14 August 1838; to Captain Parry (aboard *Hercules*), 3 September 1838; and to Jamsetjee Jejeebhoy (Bombay), 10 September and 22 September 1838, William Jardine – Private Letter Book, ms jm, c4/7.

121. William Jardine (Canton) to Captain Baylis (aboard *Colonel Young*), 1 October 1838, William Jardine – Private Letter Book, ms jm, c4/7.

122. William Jardine (Canton) to Captain Jauncey (aboard *Governor Findlay*), 17 November 1838, William Jardine – Private Letter Book, ms jm, c4/7.

123. James Matheson (Canton) to Cursetjee Ardaseer (Bombay), 6 October 1838, and to John

Lyall（Calcutta）, 10 and 27 November 1838, James Matheson – Private Letter Book, ms jm, c5/3. William Jardine to Captain Jauncey（aboard *Governor Findlay*）, 17 November 1838, and to Captain Rees（aboard *Austin*）, 18 November 1838, William Jardine – Private Letter Book, ms jm, c4/7.

124. James Matheson（Canton）to Jamsetjee Jejeebhoy（Bombay）, 2 November 1838; to Mrs Alleyn（London）, 13 November 1838; and to B.Barretto（Macao）, 8 December 1838, James Matheson – Private Letter Book, ms jm, c5/3.

125. William Jardine（Canton）to Jamsetjee Jejeebhoy（Bombay）, 29 November 1838, and to Captain Rees（aboard *Austin*）, 18 November and 16 December 1838, William Jardine – Private Letter Book, ms jm, c4/7.

126. William Jardine（Canton）to Jamsetjee Jejeebhoy（Bombay）, 18 November and 5 December 1838, and to T.W. Henderson（Bombay）, 5 December 1838, William Jardine – Private Letter Book, ms jm, c4/7.

127. William Jardine（Canton）to T.W. Henderson（Bombay）, 5 December 1838, and to Jamsetjee Jejeebhoy, 5 December 1838, William Jardine – Private Letter Book, ms jm, c4/7.

128. William Jardine（Canton）to Jamsetjee Jejeebhoy（Bombay）and to T.W.Henderson（Bombay）, both on 22 December 1838, William Jardine – Private Letter Book, ms jm, c4/7.

129. H.H. Lindsay, Chamber of Commerce, to the Hong merchants, in Chinese Repository, 7 December 1838, 7: 441–2; and Fay, The Opium War, 131–132.

130. Chang, *Commissioner Lin and the Opium War*, 111–112. 渣甸告诉杰吉伯伊，大多数外国商人不愿意与行商沟通，因为行商傲慢的态度，而且他们并没有真的想起到调解作用。William Jardine（Canton）to Jamsetjee Jejeebhoy（Bombay）, 6 December 1838, William Jardine – Private Letter Book, ms jm, c4/7.

131. Fay, *The Opium War*, 133–134. 渣甸在给杰吉伯伊的报告中以生动的语言说道，在夷馆区前有一次很大的纷争，外国人社区要为激怒这群"乌合之众"负很大的责任。William Jardine（Canton）to Jamsetjee Jejeebhoy, 13 December 1838, William Jardine – Private Letter Book, ms jm, c4/7.

132. *Canton Register*, 18 December 1838, 104.

133. Ibid.

134. Chang, *Commissioner Lin and the Opium War*, 115, citing *Correspondence to China*, 1840, *Parliamentary Papers*, 326–327.

135. Chang, *Commissioner Lin and the Opium War*, 115; Fay, *The Opium War*, 135.

136. William Jardine（Canton）to Captain Baylis（aboard *Colonel Young*）,13 December 1838; to Jamsetjee Jejeebhoy（Bombay）, 13 December 1838; and to T.W. Henderson（Bombay）, 1 January 1838, William Jardine – Private Letter Book, ms jm, c4/7.

137. William Jardine（Canton）to Jamsetjee Jejeebhoy（Bombay）, 22 December 1838 and 1 January 1839, William Jardine – Private Letter Book, ms jm, c4/7. 杰克斯·唐斯反驳渣甸对邓廷桢的评价，并认为邓是一个诚实、严谨的管理者。Downes, *The Golden Ghetto*, 132. 张馨保也称，有关邓廷桢的指控是毫无根据的。Chang, *Commissioner Lin and the Opium War*, 101.

138. Wakeman, "The Canton Trade and the Opium War", 171–172.

139. William Jardine（Canton）to John H. Gledstanes（London）, 14 March 1837, William Jardine – Private Letter Book, ms jm, c4/6.

140. James Matheson（Canton）to various British residents of Canton（Richard Turner et al.）, 6 November 1838, James Matheson – Private Letter Book, ms jm, c5/3.

141. William Jardine（Canton）to T.W. Henderson（Bombay）, 26 November 1838, William Jardine – Private Letter Book, ms jm, c4/7. "萨拉号"曾经由化治林·考瓦斯季、渣甸和威丁共同拥有。渣甸指派 H.P. 哈多为他处理这些索赔事宜，但是哈多去世了，化治林·考瓦斯季也忽视了这样一个事实，需要有人帮渣甸处理这些事情。

142. William Jardine（Canton）to Captain Jauncey（aboard *Governor Findlay*）,11 January 1838, William Jardine – Private Letter Book, ms jm, c4/7.

143. William Jardine to Captain Hall（aboard the schooner *Harriet*）, William Jardine – Private Letter Book, ms jm, c4/7.1837 年，"哈里特号"上的霍尔船长被控诉严重虐待一名来自澳门的葡萄牙船员。马地臣得知后，也为如何公平、体面地解决此事表现出担忧。"收到这样的投诉，我们非常难过，我们恳请你让我们所有雇用的船长明白，我们多希望他们不要再发生此类事情。" James Matheson（Canton）to Captain Parry（aboard *Hercules*）, 21 November 1837, James Matheson – Private Letter Book, ms jm, c5/2.

144. William Jardine（Canton）to Jamsetjee Jejeebhoy（Bombay）, 21 January 1839, William Jardine – Private Letter Book, ms jm, c4/7.

145. Fay, *The Opium War*, 128–129; Chang, *Commissioner Lin and the Opium War*, 120–125; Collis, *Foreign Mud*, 192–193; Cheong, *Mandarins and Merchants*, 142. 林则徐在官僚阶层中迅速崛起，自 1832 年起成为总督，1837 年被任命为湖广（湖北和湖南）总督。

146. Kuo, *A Critical Study of the First Anglo-Chinese War*, 99–100; Fay, *The Opium War*, 138–139.

第九章

渣甸的告别和马地臣的大麻烦

1839年1月23日晚上7点30分，为渣甸准备的告别晚宴开始了。宴会持续了8个小时，整个广州夷馆区都沉浸在欢乐喧嚣、醉酒狂欢的氛围中。所有外籍商人共132人（除去颠地和丹尼尔）齐聚英国领事馆。英领馆是整个夷馆区最大的建筑，有一个可以看到河景的宽阔阳台。大家前来参加这场（马地臣所称的）"华丽的盛宴"，宴会上，人们觥筹交错，相谈甚欢。其间，帕西商人们送给渣甸一套价值一千多基尼的贵重银器。[1]

显然，这个晚上给在场的美国年轻人留下了深刻的印象，因为他们对这个晚上进行了详细的记录。吉迪恩·奈和罗伯特·贝内特·福布斯（Robert Bennet Forbes）认为这个晚上是鸦片战争爆发前广州最美的回忆。众多发言者中，彼得·帕克医生对渣甸为医院提供的资助表示感谢，美国传教士裨治文先生称他希望渣甸不仅仅可以名留千古，更可以子孙满堂，他祝愿渣甸在回到英国后能够遇到命中注定的那个人共度余生。他在敬酒的时候说道："祝你和未来的渣甸夫人一切安好！"听了这话，所有人都欢呼起来，黄埔一艘船上的乐队还奏起了《威利想吃一撮麦芽》("Willy had a peck of malt")。[2]

凌晨1点钟时，渣甸从座位上站起来说道，他怀疑，有的人在1802年第一次看到中国就已经决定还是回家结婚生子。他所希望的最好的伴侣是"微胖，漂亮，40岁"，此话一出，随即引来人群一片称赞。他说，此次宴会过于奢华让他有些不知所措，但他被大家的深情深深感动。[3]他郑重地表示，他对即将回归故土感到高兴，同时又对离开广州表示遗憾，因为他在广州的生活十分舒适和安全。他在广州感到十分安全，在那里，"任何一个外国人都可以开着窗户睡觉，而不必担心生命财产安全"。他坚定地说，他和任何外国商人都不是走私者。"我们不是走私犯，先生们！是清政府和官员，他们纵容、鼓励甚至参与走私，而不是我们！"观众们随即报以热烈的掌声和欢呼，欢乐的聚会继续进行。[4]

多年后，吉迪恩·奈写道："这是我在广州以前从未见过的景象，渣甸先生本人和威廉·韦特莫尔先生在一首简单的黑人旋律的伴奏下跳起了华尔兹。"[5]不只是渣甸和韦特莫尔先生在跳舞。阳台的柱子上装饰着彩灯和常青藤，栏杆周围以花盆装点，氛围非常适合跳舞。在雪利酒、香槟和烈酒的作用下，许多宾客开始跳舞、唱歌、大喊大叫，场面热闹非凡。在跳华尔兹的过程中，小沃伦·诺丁（Warren Delano, Jr, 富兰克林·德拉诺·罗斯福的祖父）被舞伴丢下后一头扎到花盆上，头上被割了一道约2.5厘米长的口子。罗伯特·贝内特·福布斯在给妻子的信中坦言，"但他回家时状态却比我还要好"。[6]不过在大家都喝醉之前，渣甸已经机智地溜走了。

宾客渐渐散去，蜡烛都已燃尽，只留下一片狼藉，最后一个狂欢者在凌晨4点离开宴会厅，但这并不代表一切归于平静。据福布斯回忆："离开大厅后，我们一起走到渣甸窗下，大声欢呼了3次，然后又去了别的地方尽情狂欢。大概凌晨4点，我离开这一小拨狂欢的人群，回到家中第一件事就是给年长的美国领事斯诺先生打电话，把他叫醒，询问他怎么样，是否被吵到！！！"[7]

可以肯定的是，那天早上，夷馆区基本没人工作。两天后，威廉·渣甸陪同亚历山大·罗伯逊夫妇离开了广州。罗伯逊跟他的老友渣甸一样，在中国奋斗了 20 年后，带着一笔可观的财富（20 万美金）回国。[8] 据《广州纪录报》记载，人们为渣甸举行了盛大的欢送仪式："大约有 80 位来自英国、美国、帕西的绅士陪他来到海边，渣甸在一片欢呼声和震耳欲聋的爆竹声中登船离去。"约翰·斯莱德（John Slade）忍不住大喊："在此之前，从未有过任何一个私商能受到众人的尊敬，载誉返乡。"[9]1839 年 1 月 29 日，他们乘坐"波顿号"带着沿海鸦片销售返利给客人的白银前往孟买。[10] 马地臣估计，他们到 3 月末才能到达孟买，然后在那里待上一个多月再去苏伊士。走这条路线从印度到英国需要两个月时间。一旦轮船从孟买到达苏伊士，乘客们就会乘坐马车到约 135 千米外的开罗，然后乘坐小型明轮"万圣节南瓜灯号"沿着尼罗河顺流而下。旅程的最后阶段，旅客们在马赫默迪海峡乘坐一艘驳船驶向地中海的终点亚历山大。渣甸并不着急赶路，他在地中海东部还有一些旅游计划，例如游览伊斯坦布尔。因此马地臣让马尼亚克–史密斯公司写信给在亚历山大的渣甸，并附上回程的旅费。[11]

渣甸离开广州的那天给马地臣写了一封信，把公司高级合伙人的职权授予他。"有一件事我向你保证：我完全相信，你会把公司业务经营得像我一样好。你要有信心，在管理公司事务方面即使不能超越我，也会和我平分秋色。想要获得中国人的信任需要时间。我认为不会太久。同时，我对你的管理非常有信心，我非常放心。"[12] 这封信字里行间都是满满的爱意，是年长的合伙人对年轻合伙人的关怀。

马地臣的侄子亚历山大和唐纳德，还有渣甸的外甥安德鲁和大卫都留在中国协助马地臣。马地臣的哥哥邓肯于 1838 年去世，留下来一个空缺职位，该职位曾经负责管理詹姆斯在家乡的财务。他认为邓肯是"最不熟悉家庭事务的近亲",而邓肯在遗嘱中提名的接班人被他认为是最不称职的人。因此,就在他接管公司时,还不得不写信给马尼亚克－史密斯公司,要求他们为他在苏格兰的资产提供安全管理。[13] 从他那个月给伦敦萨克维尔街的一家"艾罗服装店"发出的服饰订单来看,他应该打算待在中国很长一段时间。他对服饰的要求是兼顾时尚和保暖性。[14]

渣甸离开的那一周,广州的鸦片市场已经基本瘫痪。但对于怡和洋行来说,有一种新的方式能让公司在低迷的市场中赚到一些钱:怡和洋行允许一些投机者租用公司的商船进行沿海投机。显然,在渣甸离开之前,该公司已经做出了这样的决定,既然沿海贸易中不乏新的投机者,就可以好好利用这个机会。进行此事唯一的限制就是,租赁者不得入侵怡和洋行的"奥斯汀号"和颠地洋行的"阿美士德号"所占领的海岸地区。[15]

到了1839年1月底,马地臣收到报告称,鸦片吸食者中出现严重恐慌,在广州只剩下20%的瘾君子还继续吸食鸦片。然而,在几周内,将有大量鸦片从印度涌入广州:一艘船上有1480箱,另一艘船上有1750箱,预计还有一艘船有1200箱,而在他看来,市场已是"死气沉沉"。[16] 广州的局势使马地臣对鸦片买卖的道德问题、非法贸易以及中英两国政府与鸦片商人的关系等问题进行了广泛的思考。渣甸出发的那天,马地臣给锡兰总督写的信中特别说明了他的想法,值得在这里详细引述:

"鸦片在这个国家一直是争论的焦点,许多慈善家一直哀叹鸦片在中国无节制地使用和造成的伤害,就像杜松子酒在英国和美国一样,但唯独清政府强制采取禁令。然而,贸易总监义律先生采取了一种新的做法,即协助清政府对抗自己的同胞,结果引起了一系列尴尬的争论,而且也损害了英国东印度公司的利润,因为他们主要依靠鸦片分红获得收益。法令命令所有鸦片船只离开河口,如果他们坚持留在那里,就会全面停止贸易。这种法令可能会让令人讨厌的鸦片船暂时消失一段时间,但没有人比清廷官员更希望他们回来，因为他们从纵然被禁止的贸易中获得了丰厚的利润。"[17]

这封信的最后是马地臣的预测，整个广东的人都在等待林则徐的到来。他犹豫着告诉一些人市场有好转的迹象，而告诉另一些人交易仍处于停滞状态。但是，他坚信（当然出于美好的期望）当地官员与鸦片贩子勾结的旧传统即将恢复。与马地臣的预测相反，《广州纪录报》略带讽刺地预测，林则徐会进行大刀阔斧的改革。[18]

渣甸的告别宴会开始前，马地臣已经开始向他的客户们传达一个消息，即一位钦差大臣很快就从京师而来，而总督为了显示他禁止鸦片贸易的决心，发布了一份公告，要求鸦片仓储船离开，否则将面临广州对外贸易全面停止的后果。尽管他确信这份公告只是做戏，还是倾向于让香港鸦片船队出海躲几天，等待"风暴"过去。他相信，"假以时日，事情又会回到原有的官商勾结、利益当道的轨道上"。[19]

经过打探，马地臣了解到，这位钦差大臣是土生土长的福建人，性情温和，"不太可能采取严厉的措施"。他以清廉著称，被人们称为"青天"。[20] 据说当时福建是一个鸦片成瘾最为严重的地区，所以夷馆区的人猜测，林则徐会向皇帝上奏采取预防措施，放宽禁令。然而，此次皇帝授予林则徐的权力之大，在清朝历史中仅出现过三次。[21]

月末出现的一个"小插曲"，引起了美国人和英国人的一系列预防活动。2月26日下午晚些时候，一群士兵把一个囚犯带到美国馆前面的街道上，该名男子与鸦片贸易有关。而这激怒了外国商人，他们为了商馆的利益而进行游行。英国商人和帕西商人向义律施压，要求他摘下国旗，直到收到道歉为止，他照做了。美国人、荷兰人和法国人也降下旗帜。[22]

此事发生后，伍秉鉴敦促马地臣尽快将鸦片船送离香港。因此，马地臣让船长把船开到大屿山以南的一个停靠点，远离中国"内海"。[23] 其他英国和美国洋行也这样做了。罗素公司（最大的美国洋行）把船派到了大屿山，同时在2月底放弃了鸦片贸易。该公司致函给其所有合作伙伴，通知他们罗素公司将不再接收新的鸦片货物。而且，该公司还通知其在沿海的销售船"玫瑰号"，终止销售活动，尽快返程。福布斯在写给妻子的信中说道："这项举措毁灭了我们重要的商业资源之一。"[24]

马地臣完全不准备放弃鸦片贸易。他知道，制造可吸食鸦片的工作正在澳门进行，然后依靠妇女走私到广州，因为妇女不会受到严格搜查。他清楚地了解到许多中国人渴望鸦片，并得出结论，一旦新的钦差大臣偃旗息鼓，"所有人都将乐于归回旧有的相互勾结的制度中"。他认为，许多人"一生都习惯于每日吸食鸦片"，无法摆脱对鸦片的依赖，但运输过程要更为谨慎，以减少损耗。[25]

那么怡和洋行将何去何从呢？马地臣本人并不担心金融危机，他认为现金还是会源源不断地进入。他说，即使鸦片贸易的萧条没有得到缓解，公司每年也能从公所基金获得25万美金的分红。事实上，他对公司财务安全还是很有信心的，于是他写信给约翰·亚伯·史密斯："无论是怡和洋行还是我们的代理机构都对鸦片贸易有着浓厚的兴趣，即使鸦片市场无法从目前的萧条中恢复，且可能出现严重的损失，对我们公司也不会造成实质性伤害。"[26] 鉴于其公司业务的规模和多样性，马地臣要比广州其他商人轻松一些。

所有有关方面都在为预计的打击活动做准备：行商、总督、美国和英国商人、当地的中国鸦片买办、英国的贸易总监，当然，还有新上任的钦差大臣。林则徐在即将到达广州时，即2月24日，向广州衙门发布密令，要求逮捕一些已知的参与鸦片走私的人，其中大部分是政府官员。[27] 这显然给了英国贸易总监沉重打击。于是，就在林则徐到达的前一天，义律发布了一个通告，被马地臣称为"愤怒的声明"，命令广州河上所有没有执照的船只全部迅速离开虎门，并威胁说要请清政府监督他们。[28]

林则徐在1839年3月10日上午在万众瞩目下到达广州。他的官船队载着身着蓝红官服的官吏，经过夷馆区，在离夷馆区不远的水域下船。据观察家威廉·C.亨特记录，沿河两岸，每个窗口和门口都挤满了人，大家都想目睹林则徐大驾广州的场景。在参加总督和其他地方官员准备的欢迎仪式后，林则徐乘坐轿子离开，在接下来的时间进行了一些礼节性的交际，最后回到其住处越华书院，该书院离夷馆区很近。[29]

随后，林则徐开始着手逮捕与鸦片走私有关的当地人，包括很多官员，他把大部分注意力放在颠地身上，因为对方现在已经是首屈一指的外国鸦片商人。钦差大人追捕鸦片贩子的第一周，马地臣侥幸逃脱，因为中国人只知道渣甸是公司代表，而且知道他已经离开广州了。林则徐本打算逮捕渣甸，他曾向皇帝描述渣甸为一个狡诈、无耻的外国商人。"在我离开京师前，我曾派了一个密探来广州打探渣甸的动向。密探听说广州有传言说，钦差大臣到达后第一件事就是逮捕渣甸。这就是为什么他去往澳门，并从那里乘船回英国了。"[30]

最初的几天，马地臣一直坚持认为，林则徐只是虚张声势，做样子给清廷看："当然，为了交差，他一开始一定会做出一些动静来。"[31]然而，一周后，他开始倾向于认为，林则徐在镇压广州鸦片贸易上卓有成效，"或许我们多年前的模式不会复苏了"。[32]林则徐的计划体现在方方面面，包括与行商、外国商人、甚至是维多利亚女王的交流上（由于他无法建立有效渠道送信，信件没有寄出）。[33]3月18日晚些时候，罗伯特·汤姆转交给马地臣两份来自伍秉鉴的文件。第一份文件谴责行商支持外国商贸，纵容白银外流，保护外国商人（这里着重提及渣甸）。12位行商不得不跪着听完这些长篇大论，而且林则徐威胁道，如果他们不能让外国商人立即交出鸦片存货，他就会上奏皇帝，处决他们中的一两个人。[34]

第二份文件是给外国商人的，通知他们贩卖鸦片犯死罪将于短期内生效，该刑法对中国人和外国人同样适用。然后，林则徐惊堂木一拍："我现在要求你们交出你们船上所有的鸦片，销毁它们，并签署一份承诺，永远不会将鸦片再带到这里。你们知道如若再犯，你们的货物将被没收，你们自己也将依法受到处置。"[35]

马地臣善于在最坏的情况下仍保持最好的状态，他立即开始考虑，如果鸦片被缴，如何解决赔偿问题。现在预计会有 2 万箱鸦片库存，英国政府当然无法为此支付赔偿。因此，他推测，也许可以交出一部分，并针对这部分要求赔偿，其余的暂时送走。然而，他已经试图接受现实，即林则徐禁烟决心已定，当前情况紧迫："危机当前，大量财产损失是不可避免的，但对于怡和洋行而言，这不会对我们产生实质性的影响。"他万万没想到，在这么短的时间内，会发生这么大的变化。[36]

在听到上缴鸦片的通知后不到 24 小时，马地臣和几位外国商人与伍秉鉴和其他行商在公所会面了。他们被告知，户部将禁止任何外国人离开广州前往澳门，而且行商向他们大声朗读了林则徐给出的最后通牒。尽管他们拒绝在三天内做出答复，但还是同意在 3 月 21 日星期四举行广州商会全体会议。马地臣倾向于认为，如果能够得到补偿，而且剩下的存货会被送到新加坡等地，商人们会同意交出部分鸦片库存销毁。[37]他曾考虑过将怡和洋行的鸦片库存转移到新加坡，然而当他发现夷馆区其他人不太赞同这一做法，而且"颠地的习惯性拖延症"推迟了为船只投保时，他犹豫了。[38]同时，从林则徐的角度来看，没收属于违禁品的鸦片，不存在需要金钱补偿的情况。况且，只允许合法商品贸易继续进行，禁止鸦片贸易会导致外国商人没有流动资金购买茶叶和丝绸。[39]

在那个星期四，商会的 40 位成员举行了两次会议，颠地是主要发言人。他们起草了对林则徐的答复，但在正式发出回复前，他们又说还需要更多商榷。但他们告诉行商："在广州的外国商人一致认为今后不应再与鸦片有任何瓜葛。"得知外国商人至少需要6天的时间来完善他们的正式回函后，行商们离开了会议，并在当晚带回消息说，林则徐十分愤怒，并计划在第二天当着外国商人的面处决行商中的一两个人。行商希望至少要象征性地交出1000箱属于各个洋行自己的鸦片，而非属于投机者的。所以，商会在晚上10点又召开了一次特别会议，力排众议决定立即上缴1037箱鸦片。其中四分之一的鸦片是马地臣以怡和洋行的名义上缴的。[40]尽管有些商人称他们是因为生命安全受到威胁才这样做的，但是马地臣否认了这样的动机，"这种牺牲只是为了达成协议，尽快恢复贸易的权宜之计"。[41]

外国商人上缴部分鸦片后，为全面清缴走私鸦片，钦差大人林则徐继续向外国商人施压。所有从黄埔驶来的商船都被禁止返程。

渣甸离开后，颠地成了林则徐的主要观察对象，也成了外国商人的避雷针。3月22日凌晨2点，商会休会不久后，林则徐向夷馆区发出通知，想和颠地直接对话。第二天早上，伍秉鉴和卢茂官戴着铁链出现在颠地的住所，他们的帽子也没有象征着官职高低的顶戴花翎。面对两位著名行商如此狼狈的一幕，很多商会成员感到震惊。但马地臣认为这是一个诡计，是"中国有史以来最完美的骗局"。尽管他们担心林则徐会对一些行商执行死刑，但整个外国人社区都认为，颠地不应该去会面。马地臣更是坚决反对，他敦促说："把丹特安置在总监室，由全体外国商人守护，量中国人也不敢带走他。"他确实比他的邻居们更勇敢。"但是你会相信吗？没有第二个人支持我！"[42]

颠地的合伙人罗伯特·英格利斯被说服进城去会见一些官员，并向他们保证，丹特会在第二天上午10点拜访其中一位官员，但是，他想起来第二天是星期天，所以要求推迟一天，以便他能让夷馆区的居民去教堂参加礼拜。同时，詹姆斯·马地臣通知帕里船长和怡和洋行其他船长说，公司已经答应清政府将不再从事鸦片走私。然而，事实上他打算用一种非常厚颜无耻的方式来逃避承诺。船长们被告知："今后所有订单将会由亚历山大·马地臣先生在澳门签发。从我们这里签发任何订单，都会附有亚历山大的签名。"他向渣甸解释说："我们因此在某种程度上失去了控制权。"[43]这是个狡诈的计划，一旦真的实施且被发现，将给怡和洋行甚至整个外国人社区带来严重的后果。

那个星期天，行商雇用的、没有装备武器的卫兵把夷馆区包围了，而且夷馆区前也驻扎了战船。福布斯对他的妻子说："我们成了囚犯了。"星期日下午晚些时候，他和公司员工在夷馆前散步时，河上突然"一阵骚动"。过一会儿，他们看到一艘小船在4艘清廷官船的护送下向夷馆区驶来。义律穿戴整齐站在船尾，通过了封锁线，准备接管被围困的广州英国社区。[44]

贸易总监几乎没有海军力量去保护英国居民及其财产。有18门炮的单桅帆船"拉恩号"是英国在中国水域的唯一一艘军舰，但它不足以抵抗多艘战船的围攻。3月22日，义律依依不舍地将两个年幼的孩子送上"墨尔本号"返回英国，交由其姐姐照看。第二天，他登上自己的小船"路易莎号"，由"拉恩号"拖着出发了。他在距离广州约6.3千米的地方换乘小舢板畅通无阻地进入上游，最后于3月24日星期日下午6点左右停在了英国馆码头。他看到英国馆上没有挂英国国旗，自己手中也没有现成的英国国旗，他就从小舢板上拿下英国国旗挂到旗杆上，此举赢得了英国居民极大的赞同。[45]

贸易总监直接去了颠地的宝顺洋行，把英国商人纳入自己的保护下，并宣称不允许颠地去城里见林则徐。大家聚集到大厅，义律在众多英国人、帕西人和美国商人面前发表讲话，伍秉鉴和卢茂官也在场，安静地做看客。义律激动地说他已经指示英国船只做好防御准备，并建议所有英国居民把他们的财产转移出广州水域，并时刻准备离开广州。大家为义律鼓掌，感谢他勇敢和振奋人心的演讲，其中包括马地臣。[46]

外国商人担心，如果林则徐迫使颠地交出所有鸦片（约6000箱），那么就可以用同样的方式把他们每个人都孤立起来，胁迫他们交出所有鸦片，也包括马地臣。但是义律的行动让林则徐确信，这位总监打算帮助颠地和其他鸦片商人逃离广州。为了阻止这种情况的发生，钦差大臣选择将他们所有人拦截在夷馆区。[47]

就在义律到达的当晚，清军官兵包围了夷馆区，战船以半月形封锁了夷馆区的码头，防止鸦片走私犯逃跑。此外，所有的中国仆人被要求离开夷馆区。福布斯在当天写给妻子的信中说："你要是看到今天早上我自己劈柴、生火、烧水，你肯定会哈哈大笑的。我们无法胜任仆人和马夫的工作，只能把我们可怜的奶牛送走了。"[48]另一方面，马地臣已经逐渐适应了这种不便，正如他几周后告诉渣甸的那样："幸亏杰吉伯伊把他的印度仆人借给我们，在他们的帮助下，我们不但过得很舒适，还款待了其他商人。"[49]

在接下来的47天中，夷馆区的居民没有被剥夺享乐的机会，甚至可以与守卫一起饮酒畅谈。尽管官兵整夜敲锣打鼓、吹喇叭让一些人难以入眠，但并没有人出现营养不良的问题。[50]在黄埔被扣押的船只中，情况大致相同，清政府允许为他们提供供给，让这些船长可以办晚宴。[51]

3月25日，星期一早上，当外国居民们正在为洗衣做饭发愁时，清政府正忙于在各处张贴关于夷馆区的公告。这则大字公告是由林则徐写给外国商人的。他再次重申要求上缴所有鸦片，并语重心长地说他希望能够避免采取严厉的措施。[52]义律的地位正在被逐渐削弱，因为他的勇气终究敌不过林则徐禁烟的决心。夷馆被包围，身边没有援兵。义律特意从澳门赶到广州，冲破封锁，就是为了在商人和清政府之间作协调。事实上，在告示中林则徐的问题已经让他很为难：如果贸易总监无法阻止英国商人走私鸦片到中国，"义律到底监管什么呢？"[53]

星期二下午，总监通知颠地说，他决定要求英国商人交出所有的鸦片，鸦片会交给他，英国政府会给予英国商人补偿。他在星期三的早晨把这一决定传达给所有英国居民，并解释说："这一决定是考虑到在广州的所有外国人的生命安全和自由。"他以女王的名义要求在中国的所有英国居民在当天下午6点前上缴所有鸦片，以便交给清政府。他宣布所有从事鸦片贸易的英国商船都要服从他的指令。各家英国公司被要求提交所有的鸦片库存清单，他一旦接收了清单，就会以皇室的名义承担上缴的鸦片的损失。如果任何一家公司在上缴鸦片的问题上作假，英国政府将拒绝对该公司做出赔偿。经过统计，各家进货单总额为2万箱，他通知林则徐，这已经是全部的鸦片了，他会如数上缴。[54]

在写给外交大臣帕默斯顿的信中，他以保护同胞的生命和避免商业灾难为由为自己的行为辩护。如果"在没有任何补偿的情况下强迫私商把财产交给清政府"，将会引起英国和印度的商业大地震。[55] 义律写给在澳门的妻子的信中，用词更为大胆："很明显，林则徐的目的是让商人交出鸦片。但是我突然出现，交锋后，他对待我的方式会后患无穷。中国人要为这一切加倍付出代价，你放心，广州的贸易会永远终结。"[56] 义律自己现在与4年前的律劳卑的尴尬处境截然不同。他来不及等白厅的指示，必须当即做出决定。

总监认为在黄埔或外锚地有20 283箱鸦片的结论是不准确的。由于时间紧张，他没有咨询那些提交清单的公司，也没有考虑到最近的鸦片销售情况，亦没有意识到，抵押人和贷款人会把相同的鸦片写在清单中，导致清单中很多名目是重复的。这种缺乏远见的行为使得他承诺上缴给林则徐的鸦片数量远远大于他实际能够收缴的鸦片数量。因此，他不得不采购新的鸦片来满足承诺的数量。幸运的是，颠地公司有一批新的鸦片到达，他以存货价格购买了这批货来凑齐箱数。[57]

对于马地臣和其他外国商人来说，如此大量"采购"库存鸦片是天赐良机，可以有效地缓解由于林则徐施压而造成的市场供过于求。义律决定上缴所有鸦片后，马地臣写道："经过深思熟虑，我不得不乐观地认为，我们能在现今供过于求且备受压迫的市场上将如此大量库存脱手，也是一件幸事。"事实上，英国政府已经成了最后的消费者。亚历山大·马地臣在后来提到来自印度客人的鸦片时，作证说："鸦片交到我们手上处理，而英国政府给的钱和我们正常能够赚到的钱一样多。"[58]

得到义律的保证后，詹姆斯·马地臣计划为上缴的鸦片争取一个好价格：1 月加尔各答的鸦片价格加上利息和运费。在这个条件下，马地臣和其他的商人都急于交出他们所持的每一箱鸦片。最终上缴给林则徐的鸦片总价为 240 万英镑。[59] 在交给林则徐的 20 283 箱鸦片中，有 5315 箱属于帕西人的公司。[60]

截止到 1839 年 3 月 30 日，这动荡的一周结束了，仅怡和洋行一家公司就上缴了 7141 箱鸦片，其中有 2000 箱属于公司。詹姆斯写信给亚历山大道："如果你把货物都送走了，我们现在可以付费把它再拿回来，因为货物必须全部上缴。"他现在很庆幸当初出现危机时没有把鸦片都送走，否则就赶不上义律的上缴补偿政策了，现在可以在市场如此低迷的情况下清空库存。[61]

林则徐一定对承诺上缴的鸦片数量感到吃惊。根据马地臣的回忆，我们得知，行商对此也感到惊讶："为什么要上缴这么多？不需要这么多，先生，6000～7000 箱就足够了。"[62]

钦差大臣给夷馆居民送去了食物，但是直到几周后，鸦片真正被交付才允许解除封锁。林则徐确信义律在拖延时间。他 3 月 29 日的日记中写道："义律现在编造各种理由推迟上缴鸦片，并坚持先要解除对夷馆区的封锁才能上缴。"关于鸦片交付的问题一直到4月2日还在磋商中。[63] 在此期间，与澳门之间的联系被阻隔。马地臣花了50美金通过把信放在雪茄里寄给他的外甥亚历山大。[64] 为了加快交付进度，林则徐制订了一个分为四个阶段的计划表，每阶段的货量交付完成后，奖励就会生效。第一阶段的鸦片交付后，仆人们就可以回到夷馆区；第二阶段交付后，与澳门和黄埔之间的联系就可以恢复；第三阶段交付后，贸易禁令就可以解除；最后一阶段交付完成后，贸易就可以恢复到3月中断前的正常状态。

但交付进度非常缓慢，直到5月的第三周才完成。马地臣原本告诉沿海船只的船长只需要关注亚历山大的指令即可，但现在这一指令必须撤销了，因为船要从相当远的地方驶来。船长们于4月中旬接到的信息中明确说明："已经上缴了我们所有的鸦片，我们要求你们立即返回伶仃岛，并把船上所有的鸦片交给总监。"[65] 不过，一些船长在回到穿鼻的途中停留了很长时间继续进行销售。而且"海斯夫人号"和"芬德利号"根本就没有回到穿鼻。所以马地臣购进了700箱刚从印度运来的鸦片以代替"海斯夫人号"和"芬德利号"没有送来的鸦片。5月21日最后一批鸦片卸货后，才交齐了所说的鸦片数量。[66]

在危机发生初期，马地臣已经放眼未来，非常冷静地计划在任何军事行动开始前结束公司业务。他在与外界完全恢复沟通前，曾写信给杰吉伯伊："我认为与中国开战是迟早的事情，但是最快也要到我们下个交易季结束。"[67] 看来，马地臣是想尽可能长时间留在中国，但这事是林则徐说了算。他要求商人们签署一份保证书，承诺永不会在中国贩卖鸦片，如果因此而被逮捕，则会面临终身监禁。马地臣并不想做出这种无条件的承诺，并已经派安德鲁·渣甸去马尼拉建立沿海鸦片贸易的新基地。[68] 第一个被释放的夷馆居民在5月6日（星期一）离开夷馆，其余大多数人在接下来的 10 天内恢复了自由。

然而，根据林则徐的命令，16 名与鸦片运输有关的人继续被关押，直到 20 283 箱鸦片交付完成才能释放。在被指定的 16 人中有 4 名怡和洋行的成员：詹姆斯·马地臣和他的两个外甥——唐纳德和亚历山大（后者实际上并不在人质中），还有其合伙人的外甥大卫·渣甸。这臭名昭著的 16 人中，那些真正被封锁在夷馆中的人最终于 5 月 24 日被释放并被永远驱逐出中国。他们被要求签署一份保证书，声明他们不会返回中国。在总监的带领下，马地臣和他的对手颠地，以及两家公司的其他成员经由黄埔离开广州，但他们不知道要定居何处。马地臣不知道自己是否获准在澳门居住，他向渣甸保证："如果无法定居，我们就住在船上，绝对不会离开我们的岗位。"[69]

义律曾向澳门总督平托提议，将英国撤离者及其财产置于葡萄牙保护之下，但请求被驳回。因为林则徐曾保证，如果澳门合作镇压鸦片贸易，驱逐英国人，澳门就不会受到牵连。[70] 事实上，马地臣曾一直希望在即将到来的贸易旺季中国方面会给予英国船只一些补偿，让它们能前往黄埔，但现在看来显然不会发生。

3 月底之前，林则徐已经获得了所有外国商人的签名，保证以后不再贩卖鸦片。詹姆斯·马地臣也签名了，但是他的签名对于不在广州的亚历山大·马地臣和安德鲁·渣甸并没有连带的约束性。之后，钦差大人在 4 月初出台了一份新的条约，以限制外国商人走私。行商将它传达给义律，条约要求任何进入广州水域的商船一旦被发现携带鸦片，该商船和鸦片都要被没收，犯罪者将被送往清廷进行审判并执行判决。义律拒绝签署这样的条约，英国商人也拒绝了，美国人最初也是这样做的。他认为，中国遇到侵犯行为时常使用集体连带原则是很危险的，会让无辜者受到审判和处决。义律在 4 月 20 日再次收到该条约时非常生气，他把林则徐给他的文件撕成碎片扔进壁炉中。[71]

5月19日义律发出命令，禁止英国船只进入黄埔锚地。几天后，他又发布了一份通知，坚持要求广州的英国居民和他一起离开，否则会有严重的麻烦。几乎所有人都执行了。

英国人陆续离开广州，而且看起来是永久性离开。彼得·沃德·费伊说，"整个船队拔锚返程"，许多人带走了家具、商业账本和葡萄酒。马地臣也在几天内安排好"小溪馆"的账目和家具，和公司成员一起离开。对于怡和洋行来说，已经没有必要把他们的财产留在那里了，因为他们在广州的生意即将结束，马地臣即将永远离开这座城市，这个他发迹的地方。[72]到了5月底，几乎没有几个英国人还留在广州。

英国人刚离开广州，美国人就开始返回广州。实际上，在广州外国的贸易体系被重制，美国船只在没有英国商人和运输的情况下，载着英国货物而来。[73]詹姆斯·马地臣刚到澳门就又开始从事鸦片贸易，他指挥着商船队在中国南部沿海活动。从广州释放后不到一周时间，他就派"海斯夫人号"和"海拉斯号"去马尼拉等候指令。由于"海斯夫人号"不需要上缴马地臣新进的鸦片，他决定冒险把它送回沿海。与此同时，他给杰吉伯伊带去消息称沿海贸易前景良好，孟买商人应该在他的商船"马霍梅迪号"上装满鸦片送过来。他兴高采烈地告诉渣甸："海岸贸易的前景是光明的。里斯船长和他的团队又开始工作了。"[74]

当马地臣忙于安排里斯船长恢复在海岸的销售，奥塔杜伊公司开始负责在马尼拉仓储鸦片时，钦差大人林则徐正准备把2万余箱鸦片销毁。在距离穿鼻约8千米的陈家沟附近，人们正进行精心准备，修筑了三条沟，每条沟长约22.86米，宽约45.72米。在水沟出口处修建围栏将水引入，再将销毁的鸦片泥浆随着潮汐排入海水中。苦力把鸦片拿到围栏的高台上捣碎，将鸦片碎片倒入淡水中。再加入盐和石灰混合，将鸦片分解成散发恶臭的混合物，最后排入大海中。

苦力们没日没夜地工作，花了三周才将林则徐收缴的价值 250 万英镑的鸦片销毁。被雇用的苦力每晚都要脱光接受搜查，以确保他们不会为了自用而偷窃鸦片。几个返回广州的美国人冒险去村子里观看销毁过程，其中就有查尔斯·金，他是阿利发洋行中强烈反对鸦片贸易的成员之一。销毁工作直到 6 月 25 日才完成。[75] 尽管此时此刻是林则徐整个 1839 年夏天真正满意的时刻，但还为时过早，因为帕默斯顿勋爵最终会以其他办法来解决这一事件，而且马地臣已经指出，钦差大臣现在实际上已经陷入了圈套。

义律将上缴鸦片的事情上报给帕默斯顿时，他要求采取军事行动："先生，在我看来，对所有这些不公正的暴行应给予迅速而沉重的回击，而不是简单的书面通知。"[76] 他们被戒严 6 周后释放，一批英国商人在颠地的带领下，向帕默斯顿递交了请愿书，上面称他们认为清政府有权停止鸦片进口，但现行法律中没有如此严厉的贸易制裁方式。因此，他们认为"林则徐最近的侵犯行为是不合理的"[77]。马地臣拒绝在颠地的请愿书上签字，因为它把鸦片贸易与赔偿要求联系在一起。马地臣认为，最好不要公开讨论鸦片贸易，这样会让英国的"高派教会"加入林则徐的阵营，谴责鸦片贸易。[78]

直到 8 月 1 日《泰晤士报》上出现一篇愤怒的报道，外交大臣才得知在广州发生的事情。义律的第一封信在 8 月底才到达，而墨尔本勋爵的内阁并没有冲动地做出开战的决定。对于马地臣来说，他也不急于看到战争发生，他坚持要求对被没收的鸦片进行赔偿，并且希望通过返回广州的美国商人恢复茶叶、丝绸和其他商品的贸易。马地臣被驱逐后，怡和洋行在广州的代表是美国商人詹姆斯·瑞安，当瑞安表示他要在 8 月回家后，马地臣决定与另一个美国人，来自马尼拉的约翰·希拉贝尔合作。[79] 极具讽刺的是，之所以让希拉贝尔经营渣甸在广州的合法业务是因为希拉贝尔的公司奥塔杜伊为怡和洋行在马尼拉提供接收鸦片的服务。

马地臣还在监禁中时便得出结论，义律的政策"有大政治家风范，尤其是让中国陷入了对英国王室直接负有责任的圈套中"。在他看来，战争是不可避免的，他希望战争的结果是获得在英国统治下的领地，可以与中国市场进行"安全和无限制的自由贸易"。[80] 与此同时，他准备恢复与美国人的合法贸易以及沿海的鸦片贸易，但是舰队需要整顿。"上校号"太脆弱了，所以马地臣卖了它，"芬德利号"也已经无法再使用了。贾恩西接管了"海拉斯号"，贝利斯则负责指挥新商船"凯尔比号"。所有这些买卖鸦片船的行为都表明了马地臣打算继续从事鸦片贸易的决心。[81]

马地臣以非凡的逻辑向新加坡商人谈道："我们认为，我们对中国人做出的不再销售鸦片的承诺，不仅因为是在封锁期间做出的而可以被视为无效，而且也应该被废除，因为他们背信弃义，驱逐了我们大部分公司，没有做到既往不咎，也没有因我们上缴鸦片而给出奖励。"[82] 在解决了自己的障碍后，马地臣设法证明恢复鸦片销售是对印度长期客户的一项义务："我们的许多朋友，由于我们无法提供服务而导致他们手中大量鸦片无法进入中国市场，闲置在印度，我对此事负有责任，为了保护他们的利益，我们决定在马尼拉建立分公司从事鸦片贸易。这是一种临时安排，直到一切恢复如初。"[83] 在马尼拉当地没有鸦片销售的市场，因此，还是要在中国沿海进行销售。

与澳门相比，马尼拉是一个更好的选择，可以悄悄运营。因此，詹姆斯可以解除他的外甥亚历山大在澳门的紧急管理职位，并将他送回伦敦，以敦促英国政府的赔偿进度。[84] 尽快逃离广州的英国人在澳门平安度过了6—7月，但澳门始终无法提供长期的安全保障。到了7月，马地臣有效地重组了运往黄埔的合法货物的代理业务。他相信，美国人提供了一种合法的方式绕过义律禁止英国船只去黄埔的命令,他鼓励约翰·亚伯·史密斯期待"等到广州港口被英国舰队封锁后,会有大量的茶叶出口到英国……"[85]

不久,由于英国和美国水手在岸上喝得酩酊大醉闹事,所有为了继续贸易做的安排都付之一炬。7月7日他们与尖沙咀当地村民发生争执,致使一名中国男子死亡,因此林则徐要求将罪犯移交清政府。尽管义律进行了调查,但5人因导致骚乱和破坏而被判刑,对第6人谋杀罪的审判却没有定论。由于义律对于林则徐的要求并未给出回应,澳门和广州的局势急剧恶化。

林则徐似乎准备开始对付澳门时,那里的英国民众变得恐慌,尤其是当他们的仆人开始消失的时候。8月15日,林则徐将2000人的军队调到距离澳门不到65千米的地方,而清政府从未正式将澳门割让给葡萄牙。义律要求马地臣离开澳门,以此来安抚林则徐,因为被驱逐的英国商人在澳门居住是林则徐主要控诉的事情。马地臣把一艘停靠在"巴亚格兰德号"前的小帆船"玛丽亚号"当作临时避风港。他外甥唐纳德和渣甸的外甥安德鲁陪着他,但安德鲁后来前往马尼拉监督鸦片业务。马地臣一如既往地镇定自若,向印度客人保证他预计业务不会中断:"无论发生什么,我们公司的商船都将努力保持在这附近,我们现在写信给马尼拉要求补给。"尽管在如此不便的情况下,他仍要过着体面的生活,他向供应商下单订购供给品,包括面包、猪肉、家禽、啤酒和"一些还不错的法国红酒"。[86]

义律建议住在澳门的英国居民离开,3天后,也就是8月24日,葡萄牙总督遵照林则徐的一项法令,要求英国居民离开。义律携妻子和小儿子随着57名英国人一起离开澳门。[87]随着最后一批英国商人乘船离开,一艘配有28门炮的英国护卫舰"轻浮号"从印度到达澳门,随后,一艘配有18门炮的小型护卫舰"风信子号"也会到达。从8月26日开始,人们在

"轻浮号"的保护下开始迁移到香港。不到一个星期,这些英国人就被安置在香港锚地附近的70艘商船中。[88]

马地臣向奥塔迪乌(Otadiu)解释说,安德鲁·渣甸被送去马尼拉是为了"以我们公司的名义在你的地盘经营业务"。虽然对于安德鲁来说去哪里并不重要,但马地臣认为如果他和所有的公司成员都去马尼拉将是有益的。但事实证明,詹姆斯·马地臣并没有在马尼拉定居。在接下来的几个月中,他大部分时间在海上漂泊,偶尔会在香港靠岸,到1840年2月,他才回到澳门。

9月初,英国商人的船队刚刚抵达香港,就被九龙附近持续不断的枪声惊醒。[89] 义律用快艇"路易莎号"、帆船"珍珠号"和护卫舰"轻浮号"攻击停靠在九龙的三艘清军战船。双方激战了一段时间,当弹药耗尽时,一些小的英国船只前来支援。这场短暂的战斗没有取得决定性结果,部分原因是义律说服史密斯船长不要用"轻浮号"的火力干掉清军战船和岸上的炮台。9月余下的时间里,在香港的船只都是风平浪静。[90] 到9月底,林则徐容忍了包括义律在内的一些英国人回到澳门。[91]

鸦片生意进展得相当顺利。沿海地区的低价促使销售额大幅上升。马地臣不太担心降价的问题,因为降价促销有助于以他所谓的"公平价格"清空公司在马尼拉的库存,也让公司可以引进印度的新货源。[92] 这种情况一直持续到9月,马地臣高兴地报告说,公司财务因沿海销售而十分"充盈",而且公司实际上垄断了在香港停靠的商船的现金流。当他有闲暇来反思最近几个月发生的事时,对中国南方正在上演的大戏发表了自己的见解。其内容如下:

> 林则徐最伟大的目标是消灭鸦片走私,为此他搭上了自己的仕途甚至是性命,他也许知道我为什么必须原谅"高派教会"反对鸦片贸

易的愚蠢的叫嚣，而期待我们的政府能与他合作。我想你不会被那些四处传播的谣言牵着鼻子走，因为你有机会从很多最近回国的朋友那里得到准确的信息。我希望你用你的影响力去引导言论走向正确的方向。在中国的 21 年，我可以非常认真负责地说，我从未见过一个中国人可以抵挡住鸦片的诱惑，就像欧洲的醉鬼一样，也没有任何一个人因过度吸食鸦片导致能力受到损害，也没有像我们国家那么多的暴食者和酒徒。但这些例子并不常见，吸食鸦片大多是上流社会可以享受的，就像英国的香槟和昂贵的葡萄酒一样。请原谅我小小的跑题，我要补充一下，我们的业务进展顺利。[93]

马地臣可能不知道，就在他给约翰·亚伯·史密斯写信，说林则徐钦差想避免军事冲突时，他的搭档正在伦敦与外交大臣就没收鸦片和监禁英国商人一事进行协商。

渣甸返回英国的一路上总是错过来自印度的消息，直到到达那不勒斯，他才收到消息。他在孟买稍作停留，拜访了詹姆斯·杰吉伯伊和一些帕西老友。但他在孟买停留时间较短，因而错过了广州巨变的消息，该消息在 5 月 13 日通过杰吉伯伊的商船"好结果号"（*Good Success*）到达马德拉斯。[94]

渣甸和他的旅伴走陆路途经苏伊士运河，在地中海东部观光。5 月底，他在伊斯坦布尔写信给马地臣时，对于广州发生的一切全然不知。[95]当他们在 8 月初到达那不勒斯时，他们听到了这个令人震惊的消息，即林则徐缴获了所有的鸦片库存，并将马地臣和其他鸦片商人驱逐出广州。他们马上放弃了悠闲的旅程，尽管渣甸的护照丢了，他们还是买了一辆马车和一匹马，穿越欧洲，途经圣哥达山口穿过阿尔卑斯山，并于 9 月初抵达伦敦。[96]

渣甸随即着手制造舆论压力，并寻求机会向外交大臣提供建议。由于茶叶贸易受到威胁，整个伦敦处于极大的骚动中。林则徐驱逐英国臣民并收缴鸦片的行为引起众怒。早在渣甸见到帕默斯顿之前，这位外交大臣已备受压力。渣甸采用了伦敦东印度公司和中国协会发给帕默斯顿的请愿书中的策略。文中称，英国东印度公司在内阁大臣的监督下鼓励鸦片贸易，而英国商人不应该为一项由高层批准的贸易而承担责任。[97]

他们向帕默斯顿发出请愿的时机不对。虽然在广州发生了扣留人质和销毁鸦片的事件，但这位在伦敦的外交部长并没有意识到远东地区的紧张局势，他却敏锐地察觉到近东和中东地区存在的威胁（不论是感觉到的还是真实发生的）。1839年春季，辉格党内阁更多地关注于法国和俄国，而非中国。情况已经非常糟糕，甚至有可能英国和法国会在1840年因东地中海的紧张局势而开战。

在奥斯曼帝国内部，一个名叫穆罕默德·阿里的阿尔巴尼亚人被苏丹任命为埃及的总督，但后来他叛变了。19世纪30年代初，穆罕默德·阿里利用其在法国训练的军队控制了奥斯曼的叙利亚。在法国的支持下，他派儿子易卜拉欣在1839年击退了妄图夺回叙利亚的土耳其军队。帕默斯顿深切关注英国在该地区的利益，并因此提议以大国力量来保证奥斯曼帝国的领土完整，以此来削弱法国对穆罕默德·阿里的影响。然而，法国面对英国的厚颜无耻却犹豫不决，导致英法关系在1840年严重恶化。[98]

英国和俄国在东地中海问题上达成了协议，但这并不是一个全球协议，近年来恐俄症在英国政界蔓延。印度总督奥克兰男爵怀疑俄国对印度北部有所图谋，于是他与旁遮普的锡克教统治者兰吉特·辛格合谋在喀布尔安排一个顺从的统治者，以保护印度不受俄国侵犯。为了扶植沙阿·舒贾，孟加拉和孟买的军队在1839年春天前往坎大哈，阿富汗战役似乎取得了圆满成功。

1839 年，外交上风云迭起，以至于中国发生的危机在那年秋天未能引起帕默斯顿的关注。[99] 不过，著名的辉格党议员兼帕默斯顿的好友约翰·亚伯·史密斯安排渣甸与这位外交大臣会面。渣甸飞奔着穿越欧洲，想要尽可能快地回到英国就是为了能够见到帕默斯顿，但考验他耐心的时刻到了。9 月中旬，他写信给马地臣："本来约在周六在外交部见面的。我们去到那里后发现许多人在等，但没有见到帕默斯顿。与印度和中国有联系的各方都变得非常不耐烦……如果可能的话，我们宁愿悄悄地做这件事，尽管一再地拖延让人很恼火。"[100] 在他看来，最重要的是先要有上缴鸦片的收据，然后再展开全面的公开辩论，通过报纸的渲染引起下议院的重视。他告诉马地臣："这里很少有人能够理解这个问题，他们通常愚蠢地把侮辱、暴力与非法贸易混为一谈，保持缄默，忍受侮辱，拒绝支付鸦片赔偿。"[101]

此时渣甸在静候时机，却也没闲着，闲适对他来说是很陌生的概念。9 月底时，他再次写信给马地臣（此时马地臣在距离香港不远的"大力士号"上）："你一定会感到很惊讶，我们既没有收到议员们对此事的任何建议，也没有见到帕默斯顿勋爵。三天前，史密斯先生与他有过会面，当他告诉帕默斯顿勋爵我急于离开伦敦去苏格兰，一段时间内不会回来，帕默斯顿勋爵说想要和我有一个会面，他有很多问题要问，并且他说'我想他可以告诉我们应该做什么'。他建议在周末找一天在伦敦见面并恳请我在见面前不要离开。"[102]

9 月的最后几天，帕默斯顿终于接见了渣甸，即便如此，他还是让访客们等了两个小时。9 月 27 日，渣甸、史密斯、亚历山大·格兰特船长（直到当时仍担任怡和洋行在中国水域的船队队长）带着中国沿海水域及岛屿的地图拜访了帕默斯顿勋爵。他们展开地图，"如果女王陛下的大臣们打算采取补救措施的话，这可以让他们更好地了解他们要对付的这个国家"。这次谈话从一般性和理论性的话题迅速转移到如果要采取行动，如何进行惩罚性远征打击等具体细节上。这就是典型的渣甸式的单刀直入，显然，帕默斯顿是愿意谈论这些细节的。"武器装备的数量、部队的数量、战船的数量等都做了说明，但并没有直接表达强烈要求采取这种方式的决心。"[103]

会议结束后，渣甸致信给他的合伙人说，帕默斯顿保留了这些图表，预计将于下星期一举行内阁会议，而这位外交大臣表示希望在随后的一周内再次见到他。渣甸评论说："很难说明政府现在的真实想法，也很难相信他们会保持沉默，忍气吞声，以200万英镑的代价换取合法贸易。"[104] 他离开会场时有些不安，但并不气馁。他告诉他的搭档："这一切都不够令人满意，但我们必须耐心地等待。"[105] 让他有些许欣慰的是，相比其他团队，帕默斯顿更愿意与他的小团队沟通，而且外交大臣一直对他说，实际上，"我的耳朵是敞开的，但我的嘴唇是紧闭的"。[106]

几天后，10月1日在温莎城堡举行的内阁会议上，墨尔本的内阁提出必须对中国采取军事行动。内阁成员们得知中国以武力夺走了商人的鸦片后都普遍同意必须采取武装行动。然而内阁面临更为复杂的问题，包括此次军事远征的目标以及如何应对义律的承诺，即英国政府将赔偿商人上缴的鸦片。[107] 陆军大臣托马斯·巴宾顿·麦考利（Thomas Babington Macaulay）鼓励帕默斯顿说，应该让中国人为被没收的鸦片和军事远征买单。渣甸在听到内阁要求清政府赔偿的决定后，他看到了影响帕默斯顿下一步决策的机会。他告诉马地臣："我们明天打算送给帕默斯顿勋爵一份私密文件，暗示他一下。"[108]

内阁做出决定后，帕默斯顿给义律写了一封密信，提醒他即将采取军事行动。[109] 渣甸提出可以由正准备从普利茅斯开往中国的"莫尔号"负责送信。这是一艘全新的、装备齐全的快船，由怡和洋行和詹姆斯·杰吉伯伊共同拥有。帕默斯顿于10月18日撰写了这封信；"莫尔号"于10月23

日启程；在114天的快速旅程后，这艘船在1840年2月15日抵达广州湾。[110]因此，在渣甸与帕默斯顿第二次会面之前，帕默斯顿已经做出了开战的决定，而且正在采纳渣甸给他的建议。

10月26日，他们再次会面时，渣甸让帕默斯顿全面了解到英国商人对于东亚贸易的需求和愿景。其中包括签订商业条约，封锁中国港口以对赔偿施压，占领一些中国的岛屿以及开放新的通商口岸给英国贸易。一个月后，帕默斯顿写信给义律，就未来与清政府谈判提供了更多更详细的指示。[111]到了12月中旬，渣甸写信告诉马地臣，他那天送给帕默斯顿一份"暗示性文件"。[112]

显然，在外交大臣的要求下，渣甸拟定了一套具体的方案，为墨尔本的内阁作参考。这份长篇报告于12月初完成并由苏格兰亚伯丁议员亚历山大·班诺曼（Alexander Bannerman）在1839年12月17日转交给帕默斯顿。[113]渣甸在这份报告中明确表示，英国远征军不必急于封锁和轰炸中国沿海城市，因为这种行动代价高昂且不利于与清政府达成牢固的协议。相反，他希望英国政府能够占领中国领土让英国商人可以安全居住。"解决当前的危机需要迅速、果断地采取有力措施，为英国居民及财产在中国海域获取在英国旗帜保护下永久安全的一席之地。"[114]他说，最具争议的是"英国公民因受到的伤害和损失向英国政府提出赔偿"。国家荣誉可能会在议会中为支持开战争取选票，但渣甸呼吁政府尽快履行义律承诺的赔偿，因为对于失去鸦片的商人来说，赔偿才是最重要的事情。他把解决方案列成以下条款：

1. 因监禁英国国民对国家荣誉造成损失而提出赔偿。
2. 就向广州港以外的商人勒索，后又被清政府没收的鸦片提出赔偿。

3. 在平等互惠的原则上制定商业条约以保障英国商人及财产今后不受侮辱和侵犯。[115]

他声称，对于中国随意没收了价值 300 万英镑（渣甸给出的数据）的英国财产，英国政府可以通过悄悄地"占领大屿山"作为"回礼"，并把此地作为被驱逐的英国商人的避难所，以及英国企业的"商贸中心"。他写道，"毫无疑问，与被没收的大量鸦片的价值相比，大屿山（或类似领地）的价值乍一看似乎是不能等值的"，但其实际价值足以保证英国政府满足义律对鸦片商人的承诺，因为该岛的长期价值要远远超过短期内补偿给商人的金额。

对于辉格党政府来说，通过弥补商人来摆脱困境这种温和的手段绝对不是他们的风格。获得永久性的英国领地以促进中国贸易才是一个强有力的论点。渣甸的野心在报告的高潮处暴露无遗：

> 完全不需要正式购买，也不需要烦琐的谈判，也不用担心大量英国财产每天在中国海域的风浪中被毁坏。等到足够的海军军力到达，建设殖民地所需的条件都到位了，就可以从英国发一份敕令给马他伦司令，授权他夺取和保护所有必要的财物，在他的指挥下，海军舰队能够出色地完成这两项任务。
>
> 当这一切都完成后，或者还未完成时，都可以用以下论点谈判："你拿了我的鸦片，所以我占领了你的岛屿，我们扯平了。从今以后让我们在友好的环境下生活。你没有能力保护你的海岸不受海盗骚扰，我们可以。所以，让我们相互了解，学习如何促进我们的共同利益。"[116]

渣甸的现实政治策略不动声色且有效地将鸦片贸易的道德问题抛诸脑

后，单纯以"以牙还牙，以眼还眼"的逻辑来回击。在渣甸的总结分析中，夺取一个或多个岛屿的战略要比武力强迫清政府签订商业条约更可取。因为一旦远征队离开，清政府随时可能停止履行条约。他总结道："在这件事情上，大多数人没有能力发表意见，但却对结果非常感兴趣。"[117]

渣甸的野心在这些论点中充分显现出来。此外，他还向帕默斯顿证明报告中的战略都是墨尔本的内阁可以采用的非常合适的策略。因为帕默斯顿有很多事情要考虑，这对渣甸来说是个很好的机会去推荐一个逻辑顺畅、执行性强的策略。外交大臣将这份报告保留数月，直到1840年国会就广州事件进行军事讨论后才将其归还。[118]

帕默斯顿勋爵确信，尽管义律承诺赔偿的行为是不明智的，但英国政府应该兑现这一承诺，向商人赔偿被没收的鸦片，并要求清政府为该项支出提供补偿。此外，他还决定必须永久解决英国与中国的商业和政治关系，占领一个合适的岛屿作为殖民地是确保关系稳定的途径。[119]

1839年12月，外交大臣还要操心自己的婚礼。就在亚历山大·班诺曼把长篇报告转交给帕默斯顿的前一天，这位外交大臣的注意力已经放在与其长年的情妇，即墨尔本首相的妹妹艾米莉·考珀的婚事上。他们的地下情早在30年前就开始了，尽管艾米莉与考珀勋爵早已结婚，也没能断绝与帕默斯顿的关系，她与考珀勋爵婚姻中共育有5个孩子，其中3个孩子的亲生父亲是帕默斯顿。她的第一任丈夫于1837年去世，考珀夫人维持了在维多利亚时期最短但却也体面的服丧期，然后于1839年12月16日，52岁的考珀夫人和55岁的帕默斯顿在位于汉诺威广场的圣乔治教堂结婚，将他们的关系正式合法化。之后，他们去了位于汉普郡的布罗德兰庄园度过了10天的圣诞节蜜月，但跟随他们一起的还有一箱箱的文件以及奥地利和俄国的代表。他们在圣诞节期间与他一起工作，以达成一项关于东地中海的协议。[120]因此，渣甸需要使出浑身解数在"各种海外纷争"[121]和帕默斯顿的黄昏恋中脱颖而出博得关注，也是不足为奇的。

整个圣诞节，渣甸都在苏格兰的邓弗里斯郡度过。自从9月到达伦敦后，他一直渴望去看望他的家人和儿时生活的村庄，他已经离开那里20多年了。亚历山大·马地臣最近从中国回来，为了敦促英国政府赔偿，那个冬天，他与渣甸一同在邓弗里斯郡度过。渣甸的4个兄弟姐妹共育有14个孩子，有些孩子是在他定居中国后出生的，而且已经长大成人，但他却从未见过他们。所以他有很多事情要去了解。（渣甸的母亲伊丽莎白，对她我们知之甚少，只知道她去世的时候正是渣甸返回英国的时期。她的长子已经年近六十。渣甸的父亲安德鲁在他还是孩子的时候就去世了。）在中国期间，渣甸一直很关心亲戚们的生活，尤其是他已故的哥哥大卫的遗孀和子女。现在，他有机会跟所有人重拾亲情，可惜在苏格兰的时间有限，他需要尽快回到伦敦。

1840年2月6日，渣甸会见帕默斯顿时曾借机呼吁政府协助英国商人向中国行商收缴因贸易停滞而拖欠的债务。[122] 这似乎是渣甸与帕默斯顿的最后一次会面，但对于坚定内阁执行先前制定的军事行动的决心有深远影响。会面结束的两周后，帕默斯顿向印度总督奥克兰勋爵发出指令，要求他准备16艘军舰，配备500门炮并调配4000名士兵。

渣甸可能在心里已经承认帕默斯顿是不会让国会支付商人所要求的200万英镑鸦片补偿金的。事实上，帕默斯顿在年初时已经告诉下议院，他不会要求下议院为此拨款。在这个问题上，最重要的一点是，如果政府呼吁英国纳税人为清廷的钦差大臣毁坏的英国财产而提供赔偿，那么会受到议会无情的嘲笑。[123]

在英国国内，有关开战的消息流言四起，保守党坚持要求政府向议会提交一份关于清朝政策的文件，1840年3月初，帕默斯顿提交了一份经过处理的《与中国有关的信件汇编》。此后不久，《泰晤士报》得出结论称，

"印度快讯：向中国宣战"。该报纸援引了刚刚从孟买得到的情报。[124] 面对保守党的压力，下议院辉格党领袖约翰·罗素透露了远征军的目标：首先，对于受到的侮辱和伤害进行索赔；其次，对于损失的财产进行索赔；第三，为英国对华贸易的未来获得保障。[125]

保守党准备就政府处理中国危机行为提出一项谴责动议。他们承认事情已经到了如此危急的时刻，发动战争是必要的，但他们认为，多年来外交部在对华政策与管理上一团糟，尤其是帕默斯顿对义律的指令上。

4月7日，下议院开始了为期3天的辩论，詹姆斯·格雷厄姆爵士带领保守党发起进攻。英国陆军大臣麦考利反驳了他的观点。麦考利称，英国的旗帜应该保护所有英国公民，无论他身处何处。他承认，清政府有权禁止鸦片贸易，但他们采取了不公正的方式对待英国公民。[126] 对此，年轻的威廉·尤尔特·格莱斯顿（William E.Gladstone，当时的保守党成员）称，鸦片贸易是英国的尴尬。与麦考利形成鲜明对比的是，格莱斯顿坚持认为，英国的旗帜应该永远代表着正义的事业，"但现在，在尊贵的帕默斯顿勋爵的带领下，这面旗帜成了臭名昭著的走私贸易的保护伞"。尽管他承认，为了获取公平，有必要实施武力，但他指责外交部把事情演变成如此不利的局面。格莱斯顿称即将发生的战争是民族的耻辱："我从未见过这样一场战争，其起因就是非正义的，其过程更是让整个国家蒙羞。"[127]

就这样，辩论持续了三天三夜，最后帕默斯顿使出浑身解数为政府做最后的陈述。他在最后引用了最近一位在广州的美国商人给美国政府的一封信，信中表现出对英国商人的同情，并指出不必造成流血事件，仅需以军事力量进行震慑即可。此时，辩论已经进行到第三晚，天快亮的时候，当帕默斯顿坐下时，响起了雷鸣般的掌声。[128] 格雷厄姆正要努力进行回击，却被疲倦的议员的提问打断了。最后议会进行投票，外交大臣仅以9票之差的微弱优势获胜。[129]

类似的戏码要在上议院再次上演，但上议院中保守党占多数。尽管斯坦诺普勋爵继续从道德的立场上谴责政府的政策，跟格莱斯顿的观点一致，但当威灵顿公爵（保守党）说，在他从政50年间，他从未听说过如广州的英国商人遭受的这般侮辱和伤害时，保守党的优势已经没有了。[130] 之后，保守党只能退席。

由于保守党施加的压力越来越大，游说团利用帕默斯顿的不安为那些失去财产的商人争取赔偿。此时，渣甸暂时做个观众，这个请求是由约翰·亚伯·史密斯和威廉·克劳福德向帕默斯顿提出的。他们敦促内阁建立一个调查委员会，负责调查索赔申请。就在保守党责难政府对中国政策的处理方式时，帕默斯顿同意了建立调查委员会的提议。这是墨尔本的内阁为了让史密斯的朋友们在接下来的辩论中继续保持忠诚而做出的政治性让步。[131]

那年5月，调查委员会的证人席中有一位明星证人，不是别人，正是威廉·渣甸。他在广州的经历以及在商人中的地位让他在证人中有独特的影响力。但在派遣远征军这个问题上已经没有异议了。4月7—9日下议院的辩论中已经解决了这个问题。《泰晤士报》把这场即将到来的战争称为鸦片战争，这个名字也就此流传下来。[132]

5月18日，渣甸在调查委员会作证的第二天，护卫舰"鳄鱼号"从新加坡启航，驶向东北方向的广州湾，远征军的主力也紧随其后。此时距离威廉·渣甸离开广州仅15个月。在此期间，四处漂泊的詹姆斯·马地臣成功避开了清政府的监管，同时带领公司在曲折中前进，使其能够继续运营代理业务。

战争前夕，两位合伙人是否有反思过他们在发起战争的过程中所扮演的角色，这一点无从考证。1840年春天，渣甸主要关心赔偿问题，而马地臣则主要考虑，如果中国沿海即将被封锁，如何尽可能长时间地维持公司业务。另一方面，如果我们问他们跟发起战争有多少关系时，答案肯定是：很多。

他们长期钻清朝法律的空子，与鸦片走私贩勾结，对朝廷构成挑衅，也最终导致林则徐采取强硬措施。他们想要让这个幅员辽阔的国家对所有英国企业开放的野心是他们游说发动战争的根本原因，这使得他们极力反对清政府的准入制度。他们常年向英国政府呼吁，对英国公众抱怨，英国商人需要从政治领袖那里获得更好的保护，并通过与清政府签订商业条约实现安全稳定；而且他们对于行商制度给英国官员和商人带来的侮辱以及清朝官员难以接近都抱怨连连。现在，渣甸倾向于用武力夺取一座岛屿，但他不希望贸易中断。而对于马地臣来说，尽管战争一触即发，但他还是决心继续发展鸦片贸易。

事实上，这些外国商人都是罪犯，他们通过贩卖一种使人精神错乱的麻醉品荼毒了华南及其他地区的人。尽管吗啡在19世纪初期就被提炼出来了，但作为提取源的鸦片并不是镇痛剂，而是让人精神衰弱上瘾的根源。此外，鸦片商人也犯有贿赂罪，这种贿赂在广东地方官员中十分猖獗，收受贿赂的官员对于鸦片贸易视而不见。除此之外，鸦片销售导致大量白银外流。白银的出口是被禁止的，但是走私者需要用白银向怡和洋行购买鸦片。

威廉·渣甸和詹姆斯·马地臣都没有预料到林则徐围攻夷馆区，销毁上缴的鸦片所引发的连锁反应。1839年春季，中国和英国政府都没有料到1840年爆发的战争，以及其对于两国造成的长期巨大的后果。

毫无疑问，渣甸和马地臣在1840—1842年鸦片战争的局势发展中起到了巨大的作用。然而，战争的具体情况以及旷日持久的战局都超出了他们的想象。

注　释

1. James Matheson（Canton）to Thomas Charles Smith（London），29 January 1839, James Matheson – Private Letter Book, ms jm, c5/3; *Canton Register*, 29 January 1839, 22.

2. Kerr, ed., *Letters from China*, 87–90; Fay, *The Opium War*, 138. 有些人认为，渣甸回到英国后就会结婚。据福布斯的八卦消息称，他看上了一位寡妇。

3. *Canton Register*, 29 January 1839, 23.

4. Kerr, ed., *Letters from China*, 88; Nye, "The Morning of My Life in China", 57; *Canton Register*, 29 January 1839, 23.

5. Nye, "The Morning of My Life in China", 57.

6. Kerr, ed., *Letters from China*, 90. 亨特也提到了此事。*The "Fan Kwae" at Canton*, 135。出席晚宴的亨特对渣甸的"睿智和判断力"表示钦佩。

7. Kerr, ed., *Letters from China*, 89; emphasis in original.

8. James Matheson（Canton）to Thomas Charles Smith（London），29 January 1839, James Matheson – Private Letter Book, ms jm, c5/3.

9. *Canton Register*, 29 January 1839, 1 and 22.

10. William Jardine（Canton）to Captain Rees（aboard Austin），10 December 1838, William Jardine – Private Letter Book, ms jm, c4/7; Blake, *Jardine Matheson*, 86.

11. 马地臣盘算着，如果从广州到伦敦的信件能够及时送达，马尼亚克–史密斯就能尽快把广州的消息通知给在亚历山大的渣甸。James Matheson（Canton）to Thomas Charles Smith（London），29 January 1839, James Matheson – Private Letter Book, ms jm, c5/3.（两年前，也就是1837年，发明家发明了一种电报，但是想要与印度进行电报往来还需要几代人的时间。）

12. Blake, *Jardine Matheson*, 86, citing the unpublished manuscript of Gerald Yorke, "The Princely House"（1937），which is in turn citing Jardine's Private Letter Book for 26 January 1839.

13. James Matheson（Canton）to Thomas Charles Smith（London），17 January 1839, James Matheson – Private Letter Book, ms jm, c5/3.

14. 马地臣预订了一件晨礼服和暖和的双排扣马甲，都是用最上乘的黑色面料制作而成，还有一件厚实的夹克，可以穿在外面。两件衣服都出自裁缝W.I.库珀之手，而且马地臣对于衣服的合身程度非常满意。James Matheson（Canton）to W. I. Cooper（London），

第九章　　　　　　　　　　　　　　　　　　　　　　　渣甸的告别和马地臣的大麻烦　　299

25 and 30 January 1839, James Matheson – Private Letter Book, ms jm, c5/3.

15. William Jardine（Canton）to J. Middleton（Macao）, 10 January 1839; to Captain Paterson（of *Lady Hayes*）, 10 January 1839; and to Captain Baylis（of *Colonel Young*）, 11 January 1839, William Jardine – Private Letter Book, ms jm, c4/7. 即使在 1839 年春，林则徐没收鸦片后，怡和洋行仍然为一名叫米德尔顿的人和另一名叫斯塔基的人提供代理服务。James Matheson or the firm（Macao）to Captain Strachan（on *Omega* at Hong Kong）, 5 June 1839, and to Captain Hall（on the schooner *Harriet* at Typa）, 6 June 1839, William Jardine – Private Letter Book, ms jm, c4/7.（尽管渣甸已经离开广州几个月了，公司仍然以他的名义写信。）

16. James Matheson or the firm（Canton）to the commanding officer of the *Lady Hayes*, 18 February 1839, William Jardine – Private Letter Book, ms jm, c4/7; James Matheson（Canton）to Thomas Charles Smith（London）,29 January 1839, James Matheson – Private Letter Book, ms jm, c5/3.

17. James Matheson（Canton）to the Right Honorable J.A. Stewart MacKenzie（Ceylon）, 26 January 1839, James Matheson – Private Letter Book, ms jm, c5/3.

18. *Canton Register*, 29 January 1839, supplement.

19. James Matheson（Canton）to John Abel Smith（London）, 25 January 1839, James Matheson – Private Letter Book, ms jm, c5/3; and James Matheson（Canton）to Captain Rees（aboard *Lady Hayes*）, 29 January 1839, William Jardine – Private Letter Book, ms jm, c4/7.

20. Fay, *The Opium War*, 128.

21. *Chinese Repository*, April 1839, 7: 610.

22. Fay, *The Opium War*, 140.

23. James Matheson（Canton）to Jamsetjee Jejeebhoy（Bombay）, 28 February 1839, James Matheson – Private Letter Book, ms jm, c5/3.

24. Kerr, ed., *Letters from China*, 98; Fay, *The Opium War*, 140.

25. James Matheson（Canton）to T.W. Henderson（Bombay）, 9 March 1839, James Matheson – Private Letter Book, ms jm, c5/3.

26. James Matheson（Canton）to John Abel Smith（London）, 9 March 1839, James Matheson – Private Letter Book, ms jm, c5/3. 他的计划是每年 25 万美金。

27. Waley, *The Opium War through Chinese Eyes*, 18; Gelber, Opium, *Soldiers and Evangelicals*, 61.

28. James Matheson（Canton）to Jamsetjee Jejeebhoy（Bombay）, 9 March 1839, James Matheson – Private Letter Book, ms jm, c5/3; Kuo, *A Critical Study of the First Anglo-Chinese War*, 100.

29. Fay, *The Opium War*, 142; Hunter, *The "Fan Kwae" at Canton*, 135; Chang, *Commissioner Lin and the Opium War*, 126; Waley, *The Opium War through Chinese Eyes*, 20.

30. Waley, *The Opium War through Chinese Eyes*, 22, 引自林则徐于 1839 年 3 月 12 日上呈皇帝的奏折。

31. James Matheson（Canton）to T.W. Henderson（Bombay）, 10 March 1839, and to Jamsetjee Jejeebhoy（Bombay）, 13 March 1839, James Matheson－Private Letter Book, ms jm, c5/3.

32. James Matheson（Canton）to John Abel Smith（London）, 18 March 1839, James Matheson－Private Letter Book, ms jm, c5/4.

33. Waley, *The Opium War through Chinese Eyes*, 28－31. 林则徐曾尝试外交手段，并认为维多利亚女王可能不知道英国商人从事的鸦片贸易，他说："有一群邪恶的外国人，他们制造并售卖鸦片，引诱愚民们上当，只为获取利益。"在写给维多利亚女王的信中，他说："这里禁止销售的东西，在贵国属地也理应禁止生产，对于已经生产出来的，女王陛下应该搜查出来并扔进海底，再也不能让这种毒药存于世间。"

34. James Matheson（Canton）to John Abel Smith（London）, 18 March 1839, James Matheson－Private Letter Book, ms jm, c5/4; Waley, *The Opium War through Chinese Eyes*, 32; Fay, *The Opium War*, 144.

35. Waley, *The Opium War through Chinese Eyes*, 33－34; Chang, *Commissioner Lin and the Opium War*, 139.

36. James Matheson（Canton）to John Abel Smith（London）, 18 March 1839, James Matheson－Private Letter Book, ms jm, c5/4.

37. James Matheson, "Brief Narrative",（自己修改过的）手稿记录了在广州发生的事件，March 1839, ms jm; memorandum by James Matheson, 19 March 1839, James Matheson－Private Letter Book, ms jm, c5/4; Fay, *The Opium War*, 145.

38. James Matheson（Canton）to William Jardine（London）, 1 May 1839, James Matheson－Private Letter Book, ms jm, c5/4. 这封 12 页的信是渣甸和马地臣的私人信件中最长的一封。这封信的副本由 6 艘不同的船分别派送，以保证渣甸能够尽快收到。这封信与"Brief Narrative"组合在一起充分展示出 1839 年 3—4 月马地臣在这一系列事件中的生活经历，以及后续促发 1840—1842 年鸦片战争的原因。

39. Chang, *Commissioner Lin and the Opium War*, 132, 143.

40. Matheson, "Brief Narrative"; Fay, *The Opium War*, 145－146; Chang, *Commissioner Lin and the Opium War*, 145－147; Kuo, *A Critical Study of the First Anglo-Chinese War*, 105.

第九章　　　　　　　　　　　　　　　　　　　渣甸的告别和马地臣的大麻烦　　301

41. James Matheson（Canton）to William Jardine（London），1 May 1839, James Matheson – Private Letter Book, ms jm, c5/4.

42. Ibid.; Kerr, ed., *Letters from China*, 109–110; Nye, "The Morning of My Life in China", 61.

43. James Matheson（Canton）to William Jardine（London），1 May 1839, James Matheson – Private Letter Book, ms jm, c5/4.

44. Kerr, ed., *Letters from China*, 110–111; Collis, *Foreign Mud*, 206–207.

45. Hoe and Roebuck, *The Taking of Hong Kong*, 70–72; Collis, *Foreign Mud*, 210–211; Fay, *The Opium War*, 147–148; Kuo, *A Critical Study of the First Anglo-Chinese War*, 106.

46. Matheson, "Brief Narrative"; Fay, *The Opium War*, 148–149; Collis, *Foreign Mud*, 212–213; Kerr, ed., *Letters from China*, 110–111.

47. Fay, *The Opium War*, 149; Downes, *The Golden Ghetto*, 137.

48. Kerr, ed., *Letters from China*, 111.

49. James Matheson（Canton）to William Jardine（London），1 May 1839, James Matheson – Private Letter Book, ms jm, c5/4.

50. Gelber, *Opium, Soldiers and Evangelicals*, 66; Chang, *Commissioner Lin and the Opium War*, 153–155. 被监禁期间，夷馆区内发生的唯一一件不幸的事情就是年仅 19 岁的大卫·渣甸晚饭后从楼梯上摔下来受伤了。Blake, *Jardine Matheson*, 91.

51. 张荣洋在附录中附上了一封"乔治四世号"上的外科医生于 1839 年 8 月 10 日写给《泰晤士报》的一封信。他报告称，船只在黄埔被拘禁期间，"舰队指挥官轮流举办晚宴，我有幸当时在场，我敢说，所有人都沉浸在欢声笑语中，连资深的享乐者都得到了满足。谁为我们提供火鸡、羊肉、鸡肉以及各种新鲜蔬菜，让我们的餐桌增色不少？野蛮的清政府。""福布斯在被拘禁 5 天后写道，很高兴我们都健康快乐地生活着（Kerr, ed., *Letters from China*, 113）。但是，单调乏味的生活和无人打扫卫生的窘境一扫先前的乐观。外国居民们没有足够的水清洗地板，而且厕所环境令人恶心。"

52. Fay, *The Opium War*, 151.

53. *Correspondence relating to China*, 1840, cited in Gelber, *Opium, Soldiers and Evangelicals*, 67.

54. Matheson, "Brief Narrative"; Fay, *The Opium War*, 152–154, citing *Correspondence relating to China*, 1840, 36(223), 374, pp; Kerr, ed., *Letters from China*, 112.

55. Collis, *Foreign Mud*, 215.

56. Hoe and Roebuck, *The Taking of Hong Kong*, 74–75, citing letter from Charles Elliot to Clara Elliot, 4 April 1839.

57. Matheson, "Brief Narrative"；Blake, *Jardine Matheson*, 91 and 261n.4, citing Yorke ms.; Fay, *The Opium War*, 154; Greenberg, *British Trade and the Opening of China*, 203; Kerr, ed., *Letters from China*, 113. 美国商人上缴的鸦片中有 1400 箱来自罗素公司。140 箱是由韦特莫尔（W.S. Wetmore）上缴的。

58. James Matheson（Canton）to William Jardine（London）, 1 May 1839, James Matheson – Private Letter Book, ms jm, c5/4; Fay, *The Opium War*, 154, citing Select Committee on Trade with China 1840（359）, 147, pp.

59. Fay, *The Opium War*, 154; Greenberg, *British Trade and the Opening of China*, 203.

60. Thampi, "Parsees in the China Trade", 21.

61. James Matheson（Canton）to Alexander Matheson（Macao）, 29 March 1839, James Matheson – Private Letter Book, ms jm, c5/4.

62. Blake, *Jardin Matheson*, 91, citing Yorke ms., 240; Collis, *Foreign Mud*, 216.

63. Waley, *The Opium War through Chinese Eyes*, 39, citing Lin's papers, 2: 252; Matheson, "Brief Narrative".

64. Fay, *The Opium War*, 155.

65. 怡和洋行于 1839 年 4 月 17 日通知在"海斯夫人号"上的约翰·里斯船长和"所有公司在中国沿海的船只的指挥官"。William Jardine – Private Letter Book, ms jm, c4/7. 马地臣立即告诉帕里船长，既然"大力士号"不能再作为鸦片船使用，"你必须立即削减船上的用度，包括你自己的工资"。他还要求"大力士号"远离澳门，以防一些英国家庭需要撤离，或者如果他们不能居住在澳门，该船需要成为公司总部和住所。

66. Fay, *The Opium War*, 158–159.

67. James Matheson（Canton）to Jamsetjee Jejeebhoy（Bombay）, 3 April 1839, James Matheson – Private Letter Book, ms jm, c5/4.

68. James Matheson（Canton）to John Middleton（Macao）, 9 April 1839, James Matheson – Private Letter Book, ms jm, c5/4.

69. James Matheson（Canton）to John Abel Smith（London）, 6 May 1839, and to William Jardine（London）, 13 May 1839, James Matheson – Private Letter Book, ms jm, c5/4.

70. Kuo, *A Critical Study of the First Anglo-Chinese War*, 115.

71. Ibid., 113–114; Fay, *The Opium War*, 163; Hoe and Roebuck, *The Taking of Hong Kong*, 79.

72. James Matheson（Canton）to J.C. Green（Canton）, 14 May 1839, James Matheson – Private Letter Book, ms jm, c5/4; Fay, *The Opium War*, 159.

第九章　　渣甸的告别和马地臣的大麻烦　303

73. Kerr, ed., *Letters from China*, 127 – 129; Hoe and Roebuck, *The Taking of Hong Kong*, 86 – 87.

74. Jardine, Matheson and Company（Macao）to Captain John Rees（aboard *Lady Hayes*）and Captain Jauncey（aboard *Hellas*），1 June and 1 July 1839, William Jardine – Private Letter Book, ms jm, c4/7; and James Matheson（Macao）to Jamsetjee Jejeebhoy（Bombay），29 May 1839; to T.W.Henderson（Bombay），10 June 1839; and to William Jardine（London），13 June 1839, James Matheson – Private Letter Book, ms jm, c5/4.

75. Chang, *Commissioner Lin and the Opium War*, 173 – 175; Waley, *The Opium War through Chinese Eyes*, 47 – 49, 50 – 51; Fay, *The Opium War*, 160; Hoe and Roebuck, *The Taking of Hong Kong*, 82; memorial of Lin Tse-hsu to the emperor, 28 July 1839, doc. 16 in Kuo, *A Critical Study of the First Anglo-Chinese War*, 248 – 250; James Matheson（Macao）to Jamsetjee Jejeebhoy（Bombay），25 June 1839, James Matheson – Private Letter Book, ms jm, c5/4. 查尔斯·金在销毁现场看到，一名苦力因携带鸦片被抓获，当即被斩首。Collis, *Foreign Mud*, 219.

76. Fay, *The Opium War*, 192 – 193, citing letter from Elliot to Palmerston, 3 April 1839, Foreign Office files, 17/31.

77. Memorial to Lord Palmerston, *in Chinese Repository*, 8: 32 – 35.

78. Fay, *The Opium War*, 191; James Matheson（aboard *Hercules*, near Hong Kong）to John Abel Smith（London），24 September 1839, James Matheson – Private Letter Book, ms jm, c5/4.

79. James Matheson（Macao）to James Ryan（Canton），10 August 1839, James Matheson – Private Letter Book, ms jm, c5/4.

80. James Matheson（Canton）to Jamsetjee Jejeebhoy（Bombay），3 May 1839, and to T.W. Henderson（Bombay），5 May 1839, James Matheson – Private Letter Book, ms jm, c5/4.

81. James Matheson（Macao）to William Jardine（London），27 June 1839, James Matheson – Private Letter Book, ms jm, c5/4.

82. James Matheson（afloat off Macao, aboard the schooner *Maria*）to Thomas Scott（Singapore），24 August 1839, James Matheson – Private Letter Book, ms jm, c5/4.

83. James Matheson（Macao）to T.W. Henderson（Bombay），25 June 1839, James Matheson – Private Letter Book, ms jm, c5/4.

84. James Matheson（first at Canton, then Macao），to William Jardine（no address, since Jardine was travelling），8 May 1839; to Charles Lyall（Calcutta），27 June 1839; and to T. Edward

（Sydney, New South Wales）, 1 June 1839, James Matheson – Private Letter Book, ms jm, c5/4.

85. James Matheson（Macao）to John Abel Smith（London）, 7 July 1839, James Matheson – Private Letter Book, ms jm, c5/4.

86. James Matheson（aboard the schooner *Maria*, off Macao）to Jamsetjee Jejeebhoy（Bombay）, 19 August 1839, and to Thomas Scott（Singapore）, 24 August 1839, James Matheson – Private Letter Book, ms jm, c5/4; Gelber, Opium, Soldiers and Evangelicals, 74; Collis, Foreign Mud, 236 – 237.

87. Lovell, *The Opium War*, 74.

88. Hoe and Roebuck, *The Taking of Hong Kong*, 92 – 93; Fay, *The Opium War*, 172 – 173; Gelber, *Opium, Soldiers and Evangelicals*, 74; Collis, *Foreign Mud*, 231 – 234.

89. Fay, *The Opium War*, 175–176; Collis, *Foreign Mud*, 240.

90. Fay, *The Opium War*, 175 – 176; Collis, *Foreign Mud*, 238 – 241. 科利斯说，这件事通常被认为是第一次鸦片战争的开始。

91. Lovell, *The Opium War*, 92 – 93.

92. James Matheson（aboard *Hercules*, at Hong Kong）to T.W. Henderson（Bombay）, 9 September 1839, James Matheson – Private Letter Book, ms jm, c5/4.

93. James Matheson（aboard *Hercules*, at Hong Kong）to John Abel Smith（London）, 24 September 1839, James Matheson – Private Letter Book, ms jm, c5/4.

94. Reid, "The Steel Frame", 23; Fay, *The Opium War*, 183.

95. William Jardine（Constantinople）to James Matheson（Canton）, 27 May 1839, Incoming Correspondence – Europe/Private, ms jm, b1/8.

96. Reid, "The Steel Frame", 24.

97. Ibid.; Collis, *Foreign Mud*, 255 – 256.

98. 根据协议，土耳其属于中立国，因此土耳其被要求禁止任何战舰通过达达尼尔海峡。法国最终做出让步，危机也过去了。

99. 帕默斯顿的一位传记作家写道："1839—1841 年，外交大臣要处理的公务繁多，他是否真的对于中国问题有浓厚的兴趣值得怀疑。这些年来，在他的书信中甚少提及中国问题。"Bell, *Lord Palmerston*, 1: 278.

100. William Jardine（London）to James Matheson, 16 September 1839, cited in Collis, *Foreign Mud*, 251. 此时，马地臣没有永居权，所以他被要求离开澳门。

101. William Jardine（London）to James Matheson, 25 September 1839, Incoming Correspondence – London, ms jm, b6/10.

102. William Jardine（London）to James Matheson（China）, 25‐27 September 1839, in Le Pichon, China Trade and Empire, 386.

103. Ibid., 387. 梅兰科（Britain's China Policy and the Opium Crisis, 103）认为, 9月23日的一份记录中显示, 帕默斯顿勋爵已经为墨尔本勋爵概述了应对中国危机的对策, 而且帕默斯顿已经得出结论, 他更建议进行海军封锁。

104. William Jardine（London）to James Matheson, 27 September 1839, cited in Blake, Jardine Matheson, 93.

105. William Jardine（London）to James Matheson, 27 September 1839, Incoming Correspondence – London, ms jm, b6/10.

106. William Jardine（London）to Jamsetjee Jejeebhoy（Bombay）, 5 October 1839, Incoming Correspondence – London Private, ms jm, b1/10.

107. Bourne, *Palmerston*, 587‐588.

108. William Jardine（London）to James Matheson, 14 October 1839, Incoming Correspondence – London, ms jm, b6/10.

109. Fay, *The Opium War*, 194.

110. Ibid., 194, 200.

111. Ibid.

112. William Jardine（Scotland）to James Matheson, 14 December 1839, cited in Collis, *Foreign Mud*, 253.

113. Memorandum from William Jardine to Lord Palmerston, 5 December 1839, Palmerston Papers, University of Southampton, ms 62 pp/mm/ch/5. 报告就"英国对华贸易的现状和前景作了评述"。

114. Ibid.

115. Ibid.

116. Ibid.

117. Ibid.

118. 1840年5月1日, 帕默斯顿指示他的秘书"复制一份, 把原件和这个便条寄回去"。Palmerston Papers, University of Southampton, ms 62 pp/mm/ch/5.

119. Bourne, *Palmerston*, 587‐588.

120. Ibid., 583.

121. Ibid., 586.

122. Collis, *Foreign Mud*, 257; Blake, *Jardine Matheson*, 93–94.

123. 根据盖尔伯 2004 年的换算表，1839 年的 200 万英镑相当于 2004 年的 7800 万英镑。Gelber, *Opium, Soldiers and Evangelicals*, 83.

124. Melancon, *Britain's China Policy and the Opium Crisis*, 122; Fay, *The Opium War*, 202.

125. Gelber, *Opium, Soldiers and Evangelicals*, 91; Melancon, *Britain's China Policy and the Opium Crisis*, 123.

126. Great Britain, House of Commons, Debates, 7 April 1840, Series 3, vol. 53,704–20, http://www.hansard.millbanksystems.com/commons/1840/apr/07/war-with-china (accessed 27 June 2013).

127. Ibid., 9 April 1840, vol. 5, 800–820; Gelber, *Opium, Soldiers and Evangelicals*, 93–97; Fay, *The Opium War*, 203; Melancon, *Britain's China Policy and the Opium War*, 125–126.

128. House of Commons, *Debates*, Series 3, vol. 5, 925–948.

129. Fay, *The Opium War*, 202–204; Gelber, *Opium, Soldiers and Evangelicals*, 98–100; Melancon, *Britain's China Policy and the Opium Crisis*, 127–128.

130. Fay, *The Opium War*, 204.

131. Melancon, *Britain's China Policy and the Opium Crisis*, 128.

132. Melancon, *Britain's China Policy and the Opium Crisis*, 128.

第十章

渣甸和马地臣与鸦片战争

1839年，詹姆斯·马地臣在节礼日那天写信给约翰·亚伯·史密斯："我的姐妹们建议我购买土地，我会立即汇款给你。"[1]他在一年半的时间内经历居无定所，在各个船上漂泊的日子后，常常想象渣甸回家的日子，也想在稳定的环境中脚踏实地地生活。[2]

尽管清政府和他的同胞义律迫使他在1839年下半年颠沛流离，马地臣的鸦片生意却是蒸蒸日上。尽管如此，他还是认为复苏的鸦片销售要秘密地进行，不能像以前那样肆无忌惮地在广州公布"当前鸦片价格"。因此，公司使用代码与远方客户通信，而且很多公司信件没有署名。[3]

而且，现在马地臣把马尼拉而非澳门视为最安全的运营基地。他写信给在加尔各答的查尔斯·莱尔时说："我们认为马尼拉比这里（澳门）更适合安稳地从事贸易。"[4]菲律宾政府通过减少其用于转口贸易的鸦片的关税，提供仓储的鸦片进口税和愿意提供仓储来鼓励贸易。[5]

不管马地臣对印度客人有多大的责任感，公司都不会为此做出自我牺牲，因为鸦片贸易的复苏给怡和洋行带来了巨大的利润。在上缴给林则徐6000箱鸦片后，他们还剩下大约500箱鸦片，但是他们的商船"希腊号"

却带着 1000 箱新鸦片在新加坡待命。一旦接到前往马尼拉的指令，"希腊号"就会为当时在那里负责运营的年轻的安德鲁·渣甸提供充足的鸦片，以便分配给 6 艘船开往中国沿海销售。怡和洋行把停靠在香港的"大力士号"作为贸易复苏后的金库和内部通信的邮局。起初，沿海的需求量很小，但是利润很高（利润率达到 300%），因为经销商可以以很低的价格在新加坡购买新鸦片。[6] 马地臣猜测，一旦走私者从林则徐的镇压中死灰复燃，需求量就会增长，于是他决定自费购买鸦片。1839 年 6 月，他在新加坡投资 3 万英镑购买鸦片，并从加尔各答订购了价值 8000 英镑的鸦片。

一直到 1840 年春季，在长达 9 个月的时间里，怡和洋行几乎垄断了马尼拉以外所有的鸦片生意。其中大部分是为其他公司做代理，但怡和洋行也以一种新的形式为少数相熟的客人运送和销售鸦片。一旦鸦片在马尼拉再出口，所获得的收益减去怡和洋行船队所需费用、人员工资以及公司及船队指挥官所承担的高风险的补贴，剩下的收益归鸦片所有者。[7] 那段时期，马地臣的战略获得了平均 200% 的利润，不过到了 1840 年 4 月，他不得不恢复到公司正常的运营模式。[8] 在那个月，马地臣告诉渣甸："鸦片贸易的黄金时期一去不复返。"[9] 沿海地区竞争日益强烈，加上印度拍卖价格回升，使他重新采取更为安全的做法，即为远方的客人代理销售。怡和洋行取消了在马尼拉的业务，安德鲁·渣甸也被召回。

鸦片销售蓬勃发展的几个月里，由于马地臣与美国商人合作，将公司货物运到黄埔，公司的合法贸易也兴旺了起来。1839—1840 年间，怡和洋行的净利润是上一季的四倍多。这与战前动荡时期合法贸易会持续增长一致。有 30 多位英国商人驻扎在香港或附近，通过与中立的美国商人签订协议转运进口货物，并通过他们定期获得茶叶。[10]

1839 年 11 月，马地臣通知其合作伙伴，已经通过美国商人转运出公司代理的所有棉花，公司基本清空所有库存，以便为更多的货物腾出地方。茶叶业务则不尽如人意。由于怡和洋行无法与在塘沽的茶叶代理达成协议,在那年秋天,马地臣仍然无法进入茶叶市场。然而,他意识到如果在战争爆发前公司无法以优惠的价格获得茶叶供应,那么他的艰苦付出将毫无意义,徒增遗憾。他承认:"自从渣甸离开后,我的所有战略中,只有这一个我最忐忑是否能得到你的同意。"[11]

在1839年末的一段时间里,马地臣用尽心思来对抗义律的反鸦片情绪。9月,义律要求所有载有鸦片的船只离开外锚地;到了10月,他通知所有英国商船队,只要他们同意缴纳港口费,并接受是否携带鸦片的检查(若携带将被没收并处以罚款),他们便可以暂时在虎门外的穿鼻进行自由贸易。此外,他认为自己已向林则徐做出让步,即直到公司所有成员和船长都宣称与鸦片贸易无关之前,任何英国公司不得在中国居留。

马地臣很难相信,一个英国政府官员会强迫自己国家的民众执行"外国的财政条例"。[12] 尽管如此,他还是通知他最大的鸦片客户杰吉伯伊说,将鸦片运往香港是不安全的,并建议帕西商人把鸦片运往新加坡再转运到马尼拉。[13] 义律坚持要求马地臣在10月中旬离开香港锚地,但是这位狡猾的商人乘坐"好运号"开往马尼拉,再转移到另一艘船上,在海上漂了几个星期。事实上,在离开两周后,他又悄悄回到了香港。[14]

在马地臣看来,义律是与林则徐结盟,共同镇压鸦片贸易。尽管义律确实不赞成鸦片贸易,但他禁止鸦片进入广州湾是为了英国合法商品贸易的恢复。然而,11月3日发生的一起涉及清军战舰和两艘英国军舰的严重海军事件,导致11月末,林则徐宣布任何英国船只都不准进入广州湾,这也使得恢复英国在穿鼻的贸易的谈判告吹。次年1月,林则徐发表一份声明称,英国贸易将永远被排除在中国之外。[15] 事态的发展以及帕默斯顿给前往该地区的远征军发布的指令,让义律和马地臣的关系发生转变,他们在战争前夕变得亲密无间。

他们都有理由为许多美国商人回到广州感到高兴。1839年夏天，马地臣安排两个美国人——詹姆斯·瑞恩（James Ryan）和约瑟夫·柯立芝（Joseph Coolidge）担任其在广州的公司的代理人，并授权他们以1.5%~2%的固定佣金购买茶叶和丝绸，以及销售棉花。他们会定期收到来自怡和洋行流动邮局关于采购的指示，作为这家大型英国代理公司的代理人，他们也获得了丰厚的收益。在伶仃岛和黄埔之间转运英国货物而收取高昂的费用使得美国人"对于以前做的那种生意不屑一顾"。将一船货物从外锚地运到黄埔的费用高达1.8万美元。尽管如此，义律还是很感谢美国人保障了英国商人的贸易通畅。[16]但美国人没有品茶师！所以，马地臣很自然地找到一位品茶师，他可以去黄埔评估美国人为公司购买的茶叶。到了年尾，马地臣写信给查尔斯·莱尔说，所有在香港转运货物的外国船只，只要不在甲板上装载违禁品，都可以被允许进入黄埔，就像春季危机来临之前一样。这种预防措施可以"让当局能够优雅地睁一只眼闭一只眼"。[17]马地臣的足智多谋也展现在他对现有船只的操控上，因为美国人发现他们没有足够的舱位来运输要求运送的所有货物，于是他们试图购买更多的船只。对此，马地臣很乐意帮忙，他以2.5万美元的价格把旧战船"大力士号"卖给美国罗素公司的罗伯特·伯奈特·福布斯，因为这艘船因鸦片贸易而臭名昭著，而且已经很老旧了。[18]除此之外，他还使用了旧招，即在船只上挂外国国旗使英国货物可以进入广州。他仍然保留了丹麦驻广州领事的身份，并把丹麦国旗挂在英国船只上。

马地臣在船上生活了很长时间，这意味着他失去了一些习以为常的舒适生活。他请查尔斯·莱尔把"老仆人易卜拉欣和其他人"送出去。他希望能够摆脱对中国佣人的依赖，所以正寻求从印度招募新帮手。到了12月，他要求找一位好厨子，有着"一流的厨艺，能为一个大家庭做饭"。他是如此渴望有一个有才华的厨师，他告诉莱尔，"如果能做到，我不在乎他要求多少工资",只要他名副其实。他准备支付每月50卢比的工资,如有必要,"可以加倍!"[19]

对他来说,在海上几个月辛苦劳作却只能得到单调又粗糙的食物,实在是可怜。作为管理合伙人,各种负担已经让他筋疲力尽,而且他开始公开批评一些海上邻居没有尽全力打拼。"天知道,自从我们离开广州以来所承受的各种压力和不便,对于大多数人来说这都是难以承受的。而我们的几个邻居却一直无所事事,让货物闲置,根本不愿承担任何责任。"他忍不住补充道:"这绝对不是我们的行事风格。"[20]

6个月的海上生活足以让马地臣于1840年2月大胆地将公司迁回澳门。他无法确认公司是否能够不受干扰地留在那里,也无法预测这种通过中间商的贸易能持续多久。他的主要关注点在于茶叶出口贸易。鉴于英国国内对茶叶的需求,他依赖于英国政府保证茶叶贸易渠道的畅通。他在给渣甸和史密斯的信中说,如果茶叶的运输被切断,英国内阁在公众心目中的信誉将受到威胁,因此他预计,即使发生战事,政府也会默许继续进行茶叶贸易。[21]

2月下旬,马地臣获悉,澳门的葡萄牙总督给林则徐发消息称,清朝军队进军澳门可能会引发英国占领澳门。到了4月中旬,他惊讶地发现,自己和公司员工都相安无事:"我们在澳门完全没有受到骚扰,可能考虑到战争即将发生,中国人都非常安静。"澳门不仅为他提供了陆上基地发展业务,而且让他能有个舒适的居所。至少在战争开始前,他在自己熟悉的环境中十分舒适。[22]

英国人可以通过美国人合法购买和运输茶叶,不过考虑到即将到来的战事,茶叶供应问题令人担忧。另外,鸦片必须在国外交易,1840年的春天,人们更多地担忧鸦片贸易的竞争而非供应。马地臣似乎并不担心鸦片贸易会因为战争而中断。[23]就在一年前,他还因为客人推荐鸦片销售渠道而感到不安，而茶叶被视为理所当然的出口货物。现在，情况发生了戏剧性的逆转，以至于马地臣写信给最信任的客人说："我非常高兴地通知您，我们的贸易总监似乎完全放弃了对鸦片贸易的敌意，而且战争不会中断贸易。"[24]

"莫尔号"[25]从英国出发在2月到达中国时，义律就知道帕默斯顿的意图了，但是外交大臣给他的信中指示他严守远征军的消息，不要泄露出去，以免破坏交易季。义律的堂兄乔治·埃利奥特负责从帝国各地集结军队。[26]帕默斯顿任命义律为全权代表与其堂兄一起与中国人谈判。

到了1840年春季的第一天，马地臣很明显地感觉到，来自英国的消息在澳门引起了恐慌。罗素公司的美国商人拒绝接受英国人的货物。[27]很快，他们中很多人都计划离开中国。但马地臣不打算因即将到来战争放弃怡和洋行的贸易。

到了1840年4月中旬，总监与马地臣的关系已经非常亲密，以至于他允许马地臣阅读一些他与帕默斯顿的私人信件，而马地臣也答应义律的要求，同意用鸦片快船到长江口岸做侦察活动。以此为目的，贾恩西船长带领"希腊号"沿着海岸向北行驶，沿途销售白皮土鸦片。然而，在这次任务中，海盗帆船袭击了"希腊号"，当时"希腊号"因无风而无法前行，海盗们连续4个小时向"希腊号"开火，并将燃烧的沥青扔到甲板上。最终当风力增强时，"希腊号"终于能够航行，但船上伤亡惨重，其中包括贾恩西，他因为下巴骨折、眼睛受重伤而不得不留在澳门接受治疗。[28]"希腊号"从战斗中归来的几周里，美国人最终放弃了广州。[29]马地臣与罗伯特·伯奈特·福布斯商议，想安排贾恩西乘坐"奈安蒂克号"前往纽约。福布斯表示同意，于是新教徒传教士彼得·帕克医生跟美国商人一起离开，并在途中负责贾恩西的治疗。[30]

对于此事的解释，马地臣十分小心，唯恐鸦片走私反对派反将其解释为在沿海市场强行贩卖鸦片引起的争斗。他向新加坡客人托马斯·斯科特描述这一意外时，要求斯科特："请把上述细节传达给你的报纸，以防止我们的传教士朋友试图歪曲事实。"[31]

马地臣对反对的声音越发敏感。在第一次收到家人谴责鸦片贸易的信件时，他告诉伦敦的威廉·莱尔："我忘了感谢您，让我的侄子托马斯到您的公司工作。我希望他能让您满意。我收到了他的一封信，谴责鸦片贸易。如果这是他的真实想法，他最好停止经商，转行当牧师。"[32] 莫里斯·柯林斯告诉马地臣他的一个船长也有类似的评论："'小羚羊号'不必再留在香港了，因为克罗克船长拒绝在安息日接收鸦片。我们尊重那些奉行严格宗教原则的人，但我们担心非常虔诚的人不适合从事鸦片贸易。也许辞职是船长最好的选择。"[33]

美国阿利发洋行负责人查尔斯·金公开谴责鸦片贸易让马地臣大为恼火。该公司在广州的总部因为与新教传教士的深厚联系被称为"锡安山之角"，又因为该公司经常对从事鸦片贸易的商人进行谴责而被称为"骗子公司"。[34] 马地臣认为，这些传教士受到了金的蛊惑，因此他在写给渣甸的信中高谈阔论道："清政府似乎被传教士误导正在走向毁灭，对此我由衷感到厌恶和疲倦；我开始认真思考，准备放弃我们的朋友金，他的事业得以维持完全仰仗与我们的合作，如果我们抛弃他，他的事业将毁于一旦。那么就可以让他试一试，如果没有鸦片贸易，他将如何生活。他对鸦片贸易进行如此不公平的抨击，拿传教士们当枪使，这已经远远背离了基督教的教义。"[35]

马地臣对于鸦片贸易的敏感性以及对于反对鸦片贸易言论的恼怒程度更甚从前。这些都表明他对于战后贸易未来的无限担忧。他不希望英国人认为战争是为鸦片贸易而发起的，他也不想成为那些伪君子的替罪羊，在他看来，这些人以虔诚的姿态掩盖了依赖鸦片谋取利益的事实。还有赔偿问题，如果反对鸦片的呼声能够说服英国公众相信中国发生的所有麻烦的源头就是鸦片生意，那么这将成为最大的污点。[36]

在英国国内，渣甸一直强烈主张赔偿，他发声最好的平台就是中国贸易专责委员会的听证会。1840年5月，该委员会的听证会恰逢远征军集结，这为渣甸提供了一个好机会，坚持要求中国为英国的损失支付赔偿。但政府对赔偿承诺的态度难以捉摸。两年后，渣甸仍在争取赔偿，尽管他现在是下议院议员，但仍然缺乏英国保守党政府的同情。事实上，直到1843年8月，也就是他在洛赫梅本的葬礼后6个月，商人们才得到赔偿。

1840年春天，在议会那些紧张的日子里，赔款斗争是马地臣力所不能及的。但他可以通过将其在澳门的居所提供给海军军官居住，并把公司资源交由贸易总监和远征军司令支配，从而拉近公司与皇家政府的关系。1840年6月9日，"鳄鱼号"作为第一支舰队到达澳门。到了6月底，17艘战舰抵达广州湾，但广州并不是埃利奥特海军上将的目的地。据称，这些船运载了5000名士兵，如果想以此强迫中国赔罪，人数还是太少。当这支小队出现在澳门时，马地臣以及各方人士都表现出失望，因为这样的行动方针预示了一场旷日持久的谈判。[37]

然而，有消息称，在澳门的葡萄牙政府已经与中国和英国达成共识，制定了一项中英之间的协议，协议规定英国人不会攻击当地中国人，清政府也无权干涉在澳门居住的英国人，亦不阻碍供给。因此，马地臣和他的工作人员及其邻居都感到在澳门很安全。马地臣认为这种协议只是暂时的，不过将"大大有利于我们舒适的生活"，而且可以保证待售货物安全落地。[38]

他在一应俱全、安全舒适的家中不耐烦地等待战争开始，因为军队就在他"家门口"按兵不动。他告诉在孟买的朋友，海湾的局势"比我们想象中要平静"。[39] 他也考虑到了个人防御措施，因为他在写给伦敦的威廉·莱尔的信中提道："请寄给我两把精良的细剑，尽可能伪装得与普通手杖无异。"[40] 他在哪儿，在什么时候学会使用这样一种武器仍是个谜。

当运兵船在 6 月 21 日抵达澳门后，埃利奥特海军上将并没有在海湾逗留很久。这位海军上将甚至没有在澳门停留，就直接宣布封锁港湾，然后率领舰队继续北进，准备把帕默斯顿的信交给清朝皇帝。如果清政府很快投降，马地臣也无须浪费任何时间为利益争吵。他告诉约翰·亚伯·史密斯："我无时无刻不利用我对义律的影响，让马地臣－史密斯公司成为处理中国赔款的指定代理商。"当然，在那个时候，义律无法给他任何保证，不过义律认为应该用这些赔款换取一个岛屿作为英国贸易的基地。另一方面，从与义律的私交中，马地臣确信，这位贸易总监准备在 7 月 2 日解除封锁，继续贸易，这可能意味着，战时商贸不会出现太多阻碍。[41]

事实上，当埃利奥特海军上将向北行驶时，带了几名当地的口译员。其中就有怡和洋行的罗伯特·汤姆，他在怡和洋行工作多年，中文流利。马地臣指示汤姆利用这个绝佳的机会，在舰队停靠的地方获取商业情报，并带回澳门。[42] 7 月 5 日舰队占领舟山后不久，马地臣就收到消息并立即安排安德鲁·渣甸前往，但舟山方面透露消息，埃利奥特上将禁止鸦片船只进入舟山港口。马地臣为这一消息感到苦恼，他从这位海军上将的指示中了解到，对方对鸦片贸易的不满与其堂弟一年前如出一辙。但他觉得自己还有一张王牌："这里的鸦片销售是支持他们在中国开战的唯一资金来源，所以他们不能没有我们，而且必须以某种形式容忍我们，想到这一点，我感到一些安慰。"[43] 如果没有鸦片交易获得的白银，英国舰队将无法获得行动所需资金，如果不出售鸦片换取白银，英国舰队也无法将他们手中的汇票兑换成现金。[44]

帕默斯顿一直期待，占领舟山会在清政府内部产生巨大恐慌从而让清政府投降。但事实并非如此，因为中国人仍然不相信擅长海战的英国人有能力在陆地作战。结果，埃利奥特根据帕默斯顿的指示一路北上直到海河，希望找到一位清朝官员接受信函并交给皇帝。配有74门炮的"布伦海姆号"还没到达以致无法加入远征军，"梅尔维尔号"又撞到岩石被损坏。由于这些问题，他们从舟山出发的时间推迟了。

随着舟山被占领，继而远征军北上，马地臣便不断派员工前往这座被占领的岛屿。到10月初，他报告说，公司在那里建立了一个小团队，共有5人，其中包括唐纳德·马地臣、大卫·渣甸和安德鲁·渣甸。他们本想在这个岛上销售英国商品，但发现当地人并不接受。[45] 而且，这个地方显然不利于身体健康。

帕默斯顿给埃利奥特兄弟俩的指示遵循了他在1839年下旬起草的行动计划，该计划是为了告知上议院的同僚们即将要采取的措施。他在计划中宣称，为了英国的国家利益和王室荣誉，必须采取"强有力的措施"，要求中国给予充分的满足和赔偿。[46] 根据渣甸的建议（他没有透露给同僚们），帕默斯顿指示埃利奥特上将全权代表封锁广州，并把他的信交给广州总督，由此递交给朝廷。他告诉埃利奥特上将继续占领舟山岛，并把这封信的另一个副本由与舟山相邻的海岸送到中国内陆。他们接下来准备封锁长江和黄河，北上至海河，由此再发送信件的另一个副本。帕默斯顿命令他们在谈判达成条约前不要停止军事行动；他提供了一份他心目中条约的完整草案，并建议他们尽量使用最少的武力来达成协议。[47]

英国外交大臣在给中方的信中说，英国政府无意保护英国公民在违反当地法律后不受处罚。然而，他说，中国人并没有以公平的方式执行法律，忽略了本国官员对鸦片贸易的纵容。大概是为了让皇帝了解情况，这封信叙述了夷馆区被包围、英国官员被囚禁事件，并指责清政府对一名英国皇家官员进行侮辱，且非法没收了英国公民的财产。

在赔偿方面，英国要求对被勒索的英国商人进行赔偿以及归还被没收的财产。此外，帕默斯顿还要求对总监义律遭受的侮辱进行补偿，要求清政府保证英国商人的安全。为此，信中要求将一个岛屿交给英国管制，作为英国的商业基地。帕默斯顿明确表示，中国不仅应该补偿英国商人上缴的鸦片，也应该承担英国远征军的费用。[48]

在远征军北上的同时，马地臣在澳门生活得很自在，尽管海岸被封锁，他还是尽最大努力维持公司的运营。他希望他的家人知道他很安全，并写信给渣甸说："派人找我在莱尔的侄子来，让他写信回家告诉家里人我很好。向你身边所有人致敬。"[49] 他觉得已经足够安全，可以靠广州湾近一些，于是在10月下旬穿过外锚地到达塘沽。

新形势中最大的讽刺就是，马地臣曾长期打中国贸易限制的擦边球进行走私活动，如今他又设法躲避埃利奥特上将的封锁，暗中进行贸易，将茶叶和丝绸偷偷运出珠江口并将鸦片偷偷运进来。此外，他和他的合伙人长期以来使用的论点，即清朝官员纵容非法鸦片贸易，现在看来，由于英国贸易总监明显的同意或者忽略，似乎被推翻了，因为贸易总监想避免战争期间停止贸易而导致英国商业在这一地区被毁，他还打算向英国本土市场提供需求量很大的茶叶。两位埃利奥特先生不在，使得像马地臣这种商人得以逃脱封锁，而避免被认为是与官员同谋。

尽管马地臣最近与义律的关系很好，他仍怀疑义律可能使英国的立场变得缓和："据我对义律的了解，我担心他会同意停战，从而恢复贸易。"[50] 马地臣特别担心义律不会坚持鸦片贸易合法化的谈判，而是为了拯救茶叶贸易，充盈英国国库收入而牺牲鸦片贸易。[51] 据称，英国封锁船在泉州附近击毁了16~17艘战船，这令他欢欣鼓舞，因为这有利于恢复该地区萎靡不振的鸦片贸易。[52]

尽管处于战争时期，鸦片走私仍在继续，而且已经变成了一种野蛮的贸易。过去，大部分鸦片生意是由广州的代理公司控制的，但到了1840

年秋，贸易主要由商船的船长主导，而他们彼此间的竞争相当激烈。[53] 然而，怡和洋行仍然是鸦片贸易的巨头。马地臣估计，沿海的销售船只上大概有6500箱鸦片，其中超过3700箱是属于怡和洋行的（第二大鸦片经销商是颠地洋行，但仅持有800箱）。马地臣拥有资源和胆量威慑竞争对手的公司和船只。例如，当休斯顿兄弟的船只闯入怡和洋行的"安号"驻扎的海域时，马地臣命令"安号"的船长购买这艘船上的所有货物。[54]

1840年夏末，两个重要事件的发展直接影响了英国商业的整体前景。即在8月和9月的几周内，清政府同意与英国王室代表进行谈判，而钦差大臣林则徐则被免职。

英国舰队沿中国沿海进军的消息在朝堂上引起了极大的骚动，甚至有人担心外国人可能准备攻击京师。8月9日，直隶总督琦善到塘沽接受来自帕默斯顿的信件并同意将它转交给皇帝。经过一周多的讨论，朝廷指示琦善邀请英国全权代表到岸上会面。[55]中方坚持在广州谈判，埃利奥特同意了，因为他的舰队不适合长期有效地封锁海河。全权代表于10月20日抵达广州，10天后，海军上将埃利奥特因心悸而辞职。[56]事实上，林则徐曾预言鸦片问题可以很容易并快速地解决后，皇帝因他对广州的鸦片危机处理不当感到愤怒，并指责他挑起了英国的鸦片战争。[57]10月1日，林则徐接到通知说琦善被任命为两广总督。[58]

林则徐最初的目标是威廉·渣甸，不过此时的渣甸作为旁观者远远地观望发生在中国的这出戏。渣甸离开广州后不到6个月，公司宣布了他退休的消息。1839年6月30日，公告称："威廉·渣甸先生在我司的职责即日起终止。"[59]剩下的合伙人为詹姆斯·马地臣、亚历山大·马地臣、亨利·赖特和安德鲁·渣甸。无论退休与否，渣甸都十分关心赔偿问题。

1840年春季，渣甸在下议院的专责委员会就相关商户的赔偿申请作证后，参加了一个私人会议，讨论是否要向上下议院施压解决这一问题，之后，各方统一决定等待更好的时机，他便离开伦敦几个月。他的第一个目的地是切尔滕纳姆，大概因其是有益健康的水疗小镇，而慕名前往。他的合伙人曾对在利明顿水疗中心的时光以及水疗养生的良好效果赞不绝口，因此渣甸一从赔偿问题脱身，便迫不及待地去了那里。他在那里一直待到夏末，然后在伦敦稍作停留，紧接着去了苏格兰北部，并在那里度过了1840年秋季的前几周，在佩思郡的新庄园兰里克庄园尽情享受田园生活。他本来想购买位于邓弗里斯郡南部的卡斯特米尔克庄园，但事实证明，兰里克庄园是更好的选择。[60]

到了10月，他在安南河附近的哈里亚思受到他单身的外甥安德鲁·约翰斯通的热情款待，此处离他的出生地洛赫梅本不远。安南河以盛产鲑鱼和鳟鱼闻名，至于他是否喜欢在此垂钓我们无从考证。但他可能在河岸边找一个静谧的地方来摆脱赔偿问题对他的困扰，这个问题烦扰了他一年之久。尽管他依照内阁部长和国会议员的做法，即在议会休会期间到乡下或欧洲大陆休养生息，然而，即使身在寂静的安南河畔，他也无法逃脱这种不安。[61]他对政府不支持中国商人索赔的要求感到非常痛苦，但他希望来自中国的好消息能促使辉格党内阁改变其在这一问题上的看法。他怒气冲冲地对杰吉伯伊说："他们是一群卑鄙的家伙，但我担心保守党也不会比他们强多少。"[62]

11月初，他返回伦敦，计划拜访威灵顿公爵并希望这位体弱多病的老者能助他一臂之力。在4月的辩论中，威灵顿在上议院发表的讲话让渣甸认为他是偏向自己一方的。然而，渣甸妄图拉拢威灵顿公爵成为盟友的努力是徒劳的，这位老者只是在一味地抱怨辉格党、保守党和义律，并嘲笑他们的策略。在他看来，英国为了维持广州贸易而表现出的焦虑必然会导致中国在谈判中占据优势。他说道："我们这种行为只能让他们更加坚信，我们离不开他们的茶叶和大黄。"[63]

另一方面，马地臣试图带领公司渡过这段政局不稳定、商业环境堪忧的困难时期。他不得不对接下来的军事行动和谈判方向做出合理的预测，以便通知远方的客户，将商品运到广州湾是否安全和明智。此外，马地臣还对中国的战略持高度怀疑态度，因为他认为罢免林则徐只是拖延谈判的"幌子"。[64]

在义律与琦善的第一次谈话到1月在广州恢复会谈期间，茶叶和丝绸开始从中国内地运来。马地臣以他一贯的效率，无论是通过正常渠道还是间接渠道，都把握住了交易的主动权。到了9月中旬，茶叶正在被一点一点地偷运出广州，而南京的丝绸正在绕过广州运往印度的途中。在马地臣心目中，市场时机是最重要的。他正在安排将棉花通过封锁走私到广州，并让美国商人柯立芝在广州代表怡和洋行销售棉花。[65]

秋季末，他告诉威廉·渣甸，他确信战争即将来临并透露自己打算等到那时再采购茶叶，目前他还不敢冒险去买。他时不时地跟义律交流，并告诉渣甸说，贸易总监确认英国人是不会在旧有贸易条款下回到广州的。因此，义律认为，清政府将不得不设计一套新的体系来保持中国商贸的正常运营。马地臣愤怒地告诉渣甸："这种说话方式显得一切都是那么迟钝和不稳定。"[66]

由于商业情报十分珍贵，马地臣在沟通时都非常谨慎。在他看来，市场越是神秘，他就越有优势。柯立芝在广州进购了大量茶叶，马地臣试图最大限度利用自己的优势，租用"查尔斯·科尔号"和其他船只将新茶尽快运往英国。[67]如果要想充分利用优势，就意味着要在节礼日工作。茶叶需要由美国商船"科修斯科号"运出去，这是义律允许通过封锁的船只之一。马地臣给渣甸的信中写道，这是一个领先对手，将茶叶优先送回英国的好机会，他希望公司可以投资2.5万美金购买茶叶，由"科修斯科号"

运出来，再由雇用的船只转运。[68]

随着秋季的到来，马地臣因为谈判代表的不作为以及清政府的拖延而越发苦恼。到圣诞节时，他感觉一切是个骗局："这太像中国人的作风了，如果以后发现他们现在是在欺骗我们，我们将战斗到底。"[69]中国南方的商业形势每天都在变化，马地臣的战略也要随之改变。义律告诉他，自己不介意怡和洋行派出船到黄埔，"作为一个临时安排"来装载茶叶。因为这个契机，马地臣对前合伙人开玩笑说："如果不久后我们从'小溪馆'（他们之前在广州夷馆区的办公室）给你写信，你不要感到惊讶。"[70]

世事难料让马地臣一直处于时喜时悲的情感波动中。12月28日，战斗似乎迫在眉睫。但一天后，义律利用马地臣和颠地散布消息说英国准备攻打虎门的计划搁浅了。[71]马地臣收到消息后深受鼓舞，并告诉杰吉伯伊："我有一个强烈的预感，我们将在几周内达成共识，而不会爆发全面战争。"[72]

马地臣和义律都不知道，英军从海河撤军在很大程度上鼓舞了清朝的主战派。此外，广州的官员也急于恢复敌对状态。1841年1月6日，英国指挥官获悉清廷颁布法令声称要破坏英国船只。[73]因此，他们在两天后，在一艘装备精良、属于英国东印度公司的蒸汽船"复仇者号"的协助下攻打虎门作为回应。[74]

那个星期五的清晨，英国对内炮台的攻击才刚刚开始，就有一艘中国小船溜进英国舰队中，并宣布清政府同意义律总监提出的停火协议。义律对于战火纷飞造成的杀戮感到苦恼，同时也对"科修斯科号"的情况感到担忧。这艘船在战斗开始时便向下游驶进。船上装载着150多万磅的茶叶，义律希望它能顺利通过河口，将货物转运出去。[75]

这么多茶叶处在风险中，马地臣可不会袖手旁观，一宣布休战，马地臣就赶紧前往处于动荡中的虎门。然而，"科修斯科号"在第二个海湾搁浅，马地臣非常担心这艘船的命运，因为它正处于敌对双方的中心位置。他在9号登上了这艘船，一旦确认船只能够继续航行，他便在10号赶到了穿鼻。到了13号，"科修斯科号"已经来到外锚地，将茶叶转移到其他3艘租借的船上，并由这些船运送到英国。10天内，义律与琦善达成了协议。

当马地臣听说义律从琦善处获得了英国在香港的管控权时，他非常高兴，并立即开始考虑公司在那里的发展。他需要一个交易季的时间来筹备在香港的仓库和其他设施，所以他推测"这个交易季只能像之前一样在广州进行"[76]。显然，他还推测，任何和平协议都包含取消他的驱逐令，并且恢复詹姆斯·马地臣在广州的贸易特权，这将会是对林则徐的羞辱。

1841年1月20日，颁布《穿鼻草约》，规定割让香港给英国，并向英国政府赔偿600万银圆，英国和中国将建立直接的官方外交关系；中国春节后10天内恢复广州贸易。[77] 草约中没有提到鸦片，也没提到行商的债务，也没有开放任何额外的通商口岸。在义律和琦善的会谈中只提到过鸦片一次。马地臣总结，他们是打算暂时默许这种贸易，就像林则徐来之前一样，但他相信，如果琦善能够继续执政，那么鸦片贸易合法化将指日可待。[78]

没有在北方设立港口让马地臣有些失望，不过总体来说，他对于义律的表现还是满意的。当颠地和一些商人表示强烈不满时，马地臣更倾向于为他辩护。一来他们抱怨义律允许两艘美国船只通过封锁，二来他们对于"奋进者号"只携带和平协议而没有带其他商人的信件就启程去加尔各答一事也表示不满。马地臣觉得自己有义务支持义律反驳这些批评者，他告诉渣甸："为此，我委托您慷慨地聘请律师或者专业人士，在报纸上为他辩护。"[79]

马地臣自行安排让消息迅速传达到孟买和加尔各答。当他自己的快船队被其他事情占用时，他会借用老友赫耶赫博伊·鲁斯通吉（Heerjheboy Rustomjee）的"毛淡棉号"把内部消息传达给少数几个亲密的印度伙伴，让他们能够抢先一步从《穿鼻草约》中获利。这样，他们可以在棉花涨价前购买。

当马地臣听说英国国旗将于1月26日在香港升起时，他立刻估算出自己的优势。在英国政府做出反应前，在香港的贸易总监和英国商人都有很大的自由度。他兴奋又不失谨慎地告诉渣甸："义律说我们是完全独立的，而且在那里储存鸦片是没有问题的。只要中国春节假期一结束，我就开始破土动工，但当然要谨慎，在小范围内行事。直到我们确定岸上是安全无疑的，才能把鸦片从我们的安全仓储船中转移出来。"[80] 马地臣出席了在香港升起英国国旗的仪式，随后与英国舰队准将戈登·布雷默爵士一起环岛航行。马地臣没有等到第一次土地拍卖就在东港城附近挑选了一片开阔的土地开始施工，没过多久，他就在岛上建了一些马棚，用来储存杰吉伯伊委托给怡和洋行的原棉。但就目前而言，他还是睡在停靠在香港附近的"伍德将军号"上，对于他和鸦片来说，那里是最安全的。[81]

割让香港对于广州的权贵是一种耻辱，当他们得知琦善与义律达成协议后，立刻把消息传到京师。皇帝下旨否认《穿鼻草约》，并将琦善革职关入大牢。[82] 对此，马地臣感到很尴尬，并向渣甸坦言："因为我曾对义律的和平协议寄予厚望并深信不疑，事到如今，我担心你今后会对我的规划产生怀疑。"[83] 当然，这些也是马地臣不切实际的幻想。2月末再次开战，马地臣被迫通知他的合作伙伴们贸易完全停滞了。他感到很懊恼，并不是因为再次开战，而是因为一直鼓励义律而后悔。然而，他开始自我粉饰这种后悔，即他有责任为了公司客户的利益而争取和平。带着这些情绪，一封洋洋洒洒的书信展示了这样一个结论："听过义律的话后，我深受影响，当我们代理货物时，不能只是一门心思地投机，而不顾其建议应对风险，因为他是我们之中唯一能够接触一手信息和资料的人。在任何情况下，为我们自己和对茶叶市场感兴趣的朋友争取和平都是更为安全的做法。"[84]

由于茶叶正在运往英国的途中，而广州湾的战事迫在眉睫，所以马地臣现在很尴尬，不知如何给英国的同事合理的建议。如果战争导致贸易中止，那么怡和洋行的茶叶可以在短期内主导英国市场，但如果贸易恢复，消息传开后，英国茶叶市场的竞争将会愈演愈烈。当2月末战争爆发时，他高价雇用"福克斯通号"以便尽快将这个消息传到印度，并指示将这个消息尽快转发到英国，就可以在茶叶市场供不应求的情况下获得价格优势。[85]

2月26日战火重燃，英国迅速占领虎门。3周后，英国水手和海军陆战队突袭并占领了夷馆区。3月20日，贸易总监义律在新英国馆的大厅宣布再次停火并恢复贸易。[86]英国刚控制了夷馆区，外国商人们便开始纷纷返回那里。马地臣派安德鲁·渣甸和公司的一名茶叶鉴定员前往黄埔。4月初，马地臣自己回到广州做生意。他采购了大量茶叶，因为他认为，如果休战继续，那么就有多达3500万镑的茶叶可以在这个交易季被运出。如果他的预测是正确的，且这场战争会持续很久，那么在接下来的一年中，茶叶就会变成稀缺产品。所以在战争暂停期间，他都非常活跃，一回到熟悉的广州夷馆区，便着手处理苏格兰的茶叶供应。[87]

威廉·渣甸曾要求他的合伙人帮他投资茶叶，所以马地臣将自己运往苏格兰利斯的高级刚果茶叶的50%转让给了渣甸。他对广州的情况仍感到不安，他对渣甸说，此时的广州毫无个人安全和商业财产安全可言。他在广州待了两周，少量引进了印度棉花，以免供过于求，然后又回到了澳门。[88]

尽管有证据表明清军5月初在广州集结，但马地臣还是在该月初的几天冒险返回广州。[89]他急于把杰吉伯伊委托给公司的棉花处理掉，但是他无法把棉花全都卖掉，便又在5月9日离开广州。随着危机的持续发展，他仍留在澳门，安德鲁·渣甸继续在广州处理怡和洋行的业务，而此时人们正成群结队地逃离广州。[90]

义律回到广州时，那里的茶叶正以每天 50 万磅的疯狂速度运出，他通知英国和美国商人，如有必要，应该准备撤离广州。5 月 21 日，义律警告在夷馆区的所有外国商人日落前离开广州，大家在下午 6 点前基本都离开了。[91] 安德鲁·渣甸在 5 月 20 日离开，但在他离开时，广州湾已是一片混乱，导致他 7 天后才到达澳门。[92]

5 月 21—22 日凌晨，在黑夜中，清军突袭广州滨海的夷馆区，炮火连天。这次袭击损失惨重，却激发了刚从印度而来的休·高夫将军全面攻打广州的斗志。在清军夜袭的混乱中，夷馆区被洗劫一空，其中包括"小溪馆"，威廉·渣甸和詹姆斯·马地臣曾在那里生活工作过多年。马地臣认为恢复贸易前景暗淡，他告诉杰吉伯伊，除了鸦片，不要再运任何商品来销售。[93] 军队调动，激烈而短暂地战斗，停战，然后谈判破裂，在这些混乱中只有一件事情相当稳定，那就是鸦片贸易。马地臣对杰吉伯伊说，"你的鸦片销售一如往常"，给他大量汇款用于购买鸦片，并鼓励他用"莫尔号"运送鸦片，该船只可以每年往返中国和孟买 3 次。[94]

贸易总监于 6 月 5 日宣布了临时解决方案的条款。该条款是地方性和临时性的，只是为了避免在广州发生屠杀和破坏的权宜之计。为了乞降，清政府同意立即支付 600 万银圆（约合 140 万英镑）为夷馆区的损失提供补偿并承诺撤军。相应地，义律同意将英国军舰撤离广州水域，并放弃他们占领的要塞和锚地。但是没有提到鸦片，恢复贸易或是割让岛屿给英国。清政府急于摆脱英国的攻击，于是同意在 6 天内支付 600 万银圆，并立即开始向英国军舰运送。[95]

义律任命颠地的宝顺洋行作为代理公司将广州的赎金汇到英国。他们从 600 万银圆中扣除了 63 000 英镑，并称这些大概等同于 1839 年义律为了满足林则徐的要求，让他们上缴的 500 箱鸦片的价值。通过这个巧妙的策略，颠地比其他鸦片商人更早获得了更多的补偿。[96]

广州的战斗结束后，义律便认为香港是英国属地。6月7日，也就是《广州条约》公布两天后，他宣布出售香港土地的流程，并鼓励英国商人在香港岛上建立公司。[97]马地臣不需要任何鼓励，当义律发起销售时，他已经在香港了，而且此时，怡和洋行已经在建设一个大型仓库上取得了实质性的进展。在6月14日举行的首次公开拍卖会上，怡和洋行收购了距海约90米的3处黄金地段。[98]但政府姗姗来迟地宣布，政府想保有这些地段，所以怡和洋行必须放弃这些土地。不过他们并没有失去优势，因为怡和洋行的代表人在第一天的拍卖中还买下了东港城的一块地，于是怡和洋行就在岛上这块树木繁茂、风景宜人的地段修建了永居住址。[99]马地臣从未错过任何一个商机，他发起了建筑材料贸易。到了8月，该公司在报纸上做广告，建立了一个临时贮木场。贮木场位于香港，存有"大量适于建造船舶和房屋的木板和木材"。[100]

在围攻广州到远征北方之间这段时间，在皇帝的批准下，广州湾的贸易终于恢复了。马地臣继续让美国人柯立芝和瑞安来采购丝绸和茶叶。虽然没有直接与行商接触，但如果他们需要资金，马地臣也很愿意资助他们完成销售。尽管在义律的谈判中，行商债务问题仍然是一个很大的争论点。但一切就好像昔日的商业友好精神又回来了。[101]

与此同时，他的鸦片销售也非常成功，其部分原因是清政府的阻挠变小，另一方面，英国当局也没有反对鸦片交易。在战争时期，这是唯一一个能够正常销售的商品。事实上，正因为鸦片贸易好处多多，才使得马地臣无法抗拒这个投资的机会。他指示T. W. 亨德森，只要价格合适就用怡和洋行的资金购买孟买商人手中的鸦片。[102]

然而，到了7月末，商业的不稳定性急剧增加，坏消息和坏天气同期而至。在当月的第四周，两次猛烈的台风在五天的时间内袭击了广州海湾，大量失事船只被冲到海岸上，重型船只相互撞击。马地臣在澳门的家中安然躲过了风暴，甚至在暴风间隙没有去公司，因为从苏格兰传来了令人痛心的消息，他的叔叔和侄女去世了。

在经历了"路易莎号"在第一场台风中遇难的悲剧后，义律于7月24日安全抵达澳门。在那里，他收到由"好运号"在风暴间隙送达的来自英国的急件，信中告诉他，他被罢免了。[103]《穿鼻草约》是他失败的原因，这引起了伦敦对他的强烈不满。[104]甚至连年轻的维多利亚女王也加入了讨伐大军，并写信给她的叔叔、比利时国王利奥波德："他完全不听从指令，而且达成的条款只是最低要求，如果不是义律莫名其妙的行为……我们想要的一切可能都已经得到了。"[105]对于义律而言，他以不同的角度看待此事。他的焦点在于尽快促成停战，所以他在1841年上半年的谈判中达成了停战协议，这促成了3000万英镑的茶叶出口，为国库增加了300万英镑的关税。此外，他对在军事行动中出现不必要的屠杀感到震惊。他坚持认为，这次远征的基本目的是保护和维护英国的贸易，而不是杀人。[106]

渣甸是否曾经听从马地臣的要求，雇用一个律师为义律辩护，对抗颠地及其同伙的投诉，目前尚不清楚。尽管马地臣很同情这位贸易总监，渣甸其实很早就知道他的搭档和义律促成的《穿鼻草约》在议会遭到严厉抨击。事实上，渣甸曾就该草约与帕默斯顿私下交流过。在交谈中，渣甸曾抱怨说《穿鼻草约》中涉及的赔付仅是上缴的鸦片价值的一半，并抱怨说如果义律在草约中给予香港如此高的价值，那么他和其他商人很乐于把另一半赔款算在政府头上。"帕默斯顿笑了笑并说他想我们会的。"在这个天气阴郁的季节，这真是个难得的时刻，因为这位机智的商人确实把不苟言笑的外交大臣逗笑了。[107]

接替义律的是璞鼎查爵士，他于8月抵达澳门并带着一封渣甸的介绍信，暗示渣甸同意帕默斯顿的决定，由他接替义律贸易总监的职务。[108]马地臣在家中热情款待了璞鼎查，英国武装部队司令休戈夫爵士也住在那里，并送给他亚麻和中国瓷器，以便商界在晚宴上能有机会与新任贸易总监会面。实际上，马地臣的住所是璞鼎查参观的第一个地方。此时便显示出马地臣在澳门商人中尤为突出的地位和重要性。由于渣甸的介绍信以及马地臣举办的欢迎晚宴，新任贸易总监在与怡和洋行良好的关系中开始其任期。

璞鼎查曾在5月出发去中国前与渣甸会面。渣甸写信给马地臣："我与他进行了两三次非常愉悦的会面，他不遗余力地获取信息。他在上周六与里斯船长进行了一次谈话，周五的时候，他与我共进晚餐，除了亚历山大·马地臣，没人在场，到了晚上10点，约翰·亚伯·史密斯加入了我们。我们对着中国海岸图讨论了很多棘手的问题。我明天打算通过外交部以书面的形式给他一些意见。"[109]如果说渣甸之前在中英两国这出戏中是个旁观者，那么他现在已经走到戏中，对战争的新方向产生了重大影响。

尽管马地臣十分同情义律，但他不能让这种情绪影响自己与璞鼎查的关系。然而，私下里，他还是透露出对这位前总监的好感。他向渣甸承认，义律在澳门不受英国商人的欢迎，部分原因是他采取了很多有利于怡和洋行的措施。马地臣甚至去恳求渣甸给予义律帮助，"让他在英国人民眼中的形象好起来"。[110]对于渣甸来说，让他"依靠这样一个人的观点，既愚蠢又有害"，去抵消《泰晤士报》对义律的轻蔑，这个要求可能有些过分。[111]

在这次更换贸易总监的事件中，马地臣没有对义律落井下石的行为彰显出他的忠诚。由于"亚特兰特号"要在孟买停靠，而义律正是该船回程的旅客，马地臣要求杰吉伯伊热情友好地接待义律，来报答义律的帮助。马地臣担心义律事件会牵连到香港，所以他请求渣甸去游说，保留住香港。他承认虽然前途未卜，目前香港很难繁荣，但是一旦受到英国政府的保护，建造起道路、房屋和仓库，"它不难成为一个大型的商业中心"。此外，马地臣还考虑在香港开展新的木材业务。事实上，璞鼎查抛开指令，为保留香港而进行谈判，已经很强烈地表明，马地臣在这件事上很有说服力。他告诉他的老朋友兼合伙人："我们在香港建大型仓库的费用大概是 2 万美金，所以我也是出于私心主张保留它。"[112]

璞鼎查是一个来自贝尔法斯特精明强悍的爱尔兰人，他的卷胡子使他格外引人注意，他在马地臣的府邸给商人们留下了很好的印象。他刚刚从英国东印度公司在印度的任职中退休一年便接受了这个任命。政府现在给他的薪资为一年 6000 英镑，是义律的两倍。[113] 费正清描述璞鼎查的策略是"外交先于贸易，而武力先于外交"。[114] 在这一理念下，璞鼎查带领远征军于 1841 年 8 月 21 日从广州湾出发，首先前往厦门。

就在璞鼎查率领远征军前往厦门期间，马地臣的侄子亚历山大在英国待了两年之后再次回到中国。他在 1840 年娶了他在罗斯郡的邻居玛丽·麦克劳德，但是这场婚姻是一个短暂的悲剧，因为新娘在 1841 年便去世了。这个 36 岁的鳏夫又把注意力转回到中国。对于他的叔叔詹姆斯来说，这正是可以交接班的时候，他告诉詹姆斯·亚当·史密斯"亚历山大·马地臣先生 6 周前从英国回来了，我准备在明年年初回英国"。在那一年里，他一直把大笔的钱转移到苏格兰，为他的退休计划和他的家庭做打算，他还把一些私人物品寄回英国，交由他在朗伯德街的朋友们看管。[115]

1841 年 10 月，他所称的"猛烈的流感突袭"似乎更加坚定了他离开中国的决心。应对战时复杂的商业情况让他疲惫不堪。他向年轻的史密斯承认："因为无法正常与你联系，我不得不为此而道歉，由于身体状况不佳，我已经不能像以前一样很好地处理业务。"[116]

到 11 月中旬，他开始往家里寄礼物给姐妹们，还寄了一些瓷器，他希望这些瓷器能放在仓库里保管，或等他到达英国后，去海关完成清关取回。他已经运了一些家具回去，希望渣甸能够帮他照看，几个月前，他把一匹小马通过"基德号"运回家里，这让他在苏格兰的家人感到高兴。[117]

他还取消了几份期刊的订阅，并指示他在伦敦书店的店主不要再给他送书了，这些迹象都表明他真的要回去。尽管如此，他要离开的决心却被对战争的担忧而羁绊着。在那一年的最后几天，他承认："我还不确定这个交易季我能不能回家。"[118]

推迟退休不是因为詹姆斯不愿意把生意交给他的侄子，其实亚历山大只比詹姆斯小9岁，而且在广州的贸易及议会政治方面都有丰富的经验。此外，安德鲁·渣甸曾受过多年的在职培训。对于詹姆斯来说，更紧迫的问题还包括香港作为未来业务基地的运营，行商欠公司的债务，战争暂时停歇，英国和中国商业关系的不确定性，以及怡和洋行与马尼拉代理奥塔杜伊公司的关系。此外，每当他从一些难题中解脱出来，他的脑子里又总会想着战时进行大规模贸易茶叶和鸦片的计划。他什么时候才能收拾行李，把烦恼留给侄子们呢？战争还没解决，他能离开中国吗？没有人给他答案，也没有人让他撒手不管，但是他的身体正在给他答案。

1841年秋冬之际，战争似乎偃旗息鼓了，但贸易也是同样的状态。鸦片销售萎靡不振，有时不得不用茶叶交换鸦片。更重要的是，除了鸦片，在销售其他大宗商品上，公司只能让行商欠债销售。由于白皮土鸦片价格低至340美元一箱，马地臣发现他的一些客户开始抛弃他的公司，希望与其他公司合作谋求更好的发展。然而，他还是维持怡和洋行在正常轨道上，将业务主要限制在为他人提供代理服务上，并努力扩大销量，即使不得不以低价销售。[119]马地臣认为，如果要获得现金，就无法绕过鸦片贸易："我们在大量贸易交易中获得现金，而这些资金很难从其他来源获得，这也是我们的优势所在。"

然而，除了香港，战时在广州湾的鸦片贸易是相当危险的，因此，马地臣一直试图掩饰自己公司的身份。他把"渣甸号"从销售船中剔除，并用"兰里克号"代替，这个名字源于他的合伙人在苏格兰新买的庄园，他把自己的名字倒过来，创造了一个虚构的公司名字——托马森公司，用于签署运送鸦片时所需的文件。[120]

马地臣通过奥塔杜伊公司在马尼拉建立起的业务在他被驱逐出广州和战争早期是很有帮助的。然而，事实证明，公司的美国合伙人约翰·希拉贝尔在投机上的行为是鲁莽的，对公司前景的描述也是不可靠的。渣甸和马地臣都出于同情希望能够帮助他。早在1836年，希拉贝尔就已经欠了怡和洋行一大笔债，到了1841年年初，马地臣对于希拉贝尔从怡和洋行的账户借钱转到自己公司的行为感到愤怒，"这笔钱未经过我们的同意"。

詹姆斯·亚当·史密斯被派往马尼拉接替安德鲁·渣甸担任与奥塔杜伊公司接洽的联络人，并成为该公司的一个小合伙人。奥塔杜伊和恩腾腾特（马尼拉地方长官）之间关系混乱，恩腾腾特显然接受贿赂，并希望将这笔钱（1.8万美元）存入自己的账号进行鸦片投资。希拉贝尔曾想依靠这位地方长官的影响力而计划一个商业活动，但是当1841年长官被罢免时，这个计划就流产了。项目失败后，马地臣向史密斯转达了他的尴尬和不满："总之，你是知道的，我们从一开始就反对这个计划，整个计划都是依靠一个令人厌恶的体系，依靠腐败和贪污的官员，注定会令人失望。我们只是为了取悦你和希拉贝尔而违反我们自己的信念勉强同意的。"[121]

尽管马地臣不愿关闭马尼拉的代理公司，但他不得不承认，与奥塔杜伊的合作是一场灾难。在离开中国之前，他需要清理这些事务，清理奥塔杜伊公司的债务确实是"一件痛苦的事情"，部分是因为他继续把奥塔杜伊和希拉贝尔当作朋友看待。到了写"道别信"的时候，他告诉奥塔杜伊，如果他遵从渣甸的建议，他可以重整旗鼓的。[122]

马地臣努力维护与奥塔杜伊的关系当时不是因为他准备离开中国缺少资金。他试图以一个最慷慨的姿态减轻债权人对乔治·钱纳利（George

Chinnery）的要求，钱纳利是著名画家，在广州居住多年。其作为渣甸和马地臣的好友，曾为他们画像，并盛情款待他们，不过伴随着他喋喋不休的谈话和一些怪癖。钱纳利于 1825 年抵达澳门，把妻子和一堆债务留在印度，奢侈昂贵的品位注定他要长期负债。就在回家前的几个月，马地臣在加尔各答一名律师的见证下，捐出了 1.6 万卢比，以减轻他的老朋友的债务负担。[123]

马地臣把更多个人资金用于购置澳大利亚的土地。1841 年春季，在英国人恢复广州夷馆和在广州湾再次开战的尴尬中，马地臣把注意力暂时转移到澳大利亚的土地收购上，该土地适于耕种和放牧。在三周内，他向位于新南威尔士州的悉尼 M.D. 亨特公司汇款 1.1 万英镑，因为该土地价值可能会增加，而且可以为那些从马地臣家乡苏格兰高地走出来的移民提供栖身之所，"宗族情结一直指引着他们，当我回家后，让他们能找到我寻求帮助"。当时距离 19 世纪中叶可怕的饥荒还有几年的时间，但他意识到高地清洗运动将很多佃农逼到悬崖边。

带着令人惊讶的天真，他问亨特公司的员工："你认为这个计划是否有可行性？你打算在哪儿购买土地？需要多少钱，1 万英镑够吗？"他打算将这片土地命名为"阳光"，跟他已故的父亲在苏格兰的庄园同名，他对肥沃的、未被开垦的大片土地感兴趣——"越大越好！"他补充道。在他心目中有两位经理人的人选，即亚历山大·麦凯（Alexander Mackay）和米切尔·斯考比（Mitchell Scobie），他们都已经在澳大利亚定居。在给斯考比的一封信中，他征求了一些关于进行这项计划的建议。"如果能让我知道您对这个计划的看法，我将不胜感激。这个计划将对我们萨瑟兰郡的佃农大有益处，而且对我也有利可图。"6 个月后，璞鼎查在等他，而马地臣的医生又敦促他回英国，汇到澳大利亚的 1.1 万英镑资金也未被用来投资，他再次写信给亨特，解释说他不急于购买土地，但如果亨特能把这笔

第十章　　　　　　　　　　　　　渣甸和马地臣与鸦片战争　　333

钱进行"安全良好的"投资，直到需要用时，他会很高兴的。[124] 如果说有什么能证明马地臣比渣甸更为浪漫、大胆，非这件事莫属。

在澳大利亚的计划还没有实现前，马地臣已经离开了中国。1842年1月，他告诉孟买的R.W.克劳福德，他预计两个月后到孟买"放松一下"，但他的最终目的地还不确定："到达孟买后我再决定是否回家。"3月初，他已经准备好乘坐"鞑靼号"去印度，希望能及时到达锡兰，以赶上经由孟买前往苏伊士运河的轮船。"虽然我病得不是很严重，但医生命令我立即回家，以免我在炎热的天气里病情恶化。"他对杰吉伯伊表示遗憾，因为船期的原因，他不能长期留在孟买。"但是医生的嘱咐是不能违抗的，我只能希望我很快就能从英国回到你这里。"他是否真的打算回到中国，或者他关于希望再次见到杰吉伯伊的话语是否只是客套话还不清楚，但他确实说"我不在的时候，亚历山大·马地臣会保留我的住处"，从而暗示他确实有返回的念头。[125]

他确实有时间和一些在广州的老朋友告别，这些朋友在1842年年初到澳门时拜访过他。除此之外，他在澳门的最后几周相对比较安逸，柯立芝和瑞安在广州运营公司业务，此时广州仍是怡和洋行的贸易中心，而香港的未来仍然不确定。在登上"鞑靼号"的前一天，马地臣有最后一次机会与璞鼎查交谈，璞鼎查从香港回来参加了在澳门的盛大宴会。[126]

但马地臣因为在3月10日早上从澳门启程，不得不错过这个机会。而"鞑靼号"唯一的任务就是护送马地臣回家。马地臣承认这种私人航行是奢侈的，但他希望他的印度朋友能够保证这艘船返程时有利可图。[127] 无论他当时的真实想法是什么，在"鞑靼号"扬帆起航前，当他望向南湾时，那是他最后一次看到澳门，也是他最后一次见到这个让他发财致富的天朝大国。他不仅离开了中国，也离开了尚未结束的战争，每向中国南海航行1.6千米，他就离这一切越来越远。

注 释

1. James Matheson（Toon Koo, China）to John Abel Smith（London），26 December 1839, James Matheson – Private Letter Book, ms jm, c5/4.
2. 一封信是关于运送茶叶给伦敦的客人，其中包含通知说，除了茶叶，马地臣还运送了一匹小马到他在莱尔格外的小屋。据推测，马地臣打算不久后也回家。James Matheson（Macao）to Alexander Robertson（London），4 May 1840, James Matheson – Private Letter Book, ms jm, c5/5.
3. Greenberg, *British Trade and the Opening of China*, 207.
4. James Matheson（Macao）to Charles Lyall（Calcutta），27 June 1839, James Matheson – Private Letter Book, ms jm, c5/4.
5. Greenberg, *British Trade and the Opening of China*, 207.
6. Ibid., 208; Collis, *Foreign Mud*, 278.
7. Greenberg, *British Trade and the Opening of China*, 208.
8. Collis, *Foreign Mud*, 279.
9. James Matheson（Macao）to William Jardine and Alexander Matheson（London），26 April 1840, James Matheson – Private Letter Book, ms jm, c5/5.
10. Blake, *Jardine Matheson*, 97; Collis, *Foreign Mud*, 278.
11. James Matheson（Tongku, near Lintin）to William Jardine and Alexander Matheson, 24 November 1839, James Matheson – Private Letter Book, ms jm, c5/4.
12. James Matheson（Hong Kong）to T.W. Henderson（Bombay），16 October 1839, James Matheson – Private Letter Book, ms jm, c5/4.
13. James Matheson（Hong Kong）to Jamsetjee Jejeebhoy（Bombay），16 October 1839, James Matheson – Private Letter Book, ms jm, c5/4.
14. James Matheson（Hong Kong）to T.W. Henderson（Bombay），18 October 1839, James Matheson – Private Letter Book, ms jm, c5/4; James Matheson（Tytam Bay）to Cursetjee Ardaseer（Bombay），3 November 1839, ibid.
15. James Matheson（Tongku, near Lintin）to T.W. Henderson（Bombay），30 November 1839, James Matheson – Private Letter Book, ms jm, c5/4; Gelber, *Opium, Soldiers and Evangelicals*, 76. 穿鼻位于虎门边，珠江在这里流入广州湾，是海军事件的发生地。
16. Chang, *Commissioner Lin and the Opium War*, 207 – 208, citing a letter from Joseph Coolidge

to Augustine Heard, 13 December 1839.

17. James Matheson（Tongku）to Charles Lyall（Calcutta）, 14 December 1839, James Matheson – Private Letter Book, ms jm, c5/4.

18. Fay, *The Opium War*, 201. "查尔斯·马尔科姆爵士号"和"伍德将军号"以新名字"阿拉巴马号"和"西登号"于1840年1月离开广州，为怡和洋行的客人运输茶叶，并转运货物到位于塘沽的商船上。

19. James Matheson（Tongku）to Charles Lyall（Calcutta）, 1 December 1839, James Matheson Private Letter Book, ms jm, c5/4.

20. James Matheson（Tongku）to John Anderson, 6 January 1840, James Matheson – Private Letter Book, ms jm, c5/5. 安德森是一位英国商人，他通过怡和洋行向中国市场倾销纺织品。

21. James Matheson（Macao）to William Jardine（London）, 29 February 1840, and to John Abel Smith（London）, 29 February 1840, James Matheson – Private Letter Books, ms jm, c5/5.

22. James Matheson（Macao）to T.W. Henderson（Bombay）, 29 February 1840, James Matheson – Private Letter Book, ms jm, c5/5; and James Matheson（Macao）to T. Scott（Singapore）, 14 April 1840, ibid.

23. 马地臣甚至在4月下旬告诉亨德森，如果亨德森能为他们采购鸦片，公司将不胜感激。James Matheson（Macao）to T.W.Henderson（Bombay）, 20 April 1840, James Matheson – Private Letter Book, ms jm, c5/5.

24. James Matheson（Macao）to T.W.Henderson（Bombay）, 20 April 1840, James Matheson Private Letter Book, ms jm, c5/5.

25. "莫尔号"由怡和洋行、杰吉伯伊和雷明顿公司共同拥有。马地臣认为这是当时好望角以东最快的船。James Matheson（Macao）to William Jardine（London）, 17 February 1840, James Matheson – Private Letter Book, ms jm, c5/5.

26. 远征军的指挥官原是东印度站的海军上将雷德里克·梅特兰爵士（Sir Frederick Maitland），但他的旗舰"韦尔斯利号"在1839年秋天遭热病袭击，梅特兰也被病魔夺去生命。乔治·埃利奥特（George Elliot）被任命为他的继任者。因此，不同寻常的情况出现了，第一次出现了堂兄弟在中国指挥英国军队。

27. James Matheson（Macao）to Jamsetjee Jejeebhoy（Bombay）, 21 March 1840, James Matheson – Private Letter Book, ms jm, c5/5.

28. James Matheson（Macao）to William Jardine and Alexander Matheson（London）, 26 April 1840; to Jamsetjee Jejeebhoy（Bombay）, 29 May 1840; and to Thomas Scott（Singapore）, 29

May 1840, James Matheson – Private Letter Book, ms jm, c5/5; Fay, The Opium War, 209.

29. Downes, *The Golden Ghetto*, 205.

30. 贾恩西差点儿失去了眼睛，是帕克的手术救了他。为了表示感谢，贾恩西不仅为帕克捐赠了 300 英镑，更说服渣甸和马地臣捐赠。虽然下巴骨折让贾恩西有几周饱受折磨，但他恢复得很好，在英国休养了一段时间后，在战争结束前回到了中国。Kerr, ed., *Letters from China*, 238 – 240; Fay, *The Opium* War, 209 – 210, 237.

31. James Matheson（Macao）to Thomas Scott（Singapore），29 May 1840, James Matheson – Private Letter Book, ms jm, c5/5.

32. James Matheson（Macao）to William Lyall（London），6 May 1840, James Matheson – Private Letter Book, ms jm, c5/5.

33. Collis, *Foreign Mud*, 281. 作者没有给出信件的时间。

34. Kerr, ed., *Letters from China*, 113n126; Fay, *The Opium War*, 121; Downes, *The Golden Ghetto*, 205 – 207. 唐斯承认，尽管金谴责鸦片贸易，但没有鸦片贸易，他的公司也无法生存，怡和洋行的鸦片贸易为其提供了大量白银。金的表亲和合伙人威廉·霍华德·莫斯与詹姆斯·马地臣有着密切的工作关系。

35. James Matheson（Macao）to William Jardine（London），17 February 1840, James Matheson – Private Letter Book, ms jm, c5/5. 1840 年 2 月，《广州纪录报》刊登了一篇关于金的文章，让马地臣非常尴尬，他不得不写信给金表示歉意，并否认此事对报社编辑政策有任何影响。

36. James Matheson（Macao）to William Jardine（London），1 September 1840, James Matheson – Private Letter Book, ms jm, c5/5.

37. James Matheson（Macao）to J.A. Smith（London），25 June 1840, James Matheson – Private Letter Book, ms jm, c5/5. 实际数字接近 4000。

38. Ibid.

39. James Matheson（Macao）to Jamsetjee Jejeebhoy and T.W. Henderson（Bombay），25 June 1840, James Matheson – Private Letter Book, ms jm, c5/5.

40. James Matheson（Macao）to William Lyall（London），29 July 1840, James Matheson – Private Letter Book, ms jm, c5/5. 剑棍或剑杖是一种中空的手杖，里面藏着一把窄剑，剑柄是手杖和剑的合体。

41. James Matheson（Macao）to John Abel Smith（London），25 Junes 1840, James Matheson – Private Letter Book, ms jm, c5/5.

42. James Matheson（Macao）to Jamsetjee Jejeebhoy（Bombay）, 1 July 1840, James Matheson - Private Letter Book, ms jm, c5/5.
43. James Matheson to T. W. Henderson（Bombay）and Charles Lyall（Calcutta）, 4 August 1840, James Matheson - Private Letter Book, ms jm, c5/5.
44. Fay, *The Opium War*, 239.
45. James Matheson（Macao）to John Thacker（London）, 2 October 1840, James Matheson - Private Letter Book, ms jm, c5/5.
46. Draft of a document addressed to the House of Lords and entitled "Measures to be Taken with regard to China", 1839, Palmerston Papers, University of Southampton, ms 62 pp/mm/ch/5.
47. Gelber, *Opium, Soldiers and Evangelicals*, 104 - 105; Fay, *The Opium War*, 217.
48. Gelber, *Opium, Soldiers and Evangelicals*, 103 - 104; Fay, *The Opium War*, 218.
49. James Matheson（Macao）to William Jardine（London）, 1 September 1840, James Matheson - Private Letter Book, ms jm, c5/5.
50. James Matheson（Macao）to John Abel Smith（London）, 2 October 1840, James Matheson - Private Letter Book, ms jm, c5/5.
51. James Matheson（Macao）to Jamsetjee Jejeebhoy（Bombay）, 12 October 1840, James Matheson - Private Letter Book, ms jm, c5/5.
52. James Matheson（Macao）to Jamsetjee Jejeebhoy（Bombay）, 18 September 1840, James Matheson - Private Letter Book, ms jm, c5/5.
53. James Matheson（Macao）to Jamsetjee Jejeebhoy（Bombay）, 10 November 1840, James Matheson - Private Letter Book, ms jm, c5/5.
54. Fay, *The Opium War*, 238 - 239.
55. Wakeman, "The Canton Trade and the Opium War", 196; Kuo, *A Critical Study of the First Anglo-Chinese War*, 139 - 140; Gelber, *Opium, Soldiers and Evangelicals*, 111; Fay, *The Opium War*, 231 - 232.
56. Fay, *The Opium War*, 236; Gelber, *Opium, Soldiers and Evangelicals*, 113; James Matheson（Macao）to James Adam Smith（Manila）, 2 December 1840, James Matheson - Private Letter Book, ms jm, c5/6. 埃利奥特上将担心他无法活着回到英国，但实际上他又活了20多年。
57. Wakeman, "The Canton Trade and the Opium War", 196.
58. Waley, *The Opium War through Chinese Eyes*, 124; Kuo, *A Critical Study of the First Anglo-*

Chinese War, 141; Chang, *Commissioner Lin and the Opium War*, 212.Kuo 坚持认为，"林则徐是第一个也是最后一个满怀赤子之心与鸦片不懈斗争的中国政治家"。他的贬职只是暂时的，他在 1845 年出任山西和甘肃总督，之后担任云南和贵州总督。他在 1850 年 11 月去世，享年 67 岁。

59. *Canton Press*, 5 September 1840, 1.
60. William Jardine（Cheltenham）to Jamsetjee Jejeebhoy, 3 August 1840,Incoming Correspondence – Great Britain/Private, ms jm, b1/8; Reid, "The Steel Frame," 22, 32.
61. William Jardine（Halleaths）to Jamsetjee Jejeebhoy（Bombay）, 3 October and 1 November 1840, Incoming Correspondence – Great Britain/Private, ms jm, b1/8.
62. William Jardine（Halleaths）to Jamsetjee Jejeebhoy（Bombay）, 3 October 1840, Incoming Correspondence – Great Britain/Private, ms jm,b1/8.
63. William Jardine（London）to Jamsetjee Jejeebhoy（Bombay）, 2 November 1840, Incoming Correspondence – London/Private, ms jm, b1/10.
64. James Matheson（Macao）to Charles Lyall（Calcutta）, 18 October and 26 October 1840, and to T.W. Henderson（Bombay）, 17 October 1840,James Matheson – Private Letter Book, ms jm, c5/6.
65. James Matheson（Macao）to Jamsetjee Jejeebhoy（Bombay）, 12 August and 28 November 1840; to T. Scott（Singapore）, 15 September 1840; and to T.W. Henderson, 15 September 1840, James Matheson – Private Letter Book, ms jm, c5/5.
66. James Matheson（Macao）to William Jardine（London）, 21 and 22 November 1840, James Matheson – Private Letter Book, ms jm, c5/5.
67. James Matheson（Macao）to Charles Lyall（Calcutta）, 9 December 1840,and to T.W. Henderson（Bombay）, 26 December 1840, James Matheson – Private Letter Book, ms jm, c5/5.
68. James Matheson（Macao）to William Jardine（London）, 4 January 1841,James Matheson – Private Letter Book, ms jm, c5/6.
69. James Matheson（Macao）to Jamsetjee Jejeebhoy（Bombay）, 9 November 1840 and 16 December 1840, and to William Jardine（London）, 29 November 1840, James Matheson – Private Letter Book, ms jm, c5/5.
70. James Matheson（Macao）to William Jardine（London）, 29 November 1840, James Matheson – Private Letter Book, ms jm, c5/5.

71. James Matheson（Macao）to T.W. Henderson（Bombay）, 26 December 1840, and to C. Ardaseer（Bombay）, 27 December 1840, James Matheson – Private Letter Book, ms jm, c5/6.
72. James Matheson（Macao）to Jamsetjee Jejeebhoy（Bombay）, 28 December 1849, James Matheson – Private Letter Book, ms jm, c5/6.
73. Gelber, *Opium, Soldiers and Evangelicals*, 114–115.
74. Kuo, *A Critical Study of the First Anglo-Chinese War*, 145. 当天中方有 500 人死亡，300 人受伤，而英方受伤人数为 38 人。
75. Fay, *The Opium War*, 272–275; Gelber, *Opium, Soldiers and Evangelicals*, 115–116.
76. James Matheson（Macao）to William Jardine（London）, 15 January 1841; emphasis in original. Also to Jamsetjee Jejeebhoy（Bombay）, 16 January 1841, James Matheson – Private Letter Book, ms jm, c5/6.
77. Kuo, *A Critical Study of the First Anglo-Chinese War*, 146.
78. James Matheson（Macao）to William Jardine（London）, 22 January 1840, James Matheson – Private Letter Book, ms jm, c5/6.
79. James Matheson（Macao）to Wiliam Jardine（London）, 23 January 1841, James Matheson – Private Letter Book, ms jm, c5/6.
80. James Matheson（Macao）to William Jardine（London）, 22 January 1841, James Matheson – Private Letter Book, ms jm, c5/6.
81. Blake, Jardine Matheson, 109–111; Fay, "The Opening of China", 78; Bard, Traders of Hong Kong, 41; James Matheson（Macao）to William Jardine（London）, 30 January 1841, James Matheson – Private Letter Book, ms jm, c5/6. 贸易总监到达时发现一个棚户区已经存在了。
82. Kuo, *A Critical Study of the First Anglo-Chinese War*, 147–148; Lovell, *The Opium War*, 136–138.
83. James Matheson（Macao）to William Jardine（London）, 19 February 1841, James Matheson – Private Letter Book, ms jm, c5/6.
84. James Matheson（Macao）to William Jardine（London）, 19 March 1841, James Matheson – Private Letter Book, ms jm, c5/6; emphasis in original.
85. James Matheson（Macao）to William Jardine（London）, 19 February 1841; to Jamsetjee Jejeebhoy（Bombay）, 26 February 1841; and to John Abel Smith（London）, 26 February 1841, James Matheson – Private Letter Book, ms jm, c5/6.

86. Canton Press (Macao) ,27 March 1841, extra; Faye, *The Opium War*, 278–282.

87. James Matheson (Macao) to T.W. Henderson (Bombay) , 20 February 1841; to Jamsetjee Jejeebhoy (Bombay) , 24 March 1841; and James Matheson (Canton) to Jamsetjee Jejeebhoy (Bombay) , 15 April 1841, James Matheson – Private Letter Book, ms jm, c5/6.

88. James Matheson (Macao) to William Jardine (London) and JamsetjeeJejeebhoy (Bombay) , 21 April 1841, and to T.W. Henderson (Bombay) 2 May 1841, James Matheson – Private Letter Book, ms jm, c5/6.

89. James Matheson (Macao) to T.W. Henderson (Bombay) , 2 May 1841,James Matheson – Private Letter Book, ms jm, c5/6.

90. James Matheson (Macao) to T.W. Henderson (Bombay) , 2 May 1841; to Jamsetjee Jejeebhoy (Bombay) , 2 May 1841; to M.D. Hunter (Sydney, New South Wales) , 10 May 1841; and to William Jardine (London) , 19 May 1841, James Matheson – Private Letter Book, ms jm, c5/6 and c5/7.

91. *Canton Press*, 29 May 1841.

92. James Matheson (Macao) to William Jardine (London) , 19 and 27 May 1841, and to William Haylett (Madras) , 20 May 1841, James Matheson – Private Letter Book, ms jm, c5/7; Fay, *The Opium War*, 289.

93. James Matheson (Macao) to William Jardine (London) , 27 May 1841, and to Jamsetjee Jejeebhoy (Bombay) , 28 May 1841, James Matheson – Private Letter Book, ms jm, c5/7.

94. James Matheson (Macao) to Jamsetjee Jejeebhoy (Bombay) , 28 May and 2 June 1841, James Matheson – Private Letter Book, ms jm, c5/7.

95. Fay, *The Opium War*, 297 – 303.

96. Beeching, *The Chinese Opium Wars*, 154.

97. *Chinese Repository*, vol. 10 (July 1840) : 350 – 351; *Canton Press*, 12 June 1840.

98. Ibid. 销售条款在 7 月的《中国丛报》中详细罗列出来。将拍卖 40 块邻海土地。中标者将可以建造价值至少 1000 英镑的建筑。《广州周报》的编辑对在香港投资土地的风险持怀疑态度:"我们的许多邻居去投资了,但很多人在犹豫。在这种不确定的情况下,很多人是不会盲目购买的。" *Canton Press*, 12 June 1840。

99. Fay, *The Opium War*, 303; Reid, "East Point", 196 – 197; Welsh, *A Borrowed Place*, 134 – 135; Andrew Jardine (Macao) to Jamsetjee Jejeebhoy (Bombay) , 8 June 1841, James Matheson – Private Letter Book, ms jm, c5/7. 义律要求怡和洋行和颠地洋行刊登一封信,

解释在岛上购置房产的政策。*Canton Press*, 26 June 1841; *Canton Register*, 22 June 1840, supplement.

100. *Canton Register*;31 August 1841, 1. 不出所料, 新闻界的编辑对马地臣的倡议持保留态度。关于运载木材的船只："我们很怀疑他们会把这个当作投机活动, 这里的劳动力既好又便宜, 原材料也很丰富。" *Canton Press*, 11 September 1841.

101. James Matheson (Macao) to James Ryan and Joseph Coolidge (Canton), 21, 22, and 24 June 1841, and to John Abel Smith (London), 15 July 1841, James Matheson – Private Letter Book, ms jm, c5/7.

102. James Matheson (Macao) to Jamsetjee Jejeebhoy (Bombay), 15 July 1841, and to T.W. Henderson, 15 July 1841, James Matheson – Private Letter Book, ms jm, c5/7.

103. Fay, *The Opium War*, 305–307; W.S.B. (Boyd) of the Jardine, Matheson Macao office to Joseph Coolidge (Canton), 24 July 1841, James Matheson – Private Letter Book, ms jm, c5/7; James Matheson (Macao) to Charles Lyall (Calcutta), 7 August 1841, James Matheson – Private Letter Book, ms jm, c5/7.

104. 义律收到消息的当天,《广州周报》报道称, 渣甸和一些商人得知《穿鼻草约》后, 要求帕默斯顿宣布义律对英国政府失去信心, 所谈的条款与赋予他的责任不符。*Canton Press*, 24 July 1841.

105. Fay, *The Opium War*, 311, citing *The Letters of Queen Victoria* (1907) 1: 329; emphasis in original.

106. Gelber, *Opium, Soldiers and Evangelicals*, 124; Fay, *The Opium War*, 309, Citing Elliot's letter to Lord Aberdeen, 25 January 1842 (fo 17/61).

107. William Jardine (London) to Jamsetjee Jejeebhoy (Bombay), 3 May 1841, Incoming Correspondence – London/Private, ms jm, b1/10.

108. James Matheson (Macao) to William Jardine (London), 24 August 1841,James Matheson – Private Letter Book, ms jm, c/7.

109. William Jardine (London) to James Matheson (Macao), 31 May 1841,cited by Fairbank, Trade and Diplomacy on the China Coast, 82–3, from the Yorke ms., 333.

110. James Matheson (Macao) to William Jardine (London), 24 August 1841,James Matheson – Private Letter Book, ms jm, c5/7.

111. *The Times* (London), 8 November 1841, 4. *The Times* Digital Archive, find.galegroup.com. helin.uri.edu/ttda/newspaperRetrieve.do (accessed 5 July 2013).

112. James Matheson（Macao）to William Jardine（London）and JamsetjeeJejeebhoy（Bombay），24 August 1841, James Matheson – Private LetterBook, ms jm, c5/7.

113. Gelber, *Opium, Soldiers and Evangelicals*, 125–127.

114. Fairbank, *Trade and Diplomacy on the China Coast*, 82.

115. James Matheson（Macao）to James Adam Smith（Manila），25 September 1841, James Matheson – Private Letter Book, ms jm, c5/7. 他指示在伦敦的马尼亚克－史密斯将4500英镑交由爱丁堡的戈登和斯图尔特处理，并授权马尼亚克·史密斯将自己在外莱尔格的庄园的地契给他们。在另一份文件中，他要求在伦敦的办事处把3000～4000英镑交由他的哥哥梅杰·托马斯·马地臣处理。James Matheson to Magniac Smith（London），24 August 1841 and 18 March 1841, James Matheson – Private Letter Book, ms jm, c5/7.

116. James Matheson（Macao）to James Adam Smith（Manila），25 September 1841 and 29 December 1841, and to Jamsetjee Jejeebhoy（Bombay），8 October 1841, James Matheson – Private Letter Book, ms jm, c5/7.

117. James Matheson（Macao）to Magniac Smith（London），12 May and 15 November 1841; to Lyall Brothers and Company, 15 November 1841; and to John L. Anderson（London），23 December 1841, James Matheson – Private Letter Book, ms jm, c5/7.

118. James Matheson（Macao）to Smith, Elder and Company（London），23 June 1841, and to James Adam Smith（Manila），29 December 1841, James Matheson – Private Letter Book, ms jm, c5/7.

119. Greenberg, *British Trade and the Opening of China*, 209; James Matheson（Macao）to John Abel Smith（London），8 September 1841; to various correspondents, November and December 1841; and to Jamsetjee Jejeebhoy（Bombay）and R.W. Crawford（Bombay），27 December 1841,James Matheson – Private Letter Book, ms jm, c5/7.

120. James Matheson（Macao）to John Abel Smith（London），8 September 1841, James Matheson – Private Letter Book, ms jm, c5/7; Fay, *The Opium War*, 324.

121. James Matheson（Macao）to James Adam Smith（Manila），23 November 1840, and to John Abel Smith（London），28 March 1841, James Matheson – Private Letter Book, ms jm, c5/6; and to E. de Otadui and James Adam Smith（Manila），29 December 1841, ms jm, c5/7.

122. James Matheson（Macao）to E. de Otadui and James Adam Smith（Manila），3 November and 29 December 1841, James Matheson – Private Letter Book, ms jm, c5/7; and James

Matheson（Macao）to E.de Otadui, 4 March 1842, Alexander Matheson – Private Letter Book, ms jm, c6/2.

123. James Matheson（Macao）to George James Gordon（Calcutta）, 16 August 1841, James Matheson – Private Letter Book, ms jm, c5/7; and Jerome Tannadish, "George Chinnery", 238－239.

124. James Matheson（Macao）to M.D. Hunter and Company（Sydney, New South Wales）, April and 27 November 1841, and James Matheson to Mitchell Scobie（Port Philip, Australia）, 10 May 1841, James Matheson – Private Letter Book, ms jm, c5/6 and c5/7. 他还考虑在新西兰购买土地。马地臣的堂兄，也叫詹姆斯·马地臣，在1841年在悉尼加入了M.D.亨特公司，但他还很年轻，不可能影响马地臣将如此巨大的金额进行移民投资。

125. James Matheson（Macao）to R.W. Crawford（Bombay）, 3 January and 2 March 1842; to E. de Otadui（Manila）, 7 February 1842; and to Jamsetjee Jejeebhoy（Bombay）, 4 March 1842, Alexander Matheson – Private Letter Book, ms jm, c6/2.

126. James Matheson（Macao）to R.W. Crawford（Bombay）, 3 January 1842; to Jamsetjee Jejeebhoy（Bombay）, 19 January 1842; and to Captain Green（aboard Reliance）, n.d. [early February 1842], Alexander Matheson – Private Letter Book, ms jm, c6/2.

127. James Matheson（Macao）to R.W. Crawford（Bombay）, 2 March 1842, Alexander Matheson – Private Letter Book, ms jm, c6/2.

第十一章

离开中国以后的生活

马地臣到达孟买后,詹姆斯·杰吉伯伊在其富丽堂皇的家中为他准备了盛宴,帕西商人都聚在一起庆祝他荣归故里。[1] 尽管他不断暗示有一天他可能会回到中国,但在 1842 年 6 月 13 日,聚集在那里的富有的帕西人的语气好像是在最后一次送别一位恩人。精明的孟买商人们向这位"商业领袖"致敬,并把他描述为广州危机中商人利益的捍卫者,战争期间的守护者。

博曼吉·霍尔木吉(Bomanjee Hormusjee)代表商人团体宣读了一份由 80 名商人签名的致辞:"1839 年鸦片贸易事件之后,印度损失了 200 万英镑,此后孟买贸易完全瘫痪,一系列可怕的后果接踵而来,幸好你们慷慨地拯救了我们的国家,挽救了我们的事业,让我们在外国的保护下继续前行。您甘愿冒风险做这一切,把公共福祉当作自己的责任。"[2] 为了表示感谢,他们要求马尼亚克·渣甸返程时代表他们送给马地臣一套价值 1500 英镑的银器。显然,他们的溢美之词和贵重的礼物让马地臣受宠若惊,他坦言:"这些感激之情我会一生珍藏并传给我的后世。"他还郑重地补充道:"这个礼物可以时刻提醒我。"[3] 无论是对于马地臣还是他的帕西朋友来说，这都是一次情深义重的告别，心境虽与在广州为渣甸举办盛大宴会时不同，但激动之情依旧。[4]

在离开中国三年之后，这两位苏格兰大班退休后回到了"英国上议院"，这是怡和洋行香港公司员工提及朗伯德街3号时的称呼。朗伯德街离渣甸跟随托马斯·威丁实习所在地不远。马尼亚克-史密斯公司和怡和洋行伦敦银行的办公处就在朗伯德街。

在回国后的几年里，渣甸基本上不是一个实干型的银行家，就是处理日常的金融业务；他更像是顾问，在伦敦享有很高的声誉和崇高的地位。他对于公司的重要性在于推荐业务，以及他与政府的关系和政治影响力。与此相反，马地臣更多地管理公司，公司最后也是以他的名字命名，他在整个公司组织架构中起到核心作用。强大的二人在朗伯德街又双剑合璧了。当马地臣从中国回到英国后，渣甸已经快被长期困扰他的病魔打倒了。

渣甸荣回故里后成了伦敦东印度商人心目中的英雄。1840年，他的挚友，"萨拉号"前船长约翰·海恩在伦敦酒馆为他举办了盛大的宴会。此时，他刚入驻朗伯德街3号的办公室。后来，他买下约翰·亚伯·史密斯在马尼亚克-史密斯公司的全部股份，该公司在1841年更名为马尼亚克-渣甸公司。他居住在伦敦上贝尔格雷夫街，但由于没有成家，他经常与史密斯在布兰登（位于伦敦东南部的贝克斯利）或与荷林华斯·马尼亚克在贝德福德附近的库尔沃斯共度周末。[5]

他加入了东方俱乐部，这个俱乐部成立于1842年，是英国东印度公司成员的一个休闲会所。俱乐部成员包括威灵顿公爵，因此渣甸很有可能与这位保守党领军人物在俱乐部里有过偶遇，此人十分同情在中国的英国商人。在这么多英国东印度公司老臣和中国通的陪伴下，他一定过得很惬意。1841年2月，他被选为布鲁克斯俱乐部的成员，这是位于圣詹姆斯街的一家俱乐部，也是辉格党人的大本营。提名他加入的是著名的辉格党人

第十一章　　　　　　　　　　　　　　离开中国以后的生活　347

E.J. 斯坦利（E.J.Stanley）和爱德华·埃利斯（Edward Ellice）。[6] 他可以在那里用餐、社交。在离开中国之前，他似乎有过政治抱负，在布鲁克斯这种野心越发强烈，在 1841 年的大选中，他成为下议院席位的候选人，4 个月后他成为辉格党人。

他加入的时候，辉格党对于议会的控制并不稳定。在 1837 年大选后，墨尔本勋爵拥有不足 24 个席位，而 1840 年关于中国政策的辩论结束后的投票中，这一数字降至 9 人。1841 年 7 月的大选中，保守党赢得了决定性的胜利。墨尔本辞职，皮尔组建了一个非常强大的内阁，包括过去和未来 5 任总理。在选举中，有很多自由贸易者参与进来，有些是曾在中国经商的商人，包括威廉·渣甸。

渣甸已被提名为代表德文郡阿什伯顿的议员。阿什伯顿是一个古老的锡矿小镇，位于普利茅斯和埃克塞特之间，坐落在阿什伯恩河畔。这座小镇主要从事纺织品贸易，特别是生产出口到中国的羊毛制品。由于广州的贸易中断，阿什伯顿受到了严重的影响，失业问题严重。虽然这个坐落于达特穆尔边缘的自治镇距离渣甸在佩思郡的庄园和在伦敦上贝尔格雷夫街的住所都比较远，但对于辉格党来说，这是一个机遇，因为渣甸可以在议会为他们的经济诉求发声。

在他离开中国之前，他竞选国会议员的想法遭到了在广州的颠地等人的嘲笑。但 1841 年大选给予他们的嘲笑最好的回击，因为来自保守党的竞争对手正是颠地在伦敦的合伙人。显然，渣甸的竞选活动非常有效，因为他的对手在投票前就退出了竞选，渣甸不战而胜。[7] 他兴奋地告诉还在澳门的马地臣："托马斯·颠地怎么也想不到，曾经对我的嘲笑得到了回击。你知道了一定很高兴，我们在伦敦和在中国都保持着我们的优势。"[8] 后来，事实证明，对自由贸易者来说，皮尔内阁对于自由贸易并没有造成阻碍，因为他在 1842 年的一系列改革中，降低了上百种进口商品的关税。作为一名自由贸易主义者，渣甸为皮尔的许多举措拍手叫好，因为他也是关税的有力反对者。

随着议会重组，渣甸坐在反对派领袖约翰·拉塞尔（John Russell）勋爵和帕默斯顿勋爵的身后。虽然他很少在议会辩论中发言，但有一次，他针对皮尔政府提出的反对意见引起了人们的关注。1841年，清政府在广州交了600万赔款后，这笔钱以白银的形式被运回英国，重达65吨的白银到达伦敦南安普敦铁路的总站后，直接被运往铸币厂。这笔赔款的到来给在中国的英国商人带来了希望，即财政部会将其中一部分用于赔偿商人被没收的鸦片。休·哈密尔顿·琳赛（Hugh Hamilton Lindsay，和渣甸一样，是刚从中国退休回来的商人）提议用清政府的赔款来补偿义律要求商人们上缴的鸦片。1842年3月17日，渣甸在众议院慷慨陈词。

他说他不知道为什么政府对于优先赔付商人有异议。他认为，如果东印度公司有任何索赔，政府应该会迅速解决。墨尔本政府本来可以解决这件事，但却受制于预算问题。现如今，由于"财政大臣的贪婪"把钱藏了起来，因为很明显，这笔费用用来支付远征军费用前应该先给商人补偿。[9]

辉格党领袖约翰·拉塞尔在最后一场辩论时说："阿什伯顿议员阁下的意见很有说服力。"然而不久后，众议院进行了投票，赞成票仅37票，反对票87票。渣甸、琳赛、约翰·亚伯·史密斯和同伴们失去了支持。甚至连他们的领袖也承认，在中国的英国商人无权要求赔偿，因为上缴鸦片是政府为了缓解他们的经济困境而提出的合理救济方案。皮尔争辩说，前政府外交大臣帕默斯顿任职期间曾拒绝履行义律的补偿保证直到打败中国，并由其支付鸦片补偿。皮尔辩称这笔送到铸币厂的钱只是一个中国城市的意外赔款，应该属于皇室。他并没有拒绝鸦片商人的要求；他说，对政府来说，有条件地承认索赔、进行调查并在事后支付赔偿金会更好。[10]

而清政府方面以为，他们为广州支付的赔款就是在解决英国鸦片商人的索赔。商人们也是这样想的，但英国财政部不赞成义律允许颠地从运往英国的白银中自行扣除 63 265 英镑的行为。因此，剩余的钱被指定为皇室所有并用于对征战广州的军队的奖励。[11]

内阁已经做出了决定，众议院也予以支持。商人们必须等到战争结束后才能得到补偿。停战条约在 1842 年 8 月签署，但鸦片商们不得不再等一年，保守党政府才向持有鸦片券的人发放补偿款。由于补偿款长期未被落实，鸦片券就像汇票一样被交易。1843 年 8 月，马地臣和其他商人收到了每箱 300 美金的补偿金，但这远远低于他们最初索赔的价格。然而也有人提醒他们，这笔补偿款要比 1839 年广州市价好得多了。大多数观察家认为，政府的偿还率是公平的。[12]

渣甸争取赔偿时，马地臣正在回英国的途中。战争处于暂停状态，没有人知道战争何时结束、何时恢复贸易。新任贸易总监璞鼎查在 2 月底决定把他的总部从澳门转移到香港。对此马地臣非常高兴，因为这意味着他在收购土地和为公司建造建筑物方面的投机已经成功了。

1842 年初夏，英国远征军在扬子江战役中获胜并占领了吴淞、上海和镇江。到了 8 月 5 日，配有 74 门炮的"康沃利斯号"直逼南京，似乎马上要对南京发起恐怖的袭击。在这种情况下，清廷的谈判代表急于满足英国的要求。他们上书给皇帝："如果我们不能利用目前的机会，通过安抚野蛮人来缓和局势，他们将像野兽一样袭击我们的国家，为所欲为。"[13]

璞鼎查进入南京城中与清廷代表进行了长时间谈判，其间，一些非官方的话题引发了冲突。中方问为什么英国没有阻止印度种植鸦片。对此，璞鼎查建议中国将鸦片合法化并对其征税，以充盈国库。最后，条约对于鸦片只字未提。[14] 璞鼎查致力于通过条约法案建立一套有利于英国对华贸易发展的商业制度。[15]

1842 年 8 月 29 日，中英双方在"康沃利斯号"上签署了《南京条约》

（4份）。这是一个半世纪以来，中国与外国政府签订的第一份条约。亨利·盖尔伯（Harry Gelber）认为，鉴于中国已彻底失败，英国要求的条款还是克制的。[16]另一方面，亚瑟·韦利（Authur Waley）记录道，在《南京条约》之后，骄傲的中国人"对英国人有一种无法平息的仇恨"。[17]

条约要求赔款2100万银圆，包括对被扣押的鸦片的补偿、军费赔偿，以及偿还破产的行商的债务；此外，开放五个通商口岸，包括广州、厦门、福州、宁波和上海，准许英国商人及其家属居住，每个通商口岸都准许英国派驻领事；割让香港岛；行商的垄断制度被废除。[18]签署条约的消息于1842年11月22日到达伦敦。

香港这个小岛已经成为中英商贸的中心。[19]事实证明，马地臣的商业直觉是准确的，而渣甸要求赔偿、开放通商口岸，要求平等待遇的诉求似乎都已经实现了。当地居民对西方人的态度是相对平和的，但还有很多来自中国大陆的新移民，其中包括部分土匪和海盗。一位在中国居住的英国人（后来成为该地的司库）1844年称："香港成为商业中心是一个错觉或者骗局。"[20]但是马地臣，就像颠地、杰吉伯伊甚至麦克维卡一样还是愿意为此一搏。战后，大多数帕西公司都将他们的业务转移到了香港。[21]更重要的是，马礼逊教育学会于1842年将学校从澳门迁至香港，条约签订3个月后，香港确定割让给英国。[22]

这两位苏格兰伙伴都参与了鸦片战争，可以这么说，马地臣在广州作为人质，渣甸作为政府的顾问。从长远来看，除了战争持续时间过长和大量人员伤亡以及赔偿延迟，大部分结果与他们的预期相符。后来，帕默斯顿承认渣甸和史密斯是他部署战争战略的主要幕僚。在签署条约3个月后，这位前外交大臣兼未来的首相写信给约翰·亚伯·史密斯："感谢亲爱的史密斯和渣甸先生慷慨地向我们提供协助和情报，为我们在中国军事和外交事务给予了详细指导，才让我们得到如此令人满意的结果。"

第十一章　　　　离开中国以后的生活　351

其实史密斯对中国的第一手情况并不了解，所以确切来说，史密斯在这场战争中最主要的角色就是把渣甸引荐给帕默斯顿。这封信进一步证实了渣甸是帕默斯顿的幕后推手。帕默斯顿告诉史密斯他觉得他们提供的信息非常"重要"："这一点体现在我们在1840年2月给义律的指示上，他们所提供的信息如此准确和完整，无须任何改动。"如此内行的资讯一定出自渣甸。在表达完对渣甸和史密斯的敬意后，帕默斯顿说道："毫无疑问，这场战役将是人类进入文明进步的重要阶段，也将为英国商业带来巨大利益。"[23]

渣甸不相信他在鸦片战争中的作用会改变世界，但他的影响力确实改变了英国在东亚的商业格局。马地臣在第一次鸦片战争中的作用并没有受到如此的重视，但他在动荡时期仍然努力经营公司的行为让他成为维多利亚时期英国商人中的佼佼者。

在回到英国后，马地臣意识到英国本土对于鸦片贸易有强烈的敌意。尽管鸦片贸易为进口茶叶提供资金来源，且茶叶贸易占英国关税的10%，但在这种环境下，试图捍卫鸦片贸易也是徒劳的。马地臣需要让鸦片贸易远离公众的视线，因为他和他的搭档一样，有着远大的政治抱负。1842年夏天，马地臣到达英国后发现，他的老朋友正饱受病痛困扰，而自己的健康状况正在稳步改善。

1842年秋天，他回到苏格兰家中并从格拉斯哥写信给杰吉伯伊谈到他的搭档糟糕的身体状况："渣甸先生的病越来越严重，我非常难过，恐怕他撑不了多久了。"[24]渣甸得的是肠癌。到了1843年1月，由于过于虚弱，他已经无法站立或者跪着（这两个姿势曾经有助于缓解疼痛），只能躺在一张水床上。水床有助于睡眠，也让他的朋友有理由相信他还可以多活几周。他表现出的坚韧精神让亲近的人都感到惊讶，他决不放弃。他的头脑仍非常清醒，有时也很乐观。直到最后，他仍然是那个"铁头老鼠"，如今顽强对抗死亡。马地臣注意到:"他如往常一样,保持早餐和晚餐的用餐习惯,喜欢喝一点儿红酒和啤酒。"[25] 约翰·亚伯·史密斯在渣甸病重的后期经常前去探望,据他回忆,即使饱受病痛折磨,渣甸也从不抱怨,对于没有享受到预期中的退休生活,渣甸也从未表示过失望。史密斯说,渣甸生命中最后几周,为了缓解剧痛,他不得不整天面朝下趴在水床上。

1843年2月27日,星期一,渣甸在伦敦上贝尔格雷夫街的住所去世。直接死因为"肺部积水",通常伴有呼吸急促、咳嗽和胸痛的症状。然而,史密斯说他走得很平静:"他走得如此安详平和,让人很难相信他真的走了。"[26]

威廉·渣甸在他59岁生日过后的3天去世了。他于1843年4月14日被埋葬在洛赫梅本教堂的家族墓地中。没有妻子为他哀悼,侄子们都在中国南方工作,但很有可能是他姐姐简的儿子安德鲁·约翰斯通为他送葬,约翰斯通和威廉舅舅关系很亲密。安德鲁比他的亲人多活了14年;现在他们的名字一起出现在纪念墓地的高大方尖碑上。他们的纪念碑上有一个"IHS"标志,表明他们是基督徒。从纪念碑的规模上看,能与他们匹敌的是洛赫梅本的另一个家族罗伯特·布鲁斯家族,该家族的纪念碑位于距离墓地不到90米的地方,俯瞰小镇广场。远离家乡,半生风雨后,他最后的安息地就在距离出生地博德霍尔姆仅约1.6千米的地方。

渣甸葬礼时,詹姆斯·马地臣已经成功保住了老朋友在下议院的席位。候补选举在1843年3月7日,周三,也就是渣甸死后仅仅9天进行。因此,马地臣不得不急忙赶到阿什伯顿拜访投票人。在确定有众多支持者后,他在第二天宣布参选。他在竞选宣言中承诺进行切实可行且渐进的改革。"我尊崇民主,信仰自由和商业自由。"他是这样告诉选民并向他们保证的,他的商业经验能促进该地区的贸易发展。5天后,他被选为阿什伯顿的议员。他保持了与渣甸相同的政治属性,属于辉格党,但"辉格党"

这个称号逐渐被"自由党"所取代。[27]

就在马地臣当选一个月后,著名的圣公会福音派教徒阿什利勋爵在下议院提出了一项动议,旨在禁止鸦片贸易。他从道德和实际的角度阐述了正在进行的鸦片贸易会危及英国与中国的商业关系,更会影响未来英国与中国的政治关系。为了支持他的动议,卫理公会、浸信会和伦敦传教士协会的委员会也提交请愿书。尽管阿什利最终应皮尔的要求撤回了该动议,以免影响与清政府正在进行的关税谈判,但这足以提醒来自阿什伯顿的新议员注意公众情绪的走向。不过,从这件事他可以看出,英国反对鸦片势力在道德上取得了胜利。[28]

这项议案促使马地臣向公司在中国的船长们发出警告。1843年初,一位激进的英国海军军官曾在上海试图驱逐沿海的鸦片商人。但他遭到了斥责,海军方面也了解到,他们不得不对鸦片贸易睁一只眼闭一只眼。马地臣写信给麦克·明尼斯船长,敦促他"尽全力取悦那些官僚,如果他们要求,就从一个锚地转移到另一个,不要太靠近他们驻扎的城镇"。他得出结论:"在英国,鸦片贸易现在非常不得人心,我们要非常谨慎,低调行事,尽可能远离公众的视线。"[29]

由于他的侄子亚历山大成为澳门公司的管理合伙人,马地臣对于怡和洋行沿海业务的直接参与度逐渐下降。怡和洋行将继续大力推行鸦片贸易以获得丰厚利润。1843年,清政府拒绝将鸦片贸易合法化后,两国政府似乎达成默契,即鸦片贸易将继续下去,两国政府则都选择无视该贸易的存在。那年夏末的时候,亚历山大不无讽刺地说道:"鸦片贸易合法化的希望都幻灭了,不过你可以放心,如果它被合法化,它将不再是有利可图的。困难越多,对我们越有利。我们总能找到克服一切障碍继续前进的方法和途径。"[30]1844年3月,亚历山大将怡和洋行总部及约20名成员迁往香港,但他仍会在澳门逗留一段时间。尽管英国外交大臣阿伯丁勋爵曾指示璞鼎查不要让香港成为英国走私活动的大本营,但在1844年,这确实是香港的主要职能。目前,鸦片贸易是新殖民地的主导商业模式,那里成为从印度而来的商船的第一停靠港,也是英国鸦片运往中国大陆及沿海地区的集散地。[31]

虽然英国军队占领香港时詹姆斯·马地臣也在场,但他从来没有在新殖民地运营过公司业务。他告诉詹姆斯·杰吉伯伊,亚历山大将暂时顶替他的空缺直到他从英国回来。然而,他从未再回到中国,也没有任何迹象表明,在回到英国后,他曾认真考虑过返回中国的事情。就算他有这样的想法,1843年发生的事情也让他更加坚定地留在英国。

1843年初,合伙人的去世和他当选为议员成为那一年他生命中发生的第一个重大变动。另一个变动则更加私人化,同年秋天,就在他47岁生日前一周,詹姆斯·马地臣迎娶了玛丽·简·斯宾塞·珀西瓦尔(Mary Jane Spencer Perceval)。结婚时,新娘年仅24岁,是已故迈克尔·亨利·珀西瓦尔(Michael Henry Perceval)的女儿。他曾住在魁北克附近的斯宾塞·伍德,是立法委员会成员。新娘的母亲——安·玛丽·弗劳尔·珀西瓦尔(Ann Mary Flower Perceval)是查尔斯·弗劳尔爵士(Sir Charles Flower)的女儿,他曾在1809年担任伦敦市市长。[32]

婚礼在1843年11月9日于爱丁堡圣约翰教堂举办,由德高望重的拉姆塞牧师主持。爱丁堡各界名流汇聚于此,仪式结束后,在夏洛特广场举行了盛大的午宴。第26军团乐队为午宴助兴;到了晚上,为庆祝这对新婚夫妇而举行了盛大的舞会,所有上流社会的人都来参加了。

不仅仅是在夏洛特广场,整个大不列颠都祝福詹姆斯·马地臣及他的新娘,宾客举杯畅饮,热闹非凡。泰恩的一所学院曾受到马地臣的慷慨资助,也为这对新人举行晚宴庆贺。在丁沃尔,大约50位名流聚集在市政厅为王室举杯,也为这对新婚夫妇举杯祝福。从爱丁堡的正式宴会到阿什

第十一章　离开中国以后的生活　355

伯顿和德文郡的民间庆祝，许多地方都在同时举办庆祝活动。

最热闹的要数阿什伯顿的庆祝活动，在那里，马地臣的选民们从早到晚都在庆祝。在他的婚礼上，马地臣拿出100镑分发给镇上的贫民，人们因此享受了一整天奢侈的生活。凌晨，附近山上的鸣炮声唤醒了人们，7点钟，圣安德鲁教堂塔的钟声开始响起。阿伯什顿街道上乐队的演奏声与钟声交叠在一起。上午，牧师们聚集在圣劳伦斯教堂，分发几天前马地臣留下的救济款。一位当地记者记录了下午的庆祝活动："由于马地臣先生的慷慨，许多穷人和他们的孩子一起享受了快乐时光，他们怀着感激的心情祝福这对夫妇健康长寿，万事如意。"下午晚些时候，100人在霍尼韦尔伦敦酒店享用丰盛的晚宴，并有歌手助兴表演。大约晚上10点的时候，一个人提着点燃的焦油桶指引着人群穿过街道来到集市，人们在那里点燃了篝火，一场大型的烟火表演照亮了整片天空。午夜刚过，一个巨大的热气球升到了小镇的上空，上面印有詹姆斯·马地臣的名字。[33]随后，疲惫的庆祝人群都回到家中睡觉了。毫无疑问，星期五早上阿什伯顿一定会发生很多令人头疼的事情。

从那时起，马地臣从一位热衷冒险的商人变成了一位高地莱尔德人，他每年有四分之三的时间待在苏格兰北部和赫布里底群岛。他致力于土地收购，并最终成为英国第二大地主，他在萨瑟兰、罗斯郡和刘易斯岛上都有大量地产。他没有子嗣，但他规律的个人生活与他在中国南方那些忙碌的岁月形成了鲜明的对比。

1839年秋天，在他回英国之前，也就是结婚前三年，他从克洛玛蒂的休·罗斯手中购买了莱尔格附近的阿查尼庄园。他用克洛玛蒂的乌代尔庄园交换了乔治·蒙罗爵士在莱尔格附近的格鲁伊德男爵领地。阿查尼庄园和格鲁伊德男爵领地让他拥有了申湖西岸和南岸沿岸的所有土地，刚好围绕着他的出生地。两个庄园总占地约170平方千米。[34]1841年马地臣的叔叔约翰·马地臣过世后，马地臣还继承了其在洛克菲尔德的罗斯庄园。[35]

结婚后的第二年，詹姆斯·马地臣以 19 万英镑的价格买下了外赫布里底群岛的刘易斯岛。该岛曾经属于西弗斯·麦肯齐（Seaforth Mackenzies）家族长达两个世纪。后来西弗斯·麦肯齐负债累累，并于 1843 年逝世，之后该岛被他的遗孀卖给马地臣。[36] 三年后，他以 5250 英镑的价格从英国渔业委员会手中买下了乌勒波尔港。该港口位于一个半岛上，可以延伸至布隆姆湖，是苏格兰西北部的主要港口，船只可以由此开往刘易斯岛。这座岛距阿查尼庄园不到 48 千米，三面环山，有着白色的建筑和码头，非常美丽。从乌勒波尔港到斯托诺韦的航程约 80 千米，需横跨位于大西洋的明奇海峡，该海峡天气阴晴不定。马地臣收购乌勒波尔港的决定十分明智，这样他就可以控制陆地港口到斯托诺韦以及刘易斯镇的交通运输，因为马地臣将在刘易斯镇居住。

除了高地和赫布里底群岛的房产，马地臣还于 1844 年用金卡丁郡的本霍尔姆庄园交换获得在萨瑟兰郡的罗斯霍尔庄园。为了成功交换，马地臣设立了一项私人法案。他一点点地在苏格兰建立了自己的不动产帝国。在伦敦，他住在威斯敏斯特圣詹姆斯区克利夫兰街 13 号，这是一个非常时髦的街区，毗邻格林公园，离白金汉宫只有几百米。他在克利夫兰街的住所离位于圣詹姆斯街的绅士俱乐部和位于蓓尔美尔街的改良俱乐部都步行可达。

在地球的另一端，他对澳大利亚绵羊的投机项目正在蓬勃发展。两位苏格兰同胞高超的管理技巧让他在新南威尔士获得大量财富。其中一人是亚历山大·麦凯，他一直在广州为怡和洋行工作到 1839 年，之后前往悉尼为詹姆斯·马地臣打理绵羊产业。另一个年轻的苏格兰人是米切尔·福布斯·斯考比，他是萨瑟兰人，在菲利普港地区拥有自己的牧羊业。

马地臣最初的计划是鼓励高地贫苦的佃农移民澳大利亚，但由于 19

第十一章

世纪 40 年代的饥荒危机，一项更为实际的计划将其取而代之，即将佃农家庭移民至加拿大。尽管如此，他还是将美利奴羊和无角短毛羊运往澳大利亚，以提高其繁殖能力。他在悉尼和菲利普港都拥有地产，并以自己的名字开办了两个大型牧羊场（合称刘易斯），又与斯考比合开了两个牧羊场。一直到 19 世纪 50 年代中期，他一直对于牧羊业有极大的兴趣。1856 年，亚历山大·麦凯回到苏格兰结婚，那时，马地臣把他其中一个牧羊场送给了麦凯，也许是作为结婚礼物，不过很有可能是麦凯买来的。从那时起，他对澳大利亚项目的兴趣似乎在下降，转而越来越专注于成为赫布里底群岛的领主。[37]

1842 年春天他回到英国时已经年近半百。他当时 46 岁，而他将活到 82 岁。去往香港需要 3 个多月的航程，而去往澳大利亚则更远。他对于这两个地区的兴趣已经远远不及他对议会的政治生涯、伦敦的商业利益以及苏格兰的地产。他已经把怡和洋行交给他的侄子亚历山大经营，而他在澳大利亚的产业则交给麦凯和斯考比管理。此时的詹姆斯·马地臣准备作为一位丈夫、一个苏格兰地主男爵、国会议员、轮船公司董事长，以及伦巴第街的银行总监开始新的生活。他在英国社会中的新角色给他带来更多的尊重，比他作为东方贸易商人时更为安全和体面。但是，让他完全脱离鸦片贸易是不可能的。

尽管马地臣离开中国后，对怡和洋行的直接经营也随之结束，但截至 1843 年 11 月，即他结婚时，他仍在该公司持有 120 万美元的股份。他的投资收益会以汇票的形式寄回伦敦，他在怡和洋行仍保有高级合伙人的特权，公司会在交易季写信给他："我们会运给你之前进购的上等红茶，这个要比汇票更好。"[38] 当合伙人退休时，这是一种退还股本的方式。威廉·渣甸也采取同样的方式，他当年收到了两船运往英国的货物。

詹姆斯·马地臣从中国退休后不久，他的竞争对手兰斯洛特和威尔金斯·颠地也纷纷退休。但两个公司在中国的竞争还在继续，他们成了鸦片贸易中的两大巨头。英国政府不允许任何携带鸦片的船只进入《南京条约》中开放的五个通商口岸；然而，清政府并没有有效阻止这一交易，鸦片快船停靠在锚地时也没有受到任何一方政府的干扰。香港现已成为鸦片贸易的主要港口。

五个通商口岸再加上香港，这意味着马地臣希望中国市场对西方贸易开放的愿景很有可能实现。尽管他最近不愿意公开为鸦片贸易辩护，但鸦片仍然是怡和洋行的主要利润来源。该公司有印度客户、快船队，在香港有接收船，在沿海有经验丰富的船长和船队。此外，中国对鸦片的需求量也在不断增加。[39]

尽管渣甸、马地臣和颠地彼此不喜欢，但是他们还是会联手对付第三方。因此，这两家公司一直垄断沿海鸦片贸易，直到19世纪50年代，半岛东方轮船公司入驻沿海贸易，双头垄断终结。[40]

新来的英国居民和官员很难在香港和睦相处。1847年，英国下议院任命了一个特别委员会专门调查新领地的情况和中国贸易的状况。作为一个中国通，马地臣不但在委员会中是消息最灵通的，而且对于香港的繁荣发展有着极大的兴趣。委员会在听取商人意见时，最重要的发言人莫过于詹姆斯的侄子亚历山大，他刚刚从香港回到英国。为了维护形象，马地臣不得不同意委员会在报告中反对鸦片贸易，不过也只是一笔带过，没有严厉谴责。委员会的报告中称，鸦片贸易的货币职能"在未来会随着贸易合法化而减弱"，随后又承认，"我们担心"，鸦片对于人类的负面影响是"无可争辩的，与其存在是分不开的"。[41]成为这样一份报告的拟稿人之一，詹姆斯·马地臣必须准备好如何应对他在1839年发表的言论，即他可以凭良心说，他"从来没见过任何一个中国人因吸食鸦片而受到伤害"。[42]

第二次鸦片战争（1856—1860）后，鸦片贸易在中国合法化，怡和洋行和其他欧洲商人都面临激烈的竞争，但是怡和洋行和一家在加尔各答的独立代理公司渣甸－斯金纳公司合作，成功控制了在加尔各答政府管控下的鸦片出口市场。在 19 世纪 60 年代上半期，怡和洋行每年运营大概 30 万英镑的鸦片业务，同时自己也进行大量投资。直到 1871 年，由于半岛东方轮船公司与孟买大卫－沙逊公司的强烈竞争，怡和洋行被迫退出鸦片贸易。[43] 最终，让怡和洋行将重心从鸦片贸易上转移的不是道德上的批判，而是沙逊公司的竞争。到 19 世纪 70 年代，怡和洋行更多地专注于银行业、保险业、航运和码头、铁路运输、矿业、棉纺织业和代理服务等多元化经营，而不再是大宗商品的销售和采购。[44]

从马地臣家族中也可以看出英国人对于鸦片贸易的厌恶。从 19 世纪 40 年代开始，马地臣家族就开始放弃鸦片贸易。詹姆斯的哥哥邓肯·马地臣的两个儿子休和唐纳德都反对鸦片贸易。邓肯是爱丁堡海港利斯的律师和副警长，他的家人都是虔诚的福音派基督教徒。休半个世纪以来都是英国长老会的召集人，并且是马尼亚克－渣甸公司的高级合伙人。1843 年，叔叔詹姆斯曾提供给休在中国怡和洋行的职位，但他为了避免与鸦片贸易有任何联系而拒绝了该职位。[45]

不过休在 1845—1846 年间曾到香港进行了一次长期访问，当时他的兄弟唐纳德在那里管理公司。唐纳德参与了香港第一座永久性教堂的建设。休来访的时候，唐纳德开始对他所从事的鸦片贸易感到不安。他把这份不安告诉当时在伦敦伦巴第街 3 号的表亲亚历山大后，警告唐纳德说辞去合伙人的职位会使他失去在怡和洋行的所有利益。但唐纳德还是在 1848 年毫不犹豫地辞去了职务，他是马地臣家族内最后一位在怡和洋行做大班的人。此后，他很快回到英国，多年后，即 1892 年，他成了禁止鸦片贸易执行委员会的主席。[46] 唐纳德的辞职直接导致马地臣家族失去对怡和洋行事务的直接领导权。怡和洋行的领导权将由威廉·渣甸的后代继承，尤其是他的侄甥们，即哥哥大卫、姊妹简和玛格丽特的儿子们。简的女儿玛格丽特嫁给了凯瑟克家族，这个家族最终控制了怡和洋行。

亚历山大·马地臣一直担任怡和洋行的高级合伙人，直到1852年离任。长时间以来，他都认为"圣人们"反对鸦片贸易的言论很可笑。他在1847年离开东亚并及时赶回伦敦以支持马尼亚克－渣甸公司抵御蔓延伦敦的金融危机。亚历山大在核查了马尼亚克－渣甸公司的账目后得出结论，约翰·亚伯·史密斯的投资政策使得公司陷入困境。鉴于公司需要大量资金填补漏洞，如果没有新资金的注入，公司将会破产。之后，詹姆斯·马地臣、安德鲁·渣甸（用威廉·渣甸的遗产）和亚历山大·马地臣共同出资进行重组。在他们的共同努力下，马尼亚克－渣甸公司经历了蜕变，在1848年更名为马地臣公司，同样坐落于伦巴第街。尽管休·马地臣没有参与公司重组，但他成了高级合伙人，而上一代的霸主现如今在伦巴第街3号被称为"詹姆斯叔叔"。[47]

有人说，"詹姆斯叔叔可能另有安排"，但还在这个行业。从伦巴第街的办公室步行20分钟，经过英格兰银行和皇家交易所，就是位于利登霍尔街22号的半岛东方轮船公司总部。1847年，马地臣被邀请成为这家不断壮大的新航运公司的主席，当时这家公司仅仅创立10年，但他的任命并非毫无争议。[48]

当约翰·亚伯·史密斯向布罗迪·麦吉·威尔科克斯（Brodie McGhie Willcox，半岛东方轮船公司三位执行董事之一）推荐詹姆斯·马地臣时，主席一职已经空缺一年之久。马地臣接受了他们的邀请，并于1849年初出任主席一职。[49]当时半岛东方轮船公司还是一家很年轻的公司，执行董事们还没有找到在董事会上有效达成重大决定的方式。马地臣的任命有种私人安排的性质，与股东分开。[50]

执行董事和很多股东认为半岛东方轮船公司需要与议会保持紧密联

第十一章　　　　　　　　　　　　　　　　离开中国以后的生活　　361

系，而马地臣刚好满足他们的需求，做一名有名无实的主席。他没有实权干涉执行董事的决议。他出任这个职位与其说是为了制定强有力的商业政策，不如说是为了提高他在伦敦商人中的地位，巩固他在议会的位置，维护他的商业人脉以及多年航运经验。此外，当时半岛东方轮船公司正准备从印度往中国运输鸦片，他还可以向执行董事们提供鸦片运输方面的专业建议。马地臣这么做并不是投靠"敌人"（怡和洋行的竞争对手），而是他出任主席时，正是蒸汽船逐渐取代快速帆船成为往来于印度与中国的主要交通工具之际。一旦半岛东方轮船公司的蒸汽船在南亚水域开始运营，就不可避免地成为鸦片运输船。而像怡和洋行和颠地洋行这种老牌公司，尽管也可以引进蒸汽轮船，但是他们无法与像半岛东方轮船公司这样的航运公司竞争。[51]

马地臣同时在两家公司工作是否存在潜在的利益冲突？可能吧，但是没有迹象表明他对任何一方不忠。他保证在怡和洋行的个人利益，也可以为半岛东方轮船公司的管理者提供宝贵意见。

费雷德·哈考特（Fred Harcourt）认为："鸦片在19世纪半岛东方轮船公司的历史中起到了非常重要的作用，公司在远东地区的扩张与鸦片贸易密不可分。"[52]《天津条约》签订后，任何人都可以在印度购买鸦片，并通过半岛东方轮船公司的蒸汽船运送到中国开放的通商口岸。这就意味着中国买家可以直接与印度供应商交易，这也削弱了那些老牌代理公司的优势。[53]

就在马地臣成为主席的5年前，半岛东方轮船公司获得了一份政府合约，即负责在东亚海域运送邮件，于是锡兰—中国航线从1845年开始运行。这份政府的合同让半岛东方轮船公司有机会开始使用蒸汽船向中国运输鸦片，并且从1847年开始运输孟买的白皮土鸦片。然而，加尔各答的贸易依然由英国东印度公司控制，而且一直由帆船运输，直到19世纪80年代蒸汽船才进入该市场。使用蒸汽船从孟买到中国的运输时间为23天，这一速度让孟买的帆船退出了历史的舞台。

1851年，一家竞争对手公司的发起人误判了半岛东方轮船公司在印度的航运能力，他宣称"在半岛东方轮船公司的董事会里，我找不到一个名字与印度贸易有关，除了主席詹姆斯·马地臣先生，但我相信他只是一个名誉主席，与公司业务方向完全无关"。这一观点是完全错误的，因为半岛东方轮船公司的政策是，董事会里始终会有一个人有从事鸦片贸易的丰富经验。[54] 因此，马地臣即使不是一个决策制定者，也会为他们提供咨询。

半岛东方轮船公司的档案中有证据表明，马地臣的一家公司通过伦敦的公司与加尔各答的公司建立联系，为半岛东方轮船公司运往东亚水域的货物提供预约保单，由劳埃德银行担保，货物到达加尔各答后生效。鉴于马地臣在东方海运保险方面的丰富经验，无论他是否参与了最后的操作，都很有可能是这个项目的始作俑者。[55]

到了第二次鸦片战争时，怡和洋行使用半岛东方轮船公司的船将部分白皮土鸦片从孟买运送到中国，大多使用"渥太华号"和"亚丁号"。这就意味着，在詹姆斯·马地臣辞去半岛东方轮船公司董事会主席后的几个月里，他的老公司和新公司在印度西海岸和香港之间的鸦片贸易中展开了合作。[56]

他在董事会会议记录上的签名证明他经常出席公司的全体会议。不过似乎是在上半年参加的，而非下半年。根据记录，他在年初的几个月，特别是春季和初夏主持会议。而另一方面，通常在8月到12月的会议记录里没有他的签名。由此可以推断，在社交季节马地臣夫妇很有可能从苏格兰搬到他们在伦敦的住所，因为这个季节，有很多英国社会名流和欧洲贵族聚集于此参加舞会、帆船赛等重要活动。由于1853年夏天他在伦敦，他很有可能携夫人与其他董事和贵宾登上半岛东方轮船公司的"加的斯号"观看位于斯皮特海德附近的索伦特举行的皇家海军阅兵。1853年，他从爱

第十一章　离开中国以后的生活　363

丁堡写信给半岛东方轮船公司的董事们，说保留在该公司的职位对他来说非常重要，对于错过他们的年会他表示非常遗憾，并要求把他的名字重新提交董事会选举。[57]

从詹姆斯·马地臣开始担任半岛东方轮船公司主席直到他辞职，该公司的船队从 22 艘增加到 55 艘蒸汽船，其中包括 1853 年问世的世界上最大的商船"喜马拉雅号"，后来卖给了政府。在他任职的第一年，该公司净利润为 107 630 英镑，而他卸任的那一年，净利润为 241 080 英镑。公司的保险基金也从 123 589 英镑增长到了 323 000 英镑。[58] 到了 19 世纪 50 年代，该公司通过能够有效迅速运输军队（克里米亚，1854 年；印度，1857 年），并且能快速将邮件送达距离英国最远的地方，而证明自己对国家是有用的。[59]

到了 19 世纪 50 年代末，3 位执行董事中的两位——亚瑟·安德森和布罗迪·麦吉·威尔科克斯都在下议院中担任席位；因此利用詹姆斯·马地臣保证该公司在议会的利益对他们而言已经不再那么重要。1858 年 5 月末，董事们被通知马地臣辞去主席一职。[60] 虽然他不再负责帮助公司成长做出管理性决策，但他仍然是他们的中国顾问。此外，他还在议会中为半岛东方轮船公司保留了一个席位，当时该公司正在竞争邮政合同，需要议员的支持。作为"名誉"主席，他给半岛东方轮船公司带来了丰富的经验和广阔的人脉关系。

他在辞职信中提到，因为要为苏格兰的事务分神，让他难以全心全意地关注半岛东方轮船公司。[61] 他在 62 岁的时候，脑海中回想的都是高地音乐，他向往曾经辉煌的马地臣家族，希望为赫布里底人做出贡献。

注　释

1. 杰吉伯伊最近被维多利亚女王封为爵士。
2. The address is recorded in Mackenzie, "A History of the Mathesons", 492–493. A slightly different version of the address, taken from the Bombay Courier, is reported in The Scotsman, 13 August 1842, 4.
3. Mackenzie, "A History of the Mathesons", 494.
4. Thampi 坚持认为，杰吉伯伊在临终前写的信中透露出对怡和洋行的失望之情，尤其是在渣甸离开广州后。他抱怨道，怡和洋行拖延处理货物的时间，以低价出售货物，让他蒙受巨大损失。Thampi, "Parsees in the China Trade", 22.
5. Reid, "The Steel Frame", 24, 136.
6. Blake, *Jardine Matheson*, 114.
7. Ibid.
8. Reid, "The Steel Frame", 24–25.
9. Great Britain, House of Commons, *Debates*, 17 March 1842, Series 3, vol. 61, 786.
10. Ibid., 792–793.
11. Owen, *British Opium Policy in China and India*, 183–184, 190–191.
12. Fay, *The Opium War*, 369.
13. Kuo, *A Critical Study of the First Anglo-Chinese War*, 298, doc. 50.
14. Fay, *The Opium War*, 361.
15. Wakeman, "The Canton Trade and the Opium War", 221.
16. Gelber, *Opium, Soldiers and Evangelicals*, 147.
17. Waley, *The Opium War through Chinese Eyes*, 232.
18. Kuo, *A Critical Study of the First Anglo-Chinese War*, 165–172; Fay, *The Opium War*, 362.
19. Gelber, *Opium, Soldiers and Evangelicals*, 148.
20. Bard, *Traders of Hong Kong*, 38.
21. Deyan, "The Study of Parsee Merchants", 57.
22. Hoe, *The Private Life of Old Hong Kong*, 50.
23. Lord Palmerston to John Abel Smith, 28 November 1842, cited in Greenberg, *British Trade and the Opening of China*, 214–215; Collis, *Foreign Mud*, 254–255; and Blake, *Jardine Matheson*, 106. 私下里，亚历山大·马地臣不认为和平会对公司有益。

第十一章　离开中国以后的生活　365

24. James Matheson (Glasgow) to Jamsetjee Jejeebhoy (Bombay), 2 December 1842, Incoming Correspondence – Great Britain/Private, ms jm, b1/8.

25. John Abel Smith (London) to Jamsetjee Jejeebhoy (Bombay), and from James Matheson (London) to Jejeebhoy, both 6 January 1843, Incoming Correspondence – London/Private, ms jm, b1/10.

26. 约翰·亚伯·史密斯（在伦敦）于 1843 年 3 月 3 日将渣甸的死讯告知詹姆斯·马地臣的一位不愿透露姓名的熟人（此时马地臣不在伦敦），letter 2307, ms jm.

27. 他的竞选声明转载于 Reid, "The Steel Frame", 25。

28. Owen, *British Opium Policy in China and India*, 230–231.

29. James Matheson to Captain McMinnies, 22 April 1843, cited in Wakeman, "The Canton Trade and the Opium War", 223.

30. Alexander Matheson, 10 September 1843, cited in ibid., 150.

31. Reid, "The Steel Frame", 26; Owen, *British Opium Policy in China and India*, 194.

32. 玛丽·简·马地臣出身显赫。安·玛丽·弗劳尔是一位多才多艺的语言学家（会英语、法语、意大利语、拉丁语），她不仅教她的十个孩子学习语言，还教他们钢琴、竖琴和绘画。她带了 4 万英镑的嫁妆，而后又继承了 10 万英镑。1810 年，迈克尔·亨利·珀西瓦尔被任命为魁北克的海关总署署长，这个职位的年收入为 8000 英镑。1813 年，他被任命为全省的地方长官；1818 年，他被任命为魁北克省议会议员；1826 年，被任命为魁北克省港口专员。在他政治生涯的鼎盛时期，家族在西莱里（魁北克市以西）购置了一处很大的地产。他将这处房产命名为斯宾塞·伍德，该房产在 19 世纪中叶成为总督的住所。1828 年，玛丽·简 9 岁时，他们一家离开加拿大，在意大利佛罗伦萨生活了一年。他们本来打算回到斯宾塞·伍德，然而，她的父亲于 1829 年 10 月在海上去世，他的遗孀没有返回加拿大，而是带着全家回到了英国。

33. 1843 年 11 月 15 日，《因弗内斯信使报》(*Inverness Courier*) 刊登了婚礼庆典的报道。1843 年 11 月 15 日，《苏格兰人》(*Scotsman*) 刊登了一份仪式公告。

34. Sutherland Sasines, 1751–1860 (Highland Regional Archive, Inverness Library), 1839: nos. 63 and 64. Ketteringham, *A History of Lairg*, 192. 阿查尼庄园位于莱尔格镇南部。

35. Ketteringham, *A History of Lairg*, 191.

36. Macdonald, *Lewis*, 37–39.

37. Ketteringham, *A History of Lairg*, 189–191.

38. Reid, "Commodities: Tea", 128–129.

39. Fay, "The Opening of China", 78‑79; Welsh, *A Borrowed Place*, 44‑46.
40. Blake, *Jardine Matheson*, 124.
41. Welsh, *A Borrowed Place*, 184‑188, cited in the report of the Select Committee of the House of Commons to Enquire into the Present State of the Commercial Relations between Great Britain and China, March 1847.
42. Matheson (aboard *Hercules* at Hong Kong) to John Abel Smith (London), 24 September 1839, James Matheson – Private Letter Book, ms jm, c5/4.
43. Trocki, *Opium, Empire and the Global Political Economy*, 112.
44. Blake, *Jardine Matheson*, 139–140; Fay, "The Opening of China", 79.
45. Blake, *Jardine Matheson*, 117.
46. Ibid.; Reid, "The Steel Frame", 28. 马地臣夫人去世后，唐纳德就继承了他叔叔詹姆斯在苏格兰萨瑟兰和刘易斯的地产。
47. 约翰·亚伯·史密斯和荷林华斯·马尼亚克是从老公司就开始的合伙人。新公司的其他合伙人包括亚历山大·马地臣、休·马地臣和安德鲁·渣甸。Reid, "The Steel Frame", 26‑27; Blake, Jardine Matheson, 116. The partners are listed in an appendix of Keswick, ed., *The Thistle and the Jade*, 264.
48. Harcourt, *Flagships of Imperialism*, 163‑164.
49. 董事会在1848年12月5日的会议上一致通过了对他的任命，他于12月26日从斯托诺韦写信感谢董事会对他的信任。1849年4月，他任职主席。Board of Directors Minutes, 5 December 1848 and 2 January 1849, Records of the Peninsular and Oriental Steam Navigation Company, National Maritime Museum, London.
50. Harcourt, *Flagships of Imperialism*, 155.
51. Trocki, *Opium, Empire and the Global Political Economy*, 112.
52. 大卫和斯蒂芬·豪沃思在《半岛东方轮船公司的故事》(*The Story of P&O*)中承认鸦片是由该公司的船只运输的。然而，他们坚持认为并不是为了自己的利益而买卖鸦片。他们解释了半岛东方轮船公司从香港到澳门和广州的航运线路失败的原因，并说"半岛东方轮船公司太守法了，而鸦片运输太残忍"（78—79）。但弗雷德·哈考特提供了大量证据，证明这家蒸汽船公司进入鸦片运输行业，并考虑与渣甸的帆船队在加尔各答和香港之间展开正面竞争。Harcourt, *Flagships of Imperialism*, chapter 3.
53. Trocki, *Opium, Empire and the Global Political Economy*, 112.
54. Harcourt, *Flagships of Imperialism*, 89‑96.

55. Board of Directors minutes, 5 November 1852, P&O Records.

56. 怡和洋行（香港）与某些孟买商人于 1858 年 8 月 9 日关于从孟买销售和运输鸦片的信件副本，这些信件均来自同一时期。信件证实使用半岛东方轮船公司蒸汽船将鸦片运往怡和洋行。P&O Records.

57. Board of Directors minutes,22 November 1853, containing letter from James Matheson, Edinburgh, 20 November 1853, P&O Records.

58. Anderson, "Development of the P&O Company".

59. 弗雷德·哈考特通过绘制收入与支出的关系图，然后加上政府对邮件派送的补贴，进行了收入数据统计。数据表清楚地表明，公司盈利是因为有邮件合同做保障，否则，半岛东方轮船公司在一些年份只能勉强盈利，而其他年份则完全没有盈利。Harcourt, *Flagships of Imperialism*, 193.

60. Ibid.

61. Reports from the managing directors to the Board, 26 May 1858, P&O Records.

第十二章

詹姆斯·马地臣爵士，刘易斯岛的领主

就在马地臣成为半岛东方轮船公司主席之前，他在1847年代表苏格兰选区竞选时，结束了与德文郡阿什伯顿的关系。（阿什伯顿的选民转而投票给马地臣家族的另一个人，即詹姆斯的哥哥托马斯。托马斯从1847年至1852年担任他们的议员。）詹姆斯在1847年被选为罗斯和克罗马蒂的代表，该选区还包括刘易斯岛，因此他在议会上做自己领地的议员近20年之久（1847—1868年）。

1847年的选举，马地臣的竞争者退出后再无人参选。因此，该地区的自由党人可以把所有精力用来尽情庆祝。选举当天，马地臣到达丁沃尔镇后，一群南方选民带着乐队夹道欢迎他；他到达科农桥时，一群来自北方的选民带着风笛手热烈欢迎他。那天欢呼声迭起，彩旗在空中飘舞，两支欢迎队伍混成一支，乐队打头阵，然后是选民队伍，风笛手们紧随其后，接着是骑马的选民们，再是另一支乐队，最后是詹姆斯·马地臣和玛丽·简·马地臣乘坐的马车。读了《信使报》对此的报道，人们不禁会想，即使是出生于丁沃尔镇的麦克白恐怕也未见过如此大的阵仗。

在竞选时，马地臣经过提名、附议，在没有其他参选者的情况下，他成功当选，群情激动。他在当选后的演讲中，嘲笑了昔日的竞争对手，宣称会效忠于苏格兰长老会，并支持自由教会，表示会为梅努斯学院（爱尔兰的天主教学院）拨款以纠正刑法的影响，并率领群众为女王欢呼。接下来，他被抬着穿过小镇（按照传统，下议院候选人获胜后会被高高举起绕场一周）。

当天晚上，丁沃尔镇的喀里多尼亚酒店大厅挤满了来参加盛大庆功宴的人。宾客按照惯例相互敬酒，直到无人可敬时宴会才结束，至此，这个2300人的小镇才恢复往日的宁静。[1]

在下一届大选，即1852年大选中，马地臣不得不与保守党人，来自克罗马蒂的休·罗斯（Hugh Ross）竞争该席位。休·罗斯曾是阿查尼的领主，为西印度群岛皇家海军提供补给而大赚一笔。经过激烈的竞争，詹姆斯爵士（现在是男爵）仅以70票的微弱优势赢得胜利（共500人投票）。[2]此后的16年中，他一直保有该席位，直到1868年，他把该席位传给侄子亚历山大。

威斯敏斯特宫曾在1834年大火中付之一炬，后由查尔斯·巴里爵士（Sir Charles Barry）和奥古斯塔斯·普金（A.W. Pugin）设计重建，当1852年詹姆斯回到威斯敏斯特时，新宫殿已经完工。重建后的宫殿，下议院大厅以其新哥特式的建筑风格和别具风格的绿色长椅而引人注意。马地臣在议会的席位不仅让他有机会帮助其辖区，特别是刘易斯岛获得立法支持，更能让他作为一个内部人士列席委员会的听证会，并游说以为其辖区争取救济金。

事实上，马地臣在最糟糕的时候成了刘易斯岛的领主。在他购买这座岛的前一年，由于公民政府对于教会事务的干涉以及有钱的赞助者对于神职人员任命的过度干预，苏格兰教会被分裂了。大约有三分之一的成员脱离教会，成立了他们所谓的自由教会。这对于刘易斯的长老会来说是一个严重的打击，其中许多人宣称自己是新自由教会的信徒。自由教会需要自己筹建新的教堂、学校以及牧师的住所和培训牧师的新学院。马地臣坦言，刘易斯岛的这个事件给他带来了很大的经济负担，甚至影响到他在萨瑟兰的财产。

1847年，英国下议院成立了一个委员会，调查苏格兰修建新教堂的必要性，马地臣作证说，刘易斯现在有相当一部分人信奉自由教会。在回答关于他是否为新学校和牧师住处提供用地的问题时，他解释道，他从萨瑟兰郡的一个事件中学到，如果他拒绝为新教堂提供用地，人们也"肯定不会"回到老教堂。"当我来到人口众多的刘易斯岛时，我发现，除非通过教会，否则无法给人们任何宗教或世俗的指令……因此，我下定决心立刻给予用地支持，避免出现在萨瑟兰的问题。"[3]

与此同时，他不得不处理另一个紧急事件。在马地臣买下刘易斯岛一年后，出现了土豆歉收的重大危机，这导致爱尔兰和苏格兰西部在"40年代饥荒"后期遭受长时间的灾难性打击。因为粮食短缺，他不得不中断改善岛上经济基础设施的计划转而进行救济项目和移民计划，这些计划都偏离了他对于刘易斯岛宏伟的规划蓝图。

在马地臣购买刘易斯岛的前11年中，该岛由在爱丁堡的西弗斯家族管理。J·A·斯图尔特·麦肯齐的妻子胡德夫人是西弗斯的继承人，曾任英国驻爱琴海地区爱奥尼亚群岛的高级专员。由于岛主和管理人不在，该岛没有任何发展计划，近年来几乎没有花任何费用进行改善。[4]

为了避免西弗斯家族向拖欠租金的新租户讨债，马地臣买断了截至1841年圣灵降临节之前的所有债务，共向西弗斯家族支付了1417英镑18先令1便士的租金。对于那些能够承担封地税的永久性租户，他并没有向其追讨欠款。在马地臣收购时，刘易斯岛上土地的年租金为9800英镑，但他立刻着手改进岛上道路和港口设施，面对如此巨大的投资，他无法在短期内得到任何回报。[5]

在他经营的最初几年，斯托诺韦一片欣欣向荣。新建了天然气和自来水厂，修建了新房子，翻修了监狱和仓库，沿着港口修建了一批新码头。他决定在西弗斯庄园的原址上修建一座城堡，但当地人并不赞同，因为他们习惯了在原址上放牧。然而这片土地还是被围了起来，造林。这座城堡由著名的格拉斯哥建筑师查尔斯·威尔逊设计，始建于1847年，经过7年时间，耗资6万英镑。[6] 建造时正值饥荒最为严重的时期，马地臣在投入大量资金建造城堡的同时还要救济当地居民。[7]

就在饥荒即将来临之际，在迪恩斯顿的詹姆斯·史密斯的建议下，他进行了一项土地复垦工程，以提高刘易斯的农业价值。将近4平方千米的土地被开垦为耕地，这项工作一直持续到1850年（即史密斯去世），但是整个项目最终以失败告终。[8]

19世纪40年代席卷苏格兰高地的饥荒，在受害者看来只是一种大自然的任性，但其影响因高地土地体系的长期弱点而加剧。因此，西北高地和西部岛屿作物歉收产生的影响要比高地南部和东部地区的灾难更严重。[9] 小农制度特别容易受到作物生长波动的影响，因为土地承租人都是佃农，其年收入一般不超过10英镑。佃农处于农业社会的底端，对土地没有任何合法权利，在许多情况下被当作是擅自占用土地的人。[10]

佃农对土豆十分依赖，因为他们发现，在他们贫瘠的土地上，土豆的收成比其他农作物更多。土豆可以在各种类型的土壤（坚硬的黏土除外）中生长，而且产量颇丰。（早在19世纪初，约翰·辛克莱爵士就估算过，4047平方米的马铃薯可以养活的人数是同等面积燕麦的四倍。）[11] 因此，在赫布里底群岛部分地区，种植土豆的面积比种植谷物的面积大。在苏格兰西北部和外岛地区，小农制度的脆弱性在于耕地面积不足（40 468平方米耕地被视为家庭生计的最低面积）。到了19世纪40年代，由于半个世纪以来人们对于土豆的依赖日益加剧，加上佃农耕地少得可怜（西北部地区平均耕地面积为 8093～20 234 平方米），因此人们普遍开始进口土豆。[12]

而且刘易斯岛的捕鱼业（白鲑鱼和鲱鱼）非常不稳定，收入微薄，此外，牛肉的价格下跌，导致佃农失去另一个生计。因此，当土豆枯萎病和传统经济低迷同时发生，便引发了一场前所未有的危机，即使像马地臣这样富有的人也难以力挽狂澜。[13]

1846 年和 1847 年，饥荒开始威胁到人们的生命，赫布里底群岛和苏格兰西部沿海地区的佃农们饱受折磨。这种痛苦一直延续到 19 世纪 50 年代中期，这种情况在外赫布里底群岛上尤为严重，那里 70% 的人被列入救济名单。[14] 詹姆斯·马地臣的刘易斯岛领地上，人们生活极度贫困的程度令人震惊。例如，在韦斯特罗斯的罗其布隆姆教区，饥荒时期，95% 的租户土地年租金不足 10 英镑。刘易斯岛上的乌伊格教区在 1841 年到 1861 年的 20 年间失去了超过一半的人口（由于死亡、移民或搬迁）。然而，刘易斯岛上的许多人反对移民出岛，在饥荒时期，岛上的总人口实际上增加了，这意味着更多的人需要救济援助。然而，与爱尔兰发生的大量饥荒致死事件相比，苏格兰西北地区的情况则完全不同。苏格兰西北部地区这段时间的人口统计不全，但据现有资料显示，西北地区和这些岛屿上的死亡率在 1846 年下半年和 1847 年上半年显著上涨，在 1848 年有轻微上涨。[15]

在闹饥荒的头三年里，马地臣没有请求高地救济委员会的援助，而是通过建筑房屋、修路、修建码头，提高堤坝以保护耕地免受动物侵害、推进土地复垦等项目向佃农提供就业机会。他购买了大量的燕麦片并以市价的 25% 出售给他的佃农。此外，他还进口了土豆种子，并将其分发给佃农，费用加到他们的租金上，可以以劳力或现金方式偿还。[16]

汤姆·迪瓦恩曾说："从救济措施的规模和全面性而言，只有刘易斯岛领主詹姆斯·马地臣的努力超越了萨瑟兰公爵。"在 1846—1851 年的 5 年间，他在提供食物和种子上的开支高达 3 万英镑。根据纳皮尔委员会

（1884）和苏格兰报纸在饥荒时期的资料，迪瓦恩指出：马地臣在19世纪40—50年代用于各种项目和移民援助的支出竟高达259 249英镑。在各类援助中，最值得一提的是，在1847年，他把私人游艇"玛丽·珍号"贡献出来，为从赫布里底群岛的苏格兰南部劳动市场从事季节性务工的农民提供免费接驳。这一举措得到了自由教会的支持，也让那些家庭有理由相信，男性背井离乡去低地工作时，家庭生活亦能得以维系。[17]

在1845年到1850年间，马地臣花费了107 767英镑进行"大规模的修缮"，这比他在刘易斯庄园那几年获得的全部收入多出了近6.8万英镑。[18] 1847年，当他在下议院委员会作证时，主席问他是否做出了巨大的努力以减轻其领地居民的痛苦。这个问题给了他自我表扬的机会，但他回答得很中肯并阐明了自己对公开救济的态度。他说："是的，我已经尽了相当大的努力，但我尽量避免施舍。我所做的是为人们提供工作，以避免无偿救济。"[19]

在评价饥荒和萧条时期土地领主们的表现时，迪瓦恩指出，无论是来自新闻界、政府，还是贫困委员会的现代独立评论员们都一直赞颂那些领主。[20] 詹姆斯·马地臣属于最广受称赞的那一类，但也不乏批评的声音。

1848年，在大萧条最严重的时期，玛丽·简·马地臣在斯托诺韦建立了一所专门为年轻女子开设的学校，先是被称为女子工业学校，后更名为"马地臣夫人青年女子神学院"。其目的是向贫穷女孩传授技能，使她们能够获得适当的就业机会。总的来说，这所两层楼高的学校取得了相当大的成功，每层有四名教师管理两个班级。这是马地臣家族最喜欢的项目。他们经常探访并为其入学年纪很小的学生颁发奖励。最终有230多名学生入学，这所学校被认为走在了时代的前列，其在音乐、体育、女红、礼仪、宗教知识和地理方面对女孩进行教育，同时提供阅读、写作和算术等基础知识学习。马地臣夫人在当地被认为是一个坚强的女性，她愿意花钱，经常给孩子们提供食物，并向贫困的学生分发衣物。[21] 在大萧条初期，在投资神学院的事情上，詹姆斯和玛丽·简的想法非常一致，人口状况的长期改善比单纯的救济施舍更可取，因为后者虽然简单，但容易滋生惰性。

除了斯托诺韦这个特别项目，詹姆斯·马地臣还在岛上没有教区学校或没有教会学校的地区建立了学校。此外，他还为自由教会学校任命教师并支付他们的工资。但让他感到失望的是，乡村学校没有得到很好的保护，岛上不少居民似乎很少懂得教育的价值。因此，他将乡村学校置于爱丁堡妇女协会的领导之下，但他继续支付教师工资。他每年在女子神学院和其他学校的开支超过 11.5 万英镑。[22]

1847 年年初，中央救济委员会成立了，旨在帮助所有被认定为贫困、愿意工作且没有工作的人。大多数领主立即接受了救济委员会给予的福利；但包括马地臣在内的少数人在 1847—1848 年间在没有向救济委员会寻求援助的情况下，继续向其贫民提供食物。然而，到了 1849 年，即使是刘易斯岛和萨瑟兰郡都需要寻求救济委员会的帮助。

1848 年，刘易斯岛上人口为 18 359 人，其中超过 1.5 万人居住在斯托诺韦郊外的乡村地区。1849 年，刘易斯岛上超过 4700 人在救济名册上。1850 年，当马地臣的土地开垦计划被放弃时，刘易斯岛上需要取得救济委员会援助的人数跃升至 12 829 人。然而，萧条时期还未过去，救济委员会的资源已经被耗尽。因此，岛上 4 个教区委员会向首相约翰·罗素勋爵发出请愿书，请求政府提供援助，以促进向殖民地的"移民计划"，并对剩余居民进行救助。[23] 马地臣在 1851 年 1 月递交了他们的请愿书，并且马地臣对他们的建议表示赞同。[24] 在领主看来，即使人们没有像爱尔兰地区的人那样死于饥荒，刘易斯岛上还是有太多人因为没有固定工作无法养活自己。

只要苏格兰的土地阶级在法律上仍享受至高无上的地位，佃农的脆弱性就依然很严重。租户所租赁的土地需要每年续租，而佃农则完全没有法律保障。尽管在19世纪中叶的大萧条时期，一些领主损失惨重，但他们中的大多数还是安然度过了危机。[25]

马地臣为租户提供合同以改善他们的小农场。尽管在大多数情况下，他们的收入高于租金，但由于食品成本增加，经济不景气，导致许多人继续拖欠租金。到了1851年，超过500个家庭拖欠了两年以上的租金。马地臣的房产经理人约翰·门罗·麦肯齐得出了一个令人沮丧的结论，即只要土豆继续歉收，用于改善农业的支出就永远无法得到对等的租金回报，也无法为农民提供稳定的生活来源。麦肯齐和马地臣因岛上居民对救济工作和农业改良项目冷淡的反应而感到失望和烦恼。

为了鼓励移民加拿大，马地臣为希望迁往安大略省或魁北克定居的贫民提供旅费。为了进一步促进移民，他提出不再收取移民者拖欠的租金，放弃对拖欠者牲畜的合法占有而以公平的价格买下那些牲畜，并为那些有需要的人提供衣物。[26]当领主开始采取更严格的政策驱逐和强迫移民时，部分原因是他们担心政府会向他们征收更高的费用以向贫民提供临时救济。这种1845年《济贫法》的扩展即使对像马地臣这样最富有的领主也会产生严重的影响。所以当地的救济委员会做出更多的救济，就可以避免过高的征款。[27]

虽然没有人被强制离开前往加拿大，但可以肯定的是，马地臣的"移民资助"计划中肯定会向居民施压。马地臣把自己的大量财富花在了缓解饥荒和改善岛上人口状况的项目上，但收效甚微，他采纳了移民计划，将其作为一项更大政策的一部分，旨在为刘易斯岛实现财政稳定。这项战略计划经马地臣批准，由麦肯齐执行，即刘易斯岛上的某些阶层将被驱逐出岛，并"鼓励"他们接受马地臣提供的安排和搬迁费。

1851年年初，麦肯齐走访了各个乡镇，选择了那些应该被移民的家庭。他指定了两类应该被迫离岛的居民：拖欠租金两年并且身体健壮无正当拖欠理由的居民；整个城镇居民普遍拖欠租金，但其土地可用于放牧的居民。迪瓦恩对于马地臣的领地政策中肯的评价是："领地政策果断从关切人民福祉转为严格服从有效的经济管理。"[28] 更具讽刺的是，这种政策的转变恰好发生在马地臣收到通知，他将被授予男爵爵位时。公众认为，这一荣誉是为了嘉奖他为缓解领地饥荒而付出的巨大努力。

在 1851 年 2 月，选择移居海外的居民获知了詹姆斯爵士给出的条件。除了支付他们的旅费，免除他们的债务并提出以公平的价格购买他们的牲畜，马地臣还特别表示，他将为一位自由教会的牧师提供旅费，让其陪同移民们并照顾他们的精神需求。他表示，他将支付这名神职人员两年的工资。那些拒绝移民的人将会在圣灵降临节时收到被驱逐出租地的通知，因为按照惯例，当天应该是续租的日子。[29]

麦肯齐选择的那些移民候选人对于马地臣开出的条件反应很冷淡。很多人对所欠租金总额提出异议。然而，他们的抗议因教区对移民计划的支持而偃旗息鼓，自由教会提名埃文·麦克林牧师陪同移民前往加拿大。约翰·麦克尼尔爵士在代表监督委员会访问刘易斯岛后说，到了 1851 年，移民项目已经成为该岛经济复苏的重要因素。在他看来，移民项目是以一种仁慈的方式来减轻那些忍饥挨饿、失业的人的痛苦。[30]

大部分高地人完全信任自由教会。因此，在长老会神职人员的支持和约翰·麦克尼尔爵士的建议下，马地臣对领地内拒绝移民的候选家庭进行强迫威胁。他们失去了工作，牲畜被没收，他们失去获得食物和种子救济的资格；当然，他们还会被驱逐出去。由于中央救济委员会的资金已经耗尽，这些制裁使他们更为雪上加霜。

最初，只有不到 250 人同意离开刘易斯岛；然而，在 1851 年年底之前，马地臣已经协助了 1554 人移居加拿大；在 1852 年又增加了 453 人，三年后，"梅丽莎号"带着 330 人移民到北美洲。[31] 为了完成这 2337 人的移民，马地臣共花费了 12 000 英镑。[32] 1851 年乘船移民的人有免费的牧师陪同，可以免费从魁北克前往北美内陆任何指定的区域。[33]

与大多数一心促进移民项目的领主相比，马地臣会更多地关注如何减轻移民的痛苦。在移民家庭的选择上，麦肯齐把那些户主年纪太大，无法长途旅行或者幼子太多的家庭排除在外。总体来说，移民项目是经过精心组织规划和管理的。从赫布里底群岛其他地方来的移民给魁北克带来了大量负担，相比之下从刘易斯岛来的移民整体素质较好，所以魁北克当局也给予马地臣较好的补助。在苏格兰，《因弗内斯报》点名表扬了马地臣，报道称："移民条款十分优厚，从各个方面都彰显出这位领主慷慨的杰出品质。"[34]

尽管如此，从长远来看，马地臣的计划并未实现减轻领地人口负担的目标。土地并没有重新分配给刘易斯岛上的人，而且由于岛上人口持续增长，可供家庭使用的面积实际上是减少了。于是，留在岛上的人对进一步推进移民计划持怀疑态度。[35] 马地臣计划纾困刘易斯岛上的人口压力，恢复财政稳定，但在一些居民中造成民怨，使他的声望受损。他曾在改善物质条件和救济项目上花费巨资，最终决定止损，从而推行他认为更稳健的财政政策。但这不代表其他人的观点。

伦敦方面持不同观点。为表彰他在饥荒年代为减轻刘易斯岛居民的痛苦所做的不懈努力，1851 年新年，维多利亚女王授予詹姆斯·马地臣骑士身份，从男爵爵位。1850 年 12 月 31 日，《伦敦公报》称，女王在当天下午下令在"制诰"上盖国玺，授予"刘易斯岛和阿查尼岛领主詹姆斯·马地臣大不列颠及北爱尔兰联合王国男爵爵位"。[36] 在英国的另一端，10 天后，《约翰·奥格罗特杂志》刊登了声明。"制诰"上并没有说明女王授予该项荣誉的理由，但人们普遍认为，首相提名马地臣是为了表彰其在土豆歉收的困难时期对岛上居民的慷慨解囊。[37]

第十二章　　　　詹姆斯·马地臣爵士，刘易斯岛的领主

1月8日，公众在斯托诺韦举行了庆祝活动，当"斯塔福德侯爵号"（该船由马地臣和萨瑟兰公爵共同拥有）缓缓驶入港口，顿时旗帜飘扬，枪炮轰鸣，烟火照亮了海面。当码头上的人们得知活动是为了庆祝他们的领主获封男爵爵位时，"人群突然发出巨大的欢呼声"（据《因弗内斯信使报》热情洋溢的记者报道）。庆祝活动一直持续到晚上，全镇灯火通明，就连最不起眼的建筑也加入了创意彩灯比赛中。从对岸看去，马地臣的刘易斯城堡灯火辉煌倒映在水中，比任何建筑都要美丽动人。[38]

斯托诺韦庆祝活动的第二天，准男爵的萨瑟兰领地也燃起了篝火庆祝。这篝火是人们拖着一桶桶焦油、一堆堆泥炭、一捆捆木柴，经过很多天才堆起来的。《信使报》报道称，为了庆贺詹姆斯爵士获封爵位，各个领地竞相开展各种庆祝活动。报道将人们的兴奋之情归结于对詹姆斯在饥荒时期对领地人们保护的感激之情。他们精心设计节目也是因为他们感到幸福，"因皇室对于这位善良仁慈的庄园主的嘉奖而感到高兴"。阿查尼、格鲁伊德、萨拉奇、罗斯豪尔等地以及其出生地欣湖的南北地区都在那个星期五的黄昏时分燃起了篝火，进行一系列庆祝活动，打破了冬日的寂静。报纸对这一派欢乐祥和赞不绝口："人们可以尽情享用点心，大家共饮美酒遥祝女王安康，并把美好的祝愿送给尊敬的男爵及他和蔼可亲的夫人，以及每个家庭。人们伴着风琴欢快的旋律起舞，每个小镇都有其独特的舞会，欢乐的气氛一直到天亮。"[39] 报纸认为，那些理应感激女王的人中，一定有苏格兰西北部的酿酒师们。

毫无疑问，马地臣在1847年特别委员会上关于饥荒救济的证词增加了他获得爵位的机会。而且他在改革俱乐部的伙伴不乏一些有影响力的辉格党成员，他们很有可能鼓励罗素提名马地臣。当然，这一荣誉不能归结为任人唯亲或者自我宣传，因为他在苏格兰的救济工作真的受到广泛好评。在饥荒期间，有太多疏于管理或毫无作为的领主，所以马地臣的努力

显得格外引人注目。此外，他定期来往于斯托诺韦和伦敦之间的行程模式也相当清楚地表明，他绝不是一个无为的领主。

他在莱尔格待的时间较少，但他并没有忽视他在萨瑟兰的家庭。这场饥荒并没有像在赫布里底群岛那样严重袭击萨瑟兰的东部地区，那里是马地臣主要财产所在地。因为早期高地清洗运动而导致两地情况大相径庭。

1842年，当他回到英国并开始在萨瑟兰购买房产时，除了农舍、谷仓和佃农饲养牲口的牛棚的废墟，几乎看不到旧时高地的生活痕迹。在库洛登战役后，当地宗族三代人都遭到了严重的镇压。早在1793年，旧的统计资料就表明，莱尔格最好的教区在好的年份里生产的面包足够八个月食用。[40] 而当詹姆斯·马地臣从中国退休回来时，山中小镇的佃农和农场主都已经离开了。所以，农耕并不是萨瑟兰地区的支柱产业。因此，在19世纪40年代饥荒来袭的时候，莱尔格地区也并没有像西北沿海地区那样受到严重的打击。

他在19世纪40年代购置的大部分地产是19世纪20年代初清理小农后留下的。但自从他成为领主，驱逐事件就再没有发生过。他在离开中国的前几年，通过一家伦敦的中介购买了格鲁伊德的男爵领地，其中包括阿查尼（他之后为整片领地更名）。

当维多利亚女王对高地产生好感后，英国上流社会的贵族们也纷纷效仿，在高地度过了数周的狩猎和捕鱼假期。马地臣家族把欣湖萨拉奇附近的小屋出租出去，因为维多利亚时期的绅士喜欢钓鳟鱼、猎鹿或是在高地徒步欣赏美景。

马地臣家族在萨瑟兰的房产中最为优雅的要数阿查尼的乡间别墅，那里的装潢十分美观。阿查尼这栋别墅曾是马地臣高姑母的家，在装修后成了他兄弟姐妹们的住所。托马斯曾在威尔士燧发枪队中担任中将，后在下议院任职。当他不在伦敦时，他会跟未婚的姊妹们在阿查尼居住。托马斯死于 1873 年，但伊丽莎白和乔安娜都比詹姆斯活得长。[41] 尽管马地臣家族对莱尔格地区贡献颇多，但也不及詹姆斯爵士作为刘易斯岛领主所做的那般引人注目。当马地臣家族在阿查尼定居后，他们成为莱尔格教区学校最大的资助者，詹姆斯爵士和他的姊妹乔安娜因对学校的慷慨捐赠而备受爱戴和尊重。[42] 他除了是个乐善好施的领主，还在萨瑟兰郡担任副中尉和治安官。1866 年，他还担任罗斯郡的郡长。

与在刘易斯岛付出的巨大努力相比，马地臣作为莱尔格地区领主所做的简直不值一提。除了推行土地复垦计划以及资助学校，马地臣在接管刘易斯岛最初几年还投资了一系列有益于岛上发展的项目，包括尝试改善刘易斯岛和苏格兰内陆之间的交通联络。然而，他曾三次试图在斯托诺韦和格拉斯哥之间建立蒸汽船运输服务都损失惨重，后来，当竞争者约翰·拉姆齐开展该业务后，马地臣和他的合伙人萨瑟兰公爵便放弃了这条航线。他在航运上的损失达 1.5 万英镑。[43] 鉴于怡和洋行曾在广州和香港航运业上取得过巨大成功，这次苏格兰航运的失利肯定让马地臣备受打击。

他决心要在斯托诺韦和西罗斯郡的普尔威之间建立一条可靠高效的邮政线路，但最终又是血本无归，令人沮丧。经过多次协商，皇家邮政终于同意给予刘易斯岛与奥克尼相同的待遇，并提供了 1300 英镑的邮政补助。然而，大多数船东认为补助金太少了。因此，詹姆斯爵士同意从 1871 年开始进行为期 10 年的邮政服务。但这又是一个赔本买卖，这个项目损失了 16 805 英镑，比在克莱德轮船公司的损失还要大。[44]

他认为效率就代表定期、频繁的邮件服务，因此需要借用他在半岛东方轮船公司、马地臣公司的人脉和在下议院的职权。而且，由于岛上旅游交通的需求，他认为有必要改善岛上道路规划。当他买下刘易斯岛的时候，岛上有大约 72 千米规划不良、状况不佳的车道、铁轨。之后，他花费了超过 2.5 万英镑来改善岛上的交通。因此，到他去世时，岛上已经有超过320千米的优质道路，包括桥梁。[45]他在斯托诺韦规划了新的街区，以便渡轮在码头停靠时游客边欣赏精致的街景边沿着詹姆斯街走到马地臣街，从而直接进入城镇。这样就能避开海边脏乱差的街道。

在他执政的几年中，小镇取得了诸多进步，其中之一就是取缔了出售非法威士忌的小酒吧。有些小酒馆属于无牌照的低级小酒馆，可能是由于公众的不满以及领主马地臣致力于整顿整个城镇，所以对这些小酒馆进行了强力清理。[46]当然，这种清理具有一种讽刺意味，因为这位领主曾因向中国沿海走私鸦片而发家致富，如今却镇压威士忌走私。

他推行了很多无利可图的项目，例如刘易斯岛土地复垦，克莱德－斯托诺韦蒸汽船航线，刘易斯岛邮件服务，道路改善（道路改善项目倒是让他的资源渠道得以扩展，也让刘易斯城堡得以扩大），资助女子神学院，为领地居民提供工作。除了按照维多利亚时期富人的标准生活，他还要继续维护在莱尔格和伦敦的诸多住所。然而，不可否认的是，这些失败的项目确实消耗了他大部分的财产。他本来不是一个挥金如土的人，他在中国时学到的个人理财理念是，生活得舒适，但避免奢侈，如今他却背弃了这个理念。另一方面，他明白，在进行土地复垦或者邮政项目时，他并没有像当初和渣甸在"小溪馆"所做的那样，先进行利润评估。

为了改善城镇状况，他在斯托诺韦进行了诸如煤气工程和水利工程等大胆的举措。还有化工厂项目，这个项目旨在为乡下人提供就业岗位以推动他们移民城镇，可惜失败了。相比之下，詹姆斯爵士在斯托诺韦投资的一项专利设备，即可以把船从水里运到陆地进行维修的斜面，获得颇丰，而且鱼产品加工厂也是个盈利项目。[47]

一位研究刘易斯岛历史的作者称，马地臣在东亚从事贸易的经验不足以支撑他"领导一群极度贫穷却又自由散漫的人"。[48]如果说詹姆斯·马地臣认为自己改善刘易斯岛的雄心壮志是因为准备不足而夭折，那么这个理

第十二章　　　　　　　詹姆斯·马地臣爵士，刘易斯岛的领主　　383

由对于英国慈善家利弗修姆勋爵来说肯定也适用。马地臣家族最终在 1918 年把刘易斯岛卖给利弗修姆勋爵后，利弗兄弟发现，他们想要推动刘易斯岛经济发展的宏图壮志沦为跟詹姆斯爵士一个下场，赔了夫人又折兵。长久以来，他希望把刘易斯从农业向工业转型。他规划了一个宏伟的渔业项目，按照工厂流水线生产管理，但他始终无法说服居民脱离过去的小农生活模式。因此，5 年后，他放弃了这项计划，并于 1924 年 9 月永远离开了刘易斯岛。[49] 像马地臣一样，利弗修姆也上了昂贵的一课，即有些美好的愿景终究是无法实现的，纵使再多善意的帮助也无济于事。[50]

到目前为止，詹姆斯和玛丽·简·马地臣所投资的最大的工程就是在锡福斯的遗址上建造的刘易斯城堡。尽管他们结婚时，她正处于生育年龄，但他们并没有子女。玛丽·简的母亲安·玛丽·弗劳尔·珀西瓦尔跟他们一起住在斯托诺韦。（她比詹姆斯大 6 岁，在她的丈夫在魁北克担任高级职务时，她作为一位优雅的女主人而备受爱戴。）人们说，这座城堡是富人的乐园，3 个人住在极尽奢华的大房子里，享受美丽花园。然而，为城堡及花园服务的仆人和园丁数量多得惊人。此外，城堡始建于 1847 年，为许多木匠、泥瓦匠、玻璃工和其他工人在经济危机期间提供工作机会。[51] 1847 年 11 月 30 日圣安德鲁日时开始奠基仪式。奠基石内放置了硬币、书籍、文件以及当地共济会成员的名字，这些成员穿过街道，沿着主街游行，带着共济会的荣誉共同参加奠基仪式。[52]

马地臣的这座宅邸选择了都铎哥特式的建筑风格。4 座塔楼，城堡状的屋顶线条和突出的护墙，使得这座府邸与城堡有强烈相似性。查尔斯·威尔逊的不对称设计错落有致，独具匠心。每一层窗户的设计都各不相同，以此来将各个部分连接在一起，又能将这座三层别墅加以区分。整座府邸用当地的石材建造而成，再用黄色琢石装饰，设计理念简单而统一。北面入口是突出的门洞造型，门洞上题词为"心与手"。外墙上装饰着石像、石鬼像和狮鹫，以切合维多利亚时期流行的新哥特式风格。[53]

刘易斯城堡坐落在高地之上，俯瞰整个斯托诺韦内港，每一个海上而来的客人第一眼都能看到它。贝黑德河将城堡和城镇分开，但是距离很近，所以步行从斯托诺韦到城堡并不需要很长时间。这座府邸的建筑费用为6万英镑，加上詹姆斯爵士和马地臣夫人入住期间在土地等其他事情上的额外开支共计10.9万英镑。4.9万英镑额外费用中大部分花费在将周围的牧场改建为森林和花园上。

从东北到西南，从主入口到厨房，任何一个门口都有身穿盔甲、手持长矛的守卫。大厅加上低矮的都铎哥特式拱门构成了城堡的轴线，东边是客厅和舞厅，穿过大厅是通往楼上的宽阔楼梯。公共空间有精心雕刻的木镶板装饰的墙壁和陈设，餐厅里悬挂着挂毯和大型绘画，这些都增加了富丽堂皇的感觉。

宴会厅里的地板图案复杂多变，据称，这些图案是很多名流和当地的朋友一起拼出来的，所以这地板图案不仅仅是一个展示品这么简单。如此看来，马地臣先生和珀西瓦尔夫人不仅喜欢娱乐，而且深谙此道。

在城堡中举办的众多宴会中，最令人难忘的就是维多利亚女王的第4个孩子——年轻的阿尔弗雷德王子在被任命为皇家海军中尉不久后访问刘易斯岛，众人为他举办的宴会。1863年7月中旬，皇家海军"浣熊号"抵达斯托诺韦，整个镇子彩旗飘扬，鸣枪表示热烈欢迎，黄昏时人们在城堡点燃了篝火庆祝。第二天晚上，马地臣的宴会厅里歌舞升平，热闹非凡，很多镇上的居民都在隔着港口观望着。舞步一直没有停歇，直到午夜过后，乐队奏响《天佑女王》作为宴会的尾声。当王子步履蹒跚地回到船上时，所有人都在为他欢呼。[54]

1868年秋季，马地臣夫妇庆祝25周年结婚纪念时在城堡举办的舞会更是万众瞩目。庆祝活动从11月9日开始，正是他们25年前婚礼的日子。

第十二章　　　　　　　　　　詹姆斯·马地臣爵士，刘易斯岛的领主　　385

镇上举行了一场炮兵比赛，为了感谢珀西瓦尔夫人正式提出为镇子建一个新的喷泉和水槽，而且马地臣夫妇在纪念日举办了慈善活动，给工人们捐赠食物和衣服，共计160人。(这是他们每年纪念日的传统。)傍晚时分，全镇灯火通明，家家户户窗户上都挂上了灯，码头和山羊岛上也点起了篝火。马地臣一家和全镇人在休息了一夜之后，第二天又恢复了欢乐庆祝的氛围。他们在城堡里举办了盛大的舞会，罗斯炮兵团的官兵、全镇的绅士淑女们都来参加了。[55]

珀西瓦尔夫人在结婚纪念日送给城镇喷泉已经是她第3次送给镇子这一类的礼物了。她当时79岁，因为善良而非常受斯托诺韦人的爱戴。她对詹姆斯·马地臣的喜爱体现在她送的周年礼物上：沿着庄园的海边有一堵墙，墙上有个纪念碑，上面写着献给"最佳女婿"的祝词。她和马地臣夫妇一起在刘易斯城堡又住了8年，直到在1876年11月去世，享年87岁。毫无疑问，她对斯宾塞·伍德那片美丽土地的喜爱给她的女儿玛丽·简留下了深刻的印象，因此，马地臣夫人主要负责刘易斯城堡的绿化，她设计了一个鹿园并种植了各类赏心悦目的植物。

宾客们在25周年结婚周年舞会当晚所见到的温室花房会在接下来几年内变成更大的温室建筑群，里面种植了各类稀有植物，包括来自世界偏远地区的棕榈树和蕨类植物。虽然刘易斯的气候并不适合热带植物生长，但因其巨大的温室群和众多植物，使得刘易斯城堡成为仅次于裘园（著名植物园）的第二大植物园。有人认为，很多植物很有可能是通过怡和洋行的商船从亚洲运到刘易斯岛的。[56] 有一条林荫小道通往城堡，靠近城堡的地方有一片精心修剪的花园，里面有各种各样的乔木、灌木、开花灌木，这都是在高地和其他岛屿上见不到的。

为了完成格伦河（向北）和信条河（向南）之间的城堡改造，马地臣夫妇不得不迁移和重新安置住在该区域的农户。虽然领主努力把他们安置在比之前更好的地方,但农户们仍对被迫搬迁和重新安置感到不满。当约翰·蒙罗·麦肯齐在1854年从经理人的位置退休,并由唐纳德·蒙罗(他曾在岛上任职过多个职位)继任后,居民对领主的怨念剧增。

蒙罗担任了20年的经理人,最终因激起民愤而下台。他因专制独裁的手段被佃农们称为"沙阿"。然而,詹姆斯爵士似乎对他所造成的痛苦视而不见,因为蒙罗是一个忠贞不移的仆人。结果,岛上的许多居民最终把愤怒转向了支持蒙罗的詹姆斯爵士和其夫人。[57]

唐纳德·蒙罗在斯托诺韦和整个刘易斯岛上有很多公司和职务,导致他很多工作相互交叠,有很多利益冲突。他是一名律师,他在法律界扮演着多元化的角色。据统计,他共担任了将近30份公职。[58] 一位当地历史学家称他为"刘易斯岛历史上最令人憎恨的人",后来又写道:"但他只是在执行领主詹姆斯·马地臣的既定政策。"[59]

在蒙罗成为经理人的5年前,詹姆斯爵士就向佃农们发布了一套规章制度。这些佃农可以自由租赁土地,但对于土地没有任何租用保障。他们是否能继续租用土地取决于他们是否能遵守这些规定。这些"租赁条件"是由马地臣在爱丁堡的代理公司制定的,大体上符合19世纪中期的标准土地使用条款。它们非常严格并试图严厉规范佃农的行为。最后一条规定体现出詹姆斯爵士非常渴望推进领地的教育情况,如果父母无法对于孩子旷课给出合理解释,会引起他的"严重不满"。[60] 从条款的语气上看,爱丁堡的起草者们并没有为委托人切身考虑过,所以这些规定让领主和佃农们的关系越来越远。而且这种基调误导了蒙罗,他经常以这些规定来威胁恫吓那些目不识丁的佃农。

关于蒙罗作为代理人时的行为报告都很相似,且大多是负面的。一般来说,他更加依赖于他的手下们,这些人直接管理佃农,处事强硬,冷漠无情。对于马地臣而言,蒙罗的优势是会说盖尔语,可以与佃农直接交

第十二章 詹姆斯·马地臣爵士，刘易斯岛的领主　387

流，这是詹姆斯爵士及其夫人所不能的。他令人记恨的另一个原因是，他会因一些小事而处罚佃农们，例如无意中的不礼貌行为，也会因为佃农不遵守他的决定而威胁要驱逐他们。

在1863年詹姆斯爵士和斯托诺韦镇居民之间的大对峙中，蒙罗似乎没有起到关键作用。当时事件的诱因是对斯托诺韦港的管理。1862年，詹姆斯爵士没有推行议会法案，而是向上议院委员申请，允许他买下整个斯托诺韦海滨区域。这个问题被交给森林和地产委员会，他们决定马地臣可以支付400英镑，以免去海港调查的费用，而拥有海滨区域的所有权（他宣称的这项权利实际上已经包含在1845年授予刘易斯岛领主男爵的宪章中）。[61] 委员会做出决定后的一个月内，唐纳德·蒙罗已经通知那些在海滩搭建棚子的租户，他们不再有权在鲱鱼季期间租用海滨区域，或者就像他们过去做的那样，在此地进行鱼产品加工或造船。实际上，詹姆士·马地臣爵士将会自此规范码头的使用。

当他同意与满腹怨言的城镇居民代表委员见面时，他的正式信函包括了一个要求，即将之前一个码头委员会筹集的资金转交给他（作为受托人）。当委员会对此提出抗议时，他将此事提交给了法庭。[62] 6月1日，当他们在共济会再次会面时，居民们的反应更加愤怒。他们感觉被拖入了一个陷阱中，主席嘲笑詹姆斯爵士已经脱离了公共的正义，大家跟着一起起哄。[63]

很显然，詹姆斯爵士想在城堡下面的岸边建造一条美丽的滨海路，因为他对城堡的设计在某种程度上受到了鲱鱼渔民利用那岸边晒渔网的影响。他确实赞成对海港进行管理，但作为刘易斯岛的领主，他希望以他自己的方式来进行。[64] 争论一直持续到1864年2月，詹姆斯爵士最终同意成立一个由七名成员组成的海港委员会（3人由他任命，3人由镇民选出，1人由治安官提名）。[65] 妥协平息了"码头事件"，但对于马地臣来说，付出的代价是高昂的。他为了让自己的法律权益受到保障，而牺牲了斯托诺韦善良的民意，事件结束后，他在居民中的威望也明显降低了。

远离斯托诺韦的佃农们并没有参与到港口纷争中，但随时失去耕地的不安全感让他们的怨恨日益增加，而且佃农们习惯划分耕地，以便为成家的孩子们留出空间的传统，也导致他们与领主和经理人的关系不断恶化。

1874年，唐纳德·蒙罗引起的一次纷争导致伯纳拉岛佃农们将愤懑集中到年事已高的詹姆斯爵士身上，其严重程度要比斯托诺韦海港事件更甚。它经常被称为"伯纳拉暴乱"，虽然并不是很大规模的暴乱。这场暴乱是由于对岛上佃农随意迁移而导致的，该岛靠近刘易斯岛西海岸，被视为射击、钓鱼等休闲运动的最佳场地。几代人以来，伯纳拉的小佃户们一直带着他们的牛到刘易斯进行夏季放牧（让牛游过伯纳拉和刘易斯之间的小海峡）。

19世纪中叶，为了新鹿园的建造，他们被分配了新的放牧场地，到了19世纪70年代，为了建造新的休闲运动场地，他们又被迫搬到新的牧场。佃农们虽有怨言，但还是服从地方官的指令。但他们被要求自费修建一条长约8千米的堤坝，以防止他们的牲畜进入休闲运动场地，才能搬迁至新的沼泽牧区。在签署文件（或者只是在文件上画了叉）后，他们相信只要付了租金，这份文件可以保障他们在那片牧区住上很长时间，然后他们开始修建堤坝。

不到两年后，唐纳德·蒙罗通知伯纳拉佃农们，他们将不再被允许在刘易斯岛上放牧，只能在伯纳拉岛上，并将哈克莱特牧场分配给他们。在修建了11千米的堤坝后，又要被赶出沼泽牧场，[66]这让伯纳拉人愤怒不已，拒绝遵守命令。蒙罗随后带着一份新协议在以尔斯德会见了伯纳拉的佃农们，软硬兼施，试图让他们签署新协议，可是佃农们誓死拒绝。蒙罗告诉他们，在1874年的圣灵降临节后，不允许他们再到刘易斯岛大陆上放牧。[67]然而，佃农们的抵抗让蒙罗很不安，他决定把他们彻底驱逐出在伯纳拉的农场，让他们永远不能回刘易斯岛大陆放牧。[68]

3 名伯纳拉人被指控在治安官执行公务时袭击他，警方已经发出逮捕令。1874 年 4 月 8 日，被告之一安格斯·麦克唐纳在斯托诺韦被发现，并被两名警官逮捕。一大群人围住了他们，然后治安官被叫来了。警方下令疏散人群，可是人们并没有这样做，随后治安官开始宣读《骚乱法》，此事发生的 4 小时后，被拘捕的男子被送入监狱。[69]

虽然从来没有真正发生过骚乱，但是当这件事情传到伯纳拉的时候，还是引起了人们的恐慌。约 150 名来自伯纳拉的居民环岛游行并直接向詹姆斯爵士请愿。夜间游行后，他们直接睡在城外，并在第二天早上请来一位吹笛者，来到城堡门房，向詹姆斯爵士呈交请愿书。[70] 詹姆斯听完他们的叙述后，回答说，他不知道蒙罗正在试图实施的土地改革政策，并承诺着手处理这个问题。听了这话，伯纳拉的游行小队就回到了城里，并在几个小时内踏上回家的路。

詹姆斯爵士没有公开向伯纳拉的请愿者们做出任何正式的回应，但他解雇了蒙罗。此事处理得很低调，并不想让他的经理人蒙羞。[71] 但在不久之前，蒙罗因审判 3 个伯纳拉人而被传唤作证时，已经遭到了指控。尽管被判无罪，事实上蒙罗也没有被真正定罪，但在公众眼中，他在滥用职权。

在一个律师提问时，蒙罗承认他是仅凭自己的权威行事："我没有就驱逐居民的事情征求过詹姆斯·马地臣爵士的意见，我在没有得到他的指令的情况下向居民发出传票，下令驱逐他们。我没有习惯就领地管理上的每个细节向詹姆斯爵士请示。"[72] 尽管佃农的代表律师查尔斯·英尼斯在处理此案件时将唐纳德·蒙罗和詹姆斯·马地臣爵士区分开来，但他在对陪审团的发言中曾一度表示领主确实存在过失："领主就像刘易斯岛和周围的小岛的国王。我听说他过着帝王般享乐的生活。但于我而言，他已经完全退出领地的管理，全权交给我们面前的这个人。"[73] 尽管对伯纳拉人审判的结果并没有引起外界对他的风波，但这些批评的声音会伴随着詹姆斯爵士直到进入坟墓。

对"伯纳拉暴乱"的审判可以被视为土地改革中的里程碑事件，因为这场暴乱推动了土地法的改革。正如唐纳德·麦克唐纳所写的那样，这可能是"佃农对抗地主的胜利"。[74]1886年通过的《佃农法案》明确，只要佃农缴纳租金，租期就可以得到保障，而且还设立了佃农委员会来制定公平的租金。迪瓦恩指出，这项法案成立后，高地地区与岛上的社会经济状况永远不会相同，因为国家已经以仲裁者的身份介入领主与佃农之间。[75] 在丈夫去世后，马地臣夫人一再被要求考虑佃户的请求，重新规划已租用来牧羊的农场。让她备感烦恼的是公开或私下的各种威胁，所以她决定，如果发现任何被恐吓的迹象，她都将会拒绝请愿者的请求。这股风潮从19世纪80年代一直持续到90年代，她与岛上居民的关系并没有受到骚乱的破坏，但她作为刘易斯领主的乐趣一定大打折扣。

在詹姆斯爵士生命的最后两年里，他遭到格拉斯哥报界书信作者相当恶毒的抨击，他们指责他生活奢侈，但佃农们却活在水深火热中。休·马地臣从伦敦给《格拉斯哥周报》写了一封信，为叔叔辩护。他谨慎地运用统计数据阐述了叔叔的仁慈慷慨，并谴责那些在叔叔生命这个阶段还攻击他的人："如果刘易斯人经过思考，仍然支持那些攻击老领主的人，那我只能说我真的看错了刘易斯人的本质。他们的老领主曾如此以刘易斯为傲，曾不断与人为善，与刘易斯人共同度过这么多年，如今年事已高，身体每况愈下，却无法为自己辩护。"[76]

就连《格拉斯哥周报（假日版）》的记者也于1877年夏天从斯托诺韦写信过来，加入抨击詹姆斯男爵的队伍。爱丁堡和伦敦的报纸上尽是关于詹姆斯男爵和他作为领主的功过的辩论，但是比《格拉斯哥周报（假日版）》的说辞更为得体和富有同情心。但事实上，在詹姆斯·马地臣生命中的最后几个月，他被来自格拉斯哥、爱丁堡和伦敦的匿名作者品头论足却无力回复。[77]他是否清楚地知道这一切纷争，我们不得而知，但可以肯定的是，在这种情况下，他肯定无法平静地离开。

詹姆斯爵士 80 岁生日期间，他一定深感失望。不仅仅是因为年老体弱，更是因为在他 80 岁生日两周后，他的岳母兼好友珀西瓦尔夫人离开了人世。他不得不带着挥之不去的沮丧继续生活，他曾经如此渴望改变人们的生活，可是如今这些人却因为唐纳德·蒙罗的暴政而责难他。

他早在 1868 年就放弃了在议会的席位，这也意味着，他不需要住在伦敦。他不用在马地臣公司或半岛东方轮船公司任职，所以也不必住在克利夫兰街。他在伦敦的邻居，也就是他的兄弟托马斯现在也去世了。所以他基本上住在高地和赫布里底群岛，尽管城堡周围风景秀丽，但他的世界却是阴云密布。华丽的温室可以保护植物免受狂风暴雨的侵害，但外赫布里底群岛严酷的寒冬让他无法忍受。1877 年 7 月，他离开了刘易斯城堡前往英格兰。他在莱尔格度过了整个夏天，由于健康状况急剧下降，他再也没能回到刘易斯。[78]

1878 年底，为了躲避英国冬天的寒冷和潮湿，他选择了到国外过冬。他和妻子在深秋穿过英吉利海峡，踏上了前往法国里维埃拉的漫长旅程。他的目的地是温泉小镇芒通，位于法国境内，距离意大利边境不到 1.6 千米。他在 1878 年之前是否去过那里还无法确定，但据报道称，那年冬天，他是因为健康原因去那里的。

一位名叫詹姆斯·亨利·班纳特的英国医生一直以来都把芒通作为疗养胜地宣传，并于 1861 年在那里建立了永久性的冬季疗养院。他认为，芒通小镇的亚热带气候有利于肺病患者，尤其是肺结核患者。班纳特医生第一次宣传芒通时，这里还是个名不见经传的宁静小镇；但到了 1869 年，从尼斯到芒通的铁路线开通后，外国游客蜂拥而至；到了 19 世纪 70 年代中期，当地已有 30 家酒店，带有异国情调的花园别墅数量也增长了 4 倍。[79]对于 80 多岁的詹姆斯·马地臣来说，芒通极具吸引力，即使他没有什么严重病症需要在那里疗养，芒通也是躲避苏格兰寒冷冬季的最佳选择。而且，詹姆斯·班纳特很有可能是他的主治医生。

詹姆斯爵士没能挺到1879年新年。他在1878年12月31日下午两点钟离开了这个世界，享年82岁。一家因弗内斯的报纸称他是意外死亡，死因不明。芒通镇签发的死亡证明上也并没有说明死亡原因。[80]《因弗内斯信使报》在宣布他的死讯时说，这个消息应该不会让读者太惊讶，因为公众都知道他的健康状况堪忧。[81]

马地臣夫人把丈夫的遗体带回苏格兰安葬，他的葬礼于1879年2月6日星期四在莱尔格以英国国教仪式举行，由萨默塞特郡科姆贝弗洛里教堂的院长桑福德博士主持。（可能是由于马地臣夫人的缘故，到马地臣去世的时候，他的长老会最终似乎屈从于圣公会了。）詹姆斯爵士被安葬在莱尔格公墓的马地臣家族墓地里，与他的亲人葬在一起。[82]

到他去世时，他的财富已经不像19世纪40年代他在苏格兰购置房产时那么多了，因为他花了很多钱试图改善刘易斯岛上的生活条件；不过，他仍然是一个非常富有的人。他在去世5年前曾对其名下在罗斯郡和克罗马蒂郡的地产做了评估，约为1643平方千米，年租金收入为17 676英镑，在萨瑟兰郡还有74.8平方千米，年租金收入为1812英镑。他在1853年留了一份英国遗嘱，又在1872年于伦敦签署了一份苏格兰遗嘱。[83]

1843年婚礼前，他签署了一份16万英镑的婚姻契约，保证他的妻子在他死后可以得到每年3000英镑的收入。这笔钱的利息用于苏格兰房产。他把所有财产、所有股票（大部分是苏格兰铁路股）、应收款和除阿查尼以外所有苏格兰地产和租金[84]都留给了她。阿查尼庄园也归马地臣夫人所有，但马地臣的兄弟托马斯、姊妹伊丽莎白和乔安娜在有生之年可以住在那里。马地臣夫人及其兄弟姐妹过世后，他在苏格兰的所有财产将由侄子邓肯·马地臣继承。苏格兰地产总估值为169 685英镑。[85]

第十二章　　　　　　　　　　　　詹姆斯·马地臣爵士，刘易斯岛的领主

在英国遗嘱中，玛丽·简·马地臣继承了在伦敦克利夫兰街 13 号的宅邸和物品，房子本身被委托给受托人直到她去世。伦敦的房子部分是永久产权，另一部分是租赁权。英国遗嘱中的财产估值为 2.5 万英镑；他在澳大利亚也有产业，尤其是一个占地 4.45 平方千米的庄园，一个在悉尼的码头和 4 个牧羊场，而这些产业的估值直到 1873 年 5 月其他两份遗嘱生效时才被确定。仅将两份遗嘱中的数据相加并不能清楚说明马地臣的财产总额。如果把婚姻契约金、城堡、花园、温室、整个刘易斯领地的价值、萨瑟兰的财产、阿勒浦的财产、伦敦的财产、澳大利亚的财产、铁路股票和其他股票、各种应收款项都考虑在内，马地臣去世的时候是个极其富有的人，而马地臣夫人可以继续做一个养尊处优的寡妇。

与"伯纳拉暴乱"引发的对他的讨伐相比，马地臣的逝世引起了更大范围的哀悼。《因弗内斯信使报》毫不夸张地说："高地上从未出现过如此有善心、慷慨的领主。"[86] "善心"或类似的词语经常出现在公众对他的感言中。查尔斯·麦克雷医生宣布马地臣的死讯时，很多斯托诺韦人聚在一起："詹姆士·马地臣爵士将责任和财产权利做了公正而广泛的解释。正如我们所知，他本人一直彬彬有礼，举止端庄，风度翩翩，和蔼可亲，他在任何场合都能以礼待人，不论贵族还是平民。"[87] 在他去世后的几周内，岛上的各个学校董事会和斯托诺韦镇议会通过了一项决议，以纪念詹姆斯作为领主的慷慨，对教育的支持以及为改善佃农生活所做的不懈努力。他的离世对于整个教区和斯托诺韦社区都是一种损失，但人们并没有一直沉浸在悲伤中。[88] 对马地臣的缅怀一直持续到 20 世纪，直到大部分认识他的人也都去世了。1950 年，《斯托诺韦公报》发表了两篇文章来纪念这位在他的时代被人们亲切称为"西莫爵士"的人。作者坚持认为，马地臣收购刘易斯为该岛带来了"第一个繁荣的时代"，尽管他的改革计划并未全部成功。尽管这两篇文章有一些夸大其词，还有一些失实的报道，但从作者

的语气和读者的反馈来看，都反映出对詹姆斯爵士一直以来的尊敬。[89]

没有关于他们婚姻的个人信件，也没有马地臣和玛丽·简的日记，亦没有他们亲友关于这段婚姻的回忆录，我们对他们之间的关系知之甚少。这是维多利亚时代的人们非常典型的做法，尽量隐藏自己的感情或压力。因此，治安官查尔斯·格雷在斯托诺韦会议上的发言对我们来说十分重要："詹姆斯爵士及夫人的婚姻是长久而幸福的，实际上她也是丈夫的得力助手。我们在斯托诺韦的人都知道，马地臣先生在晚年身体状况很糟糕，夫人是如何精心地，甚至不惜牺牲自己的健康，全心全意地照顾他。从人道主义角度讲，詹姆斯爵士生命最后几年对于夫人是有所亏欠的。"[90]

丈夫去世后，玛丽·简与来自法国芒通的雕塑家维克尔在刘易斯城堡为詹姆斯爵士建造了一座纪念碑。这座刻有铭文的石碑于1880年7月建成，石碑上方雕刻着身形优雅的天使像，俯瞰着整个斯托诺韦港。纪念碑的两侧叙述了他生命中的主要事实，并表达了马地臣夫人对他的尊重，赋予冰冷的石头以灵魂。纪念碑南侧刻有福音文："干得好，你这善良又忠心的仆人……进来，享受你主人的快乐吧。"（《马太福音》25∶21）北侧铭文记载了她的仁慈与善行，还有一段福音："她所做的，是尽她所能的。"（《马可福音》14∶8）

玛丽·简·马地臣比她的丈夫多活了17年。1896年3月19日，她在伦敦克利夫兰街的府邸去世，享年77岁。一周后，她被安葬在莱尔格的马地臣家族墓地，与她丈夫一起安息。他们的坟墓是突起的，墓穴类似于印度的帐篷结构，让人回想起詹姆斯爵士作为东方商人的岁月。拱顶的基座环绕雕刻的花朵，象征着无论萨瑟兰经历任何风吹雨打，马地臣纪念碑都将永远环绕着不败的罂粟花。

注　释

1. "Election for Ross and Cromarty", *Inverness Courier*, 17 August 1847, 2–3.
2. Index to the *Inverness* Courier for 1852, 258. 马地臣获得 288 票，罗斯获得 218 票。
3. Testimony of James Matheson, mp. Second Report of the Select Committee on Sites for Churches（Scotland）, House of Commons（1847）, 31–32.
4. Macdonald, Lewis, 39; Grant, *A Shilling for Your Scowl*, 37. 金泰尔的麦肯齐家族的最后一个直系男性后裔是弗朗西斯，即弗福斯伯爵，死于 1815 年。
5. Mackenzie, "A History of the Mathesons", 496.
6. "History of the Lews Castle", http://www.stornowayhistoricalsociety.org.uk/features/castle/（accessed 14 June 2007）.
7. Macdonald, Lewis, 39.
8. Mackenzie, "A History of the Mathesons", 496–497.
9. Gray, "The Highland Potato Famine of the 1840's", 357.
10. Devine, *The Great Highland Famine*, 4–5.
11. Ibid., 15.
12. Gray, "The Highland Potato Famine of the 1840's," 357–366.
13. Ibid., 368.
14. Devine, *The Great Highland Famine*, 43–44.
15. Ibid., 61, 69, 99.
16. Macdonald, *Lewis*, 40.
17. Devine, *The Great Highland Famine*, 89, 159.
18. Ibid., 212, citing the Report to the Board of Supervision by Sir John McNeill on the Western Highlands and Islands（usually called the McNeill Report）, Parliamentary Papers, 26（1851）, appendix A.
19. Testimony of James Matheson, Second Report of the Select Committee on Sites for Churches（Scotland）, House of Commons, 1847, 32.
20. Ibid., 90.
21. Paterson, "History of Education in the Island of Lewis", 65–67; 1993 年 5 月 13 日，作者与当时住在前神学院大楼的邓肯·莫里森的谈话。
22. Mackenzie, "A History of the Mathesons", 499.

23. Devine, *The Great Highland Famine*, 102; Macdonald, *Lewis*, 41; Mackenzie, "A History of the Mathesons", 497.

24. Mackenzie, "A History of the Mathesons", 498.

25. Devine, *The Great Highland Famine*, 100–105.

26. Macdonald, *Lewis*, 41.

27. Devine, *The Great Highland Famine*, 103–104.

28. Devine, *The Great Highland Famine*, 213.尽管新的土地政策十分严苛，但詹姆斯·肖·格兰特认为麦肯齐并不是个残忍的人。"如果我们把约翰·门罗·麦肯齐与同时代其他高地领地的人比较，可以得出这样的结论：以他那个时代的标准来看，他是公正的，甚至有时是富有同情心的。" Grant, *A Shilling for Your Scowl*, 59. 据推测，詹姆斯·马地臣之所以对麦肯齐青睐有加，可能正是因为格兰特所说的那些品质。

29. Devine, *The Great Highland Famine*, 216; Grant, *A Shilling for Your Scowl*, 50–51.

30. Am Baile: Highland History and Culture, http://www.ambaile.org.uk/en/ item/item_page.jsp?item_id+9381（accessed 20 June 2007）; "Scotland in the Nineteenth Century," Glasgow Digital Library, http://gdlr.strath. ac.uk/haynin/haynin1403.htm（accessed 20 June 2007）.

31. Devine, *The Great Highland Famine*, 212–213, and appendix 10. 每个作者计算的数据都是不同的。迪瓦恩给出的数据是2337人，他的统计结果应该是最可信的，因为他是通过门罗·麦肯齐的日记，把每船次的移民数量列出来统计而成的总数。

32. Macdonald, *Lewis*, 42.

33. Devine, *The Great Highland Famine*, 221. 在魁北克温斯洛地区的苏格兰和法国殖民者的研究报告中，欧文·利特尔透露，1850年有400名来自刘易斯的移民来到温斯洛，但在1852年的人口普查中，只有203人登记在册，这就说明很多人没有最终在那里定居下来。Little, *Crofters and Habitants*, 45; http://www.books.google.com/books?id=YOlafx9QE4sC&dq=crofters+and+habitants&printsec=frontcover&source=web&ots=jjEEakWkOi&sig=4GEi2p44uLRpLGQEfNh8lGiTsME#PPA4 6,M1（accessed 20 June 2007）.

34. Devine, *The Great Highland Famine*, 220, citing the Inverness Advertiser, 4 November 1851.

35. Devine, *The Great Highland Famine*, 222–223; Little, *Crofters and Habitants*, 26, citing the McNeill Report, 1,045. 詹姆斯·肖·格兰特认为，麦肯齐坚信捕鱼是解决1851年饥荒的正确方法，并试图说服詹姆斯·马地臣投资建设必要的港口和码头，但马地臣拒绝了这一提议。Grant, *A Shilling for Your Scowl*, 52.

36. 在19世纪用语中，"Lewis"和"Lews"这两个词意思相同，可以互用，而最终"Lews"

演变成这座岛的代名词。

37. 资料来自英国国家档案馆（Kew）和英国图书馆报纸档案馆（Colindale），由马地臣宗族学会英国分会的系谱学家和历史学家约翰·弗里德于 2007 年 6 月提供。

38. "Rejoicing in Stornoway", *Inverness Courier*, 23 January 1851.

39. "Rejoicings in Sutherland", *Inverness Courier*, 16 January 1851.

40. Ketteringham, *A History of Lairg*, 35.

41. 到 1848 年，阿查尼的别墅一直是马地臣家族的人居住。詹姆斯爵士在两侧扩建了餐厅和客厅，让正厅有更大的空间。之后，他的侄子唐纳德又把房子加盖了第三层，并在两翼盖上了塔楼。See the drawings of Achany in Ketteringham, *A History of Lairg*, 160.

42. Ibid., 97 – 98。

43. Macdonald, *Lewis*, 43; Mackenzie, "A History of the Mathesons", 498 – 499.

44. Mackenzie, "A History of the Mathesons", 500.

45. Ibid.

46. Mackenzie, *The Book of the Lews*, 175. 在詹姆斯·马地臣收购刘易斯的 10 年前，斯托诺韦（人口不足 5000 人）只有 18 家有营业执照的餐饮店。

47. Macdonald, *Lewis*, 42 – 43.

48. Geddes, *The Isle of Lewis and Harris*, 232.

49. Nicolson, *Lord of the Isles*, 205.

50. Mackenzie, *The Western Isles*, 56–59. 利弗修姆勋爵（Lord Leverhulme）在 1884 年首次访问刘易斯时，第一次提出转变刘易斯经济模式的想法。但他仅做了 5 年刘易斯岛领主，就放弃了这个想法。他在 1923 年把斯托诺韦教区委托给斯托诺韦基金会。在接下来的两年中，他把领地其他产业拆分卖给了个人或企业。

51. 住进刘易斯城堡之前，詹姆斯夫妇住在马地臣路东面，卡尔顿山上的住所里。

52. 1847 年 11 月 30 日福特罗斯分会会议记录摘录，由分会前秘书乔治·J. 克莱维提供。詹姆斯爵士本人不是共济会成员。

53. 建筑的细节来自实地考察和以下电子资源："Buildings at Risk Register for Scotland," http://www.buildingsatrisk.org.uk/view.asp?SCT+Ref+No=1545（accessed 2 July 2007）; Stornoway Historical Society, "History of the Lews Castle," http://www.stornowayhistoricalsociety.org.uk/features/castle（accessed 2 July 2007）; "Lews Castle, Stornoway, Scotland," http://www.lews-castle.com/index.asp（accessed 2 July 2007）。

54. *The Scotsman*, 23 July 1843, 2. 阿尔弗雷德王子曾被邀请接替 1862 年退位的希腊国王的位置，但出于外交考虑，他没有接受邀请。任职海军中尉和当希腊国王是完全不一样的，但是像刘易斯城堡宴会这样纸醉金迷的夜晚多多少少会弥补这样的落差。

55. *The Scotsman*, 19 November 1868, 8.
56. Cunningham, *The Castle Grounds*, 10 and appendixes.
57. Macdonald, *Lewis*, 43.
58. Grant, *A Shilling for Your Scowl*, 9.
59. Ibid., 7–9. 这本书对唐纳德·蒙罗进行了有力的指控，其中一些罪责要归咎于詹姆斯·马地臣爵士。
60. Ibid., 196–197.
61. *The Scotsman*, 20 August 1863, 8.
62. Grant, *A Shilling for Your Scowl*, 120–123.
63. *The Scotsman*, 10 June 1863.
64. Grant, *A Shilling for Your Scowl*, 116. 格兰特认为马地臣在爱丁堡的律师曾建议他买下这个港口。
65. Ibid., 127.
66. 这个传统的苏格兰词语指的是夏季放牧的牧场，可以在上面建造简易小屋。
67. *Report of the Trial of the So-called Bernera Rioters*, 10–12.
68. Macdonald, *Lewis*, 172.
69. Ibid., 4; Grant, *A Shilling for Your Scowl*, 145.
70. Grant, *A Shilling for Your Scowl*, 147; *Report of the Trial of the So-called Bernera Rioters*, 4; MacDonald of Gisla, *Tales and Traditions of the Lews*, 148–152.
71. "沙阿"于1875年5月正式离职，之后詹姆斯爵士任命他的侄子休·马地臣为男爵代理人和专员。为了保全蒙罗的面子，法庭文件记录为他正在办理离职。MacDonald of Gisla, *Tales and Traditions of the Lews*, 152; Grant, *A Shilling for Your Scowl*, 186.
72. *Report of the Trial of the So-called Bernera Rioters*, 11.
73. Grant, *A Shilling for Your Scowl*, 156.
74. Macdonald, *Lewis*, 172.
75. Devine, *Clanship to the Crofters' War*, 228.
76. Letter from Hugh M. Matheson to the *Glasgow Weekly Mail*, 2 April 1877, in Geddes, *The Isle of Lewis and Harris*, appendix, 4–6.
77. Additional letters and editorial commentary, from the *Glasgow Daily Mail*, the Echo (London),

and *The Scotsman*（Edinburgh）, are contained in the appendix to *The Island of Lews*.

78. *Inverness Advertiser*, 10 January 1879.

79. Nelson, *Queen Victoria and the Discovery of the Riviera*, 12, citing James Henry Bennet, *Winter and Spring on the Shores of the Mediterranean*, 5th ed.（London: J. and A. Churchill 1875）, 8.

80. Extrait des Registres des Actes de L'État-Civil, Ville de Menton, for James Matheson, deceased 31 December 1878; extract issued 18 June 2007.

81. *Inverness Courier*, 2 January 1879, 5.

82. 葬礼之前，1879年1月4日在斯托诺韦举行了一场大型的公众集会，一来让刘易斯的居民表达他们的哀悼之情，二来大会通过一项向马地臣夫人表示慰问的动议。2月4日，其中一些人动身前往莱尔格参加葬礼，60名乘客乘坐的"翁丁号"轮船由于技术原因在海上航行9个小时后被迫返回斯托诺韦。*Inverness Advertiser*, 10 January 1879 and 7 February 1879.

83. Great Britain, Parliament, Scotland, *Owners of Lands and Heritages*. 英国遗嘱有两个附属条款，苏格兰遗嘱也有两个附属条款；其中，苏格兰遗嘱的第二个附属条款是在他去世前两个月才添加的。

84. 在苏格兰法律中，终身用益权是指终身享有财产受益的权利，而非处分财产的权利。

85. Will of Sir James Matheson, Bart, Scottish Record Office, sc 70/1/194. 1879年5月26日，缴纳了21 000英镑的遗产税。

86. *Inverness Courier*, 2 January 1879.《因弗内斯信使报》是苏格兰北部支持领主最重要的刊物。

87. Ibid.

88. Testimonials to Sir James Matheson from local government records held by Tasglann nan Eilean Siar（Hebridean Archives）, provided by Comhairlenan Eilean Siar, Stornoway, Lewis.

89. John H. Macleod, "The Late Sir James Matheson of Lewis", *Stornoway Gazette & West Coast Advertiser*, 29 September 1950. 1950年10月6日，一封未署名的回信描述了詹姆斯爵士的来信（现已遗失），信中显示了一个自然主义者的活力与求知欲。这位作者不像约翰·麦克劳德那样热情洋溢，他评论说："19世纪下半叶，相对于其他高地和岛屿，刘易斯有这样的领主是相当幸运的，尽管经理人不尽如人意。"

90. Ibid.

结束语

传记作者的职责不是树立典范或进行审判。换句话说，传记作者可以对传记主人公的生活做一些评论，探寻他如何利用生命中的契机，面对道德问题时的抉择，如何应对人生不同阶段出现的困难，如何对待他人，以及个人与身处的时代背景的关系。

有些评论会涉及价值观的输出，这样的评论可能会影响传记作者的立场。然而，传记作者最重要的是要做出公允的评论。带着这种自我告诫，我们大胆地对威廉·渣甸59年的人生和詹姆斯·马地臣82年的人生进行了一番总结评论。

渣甸和马地臣在行为、性格或经历上并不相同，所以我们不能用同样的价值观和想法来剖析他们。在某些方面，他们就像公司名字那样亲近且类似，但在另一些方面，他们的性情、行为和目标又各不相同。因此，我们的判断不能遵照"商业伙伴在思想和精神上必然是相同的"的假设。

渣甸在中国广州当地居民口中的绰号是"铁头老鼠"。他是一个精明的商人，十分了解中国贸易中的利弊。他不喜欢被对手超越。他出身于苏格兰南部较为贫穷的农村，不得不依靠哥哥的资助完成高等教育，由此可以看出他为什么会如此积极地迎接经济挑战。他在船上担任外科医生的工作十分艰苦，但正因为多年在英国东印度公司商船上的工作，让他习得很多东方贸易的知识。机会来临时，他果断抓住机遇，弃医从商。在他的信件、演讲和行为中很少看到温柔的一面，但他一直照顾远在苏格兰的家人，不断关心那些勤奋的外甥。

渣甸不是一个无情的商人，但他脾气暴躁，极度追求商业回报。这不是迫于无奈，而是本身的进取心使然；他对市场变化有着敏锐的嗅觉。商业天赋加上勤勉让他在中国生活的时间比预期要长，而且很多时候他办公直至凌晨两点。在商场中，所有的聪明才智都要有与之匹配的耐心。他不会鲁莽行事，也不会草率地做决定。有时他的判断也会出现失误，就像律劳卑事件，但即使这样，他也没有冲动行事。他深谋远虑，例如为东印度公司工作15年使他有很长的时间来考察在东方从事私人贸易的前景，他耐心等待着最合适的时机，即法国战争结束后。

然而，当他发现绝妙的商机或是当他感觉到竞争对手可能会击败怡和洋行夺取市场优势时，他就会变成一个大胆激进的冒险者。此外，作为印度商人的商业代理，他的商业技巧为他赢得了马尼亚克公司合伙人的位置。在广州的早期阶段，他不愿意用公司的资产进行投资，而是靠各种服务赚取的服务费再投资。但是，当怡和洋行在19世纪30年代建立后，他愿意为了公司利益而冒险销售鸦片，而不再是仅仅为了遥远的客户的利益。他在这方面一般都很谨慎，但肯定不会畏首畏尾。

关于他的精神世界，我们几乎没什么可说的，因为关于他内心生活方面的资料几乎无迹可寻，唯一知道的就是他是个基督徒。他支持郭士立的传教工作，但作为回报，郭士立要在沿岸的鸦片交易中担任翻译，这是一个互惠互利的事情。除此之外，他对自己的宗教态度守口如瓶。于他而言，宗教是否是道德以外的东西，关于这一点，无论是过去还是将来我们都很难了解。从各个方面，透过那张公众熟知的面孔，我们窥探到了他的私心。荷林华斯·马尼亚克谈起他的朋友渣甸时说道："他需要被了解才能被欣赏。"即使这样，在他的灵魂深处仍然有某些角落是不愿被碰触的。

什么是他生活中的驱动力？努力工作是最好的回答，他一直工作直到生命最后一刻。他从不挥霍财富，尽管他生活舒适，但从不把精力放在享乐上。他一直告诫外甥们和工作人员，无论是推销客户的商品、运送资金回国、促进自由贸易，还是敦促政府制定对华政策，在全身心投入任何一项工作前，首先要有维护英国社会之心。

马地臣与他的性格截然不同，但他们的行事风格非常合拍。马地臣出身贵族家庭，但他回到苏格兰北部时更像一个乡绅而不是在印度发财的土豪。在中国期间，他大部分时间待在南方，与渣甸强硬的风格不同，他更稳重些。尽管他上学的时间并没有比渣甸长，但他更富有求知欲。对他影响深远的苏格兰启蒙运动很有可能源于亚当·斯密的经济和道德思想，以及詹姆斯·瓦特的应用科学，而不是弗朗西斯·哈奇森的美学或休谟的宗教思想。他成了英国皇家学会的成员并接受了工程学和农业的新思想。在广州时期，英国人社区没有英国律师，他就成了人们的法律顾问。他非常聪明，他的头脑更适合应用类学科，而非哲学推测，这可能有助于解释为什么他更积极于从事鸦片贸易，而不是在清政府和英国政府进行商业伦理的辩论。

马地臣比渣甸更善于与人打交道，也许是因为他言行并没有那么强的攻击性。如果用一个词来形容他的人生，那就是"改革"，革新商业方式，引进新的海陆运输方式，将英国海外经济从传统理念中解放出来，为他的外甥们创造机遇；19世纪40年代成为领主后致力于改善当地人的生活。

这一切都与他的宗教信仰密不可分。与渣甸一样，他很少透露自己的信仰，至少看起来是这样。然而，他对苏格兰教会的忠诚并没有阻止他向苏格兰北部和刘易斯岛上的自由教会提供援助。最后，正如我们所知，他离开了长老会成为英国国教徒。不过他显然没有渣甸虔诚。

他们从鸦片贸易中获得的巨额财富让渣甸和马地臣有能力在中国和英国进行慈善活动。一方面,他们慷慨,努力工作;另一方面,他们销售鸦片,荼毒消费者。或许,莱茵霍尔德·尼布尔(Reinhold Niebuhr)对于政治的看法,可以被恰当地应用于他们的商业行为,我们可以把商业行为看作是"良知与权力的交锋,人性中的伦理与欲望相争,并达成暂时的、令人不安的妥协"。[1]

他们否认对于鸦片对中国吸食者造成的伤害负有责任,这让后世的观察家们颇为震惊,他们认为这些毒贩是卑鄙无耻、冷漠无情的罪犯。

渣甸不是一个天真的人。他深知清朝皇帝禁止鸦片销售是因为其上瘾性的恶劣影响。渣甸曾对一位委员会的委员说过,买家付了款,拿到鸦片后,就与他无关了。他和他的合伙人认为,他们无权规范买方如何使用购买的鸦片。但到了1843年,他也不得不承认由于英国国内对此事的讨伐声越来越大,鸦片贸易不得不悄悄地进行。

二人成为合作伙伴,共同在中国贸易中寻求机遇。自由贸易为他们提供了很多这样的机遇,例如在茶叶贸易中获利。银行业、保险业和航运业也成为他们主要的利润来源。而鸦片是他们最大的机遇。渣甸回复来自埃塞克斯的年轻人罗尔夫先生时说,谨慎的鸦片投资是"最稳妥的投机活动"。

渣甸反复辩称,清政府以傲慢的态度对待外国商人,拒绝与英国代表进行公允的谈判,因为谈判可能会扩大贸易并通过双边协议规范或压制鸦片贸易。

这种言论表明,他宁愿不知道鸦片正在毁掉人们的生活。正是因为他们对清政府的挑战让他们在那个时代处于风口浪尖。卜正民和若林正在《鸦片政权》一书的简介中称鸦片战争时期,清政府的重点在于"因进口鸦片导致白银外流产生的经济损失,而非减轻鸦片上瘾的后果"。[2]

这些作者承认"研究鸦片问题总能激起强烈的反应而让人无法心平气和地研究，这一点不足为奇"，而且"主流的史学资料都谴责外国商人用鸦片使中国人上瘾，贫困，意志消沉"。[3]因此，很多作者把渣甸和马地臣简单地描述为彻头彻尾、冷血无情、卑鄙的恶棍。但这样的标签无法让我们全面地了解这两个人。研究的目的是客观地调查的过程，而不只是简单的观点。

他们的名字是19世纪在中国的鸦片商人中最醒目的两个名字。他们确实应该承担责任。有充足的证据表明渣甸对帕默斯顿的战争策略有强大影响力。

渣甸和马地臣的代理业务是多方面的，进出口的货物种类繁多。他们提供的服务包括传递市场行情，兑换伦敦的汇票，将食品和纺织品运往中国，同时向英国输送丝绸和茶叶，并拥有船队，运输各种货物（其中最重要的是鸦片）、旅行者和邮件。

对于广州民众以及中央和当地清政府官员来说，渣甸和马地臣都是"野蛮人"，兜售"外国垃圾"的西方商人。

渣甸在离开广州和回到英国时都受到热情的款待。马地臣在孟买的帕西商人中享有极高的地位。两人都被选入议会，在下议院任职时，他们都是伦敦的风云人物。维多利亚女王册封马地臣为贵族，他也因为努力减轻刘易斯岛民的痛苦而在苏格兰广受赞誉。

我们要衡量他们的历史地位。凯恩和霍普金斯用"绅士资本家"一词来描述英国社会中在政治和经济事务中颇具影响力，并在维多利亚中后期极力主张大英帝国扩张的那群人。这一词语并不是要赞颂绅士阶层的行为，更不是一种同情。这只是一个术语，用来描述在1850—1914年间，在英国海外政策和实践中占据主导地位的那群人。[4]两位作者认为，18—19世纪初的绅士资本家主要由英国地主贵族组成，他们掌控着英国的政治经济直到 19 世纪中期自由贸易成为英国经济主导。根据他们的说法，英国工业的兴起并没有造就出一帮绅士资本家来取代地主贵族。相反，随着地主贵族的逐渐衰落，权力的重心转移到了英国社会的服务部门，即以伦敦为中心的名流和企业，他们主要从事金融、航运和保险行业，在全球有着广泛影响力。凯恩和霍普金斯认为，这些非工业行业的绅士精英的商业理念更接近于以前的地主贵族，而非那些工厂主。

因此，根据凯恩和霍普金斯所说，这些地主贵族的理念之所以能够被保留，是因为其被伦敦的服务行业所采纳，特别是金融行业；在那里，有名望的金融家们可以运用其他人的资金来投资，而不需要用自己的冒险。拿破仑战争结束后，这种权力的转移初见端倪，1850 年后变得尤为明显。这些绅士精英主要来自一流的公立学校和古老的学院，而且多是某些伦敦俱乐部的成员，或与教会有隶属关系。他们吸收并适应了旧地主阶级的财富与价值观，并远离与制造业利益相关的日常工作。[5]

凯恩和霍普金斯在分析英国海外利益的社会经济变化时，将"英国侨民"与本土地主贵族的利益以及 19 世纪中叶帕默斯顿等领导集团想要确保在海外贸易中英国国土安全、政治稳定的政治目标联系在一起。[6] 他们引用帕默斯顿在 1840 年对中国的战争作为例子解析其通过海外行动解决本土矛盾的思路。他们从他的声明中找到支持这一结论的证据，即"为商人保驾护航是政府的职责"。[7]

在这一历史背景下，维多利亚时期的英国政府的一个突出职责就是向海外输出绅士精英。"这些经历过海外历练的绅士成了英国本土变革时期的新力量。"[8] 他们不仅认同伦敦服务行业所信奉的价值观，而且努力将改革原则与自由贸易相适应。凯恩和霍普金斯认为，大英帝国俨然成为"绅士们的竞技场"。[9]

他们认为帝国主义的特点是"侵略或企图干涉他国主权"。总的来说，帝国主义的"代理人"通常认为他们代表的是一个超级大国。维多利亚帝国主义时期，服务业的代表们"是海外资本的急先锋"。[10]他们的银行业为大型海外公司的金融业务提供便利，而航运资源为帝国贸易运输重要物资，他们的保险公司为这些货物在运输途中提供担保。

凯恩和霍普金斯在对维多利亚时代帝国主义的理解中，把庞大的大英帝国与英国在贸易中的霸权区分开来。除了侵占领土，其他国家在英国海外贸易网中扮演何种重要的"角色"也是他们关心的问题。[11]1815年以后，英国为反抗欧洲大陆强国和美国实行的新保护主义，将其贸易及金融业务扩展到这些国家控制之外的地区。在这个非正式帝国的背景下，威廉·渣甸和詹姆斯·马地臣抓住机遇取得商业上的成功，并最终获得政治上的影响力。

此二人是否符合凯恩和霍普金斯"绅士资本主义"的描述？从时间上看，威廉·渣甸和詹姆斯·马地臣处于凯恩和霍普金斯所认为的绅士资本主义在服务业的成熟阶段。其实想确认他们与这一历史术语的联系并不难，因为在英国真正转为自由贸易之前，他们已经为此奋斗数十载。而且他们所从事的也正是凯恩和霍普金斯所说的大英帝国绅士资本主义新领域——服务行业。

他们不曾参与制造业，但通过提供市场营销、市场情报、运输渠道、汇票服务和贵金属与货币交易、商业保险，为在英国、印度、澳大利亚、马来亚、菲律宾、中国南方（在割据香港之前尤指广州和澳门）等地的客户提供商业建议来获得商业成功和政治影响力。大多数情况下，他们是经营他人的资产，而非用自己的投资。在这个过程中，他们不断帮助开拓英国贸易在中国的影响力，抵制外国商业的入侵，并试图利用茶叶出口保持贸易顺差，对抗在广州的其他西方商业集团。

渣甸和马地臣无疑是"英国侨民"里的急先锋，积极促进外国势力对华的入侵。经济入侵方面，他们极力推销来自英国和印度的各种商品，其中最具入侵性的要属违禁品鸦片，他们以此来对抗清政府的权威。他们是这个"商业帝国"的代理人，他们的成功部分是由于其商业上的奋斗，部分是因为英国海军的武力支持，尤其是在钦差大人林则徐采取强硬手段时。最终，他们与帕默斯顿保护英国海外利益的政策紧密结合在一起，其实，事实上，也是由于他们不断给政府施压以及提供建议才促成了这一政策。

在某些方面，他们与凯恩-霍普金斯的"绅士资本主义"模式并不相符，因为他们必须通过不断成长而进入这个阶层，而并非在大学毕业或者出徒后就自然而然成为这一阶层。渣甸来自邓弗里斯郡一个较为贫困的农民家庭，而马地臣来自萨瑟兰一个条件较好的地主家庭，但也并非大富大贵的人家。渣甸的早期教育很一般，马地臣则就读于著名的因弗内斯学院。因此，仅从两人的教育背景看，他们都无法成为年轻的绅士资本家。渣甸在英国东印度公司的工作结束后，曾在伦敦学习国际商务和金融，而马地臣则是离开爱丁堡后就直接去伦敦学习了。

詹姆斯·马地臣在伦敦的一家公司工作了两年学习商业经验，之后从英国东印度公司获得自由商人的执照，并于1815年加入加尔各答的一家公司。威廉·渣甸比他年轻的合伙人落后了几年，他在1817年离开英国东印度公司，跟一位伦敦商人学习贸易，这位商人是英国东印度公司的代理。到了1818年，渣甸再次跟船出海，以便学习印度和中国之间的押运业务；从1820年起，他开始在华南地区经商，也是这一年，他遇到了马地臣。

他们进入华商的绅士阶层是一个缓慢的过程，但他们很快成为在华英国商人中最为杰出的代表，并在将近20年的时间里建立了可以与伦敦大公司相媲美的商业帝国。在商业实践中，他们通过提供市场营销、航运、银行、保险等服务将英国商业范围扩展到非英国土地上，从而也印证了伦敦绅士资本家们的实力。借用凯恩和霍普金斯的一句妙语，我们可以说渣甸和马地臣是在"不断寻求商业成功，也在不断把自己塑造成绅士资本家"。[12]

渣甸和马地臣分别在1839年和1842年从中国退休后，都加入了伦敦绅士资本家的公司。渣甸在下议院担任顾问的同时也是马尼亚克－渣甸的银行合伙人。在退休后的25年里，马地臣进入议会，并重组坐落于伦巴第街3号的马尼亚克－渣甸公司，使之成为金融业巨头。马地臣担任半岛东方轮船公司主席长达10年之久，在此期间，该公司迅猛发展。当他买下刘易斯岛后，开始了另一种全新生活。他在19世纪40年代后期致力于解决饥荒并因乐善好施而受到维多利亚女王的表彰，获得男爵爵位。此两人都在苏格兰拥有庄园，也在伦敦有房产，渣甸的府邸位于上贝尔格雷夫街，而马地臣的坐落于克利夫兰街附近。他们是伦敦著名俱乐部的成员，这些俱乐部是伦敦"绅士资本家"们经常聚会之所。渣甸是东方俱乐部以及布鲁克斯俱乐部的成员，马地臣是布鲁克斯俱乐部和改革俱乐部的成员。

他们缺乏正统教育，奋发多年才获得如今的声望，且他们在中国经商的时间要比凯恩－霍普金斯提出的时间框架（1850—1914）早了十几年，但撇开这些问题，渣甸和马地臣是作者们谈论绅士资本家时最好的实例，此二人为维多利亚时期的发展提供了巨大的推动力。他们推行强势的自由贸易战略，其鸦片贸易实际上是对中国主权的入侵，他们坚持要求英国皇家海军提供武力保护，他们在东亚沿海实行非英国官方的经济霸权。他们的历史重要性并不仅仅在于鸦片贸易。许多西方商人都曾在中国贩卖鸦片。但没有人能像渣甸和马地臣那样，通过积极地推行自由贸易而对大英帝国的发展产生如此深刻的影响。

一个维多利亚时代的年轻人——亚瑟·欧·肖内西（比马地臣晚去世几年）在1874年创作的颂歌《我们是音乐制作人》中提到"推动者"一词，此后这个名词被广泛运用，热度甚至超越所赞美的诗人和歌唱家。其实这一名词更适用于描述肖内西所处时代的绅士资本家们。威廉·渣甸和詹姆斯·马地臣就是那个时代的"推动者"。

注　释

1. Niebuhr, *Moral Man and Immoral Society*, 4.
2. Brook and Wakabayashi, eds., *Opium Regimes*, 7.
3. Ibid., 2 - 3.
4. Cain and Hopkins, *British Imperialism*.
5. Ibid., 119 - 121.
6. Cain and Hopkins, "Gentlemanly Capitalism and British Expansion Overseas", 518.
7. Ibid., 523, citing C.K. Webster, *The Foreign Policy of Palmerston*, vol.2（1951）, 750 - 751.
8. Cain and Hopkins, *British Imperialism*, 48.
9. Ibid., 47.
10. Ibid., 54 - 56.
11. Cain and Hopkins, "Gentlemanly Capitalism and British Expansion Overseas", 502, citing L.H. Jenks, *The Migration of British Capital to 1875*（1963 repr.）, 197.
12. Cain and Hopkins, *British Imperialism*, 308.

参考文献

手稿与档案

威廉·渣甸与詹姆斯·马地臣

Jardine Matheson Archive, Cambridge University Library
  William Jardine – Private Letter Books
  James Matheson – Private Letter Books
  Alexander Matheson – Private Letter Book
  Taylor and Matheson – Letter Book
  Yrissari and Company – Letter Book
  Jardine Matheson – Incoming Correspondence, London/Private
  Incoming Correspondence – London
  Incoming Correspondence – Europe/Private, 1839
  Incoming Correspondence – Great Britain/Private
  James Matheson, "Brief Narrative," manuscript account of events at Canton, March 1839
Edinburgh University. Extracts from the Matriculation Album for 1810 and 1811, Manuscripts Division, Edinburgh University Library.
Last Will of William Jardine, 1 September 1843. SC 70/1/64. http://www.scotlandspeople.gov.uk/
Royal High School, Edinburgh. Archives of the Royal High School. Extract from Class Lists in Library Registers and from Library Ledger of Books Borrowed by Pupils, 1809–10.
Sutherland Sasines, 1751–1860. 1839: numbers 63 and 64. Highland Regional Archive, Inverness Library.

Ville de Menton, France, Extrait des Registres des Actes de L'État-Civil, for James Matheson, deceased 31 December 1878; extract issued 18 June 2007.
Will of Sir James Matheson, Bart., 5 May 1879. SC 70/1/194. http://www.scotlandspeople.gov.uk/

其 他

Charles N. Talbot Papers, Rhode Island Historical Society, Providence
Napier Papers, William John Napier (9th Lord Napier), National Library of Scotland, Edinburgh
Palmerston Papers, University of Southampton
Peninsular and Oriental Steam Navigation Company. Board of Directors Minutes, 1848–58. Records of the Peninsular and Oriental Steam Navigation Company, National Maritime Museum, London.

报 纸

Canton Press, 1839–41
Canton Register, 1827–41
Chinese Repository, 1834–41
Inverness Advertiser, 1879
Inverness Courier, 1843, 1847, 1851, 1852, 1879
The Scotsman, 1843, 1863, 1868
The Times (London), 1840, 1842

图书、文章与印刷资料

Addison, Thomas. *The Journals of Thomas Addison*. Publications of the Navy Records Society, vol. 20: *The Navy Miscellany* (1902). http://books.google.com/books?id=4zQJAAAAIAAJ&pg=PA336&lpg=PA336&dq=The+Journals+of+Thomas+Addison&source=bl&ots=AaxPr9zqZJ&sig=5eu6r_vfWoolfe_JYRbZ–SgfTM&hl=en&sa=X&ei=5-E5U8u2I_XesATtz4LICQ&ved=0CF4Q6AEwCQ#v=onepage&q=The%20Journals%20of%20Thomas%20Addison&f=false (accessed 31 March 2014).
Am Baile: Highland History and Culture. http://www.ambaile.org.uk (accessed 31 March 2014).
Anderson, Sir Donald. "Development of the P&O Company, 1815–1869." In the Company History file, P&O Records, National Maritime Museum, Greenwich.

Antony, Robert J. *Like Froth Floating on the Sea: The World of Pirates and Seafarers in Late Imperial China.* Berkeley, CA: Institute of East Asian Studies 2003.

Applebaum, S., ed. *English Romantic Poetry: An Anthology.* New York: Dover Publications 1996.

Bard, Solomon. *Traders of Hong Kong: Some Foreign Merchant Houses, 1841–1899.* Hong Kong: Urban Council 1993.

Beeching, Jack. *The Chinese Opium Wars.* San Diego, CA: Harcourt Brace Jovanovich 1975.

Bell, Herbert C.F. *Lord Palmerston.* 2 vols. Hamden, CT: Archon Books 1966.

Berridge, Virginia, and Griffith Edwards. *Opium and the People: Opiate Use in Nineteenth Century England.* New Haven, CT: Yale University Press 1981.

Bickers, Robert. *The Scramble for China: Foreign Devils and the Qing Empire, 1832–1914.* London: Penguin Books 2012.

Blake, Robert. *Jardine Matheson, Traders of the Far East.* London: Weidenfeld and Nicolson 1999.

Booth, Martin. *Opium: A History.* New York: St Martin's Press 1996.

Bourne, Kenneth. *Palmerston, The Early Years, 1784–1841.* New York: Macmillan 1982.

Bowen, H.V. *The Business of Empire: The East India Company and Imperial Britain, 1765–1833.* Cambridge: Cambridge University Press 2006.

– "Britain in the Indian Ocean and Beyond." In H.V. Bowen, Elizabeth Mancke, and John G. Reid, eds., *Britain's Oceanic Empire: Atlantic and Indian Ocean Worlds, 1550–1850.* Cambridge: Cambridge University Press 2012. 45–65.

Brook, Timothy, and Bob Tadashi Wakabayashi, eds. *Opium Regimes: China, Britain, and Japan, 1839–1952.* Berkeley, CA: University of California Press 2000.

Buchan, John. *Sir Walter Scott.* Port Washington, NY: Kennikat Press 1967. Repr. of 1932 ed.

"Buildings at Risk Register for Scotland." http://www.buildingsatrisk.org.uk/search/planning_authority/206/p/4/event_id/889149/building_name/lews-castle-tower-lady-lever-park-stornoway (accessed 31 March 2014).

Cable, Boyd. *A Hundred Year History of the P. & O.* London: Ivor Nicholson and Watson 1937.

Cain, P.J., and A.G. Hopkins. "Gentlemanly Capitalism and British Expansion Overseas I: The Old Colonial System, 1688–1850." *Economic History Review,* New Series, 104, no. 4 (1986): 501–25.

– *British Imperialism, 1688–2000,* 2nd ed. Harlow, UK: Pearson Education 2002.

Chang, Hsin-pao. *Commissioner Lin and the Opium War*. New York: Norton 1970.
Chatterton, E. Keble. *The Mercantile Marine*. Boston: Little Brown and Company 1923.
Cheong, W.E. *Mandarins and Merchants: Jardine Matheson & Co.: A China Agency of the Early Nineteenth Century*. London: Curzon Press 1979.
– *The Hong Merchants of Canton: Chinese Merchants in Sino-Western Trade*. Richmond, Surrey, UK: Curzon 1997.
Cockburn, Henry. *Memorials of His Time*. Edited by Karl Miller. Chicago: University of Chicago Press 1974.
Collis, Maurice, *Foreign Mud: The Opium Imbroglio at Canton in the 1830's & the Anglo-Chinese War*. New York: W.W. Norton and Company 1946. Repr. 1968.
Connell, Carol Matheson. *A Business in Risk: Jardine Matheson and the Hong Kong Trading Industry*. Westport, CT: Praeger Publishers 2004.
Cunningham, Peter. *The Castle Grounds*. Stornoway, Lewis, Scotland: Stornoway Trust Estate 1978.
Daiches, David. *Sir Walter Scott and His World*. New York: Viking Press 1971.
Devine, T.M. *The Great Highland Famine*. Edinburgh: John Donald Publishers 1988.
– "Social Responses to Agrarian 'Improvement': The Highland and Lowland Clearances in Scotland." In R.A. Houston and I.D. Whyte, eds., *Scottish Society, 1500–1800*. Cambridge: Cambridge University Press 1989. 152–6.
– *Clanship to the Crofters' War: The Social Transformation of the Scottish Highlands*. Manchester, UK: Manchester University Press 1994.
– *The Scottish Nation*. New York: Viking 1999.
– *To the Ends of the Earth: Scotland's Global Diaspora, 1750–2010*. Washington, D.C.: Smithsonian Books 2011.
Deyan, Guo. "The Study of Parsee Merchants." *Review of Culture*, International edition, 8 (October 2003): 51–60.
Downes, Jacques. *The Golden Ghetto*. Bethlehem, PA: Lehigh University Press 1997.
Downing, C. Toogood. *The Fan-Qui in China*. 3 vols. Shannon, Ireland: Irish University Press 1972. Repr. of 1838 London ed.
Duffy, Christopher. *The '45*. London: Cassell 2003.
"The Faculty of Medicine at Edinburgh." n.d. http://www.med.ed.ac.uk/history/history3.htm (accessed 13 February 2001).
Fairbank, John K. "Ewo on History." In Maggie Keswick, ed., *The Thistle and the Jade*. London: Octopus Books 1982.
– *Trade and Diplomacy on the China Coast*. Cambridge, MA: Harvard University Press 1964.

Farrington, Anthony. *Catalogue of East India Company Ships Journals and Logs, 1600–1834*. London: British Library 1999.

Fay, Peter Ward. *The Opium War, 1840–1842*. Chapel Hill: University of North Carolina Press 1975.

– "The Opening of China." In Maggie Keswick, ed., *The Thistle and the Jade*. London: Octopus Books 1982. 55–79.

Ferguson, William. *Scotland, 1689 to the Present*. New York: Frederick A. Praeger 1968.

"Flags of the World." http://www.fotw.us/flags/gb-eic.html (accessed 31 March 2014).

Fry, Michael. "Dundas, Henry, First Viscount Melville (1742–1811)." In *The Oxford Dictionary of National Biography* (Oxford: Oxford University Press 2004), http://o-www.oxforddnb.com.helin.uri.edu/view/article/8250?docPos=1 (accessed 5 June 2013).

Gardella, Robert. *Harvesting Mountains: Fujian and the China Tea Trade, 1757–1937*. Berkeley, CA: University of California Press 1994.

Gardner, Brian. *The East India Company: A History*. New York: Barnes and Noble 1971.

Geddes, Arthur. *The Isle of Lewis and Harris: A Study in British Community*. Edinburgh: University Press 1955.

Gelber, Harry. *Opium, Soldiers and Evangelicals*. Basingstoke, UK: Palgrave Macmillan 2004.

Gillett Brothers Discount Co. *The Bill on London*. 2nd rev. ed. London: Chapman and Hall 1959.

Grace, Richard J. Articles in *Oxford Dictionary of National Biography* (Oxford: Oxford University Press 2004): "William Jardine, 1784–1843"; "Hollingworth Magniac, 1786–1867" (revision of earlier DNB entry by Charles Sebag-Montefiore); "Sir James Matheson, Bart., 1796–1878"; "Sir Alexander Matheson, Bart., 1805–1886."

Grant, James Shaw. *A Shilling for Your Scowl*. Stornoway, Lewis: Acair 1992.

Gray, Malcolm. "The Highland Potato Famine of the 1840's." *Economic History Review*, New Series, 7, no. 3 (1955): 357–68.

Great Britain, Parliament. Scotland. *Owners of Lands and Heritages, 1872–73*. Edinburgh: Murray and Gibb 1874.

Great Britain, Parliament, House of Commons. Sessional Papers, 1840, Report of the Select Committee on Trade with China.

– Hansard Parliamentary Debates, Series 3, vol. 53, 7–9 April 1840.

– Hansard Parliamentary Debates, Series 3, vol. 61, 17 March 1842.

– Testimony of James Matheson, Esq., MP, Second Report of the Select Committee on Sites for Churches (Scotland), House of Commons, 1847.

Greenberg, Michael. *British Trade and the Opening of China, 1840–1842*. Cambridge: Cambridge University Press 1951. Repr. of Monthly Review Press ed., n.d.

Gulick, Edward V. *Peter Parker and the Opening of China*. Cambridge, MA: Harvard University Press 1973.

Gutzlaff, Charles. *Journal of Three Voyages along the Coast of China, in 1831, 1832, & 1833*. Taipei: Ch'eng Wen Publishing Company 1968.

Harcourt, Freda. *Flagships of Imperialism: The P & O Company and the Politics of Empire from Its Origins to 1867*. Manchester, UK, and New York: Manchester University Press 2006.

He, Sibing. "Russell and Company and the Imperialism of Anglo-American Free Trade." In Kendall Johnson, ed., *Narratives of Free Trade*. Hong Kong: Hong Kong University Press 2012. 83–98.

Hoe, Susanna. *The Private Life of Old Hong Kong*. Hong Kong: Oxford University Press 1991.

Hoe, Susanna, and Derek Roebuck. *The Taking of Hong Kong: Charles and Clara Elliot in China Waters*. Richmond, UK: Curzon Press 1999.

Hong Kong Museum of Art and the Peabody Essex Museum. Exhibition catalogue. *Views of the Pearl River Delta*. Hong Kong: Urban Council of Hong Kong 1996.

Horn, D.B. *A Short History of the University of Edinburgh, 1556–1889*. Edinburgh: University Press 1967.

Howarth, David, and Stephen Howarth. *The Story of P&O*. Rev. ed. London: Weidenfeld and Nicolson 1994.

Howat, Polly. "Godfrey's Cordial or Little Penny Sticks: Opium Eating in the Fens." *Cambridgeshire County Life Magazine*, 5 (spring 2008): 24–5.

Hsü, Immanuel H.Y. *The Rise of Modern China*. 6th ed. Oxford: Oxford University Press 2000.

Hunter, William C. *The "Fan Kwae" at Canton*. Shanghai: Kelly and Walsh 1911. Repr. of 1882 ed.

Inverness Royal Academy. *The Inverness Academical*. War Memorial Number. Inverness: December 1921.

The Island of Lews. London: Barret, Sons and Company 1878.

Johnson, Edgar. *Sir Walter Scott: The Great Unknown*. 2 vols. New York: Macmillan 1970.

Keay, John. *The Honourable Company: A History of the English East India Company*. New York: Macmillan 1994.

Kerr, Phyllis Forbes, ed. *Letters from China: The Canton-Boston Correspondence of Robert Bennet Forbes, 1838–1840.* Mystic, CT: Mystic Seaport Museum 1996.

Keswick, Maggie, ed. *The Thistle and the Jade.* London: Octopus Books 1982.

Ketteringham, Lesley. *A History of Lairg.* Lairg, Scotland: The Byre 1997.

Kuo, Pin-chia. *A Critical Study of the First Anglo-Chinese War, with Documents.* Westport, CT: Hyperion 1973. Repr. of 1935 Shanghai ed.

Kybett, Susan Maclean. *Bonnie Prince Charlie: A Biography of Charles Edward Stuart.* New York: Dodd, Mead and Company 1988.

Law, Philip K. "Macvicar, John (c.1795–1858/9)." *Oxford Dictionary of National Biography.* Oxford: Oxford University Press 2004. http://o-www.oxforddnb.com.helin.uri.edu/view/article/60314?docPos=1 (accessed 31 March 2014).

Lawson, Philip. *The East India Company: A History.* London: Longman 1993.

Lenman, Bruce. *Integration, Enlightenment, and Industrialization: Scotland, 1746–1832.* Toronto: University of Toronto Press 1981.

Le Pichon, Alain. *China Trade and Empire: Jardine, Matheson & Co. and the Origins of British Rule in Hong Kong, 1827–1843.* Records of Social and Economic History, New Series 38. Oxford: Published for the British Academy by Oxford University Press 2006.

Little, J. Irvine. *Crofters and Habitants: Settler Society, Economy, and Culture in a Quebec Township, 1848–1881.* Montreal and Kingston, ON: McGill-Queen's University Press 1991.

Lockhart, John Gibson. *Memoirs of the Life of Sir Walter Scott.* 5 vols. 1837–38. Repr. Boston: Houghton Mifflin Company 1901.

Lovell, Julia. *The Opium War: Drugs, Dreams and the Making of China.* London: Picador 2011.

Lubbock, Basil. *The China Clippers.* 2nd ed. Glasgow: Brown, Son and Ferguson 1946.

– *The Opium Clippers.* Glasgow: Brown, Son and Ferguson 1933. Repr. 1967.

MacDonald, Donald. *Lewis: A History of the Island.* Edinburgh: Gordon Wright Publishing 1978.

MacDonald of Gisla, Dr Donald. *Tales and Traditions of the Lews.* Stornoway, Lewis, Scotland, 1967.

MacGregor, David R., *Merchant Sailing Ships, 1715–1815: Their Design and Construction.* Annapolis, MD: Naval Institute Press 1980.

Mackenzie, Alexander. "A History of the Mathesons." *The Celtic Magazine,* 7, no. 83 (September 1882): 489–503.

– *History of the Mathesons.* Edited and rewritten by Alexander McBain. 2nd ed. Stirling: E. MacKay, and London: Gibbings and Cay 1900.

Mackenzie, William Cook. *The Book of the Lews.* Paisley: Alexander Gardner 1919.
— *The Western Isles: Their History, Tradition, and Place-Names.* Paisley: Alexander Gardner 1932.
Magnusson, Magnus. *Scotland: The Story of a Nation.* New York: Atlantic Monthly Press 2000.
Matheson, James. *Present Position and Future Prospects of the British Trade with China* London: Smith, Elder and Company 1836.
Melancon, Glenn. "Peaceful Intentions: The First British Trade Commission in China, 1833–5." *Historical Research* 73 (February 2000): 33–47.
— *Britain's China Policy and the Opium Crisis.* Aldershot, UK: Ashgate Publishing 2003.
Milligan, Barry. *Pleasures and Pains: Opium and the Orient in Nineteenth-Century British Culture.* Charlottesville: University Press of Virginia 1995.
Mitchison, Rosalind. *A History of Scotland.* 2nd ed. London: Methuen 1982.
Morse, Hosea Ballou, ed., *The Chronicles of the East India Company Trading to China, 1635–1834.* 5 vols. Taipei: Cheng-Wen Publishing Company. Repr. 1966.
Mui, Hoh-cheung and Lorna H. *The Management of Monopoly: A Study of the East India Company's Conduct of Its Tea Trade, 1784–1833.* Vancouver: University of British Columbia Press 1984.
Murray, Dian H. *Pirates of the South China Coast, 1790–1810.* Stanford, CA: Stanford University Press 1987.
Napier, Priscilla. *Barbarian Eye: Lord Napier in China, 1834.* London: Brassey's 1995.
Nelson, Michael. *Queen Victoria and the Discovery of the Riviera.* London: I.B. Tauris Publishers 2001.
Nicolson, Nigel. *Lord of the Isles: Lord Leverhulme in the Hebrides.* London: Weidenfeld and Nicolson 1959.
Niebuhr, Reinhold. *Moral Man and Immoral Society.* New York: Charles Scribner's Sons 1932.
Nye, Jr., Gideon. "The Morning of My Life in China: A Lecture Delivered before the Canton Community on the Evening of January 31st 1873." Canton, 1873.
Owen, David Edward. *British Opium Policy in China and India.* New Haven, CT: Yale University Press 1934. Repr. Archon Books 1968.
Palestia, Jesse S. "The Parsis of India and the Opium Trade in China." *Contemporary Drug Problems,* 35 (winter 2008): 647–78.

Parker, James G. "Scottish Enterprise in India, 1750–1914." In R.A. Cage, ed., *The Scots Abroad: Labour, Capital, Enterprise, 1750–1914*. London: Croom Helm 1985. 191–219.

Parkinson, C. Northcote. *War in the Eastern Seas, 1793–1815*. London: George Allen and Unwin 1954.

– *Trade in the Eastern Seas, 1793–1813*. New York: Augustus M. Kelly 1966. Repr. of 1937 ed.

Paterson, Kenneth R. "History of Education in the Island of Lewis, with Particular Reference to the Nineteenth Century." MEd thesis, University of Glasgow 1970.

Peyrefitte, Alain. *The Immobile Empire*. Translated by Jon Rothschild. New York: Alfred A. Knopf 1992.

Philips, C.H. *The East India Company, 1784–1834*. Manchester, UK: University Press 1940.

Plank, Geoffrey. *Rebellion and Savagery: The Jacobite Rising of 1745 and the British Empire*. Philadelphia: University of Pennsylvania Press 2006.

Porter, Roy, and Mikulas Teich. *Drugs and Narcotics in History*. Cambridge: Cambridge University Press 1997.

Prebble, John. *Culloden*. New York: Atheneum 1962.

– *The Lion in the North*. Harmondsworth, UK: Penguin Books 1973.

Pritchard, Earl H. *Anglo-Chinese Relations during the Seventeenth and Eighteenth Centuries*. New York: Octagon Books 1970. Repr. of 1929 ed.

Quincey, Thomas de. *Confessions of an Opium Eater*. New York: Dover Publications 1995. Repr. of 1821 ed.

Reid, Alan. "East Point." In Maggie Keswick, ed., *The Thistle and the Jade*. London: Octopus Books 1982

– "Karl Gutzlaff." In Maggie Kewswick, ed., *The Thistle and the Jade*. London: Octopus Books 1982.

– "Merchant Consuls." In Maggie Keswick, ed., *The Thistle and the Jade*. London: Octopus Books 1982.

– "Sealskins and Singsongs." In Maggie Keswick, ed., *The Thistle and the Jade*. London: Octopus Books 1982.

– "The Shipping Interest." In Maggie Keswick, ed., *The Thistle and the Jade*. London: Octopus Books 1982.

– "Spreading Risks." In Maggie Keswick, ed., *The Thistle and the Jade*. London: Octopus Books 1982.

– "The Steel Frame." In Maggie Keswick, ed., *The Thistle and the Jade*. London: Octopus Books 1982.

Reid, Margaret. "Commodities: Tea." In Maggie Keswick, ed., *The Thistle and the Jade*. London: Octopus Books 1982.

– "Jamsetjee Jejeebhoy." In Maggie Kewsick, ed., *The Thistle and the Jade*. London, Octopus Books, 1982.

– "Love and Marriage." In Maggie Keswick, ed., *The Thistle and the Jade*. London: Octopus Books 1982.

Report of the Trial of the So-called Bernera Rioters. Edinburgh: Donald McCormick 1874.

Risse, Guenter B. *Hospital Life in Enlightenment Scotland*. Cambridge: Cambridge University Press 1986.

Rosner, Lisa. *Medical Education in the Age of Improvement*. Edinburgh: University of Edinburgh Press 1991.

"Scotland in the Nineteenth Century." Glasgow Digital Library, http://gdl.cdlr.strath.ac.uk/haynin/index.html (accessed 31 March 2014).

Shalini, Saksena. "Parsi Contributions to the Growth of Bombay and Hong Kong." *Review of Culture,* International edition, 10 (April 2004): 26–35.

Sinclair, Sir John, ed. *The Statistical Account of Scotland, 1791–1799*, vol. 4: Dumfriesshire. Originally published between 1791 and 1799; reissued at Wakefield, UK: E.P. Publishing 1978.

– *The Statistical Account of Scotland, 1791-1799*, vol. 18: Caithness and Sutherland. Originally published between 1791 and 1799; reissued at Wakefield, UK: E.P. Publishing 1978.

Singh, S.B. *European Agency Houses in Bengal (1783–1833)*. Calcutta: Firma K.L. Mukhopadhyay 1966.

Smith, Philip Chadwick Foster. "Philadelphia Displays 'The Flowery Flag.'" In Jean Gordon Lee, ed., *Philadelphians and the China Trade, 1784–1844*. Philadelphia, PA: Philadelphia Museum of Art 1984. 21–42.

Somerset Fry, Peter and Fiona. *The History of Scotland*. London: Ark Paperbacks 1982.

Stern, Philip J. "Company, State and Empire: Governance and Regulatory Frameworks in Asia." In H.V. Bowen, Elizabeth Mancke, and John G. Reid, eds., *Britain's Overseas Empire: Atlantic and Indian Ocean Worlds, c. 1550–1850*. Cambridge: Cambridge University Press 2012. 130–50.

Stornoway Historical Society. "History of the Lews Castle." http://www.stornowayhistoricalsociety.org.uk/lewis-castle-history.html (accessed 31 March 2014).

Subramanian, Lakshmi. "Seths and Sahibs: Negotiated Relationships between Indigenous Capital and the East India Company." In H.V. Bowen, Elizabeth

Mancke, and John G. Reid, eds., *Britain's Oceanic Empire: Atlantic and Indian Ocean Worlds, c. 1550–1850*. Cambridge: Cambridge University Press 2012. 311–39.

Sutherland, John. *The Life of Walter Scott: A Critical Biography*. Oxford: Blackwell Publishers 1995.

Sutton, Jean. *Lords of the East: The East India Company and Its Ships*. London: Conway Maritime Press 2000.

Sylla, Richard. "Review of Peter Temin's *The Jacksonian Economy*." Economic History Services, 17 August 2001, http://eh.net/book_reviews/the-jacksonian-economy (accessed 31 March 2014).

Tannadish, Jerome. "George Chinnery." In Maggie Keswick, ed. *The Thistle and the Jade*. London: Octopus Books, 1982.

Thampi, Madhavi. "Parsees in the China Trade." *Review of Culture*, International edition, 10 (April 2004): 17–25.

Trevor-Roper, Hugh. "The Invention of Tradition: The Highland Tradition of Scotland." In Eric Hobsbawm and Terence Ranger, eds., *The Invention of Tradition*. Cambridge: Cambridge University Press 1983.

Trocki, Carl A. *Opium, Empire and the Global Political Economy: A Study of the Asian Opium Trade 1750–1950*. London: Routledge 1999.

Van Dyke, Paul A. *The Canton System: Life and Enterprise on the China Coast, 1700–1745*. Hong Kong: Hong Kong University Press 2005.

— *The Canton Trade*. Hong Kong: Hong Kong University Press 2008.

— "New Sea Routes to Canton in the 18th Century and the Decline of China's Control over Trade." *Hai yang shi yan jiu*, 1 (2010): 57–108.

— *Merchants of Canton and Macao*. Hong Kong: Hong Kong University Press 2011.

— "Smuggling Networks of the Pearl River Delta before 1842." In Paul A. Van Dyke, ed., *Americans and Macao: Trade, Smuggling and Diplomacy on the South China Coast*. Hong Kong: Hong Kong University Press 2012. 49–72.

Wakeman, Frederic, Jr. "The Canton Trade and the Opium War." In John K. Fairbank, ed., *The Cambridge History of China*, vol. 10, pt. 1.: *Late Chi'ing 1810–1911*. Cambridge: Cambridge University Press 1978.

Waley, Arthur. *The Opium War through Chinese Eyes*. London: George Allen and Unwin 1958.

Welsh, Frank. *A Borrowed Place: The History of Hong Kong*. New York: Kodansha America 1993.

Wild, Anthony. *The East India Company: Trade and Conquest from 1600*. New York: Lyons Press 1999.

Williams, S. Wells. "Recollections of China prior to 1840." *Journal of the North-China Branch of the Royal Asiatic Society,* New Series 8, no. 8.

Williamson, Captain A.R. *Eastern Traders.* London: Jardine, Matheson and Company. Privately printed, 1975.

Wong, J.Y. *Deadly Dreams: Opium, Imperialism, and the Arrow War (1856–1860) in China.* Cambridge: Cambridge University Press 1998.